해커스변호사

형사법

Criminal Law

신체계 변호사시험
기출문제집

사례형

 해커스변호사

서문

형법과 형사소송법의 사례형 시험문제의 경우 답안에 담을 내용을 숙지해야 함은 물론, 답안의 작성방법도 잘 알고 있어야만 공부하기에도 쉽고 좋은 점수를 얻을 수 있다. 또한 답안에 담을 내용은 변호사시험의 실제에 적합한 내용이고 적당한 분량이어야 할 것이다. 저자는 이러한 필요가 충족될 수 있도록 최선을 다해 해설하였다. 또한, 기존의 사례형 답안에 변경된 판례의 입장을 반영하여 알맞게 수정하였다. 기존의 교재가 지나치게 학설을 강조하여 변호사시험의 실제와 맞지 않는 점을 십분 고려하여 판례를 중심으로 충실한 해설을 하였다. 또한 기존 교재의 해설에서 부정확하다고 생각한 것은 각주를 통하여 저자의 의견을 밝혀 독자들의 궁금증을 최소화하려고 노력하였다.

본서와 관련된 사례형 특강은 7월경 진행될 예정이며, 강의 일정 및 본서와 관련된 질의는 아래 저자의 형사법 카페를 참고하길 바란다.

수험생들에게 본 교재가 사례형 시험의 어려움을 극복하는 반려가 되기를 기원한다.

2024년 3월 20일

저자 허정

허정 형사법 카페 https://cafe.naver.com/heojungcriminallaw

목차

PART 01 **형법**

Chapter 01	2024년 제13회 변호사시험	10
Chapter 02	2023년 제12회 변호사시험	28
Chapter 03	2022년 제11회 변호사시험	46
Chapter 04	2021년 제10회 변호사시험	60
Chapter 05	2020년 제9회 변호사시험	76
Chapter 06	2019년 제 8 회 변호사시험	90
Chapter 07	2018년 제 7 회 변호사시험	104
Chapter 08	2017년 제 6 회 변호사시험	122
Chapter 09	2016년 제 5 회 변호사시험	140
Chapter 10	2015년 제 4 회 변호사시험	154
Chapter 11	2014년 제 3 회 변호사시험	168
Chapter 12	2013년 제 2 회 변호사시험	182
Chapter 13	2012년 제 1 회 변호사시험	196

PART 02 **형사소송법**

Chapter 01   2024년 제13회 변호사시험   214
Chapter 02   2023년 제12회 변호사시험   230
Chapter 03   2022년 제11회 변호사시험   244
Chapter 04   2021년 제10회 변호사시험   258
Chapter 05   2020년 제9회 변호사시험   270
Chapter 06   2019년 제 8 회 변호사시험   284
Chapter 07   2018년 제 7 회 변호사시험   302
Chapter 08   2017년 제 6 회 변호사시험   316
Chapter 09   2016년 제 5 회 변호사시험   326
Chapter 10   2015년 제 4 회 변호사시험   338
Chapter 11   2014년 제 3 회 변호사시험   346
Chapter 12   2013년 제 2 회 변호사시험   360
Chapter 13   2012년 제 1 회 변호사시험   372

부록 **판례색인**   384

PART

형법

Chapter 01

2024년 제13회 변호사시험

01 제1문

(1) 甲, 乙, 丙이 금값 상승에 관해 이야기를 나누던 중 乙은 외삼촌 A의 집 안 금고에 금괴가 있는데 A가 출장 중이라 집이 비어 있으니 금괴를 훔쳐 나누어 갖자고 제안하였다. 이에 동의한 甲과 丙에게 乙은 A의 집 비밀번호 및 금고의 위치와 비밀번호, CCTV가 없는 도주로까지 상세한 정보와 범행 계획을 제공하였다.

범행 당일 10:00경 범행 계획대로 乙은 자신이 거주하는 오피스텔에 남아 있었고, 甲과 丙은 A의 집으로 갔다. 丙이 A의 집 비밀번호를 눌러 문을 열어주고 문 앞에서 망을 보는 사이 甲은 A의 집 안으로 들어가 금고를 찾아 열었다. 하지만 금고 안은 텅 비어 있었다. 甲은 계속하여 금괴를 찾던 중, 출장이 연기되어 마침 집 안 침실에 있던 A에게 발각되자 자신을 붙잡으려는 A의 얼굴을 주먹으로 때리고 집 밖으로 도망쳤다. 한편, 丙은 망을 보는 시간이 길어지자 甲에게 진행상황을 물어보는 문자메시지를 보냈고, 이에 甲이 금고 안에 금괴가 없다는 답을 보내오자 甲이 집에서 나오기 전에 이미 현장을 떠났다.

A는 "집에 침입한 절도범이 나를 때리고 도주하였는데, 절도범한테 맞아서 코에 피가 난다. 절도범은 30대 초반에 빨간색 뿔테안경을 착용하였고, 청바지에 흰색 티셔츠를 입었다."라고 112에 신고를 하였다. 신고를 받고 출동한 경찰관은 근처를 탐문하던 중, A의 집으로부터 2km 떨어진 지점에서 인상착의가 흡사한 甲을 발견하고 검문을 위해 정지를 요구하였다. 甲이 이를 무시하고 그대로 도주하자 200m 가량 추격하여 甲의 옷자락을 붙잡았고 그로 인해 甲이 바닥에 넘어졌다. 경찰관은 甲의 손과 소매 부분에 피가 묻어 있는 것을 발견하고 행적에 대하여 질문을 하려고 하였으나 甲이 다시 도주하려고 하자 그 자리에서 체포의 이유와 변호인 선임권 등을 고지하고 甲을 체포하였다.

경찰 조사 결과 금괴는 이미 오래전에 처분한 터라 사건 당시 금고 안에는 아무 것도 없었고, A는 甲의 폭행으로 인해 2주간의 치료를 요하는 비강출혈상을 입었다. 한편, A는 경찰 조사에서 "甲, 乙, 丙에 대한 처벌을 원한다."라고 진술하였고 경찰관은 이를 진술조서에 기재하였다.

(2) 丁과 戊는 수년간 극도로 사이가 좋지 않던 직장 동료 B를 교통사고로 위장하여 살해하기로 마음먹었다. 丁이 1t 트럭을 렌트한 다음 戊가 트럭을 운전하고 丁은 戊의 옆자리에 앉아 B가 퇴근하기를 기다렸다. 자정 무렵 B가 건물 밖으로 나오자 戊가 트럭 속도를 올려 도로를 건너는 B를 강하게 충격한 다음 그대로 도망쳤다. 丁과 戊는 사고 장소에서 3km 떨어진 곳으로 이동하여 주차하였는데, 丁은 후회와 함께 B에 대한 연민이 들어 그를 구호해 주자고 하였으나 戊는 동의하지 않고 그곳을 떠났다. 丁은 119에 전화를 걸어 B의 구조를 요청하였고, 丁의 신고를 받고 출동한 구조대에 의해 병원으로 이송된 B는 가까스로 목숨을 건질 수 있었다. 경찰관 P는 丁을 조사하였고, 丁은 범행을 자백하며 戊가 범행 당일 평택항을 통해 중국으로 출국할 계획이라고 진술하였

다. 경찰은 당일 정오에 평택항에서 출국하려는 戊를 긴급체포하면서, 戊가 소지하고 있던 휴대전화를 영장 없이 압수하였다. 조사 과정에서 戊는 범행을 부인하면서 휴대전화 분석 절차에는 참여하지 않겠다고 하였다. 휴대전화 분석 결과 丁과 戊의 대화 녹음파일이 복구되었고, 대화 중 "트럭이 준비되었으니 자정이 되면 실행하자."라는 丁의 발언이 확인되었다. 위 녹음파일은 戊가 丁몰래 녹음한 것이었다. 경찰은 적법한 절차에 따라 사후영장을 발부받았다.

1. (1)과 관련하여 甲, 乙, 丙의 죄책을 논하시오. (45점)
2. (2)와 관련하여 丁, 戊의 죄책을 논하시오(특별법 위반의 점은 논외로 함). (15점)

[설문 1]의 해설❶

Ⅰ. 논점의 정리

甲, 乙, 丙의 죄책과 관련하여 ⅰ) 乙의 외삼촌 A의 집에 금괴를 훔치러 들어간 행위에 대하여 폭력행위 등 처벌에 관한 법률(이하 '폭처법'이라 한다)위반(공동주거침입)죄, 특수절도죄가 성립할 수 있는지 ⅱ) A를 폭행하여 상해를 입힌 행위에 대하여 준강도 및 강도상해 또는 강도치상죄가 성립할 수 있는지 각 문제된다.

Ⅱ. 甲과 丙의 죄책

1. 폭처법위반(공동주거침입)죄의 성립여부

2명 이상이 공동하여 사람의 주거에 침입한 경우 폭처법위반(공동주거침입)죄가 성립한다(폭처법 제2조 제2항 제1호, 형법 제319조 제1항). 여기의 '공동'은 공범관계에 있는 수인이 동일 장소에서 동일 기회에 상호 다른 자의 범행을 인식하고 이를 이용하여 범행을 한 경우를 의미한다(대판 : 2013도4430).

한편, 甲과 丙은 乙이 알려 준 A의 집 비밀번호를 누르고 A의 집에 들어갔으므로 '침입'에 해당하는지 함께 문제 될 수 있는데, 주거침입죄의 객체는 행위자 이외의 사람, 즉 '타인'이 거주하는 주거 등이라고 할 것이므로 행위자 자신이 단독으로 또는 다른 사람과 공동으로 거주하거나 관리 또는 점유하는 주거 등에 임의로 출입하더라도 주거침입죄를 구성하지 않는다(대판(전) : 2020도6085).

사안에서 乙은 외삼촌 A와 동거하지 않고 따로 오피스텔에 거주하고 있으므로 乙을 A의 공동거주자로 볼 수 없다. 따라서 甲·乙·丙이 주거침입을 공모❷한 후 丙은 A의 집 비밀번호를 눌러 문을 열어주고 문 앞에서 망을 보고, 甲은 A의 집 안으로 들어갔는바, 이는 공범관계에 있는 甲과 丙이 동일 장소에서 동일 기회에 상호 다른 자의 주거침입의 범행을 인식하고 이를 이용하여 범행을 한

---

❶ 2013년 제2회 변호사시험 제1문과 유사한 쟁점이 출제되었다.

❷ 사실관계에서 乙은 甲과 丙에게 A의 집 비밀번호를 알려 주고 역할을 분담하였으므로 공모가 인정된다.

경우로서, 2명 이상이 공동하여 사람의 주거에 침입한 경우에 해당하므로 폭처법위반(공동주거침입)죄가 성립한다.

2. 특수절도죄의 성립여부

(1) 합동에 의한 특수절도죄의 성립여부

2인 이상이 합동하여 타인의 재물을 절취한 경우 특수절도죄가 성립한다(제331조 제2항). 여기의 합동❸은 공모와 실행행위의 분담이 있어야 하고, 그 실행행위는 시간적·장소적으로 협동관계에 있음을 의미한다(대판 : 96도313).❹

사안에서 甲과 丙은 절도를 공모한 후 丙은 A의 집 앞에서 망을 보고, 甲은 A의 집에 들어가 A의 금고를 찾아 열었으므로 이는 시간적·장소적으로 협동하여 실행행위를 분담한 경우에 해당한다.

따라서 甲과 丙의 행위는 2인 이상이 합동하여 타인의 재물을 절취한 경우에 해당되므로 일응 특수절도죄가 성립한다. 다만, A가 이미 오래전 금괴를 처분하여 사건 당시 금고 안에는 아무것도 없어 결과 발생이 처음부터 불가능한 경우에 해당하나 위험성이 존재하는 경우였으므로 특수절도죄의 불능미수가 성립할 수 있는지 문제된다.

(2) 합동에 의한 특수절도미수죄의 성립여부

특수절도의 불능미수가 성립하기 위해서는 특수절도의 미수의 일반요건인 ① 특수절도의 고의가 있을 것, ② 실행의 착수가 있을 것, ③ 범죄의 미완성(제331조 제2항, 제342조) 이외에 불능미수의 특유한 요건인 ④ 실행의 수단 또는 대상의 착오로 결과발생이 불가능할 것과 위험성이 인정되어야 한다(제27조).

甲은 A의 집 안으로 들어가 금고를 찾아 열었으므로 실행에 착수하였다. 그러나 금괴는 A가 이미 오래전에 처분하여 처음부터 훔치는 것이 불가능하였는데 이는 절도의 결과 발생이 처음부터 불가능한 경우이므로 위험성이 존재하여 특수절도죄의 불능미수가 성립하는지 문제된다.

위험성의 판단기준에 대하여는 ① 행위당시에 객관적으로 존재하였던 수단과 대상을 놓고 판단하여 결과발생이 개념적으로 불가능한 절대적 불능의 경우에는 위험성이 없어 불가벌이지만 구체적인 특수한 경우에만 불가능한 상대적 불능의 경우에는 위험성이 인정되므로 불능미수범으로 처벌하여야 한다는 견해(구객관설)와 ② 행위당시에 행위자가 인식한 사정과 일반인이 인식할 수 있었던 사정을 기초로 일반적 경험법칙에 따라 객관적·사후적으로 판단하여 결과발생의 개연성이 있는 경우는 구체적 위험성이 있으므로 불능미수이고, 결과발생의 개연성이 없는 경우는 구체적 위험성이 없으므로 불능범이 된다는 견해(구체적 위험설)가 있으며, ③ 행위당시에 행위자가 인식한 사정을 기초로 하여, 행위자가 생각한 대로의 사정이 존재하였으면 일반인의 판단에서 결과발생의 위험성이 있는 경우는 불능미수이고, 위험성이 없는 경우는 불능범이 된다는 견해(추상적 위험설), ④ 주관적으로 범죄

---

❸ 합동의 의미에 대하여는 공모공동정범설, 가중적 공동정범설, 현장설, 현장적 공동정범설의 견해의 다툼이 있으나, 사안의 경우 어느 견해에 의하더라도 '합동'이 인정되는 경우이므로 학설을 장황하게 소개할 필요가 없다. 이하에서 보는 바와 같이 현장에 있지 않은 乙의 죄책을 논함에 있어서는 위의 논의가 실익이 있고 합동범과 합동범의 공동정범을 묻는 전형적인 패턴이므로 반드시 기억해 두어야 한다.

❹ 학설 다툼이 실익이 없는 경우에는 판례이론에 따라 사례를 해결하는 것이 가장 간명한 방법이며 또한 충분하다고 본다.

의사가 확실하게 표현된 이상 그것이 객관적으로 절대불능인 경우에도 미수로 처벌해야 한다는 견해(주관설)가 있다. 다만 이 견해는 미신범의 경우는 실행행위의 정형성이 없기 때문에 가벌적 미수에서 제외된다고 본다. 判例는 구객관설의 입장인 경우와 추상적 위험설의 입장인 경우로 나뉘어져 있다.

ⅰ) 구객관설은 절대적 불능과 상대적 불능의 구별기준이 명확하지 못하다는 문제점이 있고, ⅱ) 구체적 위험설은 행위자가 인식한 사정과 일반인이 인식할 수 있었던 사정이 일치하지 않는 경우 어느 사정을 기초로 할 것인가가 명백하지 아니하다는 문제점이 있으며, ⅲ) 주관설은 행위자의 의사 이외에는 객관적 요소를 전혀 고려하지 않아 불능미수의 성립범위가 지나치게 확장될 수 있다는 문제점이 있다. 따라서 추상적 위험설이 타당하다.

사안에서 甲과 丙은 처음부터 A의 집에 금괴가 없었음에도 있다고 오인하였는바 이는 실행의 대상의 착오에 해당하고 그로 인하여 결과발생이 불가능한 경우에 해당한다. 그리고 甲과 丙은 A의 집에 금괴가 있다고 생각하고 금괴를 훔치러 들어갔는바, 행위 당시 행위자가 인식한 사정을 기초로 일반인의 관점에서 위험 여부를 판단하는 추상적 위험설에 따르면 일반인은 '금괴를 훔친다'는 사정을 위험하다고 판단할 것이므로 위험성도 인정된다. 따라서 甲과 丙의 행위는 특수절도죄의 불능미수가 성립한다.

3. 강도상해죄의 성립여부

(1) 甲의 강도상해죄 성립여부

강도상해죄는 강도가 사람을 상해함으로써 성립한다(제337조). 강도상해죄의 강도는 단순강도 이외에 준강도도 포함되는데 절도가 체포를 면탈할 목적으로 폭행을 가한 때에는 준강도에 해당한다(제335조). 여기의 폭행은 사람의 반항을 억압할 수 있는 정도이어야 하며, 폭행은 절도의 기회에 행하여져야 하므로 절도와 폭행간에 시간적ㆍ장소적 접근성이 인정되어야 한다.

사안에서 甲은 금괴를 찾던 중 A에게 발각되어 A의 얼굴을 주먹으로 때려 2주간의 비강출혈상을 입혔으므로 절도의 기회성과 폭행이 인정되고 준강도에 해당함은 의문이 없다. 다만, 앞서 살핀 바와 같이 특수절도가 미수에 그쳤으므로 준강도죄의 미수가 성립하는지 문제된다. 이에 대하여 ⅰ) 준강도죄의 구성요건적 행위는 폭행ㆍ협박이므로 기수ㆍ미수의 기준은 폭행ㆍ협박행위를 기준으로 판단하여야 한다. 폭행ㆍ협박행위기준설, ⅱ) 강도죄는 재산권과 자유권을 보호법익으로 하지만 재산죄에 그 본질이 있고, 강도죄의 경우 재물을 강취하여야 기수가 됨에도 불구하고, 폭행ㆍ협박을 기준으로 준강도죄의 기수ㆍ미수를 결정하면 재물을 절취하지 못한 자도 준강도죄의 기수가 되어 강도죄의 기수의 형으로 처벌받게 되어 형의 불균형을 초래하므로, 준강도죄의 기수ㆍ미수는 절취행위를 기준으로 하여야 한다. 절취행위기준설이 대립한다. 判例는 준강도죄의 기수 여부는 절도행위의 기수 여부를 기준으로 하여 판단하여야 한다고 판시하고 있다.

폭행ㆍ협박행위기준설에 의하여 기수ㆍ미수를 판단하는 경우 절도의 기수, 미수를 불문하고 양자 모두 준강도기수죄가 될 수 있어 형의 불균형이 발생한다는 문제점이 있다. 따라서 절취행위기준설이 타당하다.

사안에서 甲은 준강도에 해당하나 절취행위가 미수에 그쳤으므로 준강도죄의 미수에 해당한다. 한편, 준강도에 의한 강도상해죄는 절도의 목적달성여부에 관계없이 성립하므로(대판 : 85도682) 甲에게 강도상해죄가 성립한다(제337조).❺

(2) 丙의 죄책

준강도가 성립하려면 절도가 절도행위의 실행중 또는 실행직후에 체포를 면탈할 목적으로 폭행, 협박을 한 때에 성립하고 이로써 상해를 가하였을 때에는 강도상해죄가 성립되는 것이고, 공모합동하여 절도를 한 경우 범인 중의 하나가 체포를 면탈할 목적으로 폭행을 하여 상해를 가한 때에는 나머지 범인도 이를 예기하지 못한 것으로 볼 수 없다면 강도상해죄의 죄책을 면할 수 없다(대판 : 83도3321; 동지 대판 : 84도2552).

사안에서 丙은 甲과 함께 A가 출장 중이라 집에 비어 있다고 생각하고 절도를 계획하였고, 丙은 甲에게 진행상황을 물어보는 문자메시지를 보내 甲으로부터 금고 안에 금괴가 없다는 답장을 확인한 후 甲이 집에서 나오기 전에 이미 현장을 떠났으므로 A에 대한 폭행을 예견하였다고 볼 수 없다. 따라서 丙에게는 준강도미수죄가 성립하지 않고, 준강도미수죄가 성립하지 않는 이상 강도상해죄는 성립하지 않는다.❻❼

4. 소결

甲은 준강도에 의한 강도상해죄가 성립하나, 丙은 특수절도미수죄만 성립한다.

---

❺ 이에 대하여 강도치상죄를 검토한 후 결과적 가중범의 미수 인정여부에 대한 쟁점으로 기재한 답안도 있을 것이다(형법은 제342조에서 강도상해·치상죄의 미수규정을 두고 있다). 그러나, 判例는 준강도에 의한 상해에 있어서 강도치상죄가 아닌 '강도상해'죄를 검토하고 있음에 유의하여야 한다. 학설에 따라 강도치상죄로 결론을 내린 후 위 쟁점을 기재하여도 무방하지만, 判例는 준강도에 의한 상해에 있어서는 강도상해죄를 검토함을 기억하여야 한다. 특히 강도상해죄로 기재한 후 결과적 가중범의 미수 논의를 전개하는 것은 논리모순이 되는 것이다.

   참고판례 준강도가 성립하려면 절도가 절도행위의 실행중 또는 실행직후에 체포를 면탈할 목적으로 폭행, 협박을 한 때에 성립하고 이로써 상해를 가하였을 때에는 강도상해죄가 성립되는 것이고 공모합동하여 절도를 한 경우 범인중의 하나가 체포를 면탈할 목적으로 폭행을 하여 상해를 가한 때에는 나머지 범인도 이를 예기하지 못한 것으로 볼 수 없으면 강도상해죄의 죄책을 면할 수 없다(대판 1984.2.28. 83도3321; 대판 1982.7.13. 82도1352).

❻ **참고판례** 절도를 공모한 피고인이 다른 공모자(甲)의 폭행행위에 대하여 사전양해나 의사의 연락이 전혀 없었고, 범행장소가 빈 가게로 알고 있었고, 위 甲이 담배창구를 통하여 가게에 들어가 물건을 절취하고 피고인은 밖에서 망을 보던 중 예기치 않았던 인기척 소리가 나므로 도주해버린 이후에 위 甲이 창구에 몸이 걸려 빠져나오지 못하게 되어 피해자에게 붙들리자 체포를 면탈할 목적으로 피해자에게 폭행을 가하여 상해를 입힌 것이고, 피고인은 그동안 상당한 거리를 도주하였을 것으로 추정되는 상황하에서는 피고인이 위 甲의 폭행행위를 전혀 예기할 수 없었다고 보여지므로 피고인에게 준강도상해죄의 공동책임을 지울 수 없다(대판 1984.2.28. 83도3321).

❼ 위의 참고판례는 준강도에 의한 강도상해죄의 공동정범의 성립에 있어 폭행(상해)에 대한 예견가능성을 부정한 사안이다. 대법원은 일반적인 공모관계 이탈과는 달리 준강도에 의한 강도상해의 공모관계 이탈의 경우 절도의 발각 전과 후로 나누어 이탈을 인정하므로 위 판례의 사실관계에 비추어 보면 사안에서 丙에게는 예견가능성이 없었다고 보여지고 출제기관 역시 이 부분을 고려하여 출제한 것임이 분명해 보인다.

Ⅲ. 乙의 죄책

1. 폭처법위반(공동주거침입)죄의 성립여부

乙은 甲·丙과 주거침입을 공모하였으나 甲과 丙의 주거침입의 현장에 있지 않았으므로 폭처법위반(공동주거침입)죄가 성립하지 아니하며, 다만 폭처법위반(공동주거침입)죄의 공동정범(제30조)이 성립할 수 있을 뿐이다.❽

2. 특수절도죄의 성립여부

2인 이상이 합동하여 타인의 재물을 절취한 경우 특수절도죄가 성립한다(제331조 제2항).

여기의 '합동'의 의미에 대해서는 ⅰ) 합동을 공모로 이해하는 견해(공모공동정범설)와 ⅱ) 합동을 공동으로 이해하는 견해(가중적 공동정범설)가 있으나, 전자의 경우 합동범의 범위가 지나치게 넓어질 수 있다는 문제점이 있고, 후자는 형법이 합동과 공동 양자를 구별하여 규정한 입법취지를 무시하게 되는 문제점이 있다.

따라서 합동은 공모와 실행행위의 분담이 있어야 하고, 그 실행행위에 있어서는 시간적으로나 장소적으로 협동관계에 있음을 요한다(대판 : 96도313)고 보는 것이 타당하다.

사안에서 乙은 절도를 제안하고 甲과 丙에게 A의 집 비밀번호 및 금고의 위치와 비밀번호, CCTV가 없는 도주로까지 상세한 정보와 범행 계획을 제공하는 등 주모자로서 실행행위의 분담이 있었으나 그 실행행위가 시간적·장소적으로 협동관계에 있다고 볼 수 없다. 따라서 乙에게는 합동에 의한 특수절도죄가 성립할 수 없다.

이 경우 甲에게 합동에 의한 특수절도죄의 공동정범이 성립하는지에 대하여, 합동에 의한 특수절도죄가 무겁게 처벌되는 것은 시간적, 장소적 협동에 의하여 다수인이 죄를 범할 때 위험성이 증가하는 점을 고려한 것이므로 현장이 아닌 곳에서 역할분담을 한 자에 대하여는 합동범의 공동정범이 성립할 수 없다는 견해가 있다. 그러나 합동범에 대하여도 공동정범의 일반이론이 적용되어야 하므로 현장에 있지 아니한 자도 현장의 합동범에 기능적 행위지배를 하고 있는 이상 합동범의 공동정범이 될 수 있다고 보는 것이 타당하다.

사안에서 乙은 甲과 丙의 합동에 의한 특수절도미수 행위에 대하여 공모와 실행분담(기능적 행위지배)이 인정되므로 합동에 의한 특수절도죄의 공동정범이 성립한다(제331조 제2항, 제30조). 다만, 乙이 A의 동거하지 않는 조카로서 상대적 친고죄에 해당하므로(제342조, 제328조 제2항) 乙을 처벌할 수 있는지 문제될 수 있으나 A는 경찰 조사에서 "乙에 대한 처벌을 원한다."고 하였으므로 乙을 처벌할 수 있다.

---

❽ 본 사안에 대하여는 명시적인 판례가 없다. 다만 판례이론에 따라 사안을 포섭하면 위와 같은 결론을 맺을 수밖에 없다고 생각된다. 이하에서 보는 '합동범의 공동정범'의 논의와 유사하다.

3. 강도상해죄의 공동정범 성립여부

사안에서 乙은 A가 출장 중이라 집이 비어 있으니 금괴를 훔쳐 나누어 갖자고 제안하고 실행행위를 분담하였으므로 甲의 폭행(상해)을 예견할 수 있었다고 볼 수 없다. 따라서 乙에게 준강도 및 강도상해죄는 성립하지 않는다.[9]

4. 소결

乙은 특수절도죄의 공동정범이 성립한다.

IV. 결론

① 甲은 폭처법위반(공동주거침입)죄와 강도상해죄의 죄책을 진다.
② 乙은 폭처법위반(공동주거침입)죄의 공동정범과 특수절도미수죄의 공동정범의 죄책을 진다.
③ 丙은 폭처법위반(공동주거침입)죄와 특수절도미수죄의 죄책을 진다.

[설문 2]의 해설

1. 논점의 정리

丁과 戊가 B를 죽이려고 한 행위와 관련하여 살인미수죄의 공동정범이 성립할 수 있는지 문제된다.

2. 살인미수죄의 성립여부

사람을 살해하면 살인죄가 성립하고, 미수에 그친 경우 살인미수죄가 성립한다(제254조, 제250조 제1항).

사안에서 丁과 戊는 직장 동료 B를 교통사고로 위장하여 살해하기로 공모하였고, 丁이 트럭을 렌트하고 戊는 트럭을 운전하여 B를 강하게 충격함으로써 기능적 행위지배에 의한 역할분담을 하였으나 B가 죽지 않았으므로 살인미수죄의 공동정범이 성립한다(제254조, 제250조 제1항, 제30조). 다만, 사안에서 丁이 119에 전화를 걸어 B를 구조하였으므로 丁과 戊에게 살인죄의 중지미수가 성립할 수 있는지 문제된다.

---

[9] 출제기관에서 모범답안을 제공하지 않는 이상 수험생의 입장에서는 출제자가 어떠한 결론을 가지고 사실관계를 출제했는지 정확히 알 수 없으며 단지 합리적인 추측만이 가능하다. 특히 '고의'와 같은 주관적 구성요건요소 또는 본 사례와 같은 '예견가능성'이 그 대표적인 예가 될 것이다. 이처럼 어떠한 사실관계의 정확한 결론은 출제자가 아닌 이상은 정확하게 알 수 없으므로 결론이 무엇이냐가 중요한 것이 아님을 반드시 주지하여야 한다. 형사법 고득점을 위해서 가장 중요한 것은 자신이 내린 결론에 이르는 법리와 논증 즉, 논의의 과정에서 이루어지는 판례의 법리와 학설들의 일관성이므로 결론에 집착하기보다는 정확한 쟁점 추출 능력의 배양과 논리 일관성을 갖추는 것에 중점을 두고 공부해야 할 것이다.

3. 살인죄의 중지미수 성립여부

(1) 살인죄의 중지미수의 성립여부

사안의 경우 위에서 살펴본 바와 같이 丁과 戊는 살인죄의 미수의 일반요건은 구비하였다. 중지미수는 범인이 자의로 실행행위로 인한 결과의 발생을 방지한 경우 성립한다(제26조). 따라서 중지미수가 성립하기 위해서는 ① 자의성이 인정될 것, ② 방지행위로 인하여 결과발생이 방지되었을 것이 요구된다.

자의성에 대하여는 ⅰ) 객관설, ⅱ) Frank의 공식, ⅲ) 규범설, ⅳ) 주관설, ⅴ) 절충설이 대립하고 判例는 범죄 실행행위의 중지가 일반 사회통념상 범죄를 완수함에 장애가 되는 사정에 의한 것이 아닌 경우 자의성을 인정하여 중지미수에 해당한다고 판시하고 있다(대판 : 99도640).

사안에서 丁은 범죄 수행에 객관적 장애사유가 없음에도 후회하고 B를 살리기 위하여 119에 전화를 걸어 B를 구조대에 의해 병원에 이송되게 하였으므로 어느 학설에 의하더라도 위 ①의 요건은 구비되었다고 보여진다.[10] 또한 구조대와 병원(의사)의 조력을 받아 결과발생을 방지하였으나 이는 丁 자신의 결과방지와 동일시할 수 있다. 따라서 丁에게 살인죄의 중지미수가 성립한다(제254조, 제250조 제1항, 제26조). 한편, 이 경우 중지미수의 효과가 戊에게도 미치는지 문제된다.

(2) 중지미수의 효과가 미치는 범위[11]

공동정범 중 1인의 자의에 의한 실행중지만으로는 그의 중지미수를 인정할 수 없으며, 공동정범 전원의 실행행위를 중지시키거나 모든 결과발생을 완전히 방지한 경우 공동정범 중 '중지시키거나 방지한 자'만 중지미수가 되고, 그렇지 않은 자는 장애미수가 된다(대판 : 85도2831).

사안에서 중지미수의 효과는 일신전속성이므로 결과발생을 방지하지 않은 戊에게는 중지미수가 아닌 살인죄의 장애미수가 성립한다(제254조, 제250조 제1항, 제25조).

4. 결론

丁과 戊는 살인미수죄의 공동정범이 성립하고, 丁은 중지미수의 효과로서 형의 필요적 감면을 받게 되나, 戊는 임의적 감경을 받게 될 뿐이다.

---

[10] 이 사안에서 자의성이 인정된다는 점은 문제될 것이 없으므로 중지미수의 자의성의 인정여부에 관한 학설을 나열·설명하는 것은 의미가 없다.

[11] 총론의 공범과 중지미수의 쟁점에 해당한다.

(1) 甲과 乙은 한 건 하기로 하고 집 주변 ATM 앞을 서성대다 현금을 인출하는 A의 뒤에서 몰래 A의 신용카드 비밀번호를 알아낸 다음, 乙이 A에게 길을 묻는 척하고, 甲이 그 사이 A의 지갑을 몰래 꺼내었다. 그 후 甲은 乙에게 "일단 네가 갖고만 있어라. 밤에 만나서 이야기하자."라고 말하며 그 지갑을 건네주었고, 각자 다른 방향으로 도망쳤다. 乙은 甲의 말을 어기고 ○○백화점 근처 ATM에서 A의 신용카드로 예금 100만 원을 인출하고 나오다가, 마침 그곳을 지나가던 처남 丙과 마주치자 丙에게 A의 신용카드를 자신의 것인 양 건네주며 "내가 지금 급한 약속이 있으니 아내 생일 선물로 줄 명품 가방을 하나 사 달라."라고 부탁했다. 丙은 당연히 乙의 카드로 생각하고 ○○백화점에서 A의 신용카드를 사용하여 500만 원 상당의 명품 가방을 구매하였다. 그 후 丙은 옆 매장에서 사고 싶었던 시계를 발견하고 들어가 매장직원 B에게 "한번 착용해 보자."라고 요청했고, B가 건네준 시계를 손목에 차고 살펴보다가 B가 다른 손님과 대화하는 사이 몰래 도망친 후, 乙을 만나 구입한 가방과 A의 신용카드를 건네주었다. 乙은 그날 밤 甲에게 A의 신용카드를 주면서 "너부터 사용하고 만일 경찰에 잡히면 혼자 길 가다가 주운 카드라고 말해."라고 하였다. 귀가하던 甲은, A의 신고를 받고 甲을 검거하기 위해 인근을 순찰하던 경찰관 P1이 자신에게 다가오자 평소 지니고 있던 접이식 칼을 휘둘러 P1의 팔에 전치 4주의 상처를 입혔다. 뒤늦게 현장에 도착한 경찰관 P2에 의해 체포된 甲은 피의자 신문과정에서 乙이 지시한 대로 진술했다.

(2) 한편, 경찰관 P2는 현장 부근 CCTV 영상에서 지갑을 건네받는 乙을 발견하고, 乙의 가담 여부를 확인하기 위하여 절도 혐의에 관한 영장을 발부받아 甲의 휴대전화를 압수하여 이를 적법하게 포렌식하였다. 그 과정에서, 甲이 2020. 5. 20. 15세인 C에게 C 자신의 신체 일부를 노출한 사진을 촬영하도록 하였고, 2020. 6. 15. 14세인 D에게 D 자신의 신체 전부를 노출한 동영상을 촬영하도록 하는 등 2023. 2. 10.까지 14~16세의 피해자 100명에게 피해자 자신의 신체의 전부 또는 일부를 노출한 사진과 동영상을 촬영하도록 하여 총 1,000개의 아동·청소년성착취물인 사진과 동영상을 제작한 사실도 밝혀졌다.

1. 사실관계 (1)에서 甲, 乙, 丙의 죄책은? (55점)

[설문 1]의 해설

Ⅰ. 논점의 정리

① A의 지갑을 훔치고 예금을 인출한 행위와 관련하여 甲과 乙에게 합동에 의한 특수절도죄, 절도죄, 여신전문금융업법(이하 '여전법'이라 한다)위반(신용카드부정사용)죄가 성립하는지,

② A의 신용카드를 이용하여 명품 가방을 구매한 행위와 관련하여 乙과 丙에게 사기죄, 장물취득죄가 성립할 수 있는지,

③ 시계매장에 들어가 시계를 손목에 착용하고 도망친 행위와 관련하여 丙과 乙에게 주거침입죄, 절도죄 또는 사기죄가 성립할 수 있는지,

④ 甲이 수사과정에서 乙의 지시에 따라 허위진술을 한 행위와 관련하여 甲과 乙에게 범인도피죄, 범인도피교사죄, 위계에 의한 공무집행방해죄가 성립할 수 있는지,

⑤ 甲이 접이식 칼을 휘둘러 P1에게 상해를 입힌 행위와 관련하여 특수공무집행방해치상죄, 특수상해죄가 성립할 수 있는지 각 문제된다.

Ⅱ. 지갑을 훔치고 예금을 인출한 행위에 대한 죄책

1. 특수절도죄의 성립여부

2인 이상이 합동하여 타인의 재물을 절취한 경우 특수절도죄가 성립한다(제331조 제2항). 여기의 합동❶은 공모와 실행행위의 분담이 있어야 하고, 그 실행행위는 시간적·장소적으로 협동관계에 있음을 의미한다(대판 : 96도313).❷

사안에서 甲과 乙은 절도를 공모한 후 乙은 A에게 길을 묻는 척하고, 甲은 A의 지갑을 몰래 훔쳤으므로 이는 시간적·장소적으로 협동하여 실행행위를 분담한 경우에 해당한다.

따라서 甲과 乙의 행위는 2인 이상이 합동하여 타인의 재물을 절취한 경우에 해당되므로 특수절도죄가 성립한다.

2. 절도죄 및 여전법상 신용카드부정사용죄의 성립여부❸

(1) 절도죄 및 컴퓨터사용사기죄의 성립여부

타인의 신용카드를 무단사용하여 예금을 인출하고, 현금서비스를 받은 경우, 인출한 현금 즉 재물도 재산상 이익에 해당한다고 보아 컴퓨터사용사기죄가 성립한다는 견해도 있다. 그러나 제347조의2는 컴퓨터등사용사기죄의 객체를 재물이 아닌 재산상의 이익으로만 한정하여 규정하고 있으므로, 현

---

❶ 합동의 의미에 대하여는 공모공동정범설, 가중적 공동정범설, 현장설, 현장적 공동정범설의 견해의 다툼이 있으나, 사안의 경우 어느 견해에 의하더라도 '합동'이 인정되는 경우이므로 학설을 장황하게 소개하는 것은 - 비판까지 덧붙이는 것은 더욱더 - 시간 낭비임과 동시에 쟁점에 대한 이해 부족임을 자명(自明)하는 것이다.

❷ 반복하여 강조했듯이 학설 다툼의 실익이 없는 경우에는 학설을 장황하게 설명하는 것은 무익하다. 사안에서도 현장성이 인정된다는 점에 대해서는 이론이 없다.

❸ 2018년 제7회 변호사시험 제1문과 동일한 쟁점이 출제되었다.

금을 인출하는 행위가 재물에 관한 범죄인 이상 컴퓨터사용사기죄가 성립할 수 없다(대판 : 2003도1178)고 보는 것이 타당하다.

사안에서 乙이 A의 신용카드를 무단사용하여 예금 100만 원을 인출한 것은 현금자동지급기의 관리자의 의사에 반하여 그의 지배를 배제한 채 그 현금을 자기의 지배하에 옮겨 놓는 행위로서 절도죄가 성립한다(대판 : 2006도3126).❹

(2) 신용카드부정사용죄의 성립여부❺

도난당한 신용카드를 사용한 경우 신용카드부정사용죄가 성립한다(여전법 제70조 제1항 제3호). 여기서 '신용카드의 사용'이라 함은 신용카드의 본래의 용법에 따라 사용하는 경우를 말한다.

사안에서 乙이 신용카드로 예금 100만 원을 인출❻한 것은 신용카드에는 예금인출 기능이 없으므로 현금카드의 기능을 사용한 경우에 불과하고 신용카드의 본래의 용법에 따른 사용이라고 볼 수 없으므로 신용카드부정사용죄가 성립하지 아니한다.❼

3. 소결

乙에게 지갑을 훔친 행위에 대하여 특수절도죄, 예금인출 행위에 대하여 절도죄가 성립한다. 지갑을 훔친 행위와 관련하여 甲에게도 특수절도죄가 성립한다. 다만, 예금인출 행위는 공모한 내용이 아니므로 이는 공동정범의 착오에 해당하고 추상적 사실의 착오 중 실행행위에 대한 착오로서 질적 초과에 해당하므로 아무런 책임을 지지 않는다.❽

Ⅲ. 절취한 A의 신용카드를 이용하여 명품 가방을 구입한 행위에 대한 죄책❾

1. 사기죄의 성립여부

사람을 기망하여 재물을 교부받은 때에는 사기죄(제347조)가 성립하므로, 절취한 타인의 신용카드를 이용하여 물품을 구매한 경우 사기죄가 성립한다(대판 : 96도1181). 사안에서 丙은 乙이 절취한 A의 신용카드를 건네받아 乙의 신용카드로 알고 명품 가방을 구매하였으므로 사기죄의 고의가 인정되지 않아 사기죄가 성립하지 않는다.

다만, 사안에서 乙은 고의 없는 丙을 도구로 이용하여 丙으로 하여금 절취한 A의 신용카드를 마치 乙의 것인 양 가장하여 백화점에서 500만 원 상당의 가방을 구입하였는 바 이는 간접적으로 사람을 기망하여 재물을 교부받은 경우에 해당하여 사기죄의 간접정범이 성립한다(제347조 제1항, 제34조 제1항).

---

❹ 양 죄 모두 성립하지 아니하고 무죄가 된다는 견해도 있다. 그러나 이 부분까지 기술하는 것은 시간상 무리라고 본다. 다만 컴사기죄가 성립하지 아니한다는 판례가 존재하므로 컴사기의 성립여부에 대하여는 가급적 언급하여야 할 것이다.

❺ 여기서 '예금인출'은 신용카드의 '현금서비스' 기능이 아닌 현금카드의 기능을 사용한 것으로 보아야 한다. '예금'의 사전적 의미는 일정한 계약에 의하여 은행에 돈을 맡기는 것을 의미하므로 사실관계에서의 '예금인출'은 은행에 맡긴 돈을 찾는 것으로 보아야 한다.

❻ 예금인출은 겸용카드에 내포된 현금카드 기능을 사용하여만 가능하다.

❼ 그렇다고 하여 현금카드부정사용죄가 성립할 수 있는 것도 아니다. 여전법은 동죄에 대한 규정이 없기 때문이다.

❽ 공동정범의 착오에는 사실의 착오에 대한 이론이 그대로 적용된다.

❾ 2012년 제1회 변호사시험 제1문과 동일한 쟁점.

2. 신용카드부정사용죄의 성립여부

도난당한 신용카드를 사용한 경우에는 여신전문금융업법상의 신용카드부정사용죄가 성립한다(제70조 제1항 제3호). 여기서 부정사용이라 함은 절취한 신용카드를 본래의 용도인 물품구입이나 용역의 제공을 받거나 또는 현금서비스(자금융통)를 받는 용도로 사용하는 것을 말한다.

앞서 살핀 바와 같이 乙은 丙을 이용하여 절취한 A의 신용카드로 명품 가방을 구입하였으므로 본래의 용도대로 사용한 것으로서 신용카드부정사용죄 간접정범에 해당한다.[10]

3. 장물취득죄 성립여부[11]

장물을 취득한 경우 장물취득죄가 성립한다(제362조 제1항). 장물은 본범이 절도, 강도, 사기, 공갈, 횡령 등 재산죄에 의하여 영득한 물건 그 자체를 의미한다. 장물죄는 타인(본범)이 불법하게 영득한 재물의 처분에 관여하는 범죄이므로 본범의 정범은 장물죄의 주체가 될 수 없다.

사안에서 乙은 사기죄의 간접정범이므로 장물죄가 성립할 수 없다.

4. 소결

乙에게 사기죄와 신용카드부정사용죄의 간접정범이 성립하고, 사기죄와 신용카드부정사용죄는 그 보호법익이나 행위의 태양이 전혀 달라 실체적 경합관계에 있다고 보아야 한다.[12]

Ⅳ. 시계를 손목에 착용하고 도망친 행위와 관련된 죄책

1. 방실침입죄의 성립여부

사람이 점유하는 방실에 침입한 경우 방실침입죄가 성립한다(제319조 제1항). 사안의 경우 사실관계가 명확하지 않아 시계매장이 방실인지 알 수 없으나, "옆 매장"이라고 표현한 것으로 보아 사람이 관리하는 방실에 해당하는 것으로 볼 수 있다. 다만, 丙의 행위가 '침입'에 해당하는지 문제된다.

일반인의 출입이 허용된 장소에 영업주의 승낙을 받아 통상적인 출입 방법으로 들어갔다면 설사 범죄목적으로 들어갔다고 하더라도 특별한 사정이 없는 한 주거침입죄에서 규정하는 침입행위에 해당하지 않으므로(대판(전) : 2017도18272), 사안에서 설사 丙이 시계를 훔치기 위해 매장으로 들어갔더라도 통상적인 출입 방법으로 들어간 이상 방실침입죄가 성립하지 않는다.

---

[10] 신용카드를 절취한 후 신용카드의 부정사용행위는 새로운 법익의 침해로 보아야 하고 그 법익침해가 절도범행보다 큰 것이 대부분이므로 위와 같은 부정사용행위가 절도범행의 불가벌적 사후행위가 되는 것은 아니다(대판 1992.6.9. 92도77). 이러한 언급까지 할 수 있다면 최상이겠으나 乙의 죄책이 달라지지는 않는 부분이므로 본문에서는 생략하였다. 지엽적인 부분에 너무 욕심을 내면 다른 중요한 쟁점을 놓치게 된다는 사실을 잊지 말아야 한다.

[11] 이처럼 재산죄의 논의 후에는 항상 장물죄의 논의가 있음을 잊어서는 안 된다. 배점이 있으므로 반드시 짧게라도 장물죄를 언급해 주어야 한다.

[12] 학설로는 상상적 경합을 인정하는 견해가 있다.

또한, 만약, 시계매장이 별도의 구획으로 나누어져 있지 않더라도 丙이 백화점에 들어갈 당시에는 건조물침입의 고의가 없었으므로(이는 범죄목적 없이 들어간 후 범죄를 범한 경우에 해당) 역시 건조물침입죄는 성립하지 않는다(대판 : 83도2897).[13]

2. 절도죄의 성립여부

타인의 재물을 절취한 경우 절도죄가 성립한다(제329조). 사안에서 丙은 기망을 수단으로 하여 점유를 취득하였으므로 절도죄가 아닌 사기죄가 성립하는지 문제된다.

형법상 '절취'란 타인이 점유하고 있는 자기 이외의 자의 소유물을 점유자의 의사에 반하여 점유를 배제하고 자기 또는 제3자의 점유로 옮기는 것을 말하고, 이에 반해 기망의 방법으로 타인으로 하여금 처분행위를 하도록 하여 재물 또는 재산상 이익을 취득한 경우에는 절도죄가 아니라 사기죄가 성립한다.

사기죄에서 처분행위는 행위자의 기망행위에 의한 피기망자의 착오와 행위자 등의 착오에 빠진 피해자의 행위를 재물 또는 재산상 이익의 취득이라는 최종적 결과를 중간에서 매개·연결하는 한편, 착오에 빠진 피해자를 이용하여 재산을 취득하는 것을 본질적 특성으로 하는 사기죄와 피해자의 행위에 의하지 아니하고 행위자가 탈취의 방법으로 재물을 취득하는 절도죄를 구분하는 역할을 한다. 처분행위가 갖는 이러한 역할과 기능을 고려하면 피기망자의 의사에 기초한 어떤 행위를 통해 행위자 등이 재물 또는 재산상의 이익을 취득하였다고 평가할 수 있는 경우라면, 사기죄에서 말하는 처분행위가 인정된다(대판 : 2022도12494).[14]

사안에서 매장직원 B가 丙이 한번 착용해 보겠다는 요청에 따라 시계를 건네준 것은 처분의사로 이루어진 처분행위로 볼 수 없고, 丙이 매장에서 도망치기 전까지는 여전히 B의 점유하에 있었다 할 것이므로 丙에게 사기죄가 아닌 절도죄가 성립한다.

3. 소결

丙에게는 절도죄가 성립한다. 다만, 乙은 앞서 살핀 바와 같이 丙에게 사기죄와 신용카드부정사용죄를 교사하였을 뿐, 절도를 교사한 바 없으므로 절도죄는 성립하지 않는다.[15]

V. 甲의 허위진술과 관련된 죄책

1. 범인도피죄의 성립여부

범인도피죄는 벌금 이상의 형에 해당하는 죄를 범한 자를 도피하게 함으로써 성립한다(제151조 제1항). 여기의 '죄를 범한 자'는 유죄판결이 확정되었거나 공소가 제기된 자임을 요하지 않고 공범도 포함되며, 수사개시의 전후에 있는 자인지를 불문한다. '도피하게 하는 행위'는 은닉 이외의 방법으로 범인

---

[13] 사안에서 사실관계 상으로는 명확하지 않으나 어느 장소에서 범죄를 저질렀다면 반드시 주거등침입죄를 검토하여야 한다.
[14] 본 판례는 제13회 변호사시험 기록형에 전단무죄로 출제되었다.
[15] 여기서 교사는 간접정범에서의 교사를 의미한다. 한편, 위 쟁점은 시간이 없다면 생략해도 무방하다.

에 대한 형사사법의 작용을 곤란 또는 불가능하게 하는 일체의 행위를 말하는 것으로서 그 수단과 방법에 제한이 없다.

甲은 피의자 신문과정 중 乙의 지시에 따라 "혼자 길 가다가 주운 카드"라고 허위진술을 함으로써 乙을 도피시키는 결과를 야기하였으므로 범인도피죄가 성립할 수 있는지, 그리고 이를 교사한 乙에게 범인도피죄의 교사범이 성립할 수 있는지 문제된다.

형법 제151조의 범인도피죄는 타인을 도피하게 하는 경우에 성립할 수 있는데, 여기에서 타인에는 공범도 포함되나 범인 스스로 도피하는 행위는 처벌되지 않는다. 또한 공범 중 1인이 그 범행에 관한 수사절차에서 참고인 또는 피의자로 조사받으면서 자기의 범행을 구성하는 사실관계에 관하여 허위로 진술하고 허위 자료를 제출하는 것은 자신의 범행에 대한 방어권 행사의 범위를 벗어난 것으로 볼 수 없다. 이러한 행위가 다른 공범을 도피하게 하는 결과가 된다고 하더라도 범인도피죄로 처벌할 수 없다. 이때 공범이 이러한 행위를 교사하였더라도 범죄가 될 수 없는 행위를 교사한 것에 불과하여 범인도피교사죄가 성립하지 않는다(대판 : 2015도20396).

사안에서 甲의 허위진술은 자신의 범행에 대한 방어권 행사로서 자기도피에 해당하고 범인도피죄가 성립하지 않는다. 따라서 이를 교사한 乙이 허위진술을 교사하였다고 하더라도 죄가 되지 않는 행위를 교사한 것이므로 乙에게도 범인도피교사죄가 성립하지 않는다.

2. 위계에 의한 공무집행방해죄의 성립여부

수사기관이 범죄사건을 수사함에 있어서는 피의자의 진술여하에 불구하고 피의자를 확정하고 그 피의사실을 인정할 만한 객관적인 제반증거를 수집 조사하여야 할 권리와 의무가 있다.

따라서 사안에서 甲이 신문과정 중 혼자서 길 가다가 주운 카드라고 말하는 등 허위진술을 하였다고 하더라도 형법 제137조의 위계에 의한 공무집행방해죄가 성립하지 아니한다(대판 : 76도3685).

VI. P1을 상해한 점에 대한 죄책⑯

1. 특수공무집행방해치상죄의 성립여부

(1) 특수공무집행방해치상죄의 성립요건

특수공무집행방해죄를 범하여 공무원을 상해에 이르게 한 때에는 특수공무집행방해치상죄가 성립하며(제144조 제2항, 제1항). 특수공무집행방해죄는 위험한 물건을 휴대하여 공무집행방해죄를 범한 때에 성립할 수 있다(제144조 제1항, 제136조).

공무집행방해죄는 직무를 집행하는 공무원에 대하여 폭행 또는 협박함으로써 성립한다(제136조). 여기의 직무집행은 적법한 것이어야 하며, 폭행 또는 협박은 공무집행을 방해할 수 있을 정도여야 한다.

---

⑯ 2012년 제1회 변호사시험 제1문의 쟁점과 동일.

사안에서 甲은 신고를 받고 순찰중이던 경찰관 P1을 접이식 칼로 휘둘러 전치 4주의 상해를 입혔으므로 甲은 적법한 직무집행 중인 공무원을 폭행하여 공무집행방해죄를 범한 것이며 아울러 접이식 칼로 휘둘러 상해를 입힌 것은 위험한 물건을 휴대한 것에 해당한다.

따라서 甲은 위험한 물건을 휴대하여 공무집행방해죄를 범하였으므로 특수공무집행방해죄를 범한 것이다.❼

(2) 특수공무집행방해치상죄의 성립여부❽

상해의 결과에 대하여 과실이 있는 경우 이외에 고의가 있는 경우에도 특수공무집행방해치상죄가 성립할 수 있는지에 대하여 이를 부정하는 견해(부진정결과적 가중범 부정설)도 있다.

그러나 특수공무집행방해의 경우 ⅰ) 상해의 결과에 대하여 고의가 있는 경우에 대하여 상해의 결과에 대하여 과실이 있는 경우보다 더 무겁게 처벌하는 규정이 없으므로 형의 불균형을 시정할 필요가 있다는 점, ⅱ) 상해에 대하여 예견가능성이(과실)이 있을 경우에 특수공무집행방해치상죄가 성립할 수 있으므로 상해에 대하여 고의가 있는 경우에도 동죄가 성립할 수 있다고 해석할 수 있다는 점에서, 상해의 결과에 고의가 있는 경우에도 특수공무집행방해치상죄가 성립할 수 있다고 보는 것(부진정결과적 가중범 긍정설)이 타당하다.

사안에서 甲은 경찰관 P1에게 전치 4주간의 상처를 입혔는바 이는 상해에 해당하고, 접이식 칼을 휘둘렀으므로 상해의 고의도 인정된다. 결국 甲은 특수공무집행방해죄를 범하여 공무원을 상해에 이르게 한 경우에 해당하여 특수공무집행방해치상죄가 성립한다(제144조 제2항, 제1항, 제136조).

(3) 특수상해죄의 성립여부

위험한 물건을 휴대하여 상해죄를 범한 경우 특수상해죄가 성립한다(제258조의2, 제257조 제1항). 사안에서 甲은 위험한 물건인 접이식 칼로 P1에게 전치 4주의 상해를 가하였으므로 특수상해죄가 성립한다.

(4) 특수공무집행방해치상죄와 특수상해죄의 죄수

부진정결과적 가중범에서, 고의로 중한 결과를 발생하게 한 경우 그 고의범에 대하여 결과적 가중범보다 더 무겁게 처벌하는 규정이 없는 경우에는 결과적 가중범이 고의범에 대하여 특별관계에 있으므로 결과적 가중범만 성립하고 고의범에 대해서는 별도로 죄를 구성하지 않는다고 보아야 한다(대판 : 2008도7311).

사안에서 甲이 범한 특수상해죄(1년 이상 10년 이하의 징역)는 부진정결과적 가중범인 특수공무방해치상죄(3년 이상의 유기징역)보다 더 무겁게 처벌하지 않는다. 따라서 甲에게는 특별관계에 있는 특수공무집행방해치상죄만 성립하고 특수상해죄는 별도로 성립하지 아니한다.

---

❼ 이러한 논의를 생략한 채 특수공무집행방해치상죄를 논해주는 것은 논리 비약이므로 반드시 위 논의 과정을 서술해 주어야 한다.

❽ 본 사례 문제는 관여자의 죄책을 논하라고 하였으므로 각론적인 죄책을 논의하여야 하며 '부진정 결과적 가중범의 인정여부'라는 일반적인 논의를 하는 것은 바람직하지 않다. 사례집에 이러한 형식의 목차가 있는 경우가 많은데 이는 사례형의 문제에 논문식의 대답을 하는 것에 불과하다. 부진정 결과적 가중범의 논의가 중요한 것이 아니라 상해에 대하여 고의가 있는 경우에도 특수공무방해치상죄를 인정할 수 있는지가 중요하며 그 과정에서 부진정 결과적 가중범의 논의가 필요한 것에 불과하다는 점을 잊지 말아야 한다.

2. 소결

甲에게 특수공무집행방해치상죄가 성립한다.

Ⅶ 결론

① 甲은 특수절도죄와 특수공무집행방해치상죄의 죄책을 진다.
② 乙은 특수절도죄, 절도죄, 사기죄 및 신용카드부정사용죄의 간접정범의 죄책을 진다.
③ 丙은 절도죄의 죄책을 진다.

Chapter 02

2023년 제12회 변호사시험

01 제1문

(1) X회사의 개발팀장으로 근무하는 甲은 2022. 4. 1. 위 회사가 입주한 Y상가 관리소장 A와 방문객 주차 문제로 언쟁을 벌인 후, A를 비방할 목적으로 상가 입주자 약 200여 명이 회원으로 가입된 Y상가 번영회 인터넷 카페 사이트 게시판에 'A에게 혼외자가 있다'는 허위사실을 게시하였다. 甲은 이 글의 신빙성을 높이기 위해 관리사무소 직원 B에게 부탁하여 'A가 혼외자와 함께 있는 것을 보았다'는 허위 내용이 기재된 B 명의의 사실확인서를 받아 위 게시물에 첨부하였다.

(2) 향후 창업을 계획하고 있어 창업 자금이 필요하던 甲은 2022. 4. 3. 약혼녀인 C의 지갑에서 액면금 3천만 원의 수표를 꺼내 가져갔다. 당시 C는 그 자리에서 甲의 행위를 보았으나 다른 생각을 하느라 별다른 행동을 하지 않았다. 이에 甲은 자신이 지갑에서 수표를 꺼내어 가져가는 데 C가 동의한 것으로 오인하였다.

(3) X회사의 경쟁 회사 상무 D는 甲에게 접근하여 'X회사에서 10억 원 가량을 투입하여 새로 개발한 기밀에 해당하는 메모리칩 도면 파일을 빼내어 주면 3억 원을 지급하겠다'고 제안하였고, 창업 자금이 부족하다고 생각하던 甲은 D의 제안을 승낙하였다. 그 후 甲은 2022. 4. 11. 09:00경 회사에 출근하여 위 메모리칩 도면 파일을 자신의 이동식 저장장치(USB)에 몰래 복사하고, 이를 가지고 나와 D에게 넘겨준 다음 현금 3억 원을 받았다.

(4) 사실관계 (3)에 대한 경찰 수사가 진행 중임을 직감한 甲은 이에 대비하기 위해 중학교 동창인 경찰관 乙에게 수사 상황을 알려 줄 것을 부탁하였다. 乙은 경찰에서 甲에 대한 체포영장을 곧 신청할 예정임을 알려 주었다. 실제로 사법경찰관 P1은 다음 날 오후 사실관계 (3)의 혐의로 甲에 대한 체포영장을 발부받아 집행에 착수하였다.

(5) 甲이 기소되어 사실관계 (3)에 대한 재판을 받게 되자, 乙은 甲의 동생인 丙에게 甲을 위해 증인으로 출석하여 甲의 알리바이를 위한 허위의 증언을 해 줄 것을 부탁하였다. 이에 따라 丙은 법정에 증인으로 출석하여 적법하게 선서한 후, '甲이 2022. 4. 11.에는 휴가를 내고 당일 새벽 자신과 함께 여행을 떠났다가 다음 날 집에 돌아왔다'고 허위로 증언하였다.

1. (1)에서 甲의 죄책은? (10점)
2. (2)에서 동의를 ① '양해'로 보는 견해와 ② '승낙'으로 보는 견해로 나누어 甲의 죄책을 각각 논하시오. (15점)
3. (3)에서 甲의 죄책은? (주거침입의 점 및 특별법 위반의 점은 제외함) (15점)
4. (4)와 (5)에서 甲, 乙, 丙의 죄책은? (20점)

[설문 1]의 해설

1. 논점의 정리

ⅰ) 甲이 A를 비방할 목적으로 인터넷 카페 사이트 게시판에 허위사실을 게시한 점에 대하여 정보통신망 이용촉진 및 정보보호 등에 관한 법률(이하 '정통망법'이라 한다)위반죄가 성립할 수 있는지, ⅱ) 허위 내용이 기재된 B명의의 사실확인서를 받아 위 게시물에 첨부한 점에 대하여 사문서위조 및 동행사죄❶가 성립할 수 있는지 각 문제된다.

2. 정보통신망법위반(명예훼손)죄의 성립여부

사람을 비방할 목적으로 정보통신망을 통하여 공공연하게 거짓의 사실을 드러내어 다른 사람의 명예를 훼손한 한 경우에 성립한다(제70조 제2항). 본죄는 추상적 위험범이므로 현실적으로 명예가 훼손될 것을 요하지 아니하며, 단순히 명예를 해할 일반적 위험만 있으면 기수가 된다. 따라서 명예훼손적 사실을 적시하여 불특정 또는 다수인이 직접 인식할 수 있는 상태에 이르면 기수가 되며, 현실적으로 상대방이 이를 인식할 것은 요하지 않는다.

사안에서 甲은 상가 입주자 약 200여 명이 회원으로 가입된 Y상가 번영회 인터넷 카페 사이트 게시판에 허위사실을 게시하였는바 이는 공연성이 인정되는 정보통신망에 해당하므로 甲에게 정통망법위반(명예훼손)죄가 성립한다.

3. 문서죄의 성립여부

행사할 목적으로 권리·의무 또는 사실증명에 관한 타인의 문서를 위조하여 행사한 경우 사문서위조죄 및 동행사죄가 성립한다(제231조, 제234조). 본죄는 문서작성 권한자를 도구로 이용하여 작성케 하는 간접정범의 형태로도 성립할 수 있으나, 어느 문서의 작성권한을 갖는 공무원이 그 문서의 기재사항을 인식하고 그 문서를 작성할 의사로써 이에 서명·날인하였다면, 설령 그 서명·날인이 타인의 기망으로 착오에 빠진 결과 그 문서의 기재사항이 진실에 반함을 알지못한 데 기인한다고 하여도, 그 문서의 성립은 진정하므로(대판 : 2000도938) 사문서위조죄는 성립할 수 없다.

사안에서 B는 문서작성의 권한자이므로 유형위조인 사문서위조죄는 성립하지 않고 甲에게 사문서위조의 교사범도 성립할 수 없다. 나아가 형법은 허위사문서작성죄를 처벌하지 않으므로 허위사문서작성죄의 교사범도 성립할 수 없다.

한편, 甲이 B에게 허위 내용의 기재를 부탁하여 B가 위 내용을 인식하고 작성할 의사로써 사실확인서를 작성한 것이므로 사문서위조죄의 간접정범도 성립할 수 없다.

---

❶ 허위사문서작성죄는 처벌 규정이 없으므로 해당 목차에서 간단하게 언급하는 방식으로 작성한다.

4. 결론

甲에게는 반의사불벌죄❷인 정통망법위반(명예훼손)죄가 성립한다.

[설문 2]의 해설

1. 논점의 정리

甲이 약혼녀 C의 지갑에서 액면금 3천만 원의 수표를 꺼내 가져간 행위는 일응 절취에 해당한다 (제329조). 다만, 사안의 경우 甲은 피해자 승낙이 있는 것으로 오인하고 수표를 절취하였으므로 피해자 승낙의 착오의 법적효과가 문제된다.

2. 피해자의 승낙과 양해의 구별

피해자의 승낙이란 법익의 주체가 상대방에게 자기의 법익에 대한 침해를 허용하는 것을 말하며, 승낙을 받은 법익침해행위는 원칙적으로 위법성이 조각된다(제24조).

다수설인 구별설에 따르면 이는 다시 피해자가 침해에 대하여 동의한 법익의 가치가 ⅰ) 개인의 의사와 독립해서는 존재의의가 약한 경우 그 동의는 양해로서 구성요건해당성조각사유가 되며, ⅱ) 개인의 의사를 초월해서 공동체를 위해서도 중요한 비중을 가지고 있는 경우 그 동의는 승낙으로서 위법성조각사유가 된다.

(1) '양해'로 보는 경우

양해란 구성요건이 피해자의 의사에 반하는 때에만 실현될 수 있는 범죄에 있어서 피해자가 그 법익의 침해에 동의한 경우를 말한다. 행위자가 양해가 있는 것으로 오인한 경우 구성요건적 착오로서 고의가 조각되며 과실범의 성립이 문제된다.

---

❷ 정통망법 제70조 제3항은 이를 반의사불벌죄로 규정하고 있다.

사안에서 甲은 동거녀 C가 수표를 꺼내 가져가는 것에 대하여 승낙이 있는 것으로 오인하였으므로 이를 양해로 보는 견해에 따르면 이는 구성요건적 착오에 해당하고 甲에게는 절도사실에 대한 고의가 없으므로 절도죄의 구성요건해당성이 조각된다. 한편, 고의가 없어 절도죄의 구성요건해당성이 조각되는 경우 과실범을 검토하여야 하나 절도죄는 과실범을 처벌하는 규정을 두고 있지 않으므로 甲에게는 절도죄가 성립하지 않는다(제13조, 제14조).❸

(2) '승낙'으로 보는 경우

피해자의 승낙이란 법익의 주체가 상대방에게 자기의 법익에 대한 침해를 허용하는 것을 말하며, 승낙을 받은 법익침해행위는 원칙적으로 위법성이 조각된다. 행위자는 피해자의 승낙이 있었다는 사실을 인식하고 행위를 하였어야 한다(주관적 정당화요소). 따라서 승낙사실의 존부에 관한 착오는 주관적 정당화요소의 흠결의 문제 또는 위법성조각사유의 객관적 전제사실에 대한 착오(이하 '위전착'이라 한다)의 문제가 된다.

위법성조각사유인 승낙으로 보는 견해에 따르면 사안의 경우 동거녀 C의 승낙이 존재하지 아니함에도 존재한다고 오인한 경우 즉, 객관적 정당화 상황이 존재하지 않음에도 존재하는 것으로서 오인한 위전착에 해당한다.

위전착의 법적효과와 관련하여 ⅰ) 위법성조각사유는 소극적구성요건요소가 되므로 위법성을 조각하는 행위상황에 대한 착오는 제13조가 직접 적용되는 구성요건적 착오이므로 행위의 고의가 조각된다는 견해(소극적 구성요건표지이론), ⅱ) 위법성조각사유의 전제사실의 착오는 구성요건적 착오와 유사성이 있으므로 구성요건적 착오에 관한 규정(제13조)을 유추적용하여 행위의 고의가 조각된다는 견해(유추적용설), ⅲ) 위법성조각사유의 전제사실의 착오의 경우 행위자에게 위법성의 인식이 없으므로 그 착오는 위법성의 착오로 보아 제16조로 해결하여야 한다는 견해(엄격책임설), ⅳ) 判例는 위법성조각사유의 전제사실의 착오의 경우 그 착오에 정당한 이유가 있는 경우 위법성 조각을 인정한다.

그러나 위법성조각사유의 전제사실의 착오의 경우에도 행위객체를 침해한다는 사실에 대한 인식·의사는 있으므로 구성요건적 고의는 조각되지 아니하나, 착오로 인하여 행위자의 심정반가치를 인정할 수 없으므로 책임고의가 조각되어 그 법적 효과에 있어서만 구성요건적 고의가 조각된 것처럼 과실범의 문제로 취급하는 것이 타당하다고 본다(법효과제한적 책임설).

사안에서 甲은 약혼녀인 C의 지갑에서 수표를 꺼낸다는 인식과 의사는 인정할 수 있으나, 상황을 착오한 나머지 법을 배반하여 절취한다는 심정반가치가 인정되지 않으므로 절도죄에 대하여 고의책임은 인정되지 않는다. 따라서 甲의 행위는 절도죄가 성립할 수 없으며 절도죄에 대한 과실범은 처벌규정이 존재하지 않으므로 甲은 그 착오에 과실이 있는지 여부를 불문하고 무죄이다.

3. 결론

甲은 어느 견해에 따르더라도 절도죄가 성립하지 않는다.

---

❸ 절도죄는 타인이 점유하는 재물을 절취하는 행위 즉 점유자의 의사에 의하지 아니하고 그 점유를 취득함으로 성립하는 범죄인 바, 피해자는 당시 피고인과 동거 중에 있었고 피고인이 돈 60,000원을 지갑에서 꺼내가는 것을 피해자가 현장에서 이를 목격하고도 만류하지 아니한 사정 등에 비추어 볼 때 피해자가 이를 허용하는 묵시적 의사가 있었다고 봄이 상당하고 달리 소론이 지적하는 증거들만으로는 피고인이 위 돈 60,000원을 절취하였다고 인정하기에는 부족하다 할 것이다(대판 1985.11.28. 85도1487).

[설문 3]의 해설

1. 논점의 정리

① X회사의 개발팀장인 甲이 회사의 기밀에 해당하는 메모리칩 도면 파일을 USB에 몰래 복사하여 가지고 나온 행위에 대하여 절도죄 및 업무상배임죄가 성립할 수 있는지 ② 이를 D로부터 파일을 빼내 달라는 부탁을 받고 이를 넘겨주고 3억 원을 받은 행위에 대하여 배임수재죄가 성립할 수 있는지 각 문제된다.

2. 절도죄의 성립여부

타인의 재물을 절취한 자는 절도죄가 성립한다(제329조). 절도죄는 재물을 객체로 하는바 파일 즉 정보가 재물에 해당할 수 있는지 문제된다.

재물의 개념에 대하여 유체성설과 관리가능성설이 대립하나 判例는 절도죄의 객체는 관리가능한 동력을 포함한 '재물'에 한한다 할 것이고, 또 절도죄가 성립하기 위해서는 그 재물의 소유자 기타 점유자의 점유 내지 이용가능성을 배제하고 이를 자신의 점유하에 배타적으로 이전하는 행위가 있어야만 할 것인바, 컴퓨터에 저장되어 있는 '정보' 그 자체는 유체물이라고 볼 수도 없고, 물질성을 가진 동력도 아니므로 재물이 될 수 없다고 판시하여 관리가능성설의 입장이다(대판 : 2002도745).

사안의 경우 甲이 USB에 복사하여 가지고 나온 '파일'은 정보에 해당하므로 이는 재물죄인 절도죄의 객체가 될 수 없다. 따라서 甲에게 절도죄는 성립하지 않는다.

3. 업무상배임죄 성립여부

업무상 타인의 사무를 처리하는 자가 그 임무에 위배하는 행위로써 재산상의 이익을 취득하거나 제3자로 하여금 이를 취득하게 하여 본인에게 손해를 가한 때에 업무상배임죄가 성립한다(제356조, 제355조 제2항). 여기의 본인에게 손해를 가한 때라 함은 현실적인 손해를 가한 경우뿐만 아니라 재산상 실해 발생의 위험을 초래한 경우도 포함된다(대판 : 2011도15857).

한편, 배임죄의 기수시기와 관련하여 회사직원이 재직 중에 영업비밀 또는 영업상 주요한 자산을 경쟁업체에 유출하거나 스스로의 이익을 위하여 이용할 목적으로 무단으로 반출하였다면 타인의 사무를 처리하는 자로서 업무상의 임무에 위배하여 유출 또는 반출한 것이어서 유출 또는 반출 시에 업무상배임죄의 기수가 된다(대판 : 2017도3808).

사안의 경우 甲은 X회사의 개발팀장으로서 타인의 사무를 처리하는 자에 해당하고, 회사의 기밀에 해당하는 파일을 불법 반출하여 이를 D에게 넘겨주고 3억 원을 받았는바 이는 임무위배행위로서 회사에 실해발생의 위험을 초래하고 재산상의 이익을 취득한 것에 해당한다. 또한, 회사의 주요 영업비밀을 불법 반출하는 경우 반출 시 업무상배임죄의 기수에 이르는바 甲에게는 업무상배임죄의 기수범이 성립한다.

4. 배임수재죄 성립여부

사안에서 회사의 개발팀장인 甲은 경쟁회사의 상무 D로부터 회사의 기밀인 메모리칩 도면 파일을 빼내어 달라는 부탁을 받고 3억 원을 받았는바, 이는 타인의 사무를 처리하는 자가 그 임무에 관하여 부정한 청탁을 받고 재물을 취득한 경우이므로 배임수재죄(제357조 제1항)가 성립한다.❹ 한편, 업무상배임죄와 배임수재죄는 행위의 태양을 달리하는 별개의 독립된 범죄이므로 甲이 범한 이들 범죄는 실체적 경합에 해당한다(대판 : 84도1906).

5. 결론

甲은 업무상배임죄 및 배임수재죄의 실체적 경합범의 죄책을 진다.

[설문 4]의 해설

1. 논점의 정리

① 甲의 부탁을 받고 乙이 수사 상황을 누설한 행위와 관련하여 乙과 甲에게 각 공무상비밀누설죄와 공무상비밀누설죄의 교사범이 성립할 수 있는지, ② 丙의 허위 증언과 관련하여 丙과 乙에게 각 위증죄 및 위증교사죄가 성립할 수 있는지 문제된다.

2. 사실관계(4)와 관련된 甲과 乙의 죄책❺

사안에서 경찰관인 乙은 甲과 관련된 수사 상황을 甲에게 알려 주었으므로 乙 공무상비밀누설죄가 성립한다(제127조).❻

한편, 공무상비밀누설죄는 누설하는 행위자와 누설받는 행위자를 필요로 하는 대향범에 해당하나 누설을 받는 자에 대한 처벌규정이 없다. 이 경우 비록 처벌받지 않는 대향자일지라도 처벌받는 자의 범죄에 적극가담한 경우 공범규정에 의한 처벌이 가능하다는 견해가 있다. 그러나 대향자의 일방에 대하여 처벌규정을 두고 있지 않은 것은 그 행위를 불문에 부친다는 취지이므로 공범이 성립할 수 없다고 보는 것이 타당하다(통설).

判例도 대향범에 대하여는 공범에 관한 형법총칙 규정이 적용될 수 없다는 입장이다(대판 : 2009도3642).

사안에서 甲이 경찰관 乙에게 수사 상황을 알아봐 달라고 부탁하였다고 하더라도 공무상비밀누설죄의 교사범이 성립하지 아니한다.

---

❹ 배임수재죄의 성립이 비교적 분명한 사안이므로 사실관계를 확정하여 바로 구성요건에 포섭을 하며 결론을 내린 것이다.
❺ 제3회 변호사시험 제2문과 동일한 쟁점, 동일한 사실관계가 출제되었다.
❻ 정범개념 우위성에 입각하여 정범인 乙 범죄를 먼저 검토해야 한다.

3. 사실관계(5) 관련된 乙과 丙의 죄책[7]

(1) 위증죄의 성립여부

위증죄는 법률에 의하여 선서한 증인이 허위의 진술을 한 경우에 성립한다(제152조 제1항). 사안에서 丙이 법정에 출석하여 적법하게 선서한 후 허위의 진술을 하였다는 점은 분명하다. 다만, 丙은 자신의 친형인 甲의 형사사건에서 허위 증언을 하였는바, 증언거부권자(제148조 제1호)인 丙이 증언거부권을 행사하지 않고 허위 증언을 한 점에 대하여 위증죄가 성립할 수 있는지 문제된다.

이에 대하여 피고인이 증인으로 선서한 이상 진실대로 진술한다고 하면 자신의 범죄를 시인하는 진술을 하는 것이 되고 증언을 거부하는 것은 자기의 범죄를 암시하는 것이 되는 처지에 있다 하더라도 증인에게는 증언을 거부할 수 있는 권리를 인정하여 위증죄로부터의 탈출구를 마련하고 있는 만큼 적법행위의 기대가능성이 없다고 할 수 없고 선서한 증인이 허위의 진술을 한 이상 증언거부권 고지 여부를 고려하지 아니한 채 위증죄가 바로 성립한다는 견해가 있다(변경전 전합의 판시사항 : 86도 1724).

그러나, 당해 사건에서 증언 당시 증인이 처한 구체적인 상황, 증언거부사유의 내용, 증인이 증언거부사유 또는 증언거부권의 존재를 이미 알고 있었는지 여부, 증언거부권을 고지 받았더라도 허위진술을 하였을 것이라고 볼 만한 정황이 있는지 등을 전체적·종합적으로 고려하여 증인이 침묵하지 아니하고 진술한 것이 자신의 진정한 의사에 의한 것인지 여부를 기준으로 위증죄의 성립 여부를 판단하여야 한다. 그러므로 증언거부권을 행사하는 데 사실상 장애가 초래되었다고 볼 수 있는 경우에는 위증죄의 성립을 부정하여야 할 것이다(대판(전) : 2008도942).

사안의 경우, 설문에서 丙은 법정에 증인으로 출석하여 적법하게 선서하였다 하였으므로 증언거부권 고지 등의 증인보호절차는 적법하게 이행된 것으로 보이며 증언거부권을 행사하는 데 사실상 장애를 초래한 사정은 보이지 않는다.[8] 그럼에도 丙은 증언거부권의 존재를 이미 알면서도 위증에 나아갔는바 丙에게 적법행위의 기대가능성이 있으므로 丙에게는 위증죄가 성립한다.

(2) 위증죄의 교사범의 성립여부

위증죄는 법률에 의하여 선서한 증인만이 성립할 수 있는 진정신분범이지만 증인의 신분이 아닌 乙도 형법 제33조 본문에 의하여 위증죄의 교사범이 성립할 수 있다. 사안에서 비신분자인 乙이 丙을 교사하여 위증죄를 범하게 하였으므로 乙에게는 위증죄의 교사범이 성립한다.

---

[7] 제2회 변호사시험 제1문 유사쟁점.

[8] 이에 대하여, 재판장이 증언거부권 고지하였는지에 대한 언급이 없으므로 '증언거부권을 고지받지 못한 상태에서 증언'한 것을 전제로 사례를 풀이한 해설도 존재한다. 그러나, 설문은 '적법하게 선서한 증인'이라는 전제를 주고 있고, 증언거부권 고지를 쟁점으로 출제하려고 했다면 사실관계에 이를 명시하였을 것이다. 왜냐하면 제2회 변호사시험 제1문의 사실관계를 살펴보면 "재판장은 丙이 P의 친척이라는 사실을 간과하고 증언거부권을 고지하지 않은 상태에서 증언을 하도록 하였다."고 하여 수험생들이 위 부분의 쟁점을 추출할 수 있도록 명확하게 서술하고 있기 때문이다. 따라서 이 부분은 증언거부권이 적법하게 고지되었을 전제로 서술하는 것이 타당하다고 생각한다. 물론 결론에서 차이는 없다.

(3) 기타 범죄의 성립여부

① 타인의 형사사건에 관한 증거를 위조한 경우 증거위조죄가 성립한다(제155조 제1항). 여기서 증거를 위조한다는 것은 증거 자체를 위조함을 말하는 것이므로 사안에서와 같이 丙이 허위의 증언을 하는 것만으로는 증거위조죄를 구성하지 아니한다(대판 : 97도2961).[9] 한편, 乙의 경우 丙에게 허위증언을 하도록 교사하였으나 이는 증거 자체를 위조한 경우가 아니므로 증거위조죄가 성립할 수 없다.

② 사안의 경우 丙은 허위증언을 하였으나 그로 인하여 법원 재판이 저지되거나 현실적으로 곤란하게 하는 데까지 이르지 아니하였으므로 위계에 의한 공무집행방해죄(제137조)는 성립하지 아니한다(대판 : 2002도4293).

③ 범인도피죄(제151조)의 '도피하게 하는 행위'는 직접 범인을 도피시키는 행위 또는 도피를 직접적으로 용이하게 하는 행위에 한정되며, 그 자체로는 도피시키는 것을 직접적인 목적으로 하였다고 보기 어려운 어떤 행위까지 포함되는 것은 아니다(대판 : 2002도5374).

사안의 경우 丙의 허위증언은 P를 도피시키는 것을 직접적인 목적으로 하였다고 보기 어려우므로 범인도피죄가 성립하지 아니한다.

4. 결론

① 甲은 무죄이다.
② 乙은 공무상비밀누설죄(정범), 위증죄의 교사범이 성립한다.
③ 丙은 위증죄가 성립한다.

---

[9] 이와 같은 부수적 쟁점을 어디까지 언급하여야 하는지 그 한계를 짓는 일은 정말 어려운 일이다. 일응 그 기준으로 판례를 생각할 수 있다. 일정한 검토를 한 다음 판례가 그 죄책을 인정하지 않는다고 판시한 경우에는 비록 죄가 성립하지 않는다는 결론을 이미 알고 있더라도 검토과정을 거쳐 결론을 내려주는 것이 바람직하다. 丙의 죄책과 관련하여는 적어도 증거위조죄의 언급은 반드시 하여야 한다고 본다. 위계에 의한 공무집행방해죄 및 범인도피죄는 상황에 맞게 축약 서술하거나 다른 쟁점이 많고 시간적 한계가 있다면 생략하여도 무방하다고 본다.

(1) 甲은 코로나19로 사업이 어렵게 되자 양부(養父) A에게 재산의 일부를 증여해 달라고 요구하였지만 핀잔만 듣게 되었다. 이에 화가 난 甲은 A를 살해하기로 마음먹고 따로 거주하고 있는 사촌 동생 乙에게 A를 살해하라고 교사하면서 甲과 A가 함께 살고 있는 집의 현관 비밀번호 및 집 구조를 乙에게 알려 주었다. 甲이 알리바이를 위하여 다른 지역으로 출장을 떠난 사이, 乙은 범행 당일 새벽 2시경 甲이 알려 준 비밀번호를 이용하여 현관문을 열고 들어가 침실에서 자고 있던 사람의 얼굴을 베개로 눌러 질식으로 사망케 하였다. 그러나 사실 침실에서 자고 있던 사람은 A의 운전기사 B였다. 乙은 살해를 한 직후 거실에서 A 소유의 명품 시계 1개를 발견하고 욕심이 생겨 이를 가지고 나왔다.

(2) 다음 날 甲과 乙은 A가 위 범행 전날 밤 교통사고로 크게 다쳐 병원에 입원하였고 乙이 사망케 한 사람이 B라는 사실을 알게 되었다. B 사망사건에 대한 수사가 개시되자 甲은 범행을 포기하였다가 6개월 후 다시 A를 살해할 마음을 먹고 乙에게 계획을 설명했으나 乙은 甲에게 '더 이상 관여하지 않겠다'고 하였다. 이에 甲은 乙에게 '내가 알아서 하겠으니 A에게 투여할 독극물만 구입해 달라'고 하여 乙은 독극물을 구입하였지만 甲에게 주지 않은 채 그 다음 날 전화로 '나는 양심에 걸려 못하겠다'고 한 후 연락을 끊었다. 이에 甲도 범행을 단념하였으나 사업이 점점 어려워지자 1개월 후 A가 입원해 있는 병실에서 산소호흡기를 착용하지 않으면 생명이 위독한 A의 산소호흡기를 제거하여 A를 살해하였다.

(3) 甲은 A명의 부동산을 임의로 처분하기로 마음먹었다. 이에 甲은 A를 살해한 직후 병실에 보관되어 있던 A의 인감도장을 가지고 나온 다음 'A가 甲에게 인감증명서 발급을 위임한다'는 취지의 A명의 위임장 1장을 작성하고 같은 날 주민센터 담당 직원 C에게 제출하여 A의 인감증명서를 발급받았다.

(4) 甲의 여자친구 D는 甲이 잠이 든 D의 나체를 동의 없이 휴대전화를 이용하여 사진 촬영한 사실을 신고하면서 甲 몰래 가지고 나온 甲의 휴대전화를 사법경찰관 K에게 증거물로 제출하였다. K는 위 휴대전화를 압수한 후 D와 함께 휴대전화의 전자정보를 탐색하다가 D의 나체 사진 외에도 甲이 D와 마약류를 투약하는 장면이 녹화된 동영상을 발견하였고, 탐색을 계속하여 甲과 성명불상의 여성들이 마약류를 투약하는 장면이 녹화된 동영상을 발견하자 위 동영상들을 따로 시디(CD)에 복제하였다. 그 후 K는 위 시디(CD)에 대하여 영장을 발부받아 甲의 참여하에 이를 압수하였다.

1. 가. (1)에서 甲, 乙의 죄책은? (32점)

   나. (2)에서 乙에 대하여 형사책임을 부인하거나 보다 가볍게 인정할 수 있는 이론적 근거를 모두 제시하시오. (10점)

   다. (3)에서 甲의 죄책은? (13점)

[설문 1의 가.] 해설

I. 논점의 정리

① B를 살해한 점에 대하여 乙과 甲에게 각 살인죄와 살인죄의 교사범이 성립하는지 문제된다.
② 乙이 甲과 A과 함께 거주하는 집에 비밀번호를 이용하여 들어간 점에 대하여 주거침입죄가 성립하는지 문제된다.
③ A소유의 명품시계를 가지고 나온 점에 대하여 강도살인죄 및 절도죄가 성립하는지 문제된다.

II. B의 살해와 관련된 죄책

1. 乙의 죄책

사안의 경우 乙은 B를 살해하였는바 살인죄가 성립한다(제250조 제1항). 다만, 甲으로부터 A를 살해하라는 교사를 받고 B를 A로 오인하여 B를 살해하였는바 이는 동일 구성요건 사이의 착오이며 객체의 동일성을 착오한 경우이므로, 구성요건적 착오로서 구체적 사실의 착오 중 객체의 착오에 해당한다.❶ 이 경우 발생사실에 대하여 고의를 인정함에는 이론이 없다.❷ 따라서 乙에게 B에 대한 살인의 고의가 인정되므로 B에 대한 살인죄의 고의기수범이 성립한다(제250조 제1항).

2. 甲의 죄책

(1) 정범의 객체의 착오와 교사자의 죄책

甲이 乙에게 A를 살해할 것을 교사하였는데 乙이 B를 A로 오인하여 살해한 경우와 같이 피교사자가 객체의 착오를 한 경우 甲의 죄책 여하가 문제된다. 이는 정범이 객체의 착오를 한 경우 교사자에게도 객체의 착오가 되는지 아니면 방법의 착오가 되는지가 선결문제가 된다.

이에 대하여 ① 정범의 객체의 착오의 경우에도 공범종속이론에 따라 착오의 이론이 그대로 적용되어 교사자에게도 동일하게 객체의 착오가 되므로 객체의 착오로 보는 견해, ② 정범의 객체의 착오는 교사자의 입장에서는 의도하지 않았던 객체에 대하여 결과가 발생하는 것이므로 착오의 구조의 동일성을 근거로 방법의 착오로 보는 견해가 대립한다.

---

❶ 쟁점에 대한 '법적 성질'을 밝힌 것이다. 이러한 착오인지에 따라 그 법적 효과가 달라지고 또한 구성요건 착오에 해당할지라도 구체적 사실의 착오인지 추상적 사실의 착오인지 또는 객체의 착오인지 방법의 착오인지에 따라 각 학설의 입장에 의할 때 결론이 같거나 달라질 수 있기 때문에 '쟁점'에 대한 법적 성질을 먼저 밝혀야 한다.

❷ 구체적 사실의 착오 중 객체의 착오의 경우에는 부합설 중 어느 학설에 의하더라도 발생사실에 대한 고의를 인정함에 이론이 없으므로 여러 가지 부합설을 장황하게 나열하는 것은 아무런 의미가 없다(그런데 실제로 채점을 해보면 학설 소개에 많은 지면을 할애하는 경우가 많다. 이는 배점이 없는 부분에 시간을 낭비한 것이며 더 나아가 사례 해결에 불필요한 내용을 기술하였다는 점에서 답안의 인상을 흐릴 수 있다는 점에서 주의하여야 한다). 각 학설이 쟁점에 대한 효과를 달리하는 경우에만 각 학설을 소개한 후 어느 하나의 학설을 취하여(물론 이 과정에서 다른 견해의 문제점이나 취하는 견해의 장점을 소개하여야 한다) 그 견해에 입각하여 결론을 내려야 한다. 박상기 교수님의 사례집(형법연습 8면)에서도 어느 학설을 적용하더라도 결론이 동일할 경우 굳이 각 학설을 일일이 설명하고 같은 결론임을 설명할 필요는 없다고 언급하고 있다.

그러나, 정범의 객체의 착오의 경우에도 공범종속이론에 따라 착오의 이론이 그대로 적용된다고 보아야 하므로 교사자에게도 동일하게 객체의 착오가 된다고 보는 것이 타당하다.

한편, 법정적 부합설은 乙의 객체의 착오·방법의 착오를 불문하고 발생사실에 대한 교사범의 성립을 인정한다. 그러나, 구체적 부합설은 정범의 방법의 착오의 경우 교사자에게도 방법의 착오를 인정한다는 점에서는 문제가 없으나, 정범의 객체의 착오의 경우 ⅰ) 교사자에게는 방법의 착오가 된다는 견해, ⅱ) 교사자는 피교사자의 착오의 위험을 부담해야 한다는 견해가 대립한다.

구체적 부합설은 고의를 인정하는 범위가 협소하므로 판례의 입장인 법정적 부합설이 타당하다.

사안의 경우 피교사자인 乙의 착오는 교사자인 甲에 대하여도 객체의 착오가 되고, 법정적 부합설에 따르면 일응 B에 대한 살인죄의 교사범이 성립한다.

(2) 존속살해죄의 교사범 성립여부

자기 또는 배우자의 직계존속을 살해한 사람에 대해서는 존속살해죄(제250조 제2항)가 성립한다. 형법상 양부는 직계존속에 해당하므로 사안에서 甲은 사촌 동생 乙에게 존속살인을 교사하였고 이는 형법 제33조 단서가 적용되는 사안에 해당한다.

제33조 단서는 '신분 때문에 형의 경중이 달라지는 경우'라고 할 뿐 신분이 정범과 공범 누구에게 있는가는 불문하므로 이 경우에도 단서가 적용되어 성립과 처벌이 모두 개별화된다(판례, 통설). 따라서 신분자가 비신분자를 교사하여 존속살인을 범한 경우 원칙적으로 존속살인죄의 교사범이 성립한다.

判例도 형법 제31조 제1항은 협의의 공범의 일종인 교사범이 그 성립과 처벌에 있어서 정범에 종속한다는 일반적인 원칙을 선언한 것에 불과하고, 신분관계로 인하여 형의 경중이 있는 경우에 신분이 있는 자가 신분이 없는 자를 교사하여 죄를 범하게 한 때에는 형법 제33조 단서가 형법 제31조 제1항에 우선하여 적용됨으로써 신분이 있는 교사범이 신분이 없는 정범보다 중하게 처벌된다(대판 : 93도1002)고 판시한 바 있다.

그러나 이러한 법리는 실제로 의도한 객체에서 결과가 발생한 경우에 적용되는 것으로 보아야 하므로 사안의 경우와 같이 피교사자 착오를 일으킨 경우에는(乙이 살해한 사람은 양부 A가 아닌 운전기사 B였으므로) 공범종속성의 원칙에 따라 교사자는 피교사자가 실제로 실행한 범위 내에서만 책임을 부담한다고 보는 것이 타당하다. 따라서 사안의 경우 甲에게 존속살해죄의 교사범은 성립하지 않고 보통살인죄의 교사범이 성립한다.

Ⅲ. 주거침입과 관련된 甲과 乙의 죄책

1. 乙의 주거침입죄 성립여부

타인의 주거에 침입하는 경우 주거침입죄가 성립한다(제319조 제1항). 사안에서 乙은 A를 살해할 목적으로 甲의 승낙을 받아 甲과 乙이 함께 살고 있는 집에 甲이 알려 준 비밀번호를 이용하여 들어갔는바 '침입'에 해당하는지 문제된다.

이에 대하여, 공동의 주거권자가 존재하는 경우 다른 거주자의 의사에 반하여 주거에 들어가는 경우 주거침입죄가 성립한다는 견해가 있다(변경 전 判例).

그러나, 주거침입죄의 구성요건적 행위인 침입은 주거침입죄의 보호법익과의 관계에서 해석하여야 한다. 따라서 침입이란 '거주자가 주거에서 누리는 사실상의 평온상태를 해치는 행위태양으로 주거에 들어가는 것'을 의미하고, 침입에 해당하는지 여부는 출입 당시 객관적·외형적으로 드러난 행위태양을 기준으로 판단함이 원칙이다. 사실상의 평온상태를 해치는 행위태양으로 주거에 들어가는 것이라면 대체로 거주자의 의사에 반하는 것이겠지만, 단순히 주거에 들어가는 행위 자체가 거주자의 의사에 반한다는 거주자의 주관적 사정만으로 바로 침입에 해당한다고 볼 수는 없다. 외부인이 공동거주자 중 주거 내에 현재하는 거주자로부터 현실적인 승낙을 받아 통상적인 출입방법에 따라 주거에 들어간 경우라면, 특별한 사정이 없는 한 사실상의 평온상태를 해치는 행위태양으로 주거에 들어간 것이라고 볼 수 없으므로 주거침입죄에서 규정하고 있는 침입행위에 해당하지 않는다(대판(전) : 2020도12630; 대판(전) : 2020도6085 등)고 보는 것이 타당하다.

사안의 경우 乙은 甲이 알려 준 비밀번호를 이용하여 통상적인 방법으로 甲과 乙이 함께 살고 있는 집에 들어간 것이므로 비록 공동거주자인 A의 추정적 의사에 반한다고 하더라도 주거의 사실상의 평온상태를 해친 것으로 볼 수는 없다. 따라서 乙에게 주거침입죄는 성립하지 않는다.

2. 甲의 교사범 성립여부

사안에서 乙에게 주거침입죄가 성립하지 않는 이상 甲에게도 주거침입죄의 교사범은 성립하지 않는다.

Ⅳ. 절도와 관련된 甲과 乙의 죄책

1. 乙의 죄책

강도가 사람을 살해한 경우 강도살인죄가 성립한다(제338조). 강도살인죄는 강도범인이 강도의 기회에 살인행위를 함으로써 성립하는 것이므로, 강도범행의 실행중이거나 그 실행 직후 또는 실행의 범의를 포기한 직후로서 사회통념상 범죄행위가 완료되지 아니하였다고 볼 수 있는 단계에서 살인이 행하여짐을 요건으로 한다. 따라서 불법영득의 의사를 갖게 된 것이 살해 후 상당한 시간이 지난 후로서 살인의 범죄행위가 이미 완료된 후의 일이라면, 살해 후 상당한 시간이 지난 후에 별도의 범의에 터잡아 이루어진 재물 취거행위를 그보다 앞선 살인행위와 합쳐서 강도살인죄로 처벌할 수 없다(대판 : 2004도1098).

사안의 경우 乙은 강도할 목적으로 B를 살해한 것이 아니므로 강도살인죄는 성립하지 않으나, A의 시계에 대한 점유는 인정되므로(사회적·규범적 확대) B에 대한 살인죄와는 별도로 A의 시계에 대한 절도죄가 성립하고(제329조) 양죄는 실체적 경합관계에 있다. 다만, 乙은 A와 동거하지 않는 친족관계로서 상대적 친고죄에 해당한다(제344조, 제328조 제2항).

한편, 乙에게 주거침입죄가 성립하지 않는 이상 야간주거침입절도죄는 성립될 여지가 없다.❸

---

❸ 쟁점이 될 법한 내용들은 이와 같이 간단하게 언급하면 족하다.

2. 甲의 죄책

사안에서 甲은 乙에게 존속살해를 교사하였으나 乙이 절도죄를 범하였는바 이는 교사한 범죄와는 질적으로 전혀 다른 범죄이므로 절도죄의 교사범은 성립하지 않는다.❹

V. 결론

① 甲은 살인죄의 교사범의 죄책을 진다.
② 乙은 살인죄 및 절도죄의 죄책을 진다.

[설문 1의 나.] 해설

1. 논점의 정리

(2)에서 乙에 대하여 형사책임을 부인하거나 경하게 처벌받는 이론적 근거와 관련하여 ① 예비죄의 공동정범, ② 살인예비죄의 성립여부(타인예비), ③ 살인예비죄의 방조범의 성립여부, ④ 예비죄의 중지범 인정여부가 각 문제된다.

2. 형사책임을 부인할 수 있는 이론적 근거

(1) 살인예비죄 공동정범 성립 부정❺

통설과 判例는 2인 이상이 공동하여 기본범죄를 실현하고자 하였으나 가벌적 예비행위에 그친 경우 예비죄의 공동정범의 성립을 긍정한다. 예비죄의 공동정범도 공동정범인 이상 주관적 요건으로서 공동가공의 의사와 객관적 요건으로서 역할분담에 의한 기능적 행위지배가 필요하다. 사안의 경우 乙은 甲의 새로운 살인 계획에 '더 이상 관여하지 않겠다'고 말하고 독극물을 구입하였으나 '나는 양심에 걸려 못하겠다'고 말하였으므로 공동가공의 의사는 인정될 수 없다.❻ 따라서 乙에게 살인예비죄의 공동정범은 성립하지 않는다.

(2) 살인예비죄 정범 성립 부정❼

사안에서 乙의 독극물 구입행위가 살인예비죄의 정범이 성립할 수 있는지 문제된다. 이에 대하여 ① 타인예비도 자기예비와 마찬가지로 법익침해의 실질적 위험성을 지니고 있고, 예비죄의 " … 의 죄를 범할 목적"에는 자기가 죄를 범할 목적인 경우 이외에 타인에게 죄를 범하게 할 목적도 포함된다고 보아 타인예비도 예비죄(정범)로 처벌해야 한다는 긍정설과, 타인예비는 자기예비보다 법익침해

---

❹ 교사의 착오 중 질적 초과의 쟁점이다.
❺ 배점을 고려할 때 시간이 없다면 생략해도 무방한 쟁점으로 보인다.
❻ 이후 甲은 범행을 단념한 후 다시 A를 살해하였는바 이는 별도의 범죄에 해당하는바 乙은 위 범죄와는 무관함에 유의하여야 한다.
❼ 타인예비의 예비죄(정범)를 인정할 수 있는가의 쟁점이다.

가 더 간접적이므로 양자를 동일하게 평가할 수 없다는 점, 예비죄의 " … 의 죄를 범할 목적"은 스스로 범할 목적으로 해석하는 것이 타당하며 타인으로 하여금 죄를 범하게 할 목적으로 해석할 수 없다고 보아 타인예비는 예비로 볼 수 없다는 부정설이 대립한다.

타인예비를 예비에 포함시키면 예외적으로 처벌되는 예비죄의 예비의 범위가 지나치게 확대될 우려가 있으므로 타인예비는 예비죄의 예비에 포함되지 않는다고 보는 것이 타당하다.

따라서 乙에게는 살인예비죄가 성립하지 않는다.

(3) 살인예비죄의 방조범 성립 부정❽

사안에서 乙의 독극물 구입행위가 살인예비죄의 방조범이 성립할 수 있는지 문제된다. 이에 대하여 ① 정범이 예비죄로 처벌되는 이상 그에 가담한 자에게 예비죄의 종범이 성립한다는 것은 공범종속성설의 당연한 이론적 귀결이고, 예비행위의 실행행위성을 인정한다면 이에 대한 종범의 성립은 가능하다는 긍정설과, ② 예비의 실행행위성을 인정할 수 없다는 것을 전제로 예비죄의 종범의 성립을 부정하는 부정설이 대립한다. 判例는 정범이 예비단계에 그친 경우에 정범에 가담한 자에 대하여 종범의 성립을 부정하고 있다.

형법 제32조 제1항(종범)의 타인의 범죄란 정범이 범죄의 실행에 착수한 경우를 말하는 것이므로 종범이 처벌되기 위하여는 정범의 실행의 착수가 있는 경우에만 가능하다고 보아야 하므로 정범이 실행의 착수에 이르지 아니한 예비의 단계에 그친 경우에는 이에 방조한 행위는 예비죄의 종범이 성립할 수 없다고 보는 것이 타당하다.❾

따라서, 사안의 경우 乙에게는 살인예비죄의 방조범이 성립하지 않는다.

3. 가볍게 인정할 수 있는 이론적 근거

앞서 언급한 예비죄의 공동정범이나 타인예비죄의 정범을 인정한다고 하더라도 예비죄의 중지범을 인정한다면 필요적 감면을 받을 수 있으므로 예비죄의 중지범 인정여부가 문제된다.

형의 불균형을 시정하기 위하여 예비죄의 중지범을 인정하여야 한다. 다만, 判例는 중지범은 범죄의 실행에 착수한 후 자의로 그 행위를 중지한 때를 말하는 것이고 실행의 착수가 있기 전인 예비·음모의 행위를 처벌하는 경우에 있어서 중지범의 관념은 이를 인정할 수 없다(대판 : 99도424)고 하여 예비의 중지범을 부정한다.

사안의 경우 乙에게 살인예비죄의 중지범이 성립한다.

[설문 1의 다.] 해설

1. 논점의 정리

① 甲이 인감도장을 가지고 나온 점에 대하여 절도죄의 성립여부가,

---

❽ 예비의 방조의 경우 예비죄의 종범의 성립(가벌성 인정)여부가 쟁점이다.

❾ 예비의 종범을 인정하는 것은 형법이 기도된 교사에 대해서는 이를 처벌하는 특별규정을 두면서도 기도된 방조에 대하여는 처벌규정을 두고 있지 않은 취지에도 반한다는 것도 부정설의 논거이다(이재상, 407면; 오영근, 495면; 정성근·박광민, 375면).

② 사자인 A 명의의 위임장을 작성하고 이를 주민센터 담당 직원에게 제출한 점에 대하여 사문서위조 및 위조사문서행사죄가,

③ 주민센터 담당 직원 C에게 위조한 위임장을 제출하여 A의 인감증명서를 발급받은 점에 대하여 허위공문서작성죄의 간접정범 또는 공문서위조의 간접정범이 성립할 수 있는지가 각 문제된다.

2. 인감도장과 관련된 甲의 죄책

인감도장도 절도죄의 객체인 재물성이 인정되므로 사안에서 甲이 A의 인감도장을 의사에 반하여 가지고 나온 것은 일응 절도죄에 해당한다(제329조). 다만, 사안에서 A가 사망하였는바 이는 살해 후 영득의사가 생겨 피해자의 재물을 영득한 경우이므로 살인이 재물탈취의 수단이 아니므로 강도살인죄는 성립할 수 없으나, 살인죄가 성립하는 것에는 문제가 없다.

이 경우 재물의 영득이 절도죄에 해당하는지 점유이탈물횡령죄에 해당하는지가 문제된다.

이에 대하여 사자는 점유의사가 없으므로 사자의 점유를 인정할 수 없고, 상속에 의한 점유의 이전도 인정되지 않으므로 상속인의 점유도 인정되지 않으므로, 사자의 재물을 영득한 행위는 점유이탈물횡령죄에 해당한다는 견해가 있다.

그러나, 사자가 생전에 가진 점유는 사망 후에도 여전히 계속되는 것으로 보아야 하므로 절도죄가 성립한다고 보는 것이 타당하다(대판 : 93도2143).

피해자의 사망과 시간적·장소적 근접성이 인정되는 동안에는 사자의 생전점유가 인정되므로 사안의 경우 A의 생전 점유는 계속되고 있는바 甲에게 절도죄가 성립한다. 다만, 甲은 A의 직계비속으로서 친족상도례 규정에 따라 형이 면제된다(제344조, 제328조 제1항).

3. 위임장 작성과 관련된 甲의 죄책[10]

(1) 사문서위조죄 및 동행사죄의 성립여부

행사할 목적으로 권리·의무 또는 사실증명에 관한 타인의 문서를 위조한 경우 사문서위조죄가 성립하고, 위조한 사문서를 행사하는 경우 위조사문서행사죄가 성립한다(제231조, 제234조).

사안에서 甲은 행사할 목적으로 사자인 A명의로 위임장을 작성하였는바, 사자명의문서의 문서성을 인정할 수 있는지 문제된다.

判例는 문서위조죄는 문서의 진정에 대한 공공의 신용을 그 보호법익으로 하는 것이므로 행사할 목적으로 작성된 문서가 일반인으로 하여금 당해 명의인의 권한 내에서 작성된 문서라고 믿게 할 수 있는 정도의 형식과 외관을 갖추고 있으면 문서위조죄가 성립하는 것이고, 위와 같은 요건을 구비한 이상 그 명 명의인이 실재하지 않는 허무인이거나 또는 문서의 작성일자 전에 이미 사망하였다고 하더라도 그러한 문서 역시 공공의 신용을 해할 위험성이 있으므로 문서위조죄가 성립한다고 봄이 상당하며, 이는 공문서뿐만 아니라 사문서의 경우에도 마찬가지라고 보아야 한다(대판(전) : 2002도18)고 하여 사자명의문서의 문서성을 긍정한다.

따라서 사안의 경우 甲에게 사문서위조죄가 성립한다. 아울러 위조된 정을 모르는 주민센터 직원 C에게 위임장을 제시하였는바 이에 대하여 위조사문서행사죄(제234조)가 성립한다.

---

[10] 제4회 변호사시험 제2문과 동일한 쟁점이 출제되었다.

(2) 사인부정사용죄 및 동행사죄의 성립여부

사안에서 甲은 인감증명서를 작성하면서 훔친 A의 도장을 부정하게 사용하고 이를 C에게 제시하였는바, 이는 행사할 목적으로 타인의 인장을 부정사용한 후 부정사용한 인장을 행사한 경우이므로 일응 사인부정사용죄(제239조 제1항) 및 동행사(제239조 제2항)가 성립할 수 있다.

그러나 사인부정사용 및 동행사는 사문서위조 및 동행사의 과정에서 일반적·전형적으로 수반되는 행위이므로(대판 : 2012도1895) 사문서위조죄 및 동행사죄에 흡수되고 별도로 죄가 성립하지 아니한다(대판 : 78도1787).

4. 인감증명서 발급과 관련된 甲의 죄책

(1) 甲에게 허위공문서작성죄의 간접정범이 성립하는지 여부❶

허위공문서작성죄는 작성 권한 있는 공무원만이 주체가 될 수 있는 진정신분범이다. 따라서 사안의 경우와 같이 이러한 신분이 없는 사인(私人)인 甲이 신분자인 공무원 C를 이용하여 허위공문서를 작성하게 하였더라도 허위공문서작성죄의 간접정범이 성립하지 아니한다.

判例도 공무원 아닌 자가 허위공문서작성의 간접정범❷일 때에는 제228조(공정증서원본부실기재죄)의 경우를 제외하고는 이를 처벌할 수 없다고 판시한바 있다(대판 : 2006도1663).

(2) 甲에게 공문서위조죄의 간접정범이 성립하는지 여부

행사할 목적으로 공무원의 문서를 위조한 경우 공문서위조죄가 성립한다(제225조). 공문서위조죄는 간접정범의 형태로도 범할 수 있으므로 사안의 경우와 같이 甲이 공무원 C를 이용하여 인감증명서를 발급하게 한 경우 공문서위조죄의 간접정범이 성립할 수 있는지 문제된다.

어느 문서의 작성 권한을 갖는 공무원이 그 문서의 기재사항을 인식하고 그 문서를 작성할 의사로써 이에 서명·날인하였다면, 설령 그 서명·날인이 타인의 기망으로 착오에 빠진 결과 그 문서의 기재사항이 진실에 반함을 알지 못한 데 기인한다고 하여도, 그 문서의 성립은 진정하므로 공문서위조죄의 간접정범은 성립할 수 없다(대판 : 2000도938).

사안의 경우 공무원 아닌 甲이 주민센터 직원 C에게 허위내용의 위임장을 제출하여 그 내용이 허위인 정을 모르는 C로부터 인감증명서를 발급받았다고 하더라도 C가 위 기재사항을 인식하고 인감증명서를 작성할 의사로 작성하였는바 甲에게 공문서위조죄의 간접정범은 성립하지 않는다.

5. 결론

甲은 인감도장에 대한 절도죄와 위임장에 대한 사문서위조 및 위조사문서행사죄가 각 성립한다.

---

❶ 제7회 변호사시험 제1문 쟁점.

❷ 공무원 아닌 자가 공무원을 이용하여 허위공문서를 작성하게 하였다는 사실적 의미이지 허위공문서작성죄의 간접정범(또는 간접정범의 성립)이라는 의미가 아님을 주의하여야 한다.

Chapter
03

2022년 제11회 변호사시험

(1) 甲은 따로 살고 있는 사촌형 A로부터 A가 2020. 12. 24. 10:00에 해외여행을 떠난다는 말을 들은 후 친구 乙에게 "A가 사채업으로 돈을 벌어 귀금속을 샀다고 들었는데, A가 12. 24. 10:00경 해외여행을 떠난다고 한다. 그런데 A가 조폭 출신이고 의심도 많아 내가 직접 훔치기 어려우니, 네가 나 대신 A의 집에서 귀금속을 훔쳐 달라. 귀금속을 가져다 주면 충분히 사례를 하겠다."라고 제안하였고, 乙을 이를 승낙하였다.

(2) 乙은 A의 집 주변을 사전 답사하면서 집 안을 엿보던 중 A가 현관문 옆 화분 아래에 비상용 열쇠를 둔다는 사실을 알게 되었고, 경제적으로 어려움을 겪는 후배 丙에게 범행을 함께할 것을 제안하여, 丙의 승낙을 받고 丙과 역할 분담을 공모하였는데, 甲에게는 범행을 丙과 함께 할 예정 이라고 알리지 않았다.

(3) 2020. 12. 24. 10:30경 乙과 丙은 함께 丙이 운전하는 승용차를 타고 A의 집 앞으로 갔다. 丙은 A의 집 대문 앞에 승용차를 주차하고 차에 탑승한 채 망을 보고, 乙은 A의 집 담을 넘은 다음 현관문 옆 화분 아래에서 열쇠를 찾아 그 열쇠로 현관문을 열고 집 안에 들어가서 안방을 뒤지기 시작하였는데, 마당 창고에서 여행용 가방을 가지고 나오는 A의 기척을 듣고 황급히 안방 장롱에 들어가 몸을 숨겼다. A는 10:50경 짐싸기를 마치고 집을 나섰는데, 丙은 乙이 아니라 A가 집에서 나오는 것을 보고 놀라 바로 승용차를 운전하여 도망을 가 버렸다.

(4) 乙은 A가 나간 것을 확인하고 다시 집 안을 뒤져 안방 서랍장에서 골드바 2개를 발견하고 미리 준비해 간 가방에 이를 넣고 11:00경 집 밖으로 나왔는데, 丙의 승용차가 보이지 아니하자 버스를 타기 위하여 200m 떨어진 버스정류장으로 걸어갔다.

(5) 한편 A는 공항으로 가려던 중 여권을 집에 두고 온 것을 깨닫고 11:10경 집으로 돌아왔는데, 누군가 집 안을 뒤진 흔적이 있어 도둑이 든 것을 알게 되었다. A는 자신이 집을 비운 시간이 길지 않아 범인이 아직 주변에 있을지도 모른다고 생각하고 대로변으로 나와 살펴보던 중 버스정 류장에서 A의 시선을 피하면서 어색한 행동을 보이는 乙을 발견하였다. A는 乙이 범인으로 의심 되어 도둑질을 하지 않았느냐고 다그치면서 乙에게 A의 집으로 같이 갈 것을 요구하였다. 乙은 A의 위세에 눌려 A의 집으로 따라왔는데, A가 도둑질을 하지 않았느냐고 계속 추궁하면서 112 신고를 하려고 하자 체포를 면탈할 목적으로 양손으로 A의 가슴을 세게 밀쳐 넘어뜨려 A에게 약 2주간의 치료를 요하는 요추부 타박상 등을 입히고 그 자리에서 도망쳤다. 그 후 乙은 甲에게 훔친 골드바 2개를 건네주었다.

(6) 丙은 위와 같이 중간에 도망친 바람에 乙로부터 돈을 받기 어려워졌다고 생각하고 유흥비를 마련하기 위하여 휴대전화 메신저 어플리케이션을 이용하여 옛 여자친구 B에게 "내일까지 네가 3개월 전에 나한테서 빌려간 돈 100만 원을 무조건 갚아. 안 그러면 네 가족과 친구들이 이 동영상을 보게 될 거야."라는 메시지를 보내면서 과거 B와 성관계를 하면서 합의하에 촬영한 동영상을 캡처한 사진 파일을 첨부하였다. 위 메시지와 사진 파일을 받아 본 B는 겁을 먹고 경찰에 신고하였다.

1. 甲, 乙, 丙의 죄책은? (55점) (주거침입의 점은 제외함. 이는 이하에서도 같음)

[설문 1]의 해결

Ⅰ. 논점의 정리

① 乙과 丙이 A의 집에 들어가 A의 골드바를 훔치고 이를 甲에게 건네준 행위와 관련하여 乙과 丙에게 특수절도죄가 성립할 수 있는지 문제된다.

② 乙이 A를 세게 밀쳐 넘어뜨려 상해를 입힌 행위와 관련하여 ⅰ) 乙에게 강도상해죄 또는 상해죄가 성립할 수 있는지, ⅱ) 丙에게 공범이 성립할 수 있는지 문제된다.

③ 甲이 乙에게 절도를 교사한 행위와 관련하여 ⅰ) 귀책의 범위가 문제되고, ⅱ) 골드바를 받은 행위와 관련하여 장물취득죄가 성립할 수 있는지 문제된다.

④ 丙이 빌려 간 돈을 갚으라며 B와 합의하에 촬영된 성관계 동영상의 사진 파일을 B에게 전송한 행위와 관련하여 공갈죄, 성폭력범죄의 처벌 등에 관한 특례법(이하 '성폭력특별법'이라 한다)위반(촬영물반포·제공)죄, 성폭력특별법위반(촬영물등이용협박)죄가 성립할 수 있는지 문제된다.

Ⅱ. A의 골드바를 훔친 행위와 관련된 乙과 丙의 죄책

1. 합동에 의한 특수절도죄의 성립여부

2인 이상이 합동하여 타인의 재물을 절취한 경우 특수절도죄가 성립한다(제331조 제2항). 여기의 합동❶은 공모와 실행행위의 분담이 있어야 하고, 그 실행행위는 시간적·장소적으로 협동관계에 있음을 의미한다(대판 : 96도313).❷

사안에서 乙과 丙은 절도를 공모한 후 丙은 A의 집 앞에서 망을 보고, 甲은 A의 집에 들어가 안방을 뒤져 골드바 2개를 가방에 넣고 나왔으므로 절도는 기수에 이르렀고 이는 시간적·장소적으로 협동하여 실행행위를 분담한 경우에 해당한다. 따라서 乙과 丙에게 일응 합동에 의한 특수절도죄가 성립한다.

---

❶ 합동의 의미에 대하여는 공모공동정범설, 가중적 공동정범설, 현장설, 현장적 공동정범설의 견해의 다툼이 있으나, 사안의 경우 어느 견해에 의하더라도 '합동'이 인정되는 경우이므로 학설을 장황하게 소개할 필요가 없다.

❷ 학설 다툼이 실익이 없는 경우에는 판례이론에 따라 사례를 해결하는 것이 가장 간명한 방법이며 또한 충분하다고 본다.

다만, 사안에서 丙이 A가 집에서 나오는 것을 보고 놀라 도망을 갔으므로 공모관계의 이탈이 인정될 수 문제된다.

2. 공모관계의 이탈이 인정될 수 있는지 여부

공모공동정범에 있어서 공모자 중의 1인이 다른 공모자가 실행행위에 이르기 전에 그 공모관계에서 이탈한 때에는 그 이후의 다른 공모자의 행위에 관하여 공동정범으로서의 책임을 지지 않으며(대판 : 2010도6924), 절도죄는 물색행위를 한 때 실행의 착수가 인정된다.

사안에서 丙은 乙이 열쇠를 찾아 열쇠로 현관문을 열고 집 안에 들어가서 안방을 뒤지기 시작하여 물색행위가 개시된 후에 A가 집에서 나오는 것을 보고 놀라 도망을 갔으므로 공모관계의 이탈이 인정되지 않는다.

한편, 실행의 착수 후의 이탈은 공동정범 중 1인의 자의에 의한 실행중지만으로는 그의 중지미수를 인정할 수 없으며, 공동정범 전원의 실행행위를 중지시키거나 모든 결과발생을 완전히 방지한 경우 공동정범 중 '중지시키거나 방지한 자'만 중지미수가 되고, 그렇지 않은 자는 장애미수가 된다(대판 : 85도2831).

사안의 경우 丙의 이탈을 실행의 착후 후의 이탈로 본다고 하더라도 이를 자의성이 인정되는 중지미수로 볼 수 없을 뿐만 아니라 乙의 절도를 방지하지도 못했으므로 역시 공모관계 이탈은 인정될 수 없다.

3. 소결

乙과 丙에게 합동에 의한 특수절도죄가 성립한다(제331조 제2항).

Ⅲ. A에 대한 상해와 관련된 乙과 丙의 죄책

1. 乙의 죄책

(1) 준강도에 의한 강도상해죄

강도상해죄는 강도가 사람을 상해함으로써 성립한다(제337조). 강도상해죄의 강도는 단순강도 이외에 준강도도 포함되는데 절도가 체포를 면탈할 목적으로 폭행을 가한 때에는 준강도에 해당한다(제335조). 여기의 폭행은 사람의 반항을 억압할 수 있는 정도이어야 하며, 폭행은 절도의 기회에 행하여져야 하므로 절도와 폭행간에 시간적·장소적 접근성이 인정되어야 한다.

사안에서 乙은 A의 집에서 절도범행을 마친지 10분 가량 지나 A의 집에서 200m 가량 떨어진 버스정류장이 있는 곳에서 乙을 절도범인이라고 의심하고 뒤쫓아 온 A에게 붙잡혀 A의 집으로 돌아왔을 때 비로소 A를 폭행하였는데 乙의 폭행은 사회통념상 절도범행이 이미 완료된 이후에 행하여졌으므로 준강도죄는 성립하지 않는다(대판 : 98도3321).

(2) 상해죄의 성립여부

乙은 체포를 면탈할 목적으로 양손으로 A의 가슴을 '세게' 밀쳐 넘어뜨려 2주간의 상해를 입혔으므로 상해에 대한 고의가 인정된다. 따라서 乙에게 상해죄가 성립한다(제257조 제1항).

2. 丙의 죄책

사안에서 乙은 공모한 특수절도의 범위를 넘어 A에게 상해를 입혔으므로 丙에게도 상해죄가 성립할 수 있는지 문제된다. 즉, 공동정범의 착오가 문제된다.

공범의 책임은 원칙적으로 공모한 내용에 한정되나 이를 초과한 경우 그것이 양적 초과라면 공범의 예견가능성에 따라 책임이 인정되고, 질적 초과라면 책임을 지지 않는다.

사안에서 丙은 乙과 특수절도를 공모하였으나 乙이 A에 대하여 상해를 입혔으므로 이는 질적 초과에 해당하고 따라서 丙은 A에 대한 상해에 대해서는 책임을 지지 않는다.

3. 소결

乙은 A에 대한 상해죄가 성립한다.

Ⅳ. 甲의 죄책

1. 절도교사죄의 성립여부(교사의 착오의 법적 효과)

甲이 乙에게 사례를 약속하며 A의 집에서 '혼자서' 귀금속을 훔쳐달라고 제안한 것은 乙로 하여금 절도를 결의하게 한 것으로서 절도의 교사에 해당한다(제329조 제1항, 제32조 제1항). 그런데 乙은 丙과 함께 특수절도를 범하였으므로 甲에게 특수절도죄의 교사범이 성립할 수 있는지 문제된다.

피교사자가 구성요건을 달리하지만 공통적 요소를 포함하는 범죄를 실행한 경우인 양적초과의 경우 교사한 범위 내에서 교사범이 성립하나, 범죄의 본질적인 차이가 있는 질적 초과의 경우 발생한 결과에 대하여는 교사범이 성립하지 않는다.

사안에서 甲이 乙에게 단순절도를 교사하였는데 乙이 특수절도죄와 상해죄를 범한 것은 각각 양적초과와 질적초과에 해당한다. 이 경우 甲의 교사의 범위를 넘는 특수절도 및 상해죄에 대해서는 교사범이 성립하지 않으므로 甲은 단순절도죄(제329조)의 교사범의 죄책을 질뿐이다.

2. 장물취득죄의 성립여부

장물을 취득한 경우 장물취득죄가 성립한다(제362조 제1항). 장물은 본범이 절도, 강도, 사기, 공갈, 횡령 등 재산죄에 의하여 영득한 물건 그 자체를 의미한다. 장물죄는 타인(본범)이 불법하게 영득한 재물의 처분에 관여하는 범죄이므로 본범의 정범은 장물죄의 주체가 될 수 없으나, 본범의 교사범·본범은 장물죄의 주체가 될 수 있고 이 경우 본범에 대한 공범과 장물죄의 경합범이 된다(대판 : 69도 692).

사안에서 甲은 절도를 교사하여 본범인 乙로부터 장물인 골드바 2개를 건네받았으므로 장물취득죄가 성립한다. 다만 甲은 A와 동거하지 친족관계에 있으므로 양 죄 모두 A의 고소가 있어야 공소를 제기할 수 있는 상대적 친고죄에 해당한다(제344조, 제365조 제1항, 제328조 제2항).

3. 소결

甲은 절도교사죄 및 장물취득죄가 성립하고 양 죄는 실체적 경합관계에 있다.

V. 丙의 죄책

1. 공갈죄의 성립여부

사람을 공갈하여 재물의 교부를 받거나 재산상의 이익을 취득한 경우 공갈죄가 성립한다(제350조). 공갈죄의 수단으로서의 협박은 객관적으로 사람의 의사결정의 자유를 제한하거나 의사실행의 자유를 방해할 정도로 겁을 먹게 할 만한 해악을 고지하는 것을 말한다(대판 : 2000도3245).

사안에서 丙이 옛 여자친구인 B에게 '빌려 간 돈을 갚지 않으면 성관계 동영상을 유포하겠다'는 취지의 메시지를 보낸 것은 공갈의 수단으로서 해악의 고지인 협박에 해당함은 명백하다. 다만, 권리실현의 수단으로서 공갈을 한 경우에 해당하여 공갈죄가 성립할 수 있는지 문제된다.

공갈죄가 성립하기 위하여 고지된 해악의 실현은 반드시 그 자체가 위법한 것임을 필요로 하지 않으며, 해악의 고지가 권리실현의 수단으로 사용된 경우라고 하여도 그것이 권리행사를 빙자하여 협박을 수단으로 상대방을 겁을 먹게 하였고 그 권리 실행의 수단 방법이 사회 통념상 허용되는 정도나 범위를 넘는다면 공갈죄가 성립한다(대판 : 2011도5910).

사안의 경우 丙이 B에게 채무변제를 요구하며 성관계 동영상을 유포하겠다고 말한 것은 권리실행의 수단으로서 사회 통념상 용인될 수 있는 권리행사의 한계를 일탈한 것이므로 위법성은 조각될 수 없다. 다만, 丙이 B로부터 재물을 교부받은 바 없으므로 공갈미수죄가 성립한다(제352조, 제350조 제1항).

2. 성폭력특별법위반(촬영물반포·제공)죄 및 성폭력특별법위반(촬영물등이용협박)죄의 성립여부

카메라나 그 밖에 이와 유사한 기능을 갖춘 기계장치를 이용하여 성적 욕망 또는 수치심을 유발할 수 있는 사람의 신체를 촬영대상자의 의사에 반하여 촬영하여 이러한 촬영물 또는 복제물(복제물의 복제물을 포함한다. 이하 이 조에서 같다)을 반포하거나 제공한 한 경우 성폭력특별법위반(촬영물반포·제공)죄(제14조 제2항)가 성립한다. '반포'는 불특정 또는 다수인에게 무상으로 교부하는 것을 말하고, '반포'와 별도로 열거된 '제공'은 '반포'에 이르지 아니하는 무상 교부 행위를 말하며 촬영의 대상이 된 피해자 본인은 성폭력처벌법 제14조 제1항에서 말하는 '제공'의 상대방인 '특정한 1인 또는 소수의 사람'에 포함되지 않는다(대판 : 2018도1481).

사안에서 丙이 B에게 성관계 동영상을 캡처한 사진 파일을 보낸 것은 피해자 본인에게 보낸 것이므로 반포나 제공에 해당되지 않고, 따라서 丙에게 동죄는 성립하지 않는다.

한편, 성적 욕망 또는 수치심을 유발할 수 있는 촬영물 또는 복제물(복제물의 복제물을 포함한다)을 이용하여 사람을 협박한 경우 성폭력특별법위반(촬영물등이용협박)죄(제14조의3 제1항)가 성립한다.

사안에서 丙은 성관계 동영상을 촬영하여 유표하겠다고 협박하였으므로 이는 성적 욕망 또는 수치심을 유발할 수 있는 촬영물로 협박한 경우로서 동죄가 성립한다.

3. 소결

丙에게 공갈미수죄 및 성폭력특별법위반(촬영물등이용협박)죄가 성립한다.

VI. 결론

① 甲은 절도교사죄 및 장물취득죄의 죄책을 지고 양죄는 실체적 경합관계에 있다.

② 乙은 특수절도죄 및 상해죄의 죄책을 진다.

③ 丙은 특수절도죄, 공갈미수죄, 성폭력특별법위반(촬영물등이용협박)죄의 죄책을 진다.

02   제2문

(1) A군(郡)의 군수인 甲은 사채업자인 乙과 공모하여 관내 건설업자 丙에게 금전적 지원을 요구하기로 마음먹었다. 甲은 丙을 군수집무실로 불러 A군(郡)이 둘레길 조성사업을 계획하고 있는데 이는 丙에게 좋은 기회가 될 것이라고 하면서 乙이 향후 둘레길 조성사업에 관여하게 될 것이니 乙에게 업무용 차량과 업무에 필요한 비품을 지원해 주라고 부탁하였다. 이에 丙은 乙에게 자기 소유인 시가 3,000만 원 상당의 K5 승용차를 주고 시가 1,000만 원 상당의 비품을 구매해 주었다. 丙은 乙에게 K5 승용차의 소유권이전등록을 해 주지는 않았으나 앞으로 乙에게 이를 반환받을 마음이 없었으며 乙도 이를 丙에게 반환할 생각이 없었다.

(2) 乙은 과거 육군 대위로서 육군사관학교에 재직하면서 납품 관련 시험평가서를 기안하는 등 그 작성을 보조하는 업무를 담당하던 중에, B방위산업체에 근무하는 고교동창 丁으로부터 B방위산업체에서 생산하여 납품하려고 하는 탄환에 대한 시험평가서가 필요하니 도와달라는 부탁을 받고, 그 부탁에 따라 다른 업체에 대한 탄환 실험데이터를 도용하여 실험 결과를 허위로 기재한 육군사관학교장 명의의 시험평가서를 작성한 다음 그 정을 모르는 결재권자의 도장을 받았다.

(3) 丙은 자신의 집에서 C와 함께 술을 마시던 중, 술에 취해 누워 있는 C의 하의를 벗긴 후 C를 1회 간음하였다. 당시 丙은 C가 만취하여 심신상실 상태에 있다고 생각하고 이를 이용한 것이었는데, 실제로 C는 반항이 불가능할 정도로 술에 취하지는 않았다.

1. 각각의 죄책에 대하여 논하시오.
   (가) 위 사례 (1)에서 甲, 乙, 丙의 죄책은? (22점)
   (나) 위 사례 (2)에서 乙, 丁의 죄책은? (18점)
   (다) 위 사례 (3)에서 丙의 죄책은? (15점)

[설문 1-(가)]의 해결

1. 논점의 정리

① 甲과 乙이 둘레길 조성과 관련하여 丙으로부터 업무용 차량과 비품을 받은 행위가 ⅰ) 甲에게 특정범죄 가중처벌 등에 관한 법률(이하 '특가법'이라 한다)위반(뇌물)죄 또는 제3자뇌물수수죄가 성립할 수 있는지, ⅱ) 乙에게 특가법위반(뇌물)죄 공동정범 또는 제3자뇌물수수죄의 방조범이 성립할 수 있는지 문제된다.

② 丙이 乙에게 업무용 차량과 비품을 준 행위와 관련하여 丙에게 특가법위반(뇌물)죄의 공범 또는 뇌물공여죄가 성립할 수 있는지 문제된다.

2. 업무용 차량과 비품을 받은 행위와 관련된 甲과 乙의 죄책

(1) 甲의 죄책

공무원이 그 직무에 관하여 뇌물을 수수한 경우에는 수뢰죄가 성립하고(제129조 제1항), 수뢰액이 3,000만 원 이상인 경우 특가법위반(뇌물)죄(제2조 제1항 제3호)가 성립한다. 한편, 공무원이 그 직무에 관하여 부정한 청탁을 받고 제3자에게 뇌물을 공여하게 한 경우 제3자뇌물수수죄(제130조 제1항)가 성립한다.

사안에서 둘레길 조성사업은 군수인 甲의 직무에 속하고 차량과 비품은 사람의 수요 욕망을 충족시키기에 족한 일체의 유형·무형의 이익으로서 3,000만 원 이상의 뇌물에 해당하여 특가법이 적용됨에는 이론이 없다. 다만, 차량과 비품을 甲이 아닌 乙이 받았으므로 甲에게 수뢰죄가 성립할 수 있는지 문제된다.

이에 대하여 공무원과 비공무원이 뇌물을 받으면 뇌물을 비공무원에게 귀속시키기로 미리 모의하거나 뇌물의 성질에 비추어 비공무원이 전적으로 사용하거나 소비할 것임이 명백한 경우에 공무원이 증뢰자로 하여금 비공무원에게 뇌물을 공여하게 하였다면 형법 제130조의 제3자뇌물수수죄의 성립여부가 문제 될 뿐이며, 공무원과 비공무원에게 형법 제129조 제1항의 뇌물수수죄의 공동정범이 성립한다고 할 수는 없다(대판 : 2018도2738 소수견해)는 견해가 있다.

그러나, 공무원이 뇌물공여자로 하여금 공무원과 뇌물수수죄의 공동정범 관계에 있는 비공무원에게 뇌물을 공여하게 한 경우에는 공동정범의 성질상 공무원 자신에게 뇌물을 공여하게 한 것으로 볼 수 있으므로 공무원과 공동정범 관계에 있는 비공무원은 제3자뇌물수수죄에서 말하는 제3자가 될 수 없고, 공무원과 공동정범 관계에 있는 비공무원이 뇌물을 받은 경우에는 공무원과 함께 뇌물수수죄의 공동정범이 성립하고 제3자뇌물수수죄는 성립하지 않는다(대판 : 2018도2738 다수견해)고 보는 것이 타당하다.

사안에서 甲은 乙과 공모하여 乙이 丙으로부터 금품을 수수하였는바 이는 공동정범의 성질상 甲이 뇌물을 수수한 것에 해당한다.

한편, 뇌물수수에서 말하는 '수수'란 받는 것, 즉 뇌물을 취득하는 것이고, 취득이란 뇌물에 대한 사실상의 처분권을 획득하는 것을 의미하고, 뇌물인 물건의 법률상 소유권까지 취득하여야 하는 것은 아니다(대판 : 2018도2738). 사안에서 비록 乙이 丙으로부터 승용차의 소유권이전등록을 받지 못했다고 하더라도 丙은 乙로부터 뇌물을 반환받을 마음이 없었고 乙 또한 반환할 마음이 없었으므로

乙은 丙으로부터 받은 뇌물의 사실상 처분권을 획득하였다. 따라서 사안의 경우 甲에게 특가법위반 (뇌물)죄의 공동정범이 성립한다(특가법 제2조 제1항 제3호, 형법 제129조 제1항, 형법 제30조, 형법 제8조).

(2) 乙의 죄책

수뢰죄와 증뢰죄와 같이 필요적 공범 중 대향범의 경우 형법이 대향자 중 일방을 처벌하는 규정을 두고 있지 않으므로 처벌되지 않는 대향자에게 공범규정이 적용되지 않는데, 乙에게 공범규정이 적용될 수 있는지 문제된다.

사안에서 乙은 내부관여자가 아닌 외부관여자에 해당하므로 쌍방을 모두 처벌하는 경우에는 각 대향자에게 관여한 외부관여자에 대해서는 총칙상의 공동정범, 교사범, 종범의 성립이 모두 가능하므로(대판 : 2013도6969) 乙에게 공범성립이 가능하다.

한편, 수뢰죄는 공무원 또는 중재인만이 그 범죄의 주체가 되는 진정신분범이다. 乙에게 이러한 신분이 없지만 신분관계로 인하여 성립될 범죄에 가공한 것이므로 제33조 본문에 의하여 특가법위반 (뇌물)죄의 공동정범이 성립한다(특가법 제2조 제1항 제3호, 형법 제129조 제1항, 형법 제30조, 형법 제8조).

(3) 소결

甲과 乙은 각각 특가법위반(뇌물)죄의 공동정범의 죄책을 진다.

3. 丙의 죄책❶

뇌물을 공여한 경우 뇌물공여죄가 성립하는데(제133조 제1항), 사안에서 丙은 공무원 甲과 공동정범 관계에 있는 乙에게 자동차와 비품을 주었는데 이는 공무원인 甲에게 뇌물을 공여한 것으로 볼 수 있으므로 뇌물을 공여한 경우에 해당한다. 따라서 丙에게 뇌물공여죄가 성립하고, 뇌물공여죄에 대하여는 특가법상 가중처벌 규정이 존재하지 않으므로 특가법위반죄는 성립하지 않는다.

4. 결론

甲과 乙은 각각 특가법위반(뇌물)죄의 죄책을 지고, 丙은 뇌물공여죄의 죄책을 진다.

[설문 1-(나)]의 해결

1. 논점의 정리

乙이 丁의 부탁을 받고 육군사관학교장 명의의 시험평가서를 작성한 후 정을 모르는 결재권자의 도장을 받은 행위와 관련하여 ⅰ) 乙에게 허위공문서작성죄의 간접정범, 위계에 의한 공무집행방해죄가 성립할 수 있는지, ⅱ) 丁에게 허위공문서작성죄의 간접정범의 교사범이 성립할 수 있는지 각 문제된다.

---

❶ 필요적 공범에 대한 공범규정의 적용여부와 관련된 쟁점은 정확하게는 '필요적 공범 중 대향범의 경우 처벌되지 않는 대향자가 처벌되는 대향자를 적극적으로 교사·방조한 경우 공범규정이 적용되어 공범이 성립할 수 있는지'의 문제이므로 사안에서 丙과 같이 명확하게 처벌 규정이 있는 경우에 적용되는 쟁점이 아님에 유의하여야 한다.

2. 乙의 죄책

(1) 허위공문서작성죄의 간접정범의 성립여부

공무원이 행사할 목적으로 그 직무에 관하여 문서를 허위로 작성한 경우 허위공문서작성죄가 성립한다(제227조). 허위공문서작성죄는 작성권한 있는 공무원만이 주체가 될 수 있는 진정신분범이므로 신분이 없는 자가 신분자인 공무원을 이용하여 허위공문서를 작성하게 하였더라도 허위공문서작성죄의 간접정범이 성립하지 않는다. 다만, 사안과 같이 공문서작성의 보조자가 작성권자를 이용하는 경우에 허위공문서작성죄의 간접정범이 성립할 수 있는지 문제된다.

이에 대하여 허위공문서작성죄는 그 주체가 작성권한 있는 공무원으로 엄격히 제한되는 진정신분범이므로 신분 없는 자는 보조공무원이라 할지라도 본죄의 간접정범은 성립할 수 없다는 견해가 있다.

그러나, 공무소에서의 문서작성이 대부분 보조자에 의하여 이루어지고 작성권자는 결재에만 관여하므로 보조자의 허위작성행위를 처벌할 필요성이 있을 뿐만 아니라, 보조자는 사실상의 작성권한을 가지고 있다고 평가할 수 있으므로 간접정범이 성립할 수 있다는 견해가 타당하다. 判例도 보조공무원이 허위내용의 문서를 작성하여 정을 모르는 작성권한 있는 공무원의 결재를 받은 경우 허위공문서작성죄의 간접정범이 성립한다고 판시한바 있다(대판 : 90도1912).

사안의 경우 납품 관련 시험평가서를 기안하는 등 그 작성을 보조하는 업무를 담당 중이던 乙이 실험결과를 허위로 기재한 육군사관학교장 명의의 시험평가서를 작성한 다음 그 정을 모르는 결재권자의 도장을 받았으므로 乙에게는 허위공문서작성죄의 간정정범이 성립한다(제227조, 제34조 제1항).

(2) 위계에 의한 공무집행방해죄의 성립여부

위계로써 공무원의 직무집행을 방해한 경우 위계에 의한 공무집행방해죄가 성립한다(제137조). 사안에서 乙은 허위의 시험평가서를 작성한 후 그 정을 모르는 최종 결재권자의 오인·착각·부지를 이용하여 최종결재를 받았으므로 위계에 의한 공무집행방해죄가 성립한다(대판 : 96도2825).

3. 丁의 죄책

丁은 乙에게 B방위산업체에서 생산하여 납품하려고 하는 탄환에 대한 시험평가서가 필요하다며 도와달라는 부탁을 하여 乙이 결재권자를 이용하여 허위공문서를 작성하였으므로 丁은 乙의 범행을 교사한 것에 해당한다. 이 경우 원칙적으로 신분이 없는 丁에게는 허위공문서작성죄의 간정정범이 성립할 수 없으므로 丁에게 허위공문서작성죄의 간정정범의 교사범이 성립할 수 있는지 문제된다.

진정신분범에 있어서 비신분자가 신분자를 이용하더라도 비신분자는 진정신분범의 정범적격이 없으므로 간접정범이 될 수 없으나, 비신분자가 신분범의 범죄에 가담한 경우 공범과 신분에 관한 제33조 본문이 적용되어 비신분자에게도 진정신분범의 공범(공동정범, 교사범, 방조범)이 성립될 수 있다.

判例도 문서의 작성권한이 있는 공무원의 직무를 보좌하는 자가 작성권한이 있는 공무원으로 하여금 허위의 공문서를 작성하게 한 경우 간접정범이 성립되고 공모한 자 역시 그 간접정범의 공범으로서의 죄책을 면할 수 없다고 판시한 바 있다(대판 : 91도2837).

사안의 경우 비록 丁이 공무원의 정범 적격이 인정되지 않는다고 하더라도 신분범인 乙의 허위공문서작성죄의 간정정범의 범행에 가담한 이상 丁에게도 허위공문서작성죄의 교사범이 성립한다(제

227조, 제34조 제1항). 한편 丁이 乙에게 허위공문서작성죄를 교사한 행위는 동시에 위계에 의한 공무집행방해죄의 교사범도 성립한다.

4. 결론

① 乙은 허위공문서작성죄의 간접정범과 위계에 의한 공무집행방해죄의 죄책을 진다.
② 丁은 허위공문서작성죄와 위계에 의한 공무집행방해죄의 각 교사범이 성립한다.

[설문 1-(다)]의 해결

1. 논점의 정리

丙이 C를 간음한 행위에 대하여 준강간죄의 불능미수가 성립할 수 있는지 문제된다.

2. 준강간죄의 불능미수의 성립요건

사람의 심신상실 또는 항거불능의 상태를 이용하여 간음 또는 추행을 한 경우 준강간죄가 성립한다(제299조).

준강간죄의 불능미수가 성립하기 위해서는 준강간죄의 미수의 일반요건인 ① 준강간의 고의가 있을 것, ② 실행의 착수가 있을 것, ③ 범죄의 미완성 이외에 불능미수의 특유한 요건인 ④ 실행의 수단 또는 대상의 착오로 결과발생이 불가능할 것과 위험성이 인정되어야 한다(제27조).

3. 丙에게 준강간죄의 고의가 인정되는지 여부

준강간의 고의는 피해자가 심신상실 또는 항거불능의 상태에 있다는 것과 그러한 상태를 이용하여 간음한다는 구성요건적 결과 발생의 가능성을 인식하고 그러한 위험을 용인하는 내심의 의사를 말한다.

사안에서 丙은 C가 술에 만취하여 항거불능의 상태에 있다고 인식하고 C를 간음하였으므로 준강간의 결과 발생의 가능성을 인식하고 그러한 위험을 용인하는 내심의 의사를 인정할 수 있다. 따라서 丙에게는 준강간죄의 고의가 인정된다.

4. 형법 제27조의 불능미수의 요건을 구비하였는지 여부

형법 제299조는 "사람의 심신상실 또는 항거불능의 상태를 이용하여 간음 또는 추행을 한 자."라고 규정함으로써 '심신상실 또는 항거불능의 상태를 이용'하여 '사람'을 '간음 또는 추행'하는 것을 처벌하는 것으로 해석하여야 하므로, 심신상실 또는 항거불능의 상태를 이용하는 것은 범행 방법으로서 구성요건의 특별한 행위양태에 해당하고, 준강간죄의 행위의 객체는 사람이라는 전제하에 본 사안의 경우 丙에게 애당초 구성요건 실현의 대상이 될 수 없다는 의미에서 대상의 착오는 존재하지 않는다고 보아 준강간죄의 불능미수가 성립할 수 없다는 견해가 있다(대판 : 2018도16002 소수견해).

그러나, 형법 제27조의 '실행의 수단 또는 대상의 착오'는 행위자가 시도한 행위방법 또는 행위객체로는 결과의 발생이 처음부터 불가능하다는 것을 의미한다. 그리고 '결과 발생의 불가능'은 실행의 수단 또는 대상의 원시적 불가능성으로 인하여 범죄가 기수에 이를 수 없는 것을 의미한다고 보아야 한다.

준강간죄에서 행위의 대상은 '심신상실 또는 항거불능의 상태에 있는 사람'이다. 그리고 구성요건에 해당하는 행위는 그러한 '심신상실 또는 항거불능의 상태를 이용하여 간음'하는 것이다. 따라서 심신상실 또는 항거불능의 상태에 있는 사람에 대하여 그 사람의 그러한 상태를 이용하여 간음행위를 하면 구성요건이 충족되어 준강간죄가 기수에 이른다.

사안의 경우 丙이 C가 심신상실 또는 항거불능의 상태에 있다고 인식하고 그러한 상태를 이용하여 간음할 의사를 가지고 간음하였으나, 실행의 착수 당시부터 C가 실제로는 심신상실 또는 항거불능의 상태에 있지 않았으므로, 실행의 수단 또는 대상의 착오로 준강간죄의 기수에 이를 가능성이 처음부터 없다고 보아야 한다. 따라서 丙에게는 일응 준강간죄의 미수범이 성립한다.

한편, 형법 제27조의 '위험성'은 행위자가 행위 당시에 인식한 사정을 놓고 일반인이 객관적으로 판단하여 결과 발생의 가능성이 있는지 여부를 따져야 한다(추상적 위험설).❷

사안의 경우 행위자인 丙이 행위당시 인식한 사정은 C가 술에 만취하여 항거불능의 상태에 있다고 인식한 것이고 이러한 사정을 일반인이 객관적으로 판단하면 준강간의 결과가 발생할 위험성이 인정된다고 보아야 한다.

5. 결론

丙은 준강간죄의 불능미수의 죄책을 진다.

---

❷ 배점이 15점임을 고려할 때 위험성에 대한 판단기준은 가볍게 기술하는 것으로 족하다. 대상 판결은 준강간죄에 있어 실행의 대상의 착오가 존재하는지가 주된 쟁점이기 때문이다.

Chapter
04

2021년 제10회 변호사시험

01 제1문

(1) 甲은 평소 좋아하던 A(여, 20세)로부터 A의 은밀한 신체 부위가 드러난 사진을 전송받은 사실이 있다. 甲은 A와 영상 통화를 하면서 A에게 시키는 대로 하지 않으면 기존에 전송받은 신체 사진을 유포하겠다고 A를 협박하여 이에 겁을 먹은 A로 하여금 가슴과 음부를 스스로 만지게 하였다. 그 후 甲은 A에게 여러 차례 만나자고 하였으나 A가 만나 주지 않자 A를 강간하기로 마음먹고 A가 거주하는 아파트 1층 현관 부근에 숨어 있다가 귀가하는 A를 발견하고 A가 엘리베이터를 타자 따라 들어가 주먹으로 A의 얼굴을 2회 때리고 5층에서 내린 다음 계단으로 끌고 가 미리 준비한 청테이프로 A의 양손을 묶어 반항을 억압한 후 A를 간음하려 하였으나 A가 그만 두라고 애원하자 자신의 행동을 뉘우치고 범행을 단념하였다. 그런데 A는 계단으로 끌려가는 과정에서 甲의 손을 뿌리치다가 넘어져 3주간의 치료가 필요한 발목이 골절되는 상해를 입었다.

(2) 甲은 마침 현장에 도착한 A의 아버지 B를 발견하고 체포될까 두려워 도망치다가 아파트 후문 노상에서 B에게 잡히자 B를 때려눕히고 발로 복부를 수 회 걷어찬 다음 도망갔다. 약 2시간 후 甲의 친구 乙이 평소에 감정이 좋지 않던 B가 쓰러진 것을 우연히 발견하고 화가 나서 발로 B의 복부를 수 회 걷어찼다. 며칠 후 B는 장 파열로 사망하였는데, 부검결과 甲과 乙 중 누구의 행위로 인하여 사망하였는지 판명되지 않았다.

(3) 甲은 자신의 위 범행에 대해 사법경찰관 丙의 수사를 받던 중 乙도 입건될 것 같다는 생각이 들자, 丙에게 "乙을 입건하지 않으면 좋겠다. 내가 전부 책임지겠다."라고 말하고, 평소 丙과 친분이 있던 丁에게 이러한 사정을 말하면서 丙에게 4,000만 원을 전달해 달라고 부탁하였다. 丁은 甲으로부터 丙에게 전달할 4,000만 원을 받자 욕심이 생겨 1,000만 원은 자신이 사용하고 나머지 3,000만 원만 丙에게 교부하였다. 돈을 전달받은 丙은 乙을 입건하지 않았다. 甲은 乙에게 "丁의 도움으로 입건되지 않을 것 같다. 담당 경찰 丙에게 적지 않은 금액으로 인사 해 놨다."라고 말하였다.

1. 사실관계 (1)과 관련하여 甲의 죄책을 논하시오. (25점)
2. 사실관계 (2)와 관련하여 甲, 乙의 죄책을 논하시오. (10점)
3. 사실관계 (3)과 관련하여 甲, 丙, 丁의 죄책을 논하시오. (25점)

[설문 1]의 해설

1. 논점의 정리

甲이 ⅰ) A에게 기존에 전송받은 신체 사진을 유포하겠다고 협박하여 이에 겁을 먹은 A로 하여금 가슴과 음부를 스스로 만지게 한 행위와 관련하여 강제추행죄 및 성폭력범죄의 처벌 등에 관한 특례법(이하 '성폭법'이라 한다)상의 촬영물등이용강요죄가 성립할 수 있는지, ⅱ) A를 강간할 마음으로 아파트에 들어가 A를 강간하려다가 상해를 입힌 행위와 관련하여 성폭법상의 강간치상죄가 성립할 수 있는지 각 문제된다.

2. A를 협박하여 신체를 스스로 만지게 한 점에 대한 죄책

(1) 강제추행죄의 성립여부

폭행·협박으로 사람에 대하여 추행하는 경우 강제추행죄가 성립한다(제298조). 강제추행죄의 '폭행 또는 협박'은 상대방의 항거를 곤란하게 할 정도로 강력할 것이 요구되지 아니하고, 상대방의 신체에 대하여 불법한 유형력을 행사(폭행)하거나 일반적으로 보아 상대방으로 하여금 공포심을 일으킬 수 있는 정도의 해악을 고지(협박)하는 것이므로(대판(전) : 2018도13877)❶ 사안에서 甲이 A에게 사진을 유포하겠다고 한 것이 협박에 해당함에는 이론이 없으나, 甲이 직접 A의 신체를 만진 것은 아니므로 추행에 해당할 수 있는지, 즉 강제추행죄의 간접정범이 성립할 수 있는지 문제된다.

강제추행죄는 사람의 성적 자유 내지 성적 자기결정의 자유를 보호하기 위한 죄로서 정범 자신이 직접 범죄를 실행하여야 성립하는 자수범이라고 볼 수 없으므로, 처벌되지 아니하는 타인을 도구로 삼아 피해자를 강제로 추행하는 간접정범의 형태로도 범할 수 있다. 그리고 여기서 강제추행에 관한 간접정범의 의사를 실현하는 도구로서의 타인에는 피해자도 포함될 수 있으므로, 피해자를 도구로 삼아 피해자의 신체를 이용하여 추행행위를 한 경우에도 강제추행죄의 간접정범에 해당할 수 있다(대판 : 2016도17733).

사안에서 甲은 A에게 사진을 유포하겠다고 협박하여 A를 도구로 삼아 A 스스로 가슴과 음부를 만지게 하였으므로 A에 대한 강제추행죄의 간접정범이 성립한다.

(2) 성폭법위반(촬영물이용강요죄)죄의 성립여부

성적 욕망 또는 수치심을 유발할 수 있는 촬영물을 이용하여 사람을 협박하여 의무 없는 일을 하게 한 경우 성폭법 제14조의3 위반(촬영물이용강요)죄가 성립한다.❷

앞서 살핀 바와 같이 甲은 기존에 전송받은 신체 사진을 유포하겠다고 A를 협박하여 A로 하여금 자신의 신체를 스스로 만지게 함으로써 의무 없는 일을 하게 하였으므로 성폭법위반(촬영물이용강요)죄가 성립한다.❸

---

❶ 최근 선고된 대법원 전원합의체판결 2018도13877에 따라 서술하였다(대판(전) 2023.9.21. 2018도13877).

❷ 텔레그램을 이용한 성착취 사건 등 사이버 성범죄로 인한 피해가 날로 증가하고 있어 국민의 성적 자기결정권 등 기본권 보호 등을 목적으로 신설되어 2020.5.19.부터 시행되었다.

❸ 중요한 쟁점이 아니므로 가볍게 구성요건을 설시하고 포섭해 주면 된다.

3. A를 강간하려다가 상해를 입힌 점에 대한 죄책

(1) 성폭법위반(특수강간)죄의 성립여부

주거침입죄를 범한 자가 강간죄를 범한 경우 성폭법상 주거침입강간죄(성폭법 제3조 제1항)가 성립한다.❹ 주거침입강간죄는 사람의 주거 등을 침입한 자가 피해자를 간음 등 성폭력을 행사한 경우에 성립하는 것으로서, 주거침입죄를 범한 후에 사람을 강간하는 등의 행위를 하여야 하는 일종의 신분범이고, 그 실행의 착수시기는 주거침입 행위 후 강간죄 등의 실행행위에 나아간 때이다(대판 : 2020도17796).

사안에서 甲은 A를 강간하기 위하여 A의 아파트로 따라 들어가 A의 얼굴을 2회 폭행하고 계단으로 끌고 가 청테이프로 양손을 묶어 A의 반항이 현저히 곤란하게 할 정도로 폭행하였으므로 주거침입강간죄의 실행의 착수에 해당한다. 다만 甲이 A의 아파트에 들어간 행위가 '침입'에 해당하지 않는다면 본죄가 성립할 수 없으므로, 아파트가 주거침입죄의 객체에 해당하는지 여부 및 甲의 행위가 침입에 해당할 수 있는지 문제된다.

다가구용 단독주택이나 다세대주택·연립주택·아파트와 같은 공동주택 내부의 엘리베이터, 공용계단, 복도 등 공용 부분도 그 거주자들의 사실상 주거의 평온을 보호할 필요성이 있으므로 주거침입죄의 객체인 '사람의 주거'에 해당한다. 거주자가 아닌 외부인이 공동주택의 공용 부분에 출입한 것이 공동주택 거주자들에 대한 주거침입에 해당하는지 여부를 판단할 때에도 공용 부분이 일반 공중에 출입이 허용된 공간이 아니고 주거로 사용되는 각 가구 또는 세대의 전용 부분에 필수적으로 부속하는 부분으로서 거주자들 또는 관리자에 의하여 외부인의 출입에 대한 통제·관리가 예정되어 있어 거주자들의 사실상 주거의 평온을 보호할 필요성이 있는 부분인지, 공동주택의 거주자들이나 관리자가 평소 외부인이 그곳에 출입하는 것을 통제·관리하였는지 등의 사정과 외부인의 출입 목적 및 경위, 출입의 태양과 출입한 시간 등을 종합적으로 고려하여 '주거의 사실상 평온상태가 침해되었는지'의 관점에서 객관적·외형적으로 판단하여야 한다. 공동주택 거주자의 사실상 주거의 평온상태를 해치는 행위태양으로 볼 수 있는 경우라면 공동주택 거주자들에 대한 주거침입에 해당한다(대판 : 2022도3801).

사안에서 A가 거주하는 아파트의 엘리베이터나 계단은 주거에 해당하고, 출입의 태양이 명확하지는 않으나 일반적인 아파트의 경우 외부인의 출입을 통제·관리하는 것이 일반적이라는 점에 비추어 볼 때 甲이 A를 강간하기 위해 숨어 있다가 아파트의 공용공간에 들어간 것은 공동주택 거주자의 사실상 주거의 평온상태를 해치는 행위태양에 해당하므로 침입에 해당한다. 한편, 甲은 범죄를 완수함에 장애가 되는 사정이 발생하지 않았음에도 A가 그만두라고 애원하자 자신의 행동을 뉘우치고 범행을 단념하였으므로(대판 : 99도640), 성폭법상 주거침입강간죄의 중지미수가 성립하고(제26조, 제8조)❺, A에게 3주간의 발목 골절상을 입혔으므로 성폭법상 특수강간치상죄가 성립한다(성폭법 제8조 제1항).

---

❹ 최근 헌법재판소는 2023. 2. 23. 2021헌가9 등 병합결정에서 성폭력범죄의 처벌 등에 관한 특례법(2020. 5. 19. 법률 제17264호로 개정된 것) 제3조 제1항 중 '형법 제319조 제1항(주거침입)의 죄를 범한 사람이 같은 법 제298조(강제추행), 제299조(준강제추행) 가운데 제298조의 예에 의하는 부분의 죄를 범한 경우에는 무기징역 또는 7년 이상의 징역에 처한다.'는 부분은 헌법에 위반된다는 하여 위헌결정을 하였다.

❺ 결국 본 사안은 判例에 따라 결과적가중범의 미수 성립을 부정하게 되므로 미수의 종류가 장애인지 중지인지는 본 사안과는 크게 관련성이 없고 중요한 쟁점이 아니다. 그럼에도 중지미수의 자의성에 대하여 장황하게 서술하는 것은 쟁점에 대한 이해도가 정확하지 않음을 자인하는 것이나 다름 없으므로 주의하여야 한다.

다만, 성폭법 제15조는 특수강간치상죄의 미수범 처벌규정을 두고 있으므로 사안에서 甲에게 특수강간치상죄의 미수범이 성립할 수 있는지 문제된다.

(2) 성폭법위반(특수강간치상미수)죄의 성립여부

성폭력 특별법 제15조는 특수강간치상죄에 대하여 미수범규정을 두고 있으므로[6] 甲에게 동 규정을 적용하여 특수강간치상죄의 미수범 즉 결과적 가중범의 미수범을 인정할 수 있는지가 문제된다.

결과적 가중범의 기본범죄가 미수에 그쳤으나 중한 결과가 발생한 경우에 기본범죄의 기수와 미수는 결과불법에 있어서 차이가 나므로 기본범죄가 미수인 경우에는 미수범 처벌규정이 있는 경우에 한하여 결과적 가중범의 미수의 성립을 인정해야 한다는 견해가 있다. 그러나 결과적 가중범의 중한 결과는 기본범죄에 내포된 전형적인 위험이 실현된 것이므로 그 위험의 실현으로 중한 결과가 발생한 이상 기본범죄의 기수·미수는 결과적 가중범의 기수의 성립에 영향이 없다고 보는 것이 타당하다.

성폭력 특별법 제15조의 미수범규정은 성폭력 특별법 제8조 제1항에 규정된 특수강간상해죄에 적용됨은 별론으로 하고 특수강간치상죄에는 적용되지 않는다고 보아야 하므로, 사안의 경우 甲에 대하여는 특수강간치상죄의 미수범이 아니라 동죄의 기수범이 성립한다.

判例도 위험한 물건인 전자충격기를 사용하여 강간을 시도하다가 미수에 그치고, 피해자에게 상해를 입힌 사례에서 피고인의 행위를 특수강간치상죄의 기수에 해당한다고 판시한바 있다(대판 : 2007도10058).

(3) 소결

甲은 성폭법위반(주거침입강간치상)죄가 성립한다(성폭법 제8조 제1항).

4. 결론

甲은 강제추행죄의 간접정범, 성폭법위반(촬영물이용강요)죄, 성폭법위반(주거침입강간치상)죄의 죄책을 진다.

[설문 2]의 해설

1. 논점의 정리

甲과 乙이 2시간의 간격을 두고 발로 B의 복부를 수 회 걷어 차 B를 사망케 한 행위에 대하여 각 상해치사죄가 성립할 수 있는지 문제된다.

---

[6] 이와 같이 왜 당해 쟁점이 문제되는지를 분명히 밝혀야 하며 분명한 득점요소이다.

2. 상해치사죄의 성립여부

사람의 신체를 상해하여 사망에 이르게 한 경우 상해치사죄가 성립한다(제259조 제1항). 동죄가 성립하기 위해서는 상해행위와 사망 사이에 인과관계가 인정되어야 하며 중한 결과인 사망에 대하여 예견가능성이 있어야 한다.

사안의 경우 甲은 B를 때려눕히고 발로 복부를 수 회 걷어차는 상해행위를 하였고, 乙도 B의 복부를 수회 걷어차는 상해행위를 하였는바, 甲과 乙의 이와 같은 행위로 B가 장 파열을 일으켜 사망에 이를 수 있다는 것은 통상예견이 가능하다고 보여진다.❼

다만, 사안과 같이 B의 사망이 甲과 乙의 상해행위 중 누구의 행위에 기인한 것인지 판명되지 않은 경우에도 상해치사죄가 인정될 수 있는지 문제된다.

3. 제263조의 적용범위

제263조에 의하면 독립행위가 경합하여 상해의 결과를 발생하게 한 경우에 있어서 원인된 행위가 판명되지 아니한 때에는 공동정범의 예에 의한다.

제263조의 독립행위에 독립된 상해행위가 포함됨에는 의문이 없다. 그리고 형법 제19조와 제263조의 규정취지를 고려할 때 사안의 경우와 같이 이시의 독립된 상해행위가 경합한 경우에도 제263조가 적용될 수 있다(대판 : 80도3321).❽

다만, 독립된 상해행위가 경합하여 '사망의 결과'가 발생한 경우에도 제263조가 적용되는지 문제된다. 제263조가 명문으로 '상해의 결과'를 발생하게 한 경우라고 밝히고 있으므로 사망의 결과가 발생한 경우도 동조를 적용하는 것은 유추해석금지원칙에 반하여 허용될 수 없다는 견해가 있다.

그러나, 상해의 결과가 발생한 이상 상해의 범위를 넘어 상해치사에 이른 경우에도 제263조를 적용할 수 있다고 보는 것이 타당하다.❾

判例도 독립된 상해행위가 경합하여 사망의 결과가 일어나고 그 사망의 원인된 행위가 판명되지 않은 경우에도 공동정범의 예에 의하여 처벌된다고 판시한 바 있다(대판 : 2000도2466).

한편, 제263조가 공동정범의 예에 의한다는 의미는 '인과관계' 판단을 공동정범의 예에 의하여 판단한다는 의미로 보아야 한다.❿ 따라서 甲과 乙에게는 각각 상해치사죄의 단독정범이 성립한다.

4. 결론

甲과 乙은 각각 상해치사죄의 죄책을 진다.

---

❼ 실제 대법원에서 '예견가능성'에 대하여 다투어졌음을 고려하면 이 부분에 관한 기술도 득점요소에 해당한다고 본다.
❽ 학설과 판례가 일치하는 부분이기는 하지만 판례가 나와 있는 부분이므로 반드시 언급하여야 한다. 논거까지 제시하면 금상첨화가 될 것이다.
❾ 판례의 결론과 일치하는 학설의 논거에 해당한다.
❿ 이와는 달리 제263조에 의하여 범죄참가형태까지 공동정범으로 변경된다는 된다는 견해도 있다.

[설문 3]의 해설

1. 논점의 정리

ⅰ) 甲이 丁에게 4,000만 원을 교부한 행위와 관련하여 제3자뇌물교부죄가, ⅱ) 丁이 이를 받아 1,000만 원을 사용하고 3,000만 원을 丙에게 전달한 행위와 관련하여 횡령죄, 제3자뇌물취득죄(증뢰물전달죄), 뇌물공여죄가, ⅲ) 丙이 丁으로부터 3,000만 원을 교부받아 乙을 입건하지 않은 행위와 관련하여 특정범죄가중처벌등에관한법률(이하 '특가법'이라 한다)위반(뇌물)죄, 수뢰후부정처사죄, 직무유기죄가 각각 성립할 수 있는지 문제된다.

2. 甲의 죄책

증뢰자가 뇌물에 공할 목적으로 금품을 제3자에게 교부한 경우 제3자뇌물교부죄가 성립한다(제133조 제2항). 사안에서 甲은 丁에게 사법경찰관 丙에게 전달해 달라며 4,000만 원을 건넸으므로 제3자뇌물교부죄가 성립한다.

3. 丁의 죄책[11]

(1) 제3자뇌물취득죄(증뢰물전달죄) 및 뇌물공여죄 성립여부

뇌물에 공할 목적으로 제3자에게 금품을 교부하거나 그 정을 알면서 교부를 받은 경우 증뢰물전달죄가 성립한다(제133조 제2항). 사안에서 丁은 甲으로부터 뇌물에 공할 금품임을 알면서 4,000만 원을 교부받았으므로 증뢰물전달죄가 성립한다.

한편, 사안에서 丁은 丙에게 3,000만 원을 전달하였으므로 별도로 뇌물공여죄가 성립하는지 문제될 수 있으나 증뢰물전달죄가 성립하는 이상 교부받은 3,000만 원을 丙에게 전달하였다고 하여 별도로 형법 제133조 제1항의 뇌물공여죄가 성립하는 것은 아니다(대판 : 2007도3798).

(2) 횡령죄의 성립여부

타인의 재물을 보관하는 자가 그 재물을 횡령한 경우 횡령죄가 성립한다(제355조 제1항). 여기의 재물은 '타인소유'여야 하고, '보관'은 위탁관계에 의한 것임을 요한다. 사안의 경우 丁은 甲이 丙에게 전달하라고 준 4,000만 원 중 1,000만 원을 임의로 소비하였는바 횡령죄가 성립할 수 있는지 문제된다.

이와 같은 불법원인급여의 경우 민법상 반환청구가 불가능하더라도 소유자가 소유권을 상실하는 것이 아니며 또한 신임관계를 전제로 한 위탁관계가 인정되므로 횡령죄가 성립한다는 견해가 있다.

그러나 불법원인급여물에 대하여는 형법이 보호할 가치 있는 신임관계가 존재하지 아니한다고 보아야 하고 또한 급여와 동시에 소유권이 수급자에게 이전된다고 보는 것이 타당하다(대판 : 99도275).

따라서 사안에서 불법원인급여물인 4,000만 원의 소유권은 丁에게 귀속되며 위탁관계에 의한 보관자의 지위도 인정되지 않으므로 丁이 이를 임의로 소비한 행위는 횡령죄가 성립하지 아니한다.

---

[11] 제8회 변호사시험 제1문 유사.

4. 丙의 죄책

(1) 수뢰후부정처사죄 및 특가법위반(뇌물)죄의 성립여부

공무원이 수뢰죄를 범하여 부정한 행위를 한 경우 수뢰후부정처사죄가 성립한다(제131조 제1항). 사안의 경우 사법경찰관 丙은 丁으로부터 3,000만 원을 전달받은 후 乙을 입건하지 않았으므로 수뢰후부정처사죄가 성립한다.

다만, 사안에서 丙이 丁으로부터 수수한 금원은 3,000만 원 이상이므로 특가법 제2호 제1항 제3호의 가중처벌 대상에 해당하는지 즉, 특가법 제2조 제1항에서 가중처벌의 대상이 되는 뇌물죄에 형법 제131조의 수뢰후부정처사죄도 포함될 수 있는지 문제된다.[12]

형법 제131조 제1항은 공무원 또는 중재인이 형법 제129조, 제130조의 죄를 범한 후에 부정한 행위를 한 때에 가중처벌한다는 규정이므로, 형법 제131조 제1항의 죄를 범한 자는 특정범죄가중처벌등에관한법률 제2조 제1항 소정의 형법 제129조, 제130조에 규정된 죄를 범한 자에 해당된다고 보는 것이 타당하다(대판 : 2003도8077).

사안에서 丙은 丁으로부터 3,000만 원을 수수하고 乙을 입건하지 않았으므로 특가법위반(뇌물)죄(특가법 제2조 제1항 제3호)가 성립한다.

(2) 직무유기죄의 성립여부

공무원이 정당한 이유 없이 그 직무수행을 거부하거나 그 직무를 유기한 경우 직무유기죄가 성립한다(제122조). 직무유기죄는 공무원이 법령·내규 등에 의한 추상적 충근의무를 태만히 하는 일체의 경우에 성립하는 것이 아니라, 직장의 무단이탈이나 직무의 의식적인 포기 등과 같이 국가의 기능을 저해하고 국민에게 피해를 야기시킬 구체적 위험성이 있고 불법과 책임비난의 정도가 높은 법익침해의 경우를 말한다(대판 : 2006도1390).

사안에서 丙은 甲과 乙의 상해치사 사건을 조사하는 사법경찰관으로서 금전을 수수하고 자신의 직무를 의식적으로 포기하였으므로 직무유기죄가 성립한다.

5. 결론

① 甲은 제3자뇌물교부죄가 성립한다.
② 丁은 제3자뇌물취득죄(증뢰물전달죄)가 성립한다.
③ 丙은 직무유기죄, 수뢰후부정처사죄가 성립하고 특가법위반(뇌물)죄가 적용되어 가중처벌된다.

---

[12] 특가법은 "형법 제129조·제130조 또는 제132조에 규정된 죄를 범한 사람이 그 수수(收受)·요구 또는 약속한 뇌물의 가액(價額)이 3,000만 원 이상인 경우 가중처벌한다"고 규정하고 있다.

02 제2문

(1) 甲은 선배 A로부터 A소유의 중고차 처분을 부탁받고 B에게 5,000만 원에 그 중고차를 매도했음에도 4,000만 원에 매도한 것으로 기망하고 수수료는 받지 않겠다고 하면서 4,000만 원만 A에게 주었다. 甲은 B에게서 수표로 받은 잔액 1,000만 원을 그 정을 알고 있는 乙에게 보관해 달라고 부탁하였으나, 이를 받은 乙은 그 돈을 모두 유흥비로 탕진하였다. 이에 화가 난 甲은 乙을 상해하기로 마음먹고 乙의 사무실 문 밖에서 기다리고 있다가 늦은 밤에 사무실 문을 열고 나오는 사람의 얼굴을 가격하여 3주의 치료를 요하는 상해를 가하였다. 그러나 곧 쓰러진 사람을 확인해 보니 그 사람은 乙이 아니라 乙의 사무실에서 강도를 하고 나오던 강도범 C였다.

(2) 1,000만 원을 반환하라는 甲의 독촉에 시달리던 乙은 A의 재물을 강취하기로 마음먹고 지인으로부터 A의 집 구조와 금고위치 등에 관한 정보를 입수하고 미리 현장을 답사하였다. 그로부터 3일 뒤 밤 11시경 乙은 A의 단독주택에 도착하여 외부 벽면을 타고 2층으로 올라가 창문을 열고 들어가다가 예상치 못하게 집안에서 거구의 남자 2명이 다가오자 순간적으로 겁을 먹고 도망하였다. 경찰의 검거지시가 내려지자 乙은 친구 丙에게 그간의 사정을 이야기하면서 도피 자금을 구해 달라고 부탁하였다. 이를 승낙한 丙은 자기의 고가 골프채를 D에게 1,500만 원에 양도하기로 하여 D로부터 계약금과 중도금으로 800만 원을 받았음에도 그 골프채를 E에게 1,800만 원을 받고 양도한 다음 그 중 1,000만 원을 乙에게 도피 자금으로 건네주었다.

1. 사실관계 (1)에서 甲과 乙의 죄책을 논하시오. (25점)
2. 사실관계 (2)에서 乙과 丙의 죄책을 논하시오. (25점)
3. 사실관계 (2)에서 乙은 도피를 위해 자신의 트럭을 운전하던 중 H가 운전하던 자전거와 충분한 측면 간격을 유지하지 아니한 채 H를 추월하다가 H가 乙의 차바퀴에 치어 사망하였다. 이 경우 H가 만취상태였기 때문에 乙이 H의 자전거와 충분한 측면 간격을 유지하면서 추월했더라도 동일한 사망의 결과가 발생했을 것이 확실한 경우 乙에게 교통사고처리특례법위반(치사)죄가 성립하는지 논하시오. (10점)

[설문 1]의 해설

1. 논점의 정리

① 甲의 죄책과 관련하여 ⅰ) A 소유의 중고차 처분을 부탁받고 4,000만 원에 매도한 후 A에게 1,000만 원만 준 행위가 횡령죄 또는 사기죄가 성립할 수 있는지, ⅱ) 乙을 상해하기로 마음먹고 C에게 상해를 가한 행위가 C에 대한 상해죄가 성립할 수 있는지 각각 문제된다.

② 乙의 죄책과 관련하여 乙이 甲으로부터 받은 1,000만 원을 그 정을 알면서도 보관하고 이를 사용한 행위가 장물보관죄와 횡령죄가 성립할 수 있는지 문제된다.

2. 甲의 죄책

(1) 중고차 매도에 대한 죄책

1) 횡령죄 성립여부

타인의 재물을 보관하는 자가 그 재물을 횡령하거나 그 반환을 거부한 경우 횡령죄가 성립한다(제355조 제1항). 위탁매매의 경우 위탁매매인이 이를 임의로 소비한 경우 금전의 가치성을 중시하여 배임죄가 성립한다는 견해가 있다. 그러나, 횡령죄의 주체는 위탁관계에 의하여 타인의 재물을 보관하는 자이므로 위탁매매의 경우 위탁물의 소유권은 위탁자에게 있고, 그 판매대금도 수령과 동시에 위탁자에게 귀속한다(대판 : 89도813)고 보는 것이 타당하다.

2) 사기죄의 성립여부

타인을 기망하여 재물의 교부를 받은 경우 사기죄가 성립하는데(제347조 제1항), 사안의 경우와 같이 자기가 점유하는 타인의 재물을 횡령하기 위하여 기망의 수단을 쓴 경우에도 사기죄가 성립할 수 있는지 문제된다.

사기죄는 타인을 기망하고 착오에 빠뜨리게 하여 그 착오 즉 하자있는 의사에 터잡아 재산적 처분행위를 하도록 하여서 재물을 취득하거나 재산상의 불법이익을 얻는 것을 말하므로 자기의 점유하는 타인의 재물을 횡령함에 있어 기망수단을 쓴 경우에는 피기망자의 재산적 처분행위를 인정할 수 없으므로 일반적으로 횡령죄만이 성립하고 사기죄는 성립하지 않는다(대판 : 80도1177).

사안의 경우 A의 처분행위를 인정할 수 없으므로 甲에게 사기죄는 성립하지 않는다.

(2) 상해행위에 대한 죄책

1) 문제점

甲은 乙을 상해하려다가 잘못 알고 C를 상해하였는데 이는 구성요건착오에 해당하며 구체적 사실의 착오 중 객체의 착오에 해당한다. 이 경우 ⅰ) 甲에게 C에 대한 상해의 고의를 인정할 수 있는지, ⅱ) C는 강도범이었으므로 甲에게 정당방위가 인정되어 위법성이 조각될 수 있는지 문제된다.

2) C에 대한 상해의 고의 인정여부

구체적 사실의 착오 중 객체의 착오의 경우 구체적 부합설 및 법정적 부합설 모두 발생한 사실에 대하여 고의를 인정한다. 따라서 사안의 경우 甲에게는 C에 대한 상해의 고의가 인정되므로 C에 대

한 상해죄의 구성요건해당성이 인정된다.❶

3) 정당방위의 인정여부

자기 또는 타인의 법익에 대한 현재의 부당한 침해를 방어하기 위한 행위로서 상당한 이유가 있는 경우 정당방위에 해당되어 위법성이 조각된다(제21조 제1항). 사안의 경우 C는 乙의 사무실에서 강도를 하고 나오던 강도범이었으므로 정당방위를 할 수 있는 객관적 정당화상황은 존재하지만 甲이 이를 인식하지 못하고 상해를 한 경우 즉, 주관적 정당화요소가 흠결된 우연방위에 해당한다.

① 객관적 정당화 상황이 존재하면 주관적 정당화요소가 결여된 경우에도 위법성이 조각된다고 보는 주관적 정당화요소 불요설(결과반가치일원론), ② 객관적 정당화 상황이 존재하더라도 주관적 정당화요소가 결여된 경우 위법성이 조각될 수 없고 기수범에 해당한다고 보는 주관적 정당화요소 필요설 중 행위반가치일원론, ③ 주관적 정당화요소 흠결의 경우에 행위반가치는 그대로 존재하나, 존재하는 객관적 정당화상황에 의하여 결과불법이 불능미수의 수준으로 낮아진다고 보아 불능미수의 규정을 유추적용하여 처벌해야 한다는 주관적 정당화요소 필요설 중 불능미수범설, ④ 위법성조각사유는 모든 객관적 요건과 주관적 요건이 충족된 때에만 성립하는 것이므로 주관적 정당화요소의 흠결의 경우에는 위법성이 조각될 수 없으며, 구성요건적 결과까지도 발생했다면 기수범의 불법을 인정해야 한다는 주관적 정당화요소 필요설 중 기수범설이 대립한다.

ⅰ) 위법성조각설은 주관적 정당화요소가 있는 경우와 없는 경우를 동일하게 취급하여 위법성의 조각을 인정하는 문제점이 있고, ⅱ) 기수범설은 객관적 정당화상황이 존재하는 경우를 존재하지 않는 경우와 동일하게 기수로 처벌한다는 문제점이 있으므로 불능미수범설이 타당하다.

사안의 경우 甲은 C에 대하여 상해죄의 불능미수의 죄책을 진다.

(3) 소결

甲은 횡령죄와 상해죄의 불능미수죄의 죄책을 진다.

3. 乙의 죄책

장물을 보관한 경우 장물보관죄가 성립한다(제362조 제1항). 장물은 본범이 재산죄에 의하여 영득한 물건을 의미하고, 보관이란 위탁을 받고 장물을 자기의 점유하에 두는 것을 말한다.

사안에서 乙이 받은 수표는 본범인 甲의 횡령죄로 영득한 물건으로서 장물에 해당하고 乙은 이러한 사정을 알면서도 이를 보관하였으므로 장물보관죄가 성립한다.

한편, 장물보관죄를 범한 자가 이를 임의처분한 경우 별도로 횡령죄가 성립하는지 문제되나 장물보관죄가 성립되는 때에는 이미 그 소유자의 소유물추구권을 침해한 것이므로 그 후의 횡령행위는 불가벌적 사후행위에 불과하여 별도로 횡령죄가 성립하지 않는다(대판 : 76도3067).

---

❶ 구체적 사실의 착오 중 객체의 착오의 경우 어느 견해에 의하더라도 발생사실에 대한 고의 기수를 인정하므로 이러한 경우까지 학설을 장황하게 기술하는 것은 무익할 뿐만 아니라 시간 배분에 실패할 수 있으니 유의하여야 한다. 학설의 기재는 다툼의 실익이 있는 경우에만 작성해야 함을 기억해야 한다.

4. 결론

甲은 횡령죄와 상해죄의 불능미수의 죄책을 지고, 乙은 장물보관죄의 죄책을 진다.

[설문 2]의 해설

1. 논점의 정리

① 乙이 A의 재물을 강취하기로 마음 먹고 밤 11시경 창문을 열고 들어가다가 겁을 먹고 도망간 행위와 관련하여 특수강도미수죄 또는 강도예비죄가 성립할 수 있는지,

② 乙이 丙에게 도피자금을 구해달라고 부탁하고 丙이 이를 건네준 행위와 관련하여 乙과 丙에게 범인도피교사죄, 범인도피죄가 성립할 수 있는지,

③ 丙이 골프채를 이중양도한 행위와 관련하여 배임죄가 성립할 수 있는지 각 문제된다.

2. 乙의 죄책

(1) 특수강도미수죄의 성립여부❷

야간에 사람의 주거에 침입하여 강도죄를 범한 경우 야간주거침입강도죄(특수강도죄)가 성립한다(제334조 제1항). 야간주거침입에 의한 강도죄는 주거침입과 강도죄의 결합범으로서 사안과 같이 乙이 A에 대한 강도의 고의로 밤 11시경 A의 집에 들어가다가 도망간 경우 특수강도죄의 실행의 착수가 인정되어 특수강도미수죄가 성립할 수 있는지 문제된다.

야간주거침입강도의 실행의 착수시기와 관련하여 ⅰ) 야간주거침입강도에 의한 특수강도죄는 주거침입죄와 강도죄의 결합범으로 보아 시간적으로 주거침입행위가 선행하므로 주거침입을 한 때에 실행에 착수한 것으로 보아야 한다는 주거침입시설, ⅱ) 특수강도죄는 강도죄에 대한 가중적 구성요건이므로 강도의 실행의 착수 즉 폭행·협박을 개시한 때에 실행의 착수를 인정해야 한다는 폭행·협박시설(다수설)이 대립하고, 判例는 주거침입시로 본 경우와 폭행·협박시로 본 경우로 입장이 나뉘어져 있다.

야간주거침입강도에 의한 특수강도의 실행의 착수시기를 주거침입시로 보게 되면 야간에 주거에 침입한 후 범인이 체포된 경우 야간주거침입절도죄의 미수인지 특수강도의 미수인지를 구별하기가 곤란해진다는 문제점이 있으므로 실행의 착수시기는 폭행, 협박의 개시시라고 보는 것이 타당하다.

사안에서 乙은 폭행·협박에 나아간 바 없으므로 실행의 착수가 인정되지 않아 특수강도미수죄는 성립할 수 없고, 특수강도를 범할 의사로 지인으로부터 A의 집 구조와 금고위치 등에 관한 정보를 입수하고 미리 현장을 답사한 후 특수강도의 고의로 집안에 들어가다가 도망하였으므로 특수강도예비죄가 성립한다(제343조). 다만, 거구의 남자 2명이 다가오자 순간적으로 겁을 먹고 도망하였다는 점에서 예비의 중지범이 성립할 수 있는지 문제된다.

---

❷ '주거침입시설'을 지지할 경우 실행의 착수가 인정되므로 특수강도미수죄가 성립할 것이다(제343조, 제334조 제1항). 그리고 이 경우 강도예비죄는 법조경합으로 인하여 별도로 성립하지 않는다.

(2) 강도예비죄의 중지범의 성립여부

사안에서 乙은 겁을 먹고 도망간 것이므로 '자의성'이 인정되지 않을 뿐만 아니라(대판 : 97도957), 실행의 착수가 있기 전인 예비·음모의 행위를 처벌하는 경우에 있어서는 중지범의 관념은 이를 인정할 수 없으므로(대판 : 99도424) 강도예비죄의 중지범은 성립할 수 없다.

(3) 주거침입죄의 성립여부❸

타인의 주거에 침입하는 경우 주거침입죄가 성립한다(제319조 제1항). 사안에서 乙은 A의 단독주택의 벽면을 타고 2층으로 올라가 창문을 열고 들어갔는바 이는 출입 당시 객관적·외형적으로 드러난 행위태양에 비추어 통상적인 출입방법으로 들어간 것으로 볼 수 없으므로 침입에 해당한다(대판(전) : 2020도12630). 또한, 乙은 창문을 열고 들어가다가 도망하였다는 점에서 신체의 일부가 A의 주거 안으로 들어간 것으로 볼 수 있고 이는 거주자가 누리는 사실상의 주거의 평온을 해한 것이므로(대판 : 94도2561) 주거침입행위는 기수에 이르렀다. 따라서 乙에게 주거침입죄가 성립한다.

(4) 소결

乙은 강도예비죄와 주거침입죄가 성립한다.

3. 도피자금과 관련된 乙과 丙의 죄책

(1) 丙의 죄책

형법 제151조 제1항에 의하면 벌금 이상의 형에 해당하는 죄를 범한 자를 도피하게 한 경우 범인도피죄가 성립한다. 여기의 '도피'란 은닉 이외의 방법으로 수사기관의 발견·체포를 곤란 내지 불가능하게 하는 행위를 말한다(대판 : 2002도5374; 동지 대판 : 93도3080).

사안에서 乙은 강도예비죄와 주거침입죄를 범하였으므로 '벌금 이상의 형에 해당하는 죄를 범한 자'에 해당한다. 그리고 丙이 乙에게 도피자금을 건네준 것은 수사기관이 乙을 발견 또는 체포하는 것이 곤란 내지 불가능하게 될 정도에까지 이른 것으로 보아야 한다.

따라서 丙은 벌금 이상의 형에 해당하는 죄를 범한 자를 도피하게 하였으므로 범인도피죄가 성립한다.

(2) 乙의 죄책

타인을 교사하여 죄를 범하게 한 경우 교사범이 성립한다(제31조 제1항). 범인도피죄의 범인은 타인을 의미하므로 자기도피는 범인도피죄가 성립할 수 없다.

한편 자기도피의 교사의 경우, 자기 비호의 연장에 불과하므로 범인도피죄의 교사범이 성립하지 않는다는 견해가 있다. 그러나 범인이 타인을 교사하여 범인도피죄를 범하게 하는 행위는 방어권의 남용에 해당하므로 범인도피죄의 교사범이 성립한다(대판 : 2005도3707)고 보는 것이 타당하다.

---

❸ '폭행·협박시설'을 지지하는 경우 반드시 주거침입죄의 성립 여부를 별도로 논해주어야 한다. 왜냐하면 특수강도죄가 성립하는 경우 별도의 주거침입죄가 성립하지 않는다는 대법원의 판례(대판 : 2012도12777)가 명시적으로 존재하는바 특수강도예비죄가 성립하는 경우 별도의 주거침입죄가 성립하기 때문이다. 다만, 논의의 정도는 최근의 전원합의체 판결을 반영하여 침입에 해당하는지 및 기수시기를 키워드 위주로 간단하게 논해주면 족할 것이다.

사안에서 乙은 丙에게 도피자금을 부탁하고 이를 건네받았으므로 이는 乙이 방어권을 남용한 것으로서 타인인 丙을 교사하여 범인도피죄를 범하게 한 경우에 해당하여 乙은 범인도피죄의 교사범이 성립한다.

(3) 소결

丙은 범인도피죄가, 乙은 범인도피교사죄가 각각 성립한다.

4. 丙의 죄책

타인의 사무를 처리하는 자가 그 임무에 위배하는 행위로써 재산상의 이익을 취득하여 본인에게 손해를 가한 경우 배임죄가 성립한다(제355조 제2항). 여기의 '타인의 사무'라 함은 신임관계의 본질적 내용이 타인의 재산관리에 관한 사무를 대행하는 경우를 말하며, 단순히 타인에 대하여 채무를 부담하고 있는 경우 그 채무이행은 본인의 사무로 인정될지언정 타인의 사무에 해당한다 할 수는 없다(대판 : 84도2127).

동산매매의 경우에도 매매계약의 당사자 사이에 중도금을 수수하는 등으로 계약의 이행이 진행되어 다른 특별한 사정이 없는 한 임의로 계약을 해제할 수 없는 단계에 이른 때에는 그 계약의 내용에 좇은 채무의 이행은 채무자로서의 자기 사무의 처리라는 측면과 아울러 상대방의 재산보전에 협력하는 타인 사무의 처리라는 성격을 동시에 가지게 되므로, 타인의 사무처리자의 지위가 인정되어야 한다는 견해가 있다(대판 : 2008도10479 소수견해).

그러나 매매의 목적물이 동산일 경우, 매도인은 매수인에게 계약에 정한 바에 따라 그 목적물인 동산을 인도함으로써 계약의 이행을 완료하게 되고 그때 매수인은 매매목적물에 대한 권리를 취득하게 되는 것이므로, 매도인에게 자기의 사무인 동산인도채무 외에 별도로 매수인의 재산의 보호 내지 관리 행위에 협력할 의무가 없다고 보는 것이 타당하다(대판 : 2008도10479 다수견해).

사안에서 丙이 D로부터 계약금과 중도금까지 받았다고 하더라도 골프채를 D에게 인도해야하는 것은 자기의 사무에 불과하다고 보아야 하므로 丙은 타인의 사무를 처리하는 자라고 볼 수 없다. 따라서 丙에게 배임죄가 성립하지 않는다.

5. 결론

乙은 강도예비죄, 주거침입죄, 범인도피교사죄의 죄책을 지고, 丙은 범인도피죄의 죄책을 진다.

[설문 3]의 해설

1. 논점의 정리

乙은 H가 운전하던 자전거와 충분한 측면 간격을 유지하지 않은 과실로 H를 사망하게 하였으므로 일응 교통사고처리특례법위반(치사)죄(제3조 제1항, 제268조)가 성립한다. 다만, H가 만취상태였으므로 乙이 H의 자전거와 충분한 간격을 유지하였더라도 사망하였을 것임이 밝혀진 경우이므로 동죄가 성립할 수 있는지 문제된다.

2. 乙의 과실과 H의 사망 사이에 인과관계가 인정되는지 여부

사안에서 乙이 주의의무를 위반한 점은 분명하므로 乙의 주의의무위반과 H의 사망이라는 결과사이에는 인과관계가 존재한다.❹ 다만, 乙이 교통법규를 준수하였다고 하더라도 동일한 결과가 발생하였을 것이므로 이러한 결과를 乙에게 귀속시킬 수 있는지 즉, 객관적 귀속이 인정될 수 있는지 문제된다.

이에 대하여 ⅰ) 행위자가 주의의무 위반에 의하여 결과발생의 위험을 증대시킨 이상 객관적 귀속을 인정해야 한다는 위험증대설, ⅱ) 적법한 대체행위를 한 경우에 결과의 발생·불발생이 확실하지 않다면 무죄추정의 원칙에 따라 객관적 귀속을 부정하여야 한다는 무죄추정설이 대립한다.

判例는 무죄추정설의 가까운 입장에서 "피고인이 트럭을 도로의 중앙선 위에 왼쪽 바깥바퀴가 걸친 상태로 운행하던 중 피해자가 승용차를 운전하여 피고인이 진행하던 차선으로 달려오다가 급히 자기 차선으로 들어가면서 피고인이 운전하던 트럭과 교행할 무렵 다시 피고인의 차선으로 들어와 그 차량의 왼쪽 앞 부분으로 트럭의 왼쪽 뒷바퀴 부분을 스치듯이 충돌하고 이어서 트럭을 바짝 뒤따라 가던 차량을 들이받았다면, 설사 피고인이 중앙선 위를 달리지 아니하고 정상차선으로 달렸다 하더라도 사고는 피할 수 없다 할 것이므로 피고인이 트럭의 왼쪽 바퀴를 중앙선 위에 올려놓은 상태에서 운전한 것만으로는 위 사고의 직접적인 원인이 되었다고 할 수 없다"(대판 : 90도2856)고 판시하여 무죄추정설에 가까운 입장을 보이고 있다

위험증대설은 결과의 발생·불발생이 확실하지 않은 경우에도 객관적 귀속을 인정하므로 형사법의 대원칙인 in dubio pro reo(의심스러울 때에는 피고인의 이익으로!)의 원칙에 반하므로 무죄추정설이 타당하다.

사안에서 乙이 H의 자전거와 충분한 측면 간격을 유지하면서 추월하였더라도 동일한 사망의 결과가 발생하였을 것이므로 乙의 과실과 H의 사망 사이에는 인과관계가 있다고 단정할 수 없다.

3. 결론

乙의 과실과 H의 사망 사이에는 인과관계 또는 객관적 귀속이 인정되지 않으므로 교통사고처리특례법위반(치사)죄가 성립하지 않는다.

---

❹ 객관적 귀속은 존재론적 문제인 인과관계와는 달리 인과관계가 인정된 결과를 행위자에게 귀속시키는 것이 과연 정당한가라는 규범적·법적 판단의 문제이다.

2020년 제9회 변호사시험

(1) 고등학교 체육교사인 甲이 학생 A와 B가 말다툼을 하는 것을 발견하고 다가가 훈계하자 A가 "이 아저씨는 누군데 간섭이야"라고 말했고 화가 난 甲은 A에게 10여 명의 학생이 지켜보는 가운데 "배워먹지 못한, 이 싸가지 없는 것, 망할 년"이라고 소리를 지르며, 들고 있던 종이 수첩으로 A의 머리를 때렸다. 그 후 A의 아버지 C는 甲을 경찰에 고소하고 학교장에게 甲의 파면을 요구하였고, 甲은 결국 사직서를 제출하였다.

(2) 甲은 친구 乙, 丙에게 이러한 사정을 말하고 "C만 나대지 않았어도 일이 이렇게 되지는 않았을 것이다."라고 울분을 토로한 후 乙과 丙에게 "학교 앞에서 귀금속 판매점을 운영하고 있는 C를 찾아가 며칠간 입원해야 할 정도로 혼내주었으면 좋겠다."라고 부탁하였다. 사실 乙은 C와 원한관계에 있었고 건장한 C가 남들이 모르는 특이한 심장병을 앓고 있는 것을 알고 있었기 때문에 이 기회에 C가 죽었으면 좋겠다고 생각하여 위 부탁을 받아들였고, 이러한 사실을 알지 못하는 丙도 수락하였다.

(3) 甲은 범행 당일 아침 乙에게 전화를 걸어 "어제는 술김에 화가 나서 그런 말을 한 것이니까 C에 대한 일은 없었던 것으로 해라."라고 말하였지만 이 기회를 놓칠 수 없다고 판단한 乙은 甲에게 거절의사를 분명히 하였다. 당일 오후경 乙은 귀금속 판매점 밖에서 망을 보고 丙은 안으로 들어가서 C를 향해 주먹을 휘두르는 순간 심장이 약한 C가 느닷없이 쓰러졌다. 예상하지 못한 일에 당황한 丙은 C가 사망한 것으로 생각하였다.

(4) 밖으로 뛰어나온 丙이 乙에게 "큰일났다, 도망가자."라고 말하면서 급히 현장을 떠나자, 확인을 위해 판매점 안으로 들어간 乙이 기절하여 축 늘어져 있는 C를 보고 사망한 것으로 오인하여 사체은닉의 목적으로 C를 인근야산에 매장하였다. 그런데 C는 부검결과, 매장으로 인한 질식사로 판명되었다.

1. (1)에서 甲의 죄책은? (15점)
2. (2), (3), (4)에서 甲, 乙, 丙의 죄책은? (45점)

[설문 1]의 해설

1. 논점의 정리

甲이 A에게 욕설❶을 하고 종이 수첩으로 A의 머리를 때린 행위가 각각 모욕죄, 특수폭행죄 또는 폭행죄가 성립하는지 문제된다.

2. 모욕죄와 특수폭행죄 또는 폭행죄의 성립여부

(1) 구성요건해당성

사안에서 甲의 "배워먹지 못한, 이 싸가지 없는 것, 망할 년"이라는 언사는 "사람의 사회적 평가를 저하시킬 만한 추상적 판단이나 경멸적 감정을 표현한 것"으로서 모욕에 해당한다(대판 : 2010도10130). 또한 甲은 10여 명의 학생 즉 "다수인이 인식할 수 있는 상태에서" 위 모욕행위를 하였으므로 결국 甲은 공연히 A를 모욕한 것이다(제311조).❷

사안에서 甲은 종이 수첩으로 A의 머리를 때렸으나, 여기의 종이 수첩은 "A나 제3자가 생명 또는 신체에 위험을 느낄 수 있는 있는 물건"이라고 볼 수는 없으므로 형법 제261조의 위험한 물건에 해당한다고 볼 수 없다. 따라서 甲의 행위는 특수폭행에 해당하지 않으며 단순히 사람의 신체에 대한 폭행(제260조 제1항)에 해당한다.

(2) 甲의 행위가 형법 제20조의 정당행위에 해당하는지 여부

교사의 학생에 대한 폭행, 욕설에 해당되는 지도행위는 학생의 잘못된 언행(징계사유)을 교정하려는 목적(교육목적)에서 나온 것이었으며 다른 교육적 수단으로는 교정이 불가능하였던 경우로서 그 방법과 정도에서 사회통념상 용인될 수 있을 만한 객관적 타당성을 갖추었던 경우(수단 방법의 상당성)에만 법령에 의한 정당행위로 볼 수 있다(대판 : 2001도5380).

사안에서 A의 잘못된 언행이 있었다고 하더라도 甲의 A에 대한 모욕과 폭행은, 교정목적이 아니라 화풀이를 위한 것이었고, 다른 사람이 없는 곳에서 개별적으로 훈계, 훈육의 방법으로 지도·교정될 수 있는 상황이었음에도 10여 명의 학생이 지켜보는 상황에서 공개적으로 행하여졌고, 더 나아가 신체 중 부상의 위험성이 있는 머리 부위를 때렸다는 점을 고려하면 사회통념상 객관적 타당성을 갖춘 지도행위였다고 보기 어렵다.

한편 목적이 정당하지 아니하고 수단의 상당성이 없는 이상 제20조의 기타 사회상규에 위배되지 않는 행위❸라고 볼 수도 없다.

---

❶ "배워먹지 못한, 이 싸가지 없는 것, 망할 년"이라는 사실관계를 특정한 것이며 이 정도면 충분할 것이다. 구체적인 표현은 본론에서 필요할 때 언급하면 충분할 것이다.

❷ 모욕죄의 구성요건해당성이 인정된다는 표현이다.

❸ 법령에 의한 행위는 사회상규에 위배되지 않는 행위의 예시에 해당하므로(통설) 법령에 의한 행위에 해당하지 아니한다고 하더라도 사회상규에 위배되지 않을 수 있는지 보충적으로 검토할 수 있다(또는 검토하여야 한다). 형법 제20조 소정의 '사회상규에 위배되지 아니하는 행위'라 함은 첫째, 그 행위의 동기나 목적의 정당성, 둘째, 행위의 수단이나 방법의 상당성, 셋째, 보호이익과 침해이익과의 법익균형성, 넷째, 긴급성, 다섯째, 그 행위 외에 다른 수단이나 방법이 없다는 보충성 등의 요건을 갖추어야 한다(대판 : 2000도4415). 사안의 경우 이러한 다섯가지 요건을 모두 설시한 후 사안포섭을 하는 것도 방법이나 저자는 법령에 의한 행위인지가 주된 논점인 것으로 판단하여 간명하게 검토하는 선에서 그쳤다.

(3) 소결

甲이 A에게 욕설을 하고 종이 수첩으로 A의 머리를 때린 행위는 각각 모욕죄, 폭행죄가 성립한다.

[설문 2]의 해설

Ⅰ. 논점의 정리

① 乙과 丙의 죄책과 관련하여 ⅰ) C의 판매점에 들어간 점에 대하여 폭처법위반(공동주거침입)죄가 성립하는지, ⅱ) C가 사망한 것과 관련하여 丙에게 상해치사죄가, 乙에게 살인죄가 성립하는지 문제된다.

② 甲에 대하여 乙과 丙의 범죄에 대하여 교사범이 성립하는지, 성립한다면 어느 범위에서 책임을 질 것인지 문제된다.

Ⅱ. 乙과 丙의 죄책

1. 폭처법위반(공동주거침입)죄의 성립여부❹

2명 이상이 공동하여 사람의 주거에 침입한 경우 폭처법위반(공동주거침입)죄가 성립한다. 乙과 丙은 주거침입을 공모한 후 乙은 판매점 밖에서 망을 보고, 丙은 A의 판매점에 들어갔으므로 '침입'에 해당하는지 문제된다.

사안에서 乙과 丙은 일반인의 출입이 허용된 판매점에 망을 보는 등 통상적인 출입방법으로 들어간 것으로 볼 수 없으므로 침입에 해당하고, 공범관계에 있는 乙과 丙이 동일 장소에서 동일 기회에 상호 다른 자의 주거침입의 범행을 인식하고 이를 이용하여 범행을 하였으므로 폭처법위반(공동주거침입)죄가 성립한다(폭처법 제2조 제2항 제1호, 제319조).

2. C가 사망한 것과 관련 乙과 丙의 죄책

(1) 丙의 죄책 - 상해치사죄의 성립여부

형법 제259조 제1항에 의하면 사람의 신체를 상해하여 사망에 이르게 한 경우 상해치사죄가 성립한다. 상해치사죄가 성립하려면 상해행위와 사망간에 인과관계가 인정되어야 하고 사망에 대하여 예견가능성이 있어야 한다.

사안에서 丙은 며칠간 입원해야 할 정도로 혼내주기 위하여❺ C를 향해 주먹을 휘둘렀으므로 상해

---

❹ 출제 당시에는 乙과 丙의 행위에 대하여 폭처법위반(공동주거침입)죄가 성립하였으나, 변경된 전원합의체 판결(대판(전) 2017도18272 등 다수)에 따라 폭처법위반(공동주거침입)죄가 성립하지 않는다는 결론도 가능할 것이다.

❺ 사안에서 丙은 甲으로부터 "C를 며칠간 입원해야 할 정도로 혼내주었으면 좋겠다."는 부탁을 받고 수락한바 있고 그 부탁의 이행으로 주먹을 휘둘렀으므로 위와 같이 사실관계를 판단할 수 있다(또는 판단하여야 한다).

행위⑥를 한 것은 분명하다. 그러나 C의 사망은 丙이 범행현장을 떠난 후 乙의 (단독적인) 매장행위에 의한 것이므로 丙의 상해행위와 인과관계 및 예견가능성이 인정되지 않는다.⑦ 따라서 丙에게는 상해치사죄가 성립하지 않는다.⑧

더 나아가 건장한 사람인 C⑨에게 주먹을 휘두르는 경우 그가 기절한다는 것은 일반인의 경험칙상 상당하다고 볼 수 없으므로 丙의 상해행위와 C의 상해(기절한 점)는 인과관계가 인정되지 아니하므로 丙에게 상해죄가 성립하지 않으며 상해죄의 미수범이 성립한다.

결국 丙은 乙과 공동하여 상해죄를 범하려다가⑩ 미수에 그친 것이므로 폭처법위반(공동상해)죄의 미수범이 성립할 뿐이다(동법 제2조 제2항 제3호, 제6조).

(2) 乙의 죄책 - 살인죄의 성립여부

형법 제30조의 공동정범은 수인이 '행위를 공동'으로 하여 각자가 범죄를 수행하는 것이라고 볼 수 있으므로(행위공동설), 수인이 서로 다른 고의를 가진 경우에도 공동정범이 성립할 수 있다.

사안에서 丙에게는 상해의 고의가 인정되나 乙은 C를 며칠간 입원해야 할 정도로 혼내주는 기회에 C가 죽었으면 좋겠다는 인식을 가지고 있었으므로 살인의 고의가 인정된다.

결국 乙과 丙은 C를 혼내주는 행위(주먹을 휘두르는 행위)를 공동⑪으로 하여 각각 살인죄, 상해죄를 수행한 것이고 乙의 입장에서는 주먹을 휘두르는 행위(제1행위, 살인행위의 의미를 갖는다)로 C가 사망하지 않았으나 사망한 것으로 오인하여 사체은닉의 목적의 매장행위(제2행위)로 사망한 것이다.⑫

위와 같은 경우 乙의 죄책에 대하여는, 제1행위와 제2행위는 고의를 달리하는 별개의 행위이기 때문에 각각 독자적으로 판단해야 하므로 살인미수죄와 과실치사죄의 실체적 경합을 인정해야한다는 견해가 있다.⑬

한편 제2행위 부분에 대하여도 제1행위의 고의가 개괄적으로 미친다고 보거나(개괄적 고의설), 제2행위에 의한 결과도 제1행위에 객관적으로 귀속될 수 있다거나(객관적 귀속설), 乙의 행위를 인과관계의 착오로 보아 그 착오가 비본질적인 것으로 보아(인과관계착오설), 乙에게 살인죄를 인정하는 견해가 있다.

---

❻ 며칠간 입원해야 할 정도로 혼내주겠다는 인식과 의사를 상해의 고의로 보고 그에 따라 주먹을 휘두른 행위를 상해행위로 간명하게 평가한 것이다.

❼ 이론적으로는 인과관계가 인정되지 않는 결과이면 예견가능성을 검토할 필요는 없지만 함께 검토하였다.

❽ 이인규 등 2인 공저의 경우 丙의 행위와 C의 사망 간의 인과관계를 인정하면서 예견가능성을 부정하여 상해치사죄가 성립할 수 없다고 판단하고 있다. 또한 종국적인 丙의 죄책에 관하여도 상해미수죄가 아닌 상해죄의 죄책을 인정하고 있다.

❾ C는 심장질환자였지만 외형상 건장한 사람이었고, 丙은 乙과 달리 C가 심장질환자라는 사실을 알지 못하였으므로 건장한 사람으로 인식하였을 것이다.

❿ 다음에서 보는 바와 같이 乙에게 살인의 고의가 인정된다고 하더라도 이와 같은 평가를 할 수 있다.

⓫ 사실적으로 C를 혼내주는 행위(주먹을 휘두르는 행위)는 丙이 행한 것이고 乙은 망을 본 것에 불과하나 C를 혼내주는 행위에 대하여 공모를 한 후 각각 역할을 분담한 것이므로 乙도 C를 혼내주는 행위를 공동으로 행하였다고 평가할 수 있는 것이다.

⓬ 다수의 교재가 이러한 乙의 범행과정을 소위 '개괄적 고의의 사례'라고 특정하고 있으나 반드시 필요한 것은 아니며 오히려 바람직하지 않다는 것이 저자의 생각이다. 乙의 죄책에 대한 개괄적 고의설은 위 사례를 개괄적 고의의 사례라고 할 것이지만, 객관적 귀속설은 객관적 귀속여부가 문제되는 사례라고 할 것이고, 인과관계착오설은 인과관계 착오가 문제되는 사례에 해당될 것이기 때문이다. 이와 같이 사안 자체의 칭명이 달라질 수 있는 경우는 그저 사안을 특정한 후 죄책을 논의해가면 족하다고 본다.

⓭ 이 견해에 대한 비판은 다음과 같다. "두 개의 행위가 독립된 행위라 하더라도 제1행위가 제2행위를 매개로 구성요건적 결과를 상당하게 실현한 것으로 평가되면 기수로 될 수 있음에도 제2행위의 독립성을 강조하여 객관적으로 귀속될 수 있는 결과까지 미수범으로 처벌하는 것은 부당하다."수험생 본인의 역량을 잘 살펴 이를 실제 시험 답안지에 기술한 것인지 여부를 결정하여 공부하여야 할 것이다.

생각건대 乙의 행위 전 과정을 개괄적으로 보면 C의 살해라는 처음에 예견된 사실이 결국은 실현된 것이므로[14] 乙에게는 살인죄가 성립한다고 보는 것이 타당하다(대판 : 88도650).[15]

(3) 기타 乙의 죄책

乙이 C를 매장한 것은 자기의 형사사건에 관한 증거를 은닉한 것이므로 형법 제155조 제1항의 증거은닉죄는 성립하지 아니한다.

乙이 C가 사망하지 않았으나 사망한 것으로 오인하여 사체은닉의 목적의 매장행위를 한 것은 乙이 C를 살해하는 과정에 불과하여 이미 살인죄에 포함되어 평가 받은바 있으므로 별도의 형법 제161조 제1항의 사체은닉에 관한 범죄가 성립하지는 아니한다.[16]

Ⅲ. 甲의 죄책

1. 乙과 丙의 범죄에 대한 甲의 교사범의 성립여부(공범관계 이탈여부)[17]

교사범이 피교사자가 범죄의 실행행위에 나아가기 전에 교사범에 의하여 형성된 피교사자의 범죄 실행의 결의를 해소한 경우 - 공범관계 이탈의 경우 - 교사자는 형법 제31조 제1항에 의한 교사범으로서의 죄책을 부담하지는 않는다(대판 : 2012도7407).

사안의 경우 甲은 乙과 丙에게 범행을 교사하여 승낙을 받은 후 乙에게 범행단념을 권유하였으나[18] 乙은 甲의 제안을 거절하고 丙과 함께 범행에 이르렀는바, 甲에 의하여 형성된 乙과 丙의의 범죄 실행의 결의는 해소되었다고 할 수 없다.

따라서 甲은 乙과 丙의 범죄에 대하여 교사범으로서의 죄책을 부담하여야 한다.

---

[14] 이 부분이 바로 판례가 살인죄를 인정한 '근거'에 해당한다. 저자는 이러한 판례의 '근거'를 자설로 채택하여 결론을 내린 것이다. 사례문제는 '판례에 따라 甲의 죄책을 논하시오'와 같은 경우가 아니면 '수험생 자신'의 입장이 표명되어야 한다. 사실상 수험생 자신의 독자적인 견해가 있을 수 없으므로 판례나 여러 가지 학설 중 어느 하나의 견해를 자설로 채택하여 결론을 내려야 하는 것이다.

[15] 이와 같이 판례이론을 자설로 인용하여 결론을 내린 경우에는 별도로 판례에 대한 언급을 할 필요가 없을 것이다. 본 사례에 대한 답안지를 직접 채점해 본 결과 "본 사례와 유사한 사안에서 판례는 살인죄를 인정하였다. 그러므로 甲에게는 살인죄가 성립한다."고 언급한 답안이 다수 있었다. 이는 거의 최악수준의 사례답안에 해당한다. 박상기 교수님의 사례집(형법연습 8면)에서도 학설을 나열한 후 판례 또는 다수설을 따른다는 표현방식은 바람직 한 서술이 될 수 없다고 밝히고 있다. 김일수 교수님의 사례집(형법연습 32면)에서도 판례나 다수설의 권위를 원용함으로써가 아니라 실질적인 근거제시를 통해 결론이 정당화될 수 있다는 취지로 기술하고 있다.

[16] 이 부분에 대하여는 별도의 설명없이 사체유기죄의 불능미수범이 성립하지 않는다고 결론을 내린 교재와 형법 제27조의 위험성의 판단에 관한 학설까지 상세히 설명한 후 추상적 위험설을 선택하여 사체은닉죄의 불능미수범이 성립한다고 판단한 교재도 있다. 본 사례와 동일한 법리가 적용되는 소위 웅덩이 질식사 사건에 대하여도 교수님들의 교재 및 관련 논문에서도 사체은닉과 관련한 언급을 하는 경우는 볼 수 없었다. 이러한 상황이라면 사체은닉죄의 불능미수는 본질적인 논점은 아니라고 생각되며 위 기술정도이면 족하다고 생각된다. 다만 불능미수에 관한 논의를 하더라도 장황하게 할 것이 아님은 분명하다.

[17] 편의상 공범관계 이탈…이라는 부제를 붙여 두었으나 반드시 필요한 것은 아니며 이를 단독 목차로 삼을 필요도 없다. 앞서도 언급하였지만 甲의 교사범의 성립여부를 결정짓는 이론이므로 본문에서 언급하면 충분하다.

[18] 甲은 범행 당일 아침 乙에게 전화를 걸어 "어제는 술김에 화가 나서 그런 말을 한 것이니까 C에 대한 일은 없었던 것으로 해라."라고 말하였(다)…라는 사실관계를 위와 같이 간명하게 특정한 것이다. 실제 시험에서 사례문에서의 내용을 일일이 인용하여 적시할 필요는 없으며 그 내용이 특정되어 채점자가 알 수 있도록 제시하면 족하다. 시간적으로도 유리하며 답안이 더욱 간결하게 보이는 것은 덤일 것이다.

2. 乙과 丙의 범죄에 대한 甲의 교사범의 성립범위(교사의 착오의 법적 효과)[19]

사안에서 甲에게 폭처법위반(공동주거침입)죄의 교사범이 성립함에는 의문이 없다.

다만 甲은 乙에게 상해를 교사하였으나, 乙은 살인죄를 범하였는바 甲에게 상해치사죄의 교사범이 성립할 수 있는지 문제된다.[20]

교사자가 피교사자에 대하여 상해를 교사하였는데 피교사자가 이를 넘어 살인을 실행한 경우 일반적으로 교사자는 상해죄의 교사범이 되지만, 교사자에게 피해자의 사망이라는 결과에 대하여 예견가능성이 있는 때에는 상해치사죄의 교사범으로서의 죄책을 질 수 있다(대판 : 97도1075).

사안의 경우 甲은 乙에게 건장해 보이는[21] C에 대하여 며칠간 입원해야 할 정도로 혼내주라고 부탁하였을 뿐이고 乙이 C와 원한관계에 있었다는 사실도 전혀 인식하지 못하였으므로,[22] 甲은 乙이 범행실행 과정에서 C를 살해하여 사망케 할 것에 대하여 예견가능성이 없다고 보아야 한다. 따라서 甲에게는 상해치사죄의 교사범이 성립하지 아니하고 상해죄의 교사범이 성립할 수 있을 뿐이다.

결국 甲은 폭처법위반(공동상해)죄[23]의 교사범이 성립한다.

Ⅳ. 결론

① 甲은 폭처법위반(공동주거침입)죄와 폭처법위반(공동상해)죄의 교사범의 죄책을 진다.
② 乙은 폭처법위반(공동주거침입)죄와 살인죄의 죄책을 진다.
③ 丙은 폭처법위반(공동주거침입)죄와 폭처법위반(공동상해)죄의 미수범의 죄책을 진다.

---

[19] 편의상 교사의 착오의 법적 효과…라는 부제를 붙여 두었으나 반드시 필요한 것은 아니며 이를 단독 목차로 삼을 필요도 없다. 앞에서도 언급하였지만 甲의 교사범의 성립범위를 결정짓는 이론이므로 본문에서 언급하면 충분하다.

[20] 甲에게 丙이 범한 상해미수죄의 교사범이 성립할 수 있음은 의문이 없다.

[21] 사례에서 '건장한 C'라는 표현이 주어져 있으므로 乙과 같이 C가 심장병을 알고 있다는 것을 알고 있었다는 것과 같은 특단의 사정이 주어지지 않는 한 甲을 포함한 일반인에게는 C는 건장해 보인다고 평가하여야 할 것이다.

[22] 다른 교재에서는 언급이 없으나 이부분도 甲이 C의 사망에 대한 예견가능성을 부정하는 논거로 언급하는 것이 바람직할 것이다.

[23] 甲의 상해교사에 의하여 丙이 상해미수에 그쳤더라도 乙이 C를 살해하여 사망케 하였으므로 갑에게 乙과의 관계에서 상해죄(기수범)의 교사범이 성립하는 이상 甲은 폭처법위반(공동상해)죄의 교사범이 성립한다고 평가하여야 한다. 예컨대 甲이 乙과 丙에게 함께 절도할 것을 교사한 경우 丙이 절도 미수에 그친 경우라도 乙이 절도기수에 이르렀다면 甲은 특수절도죄의 교사범이 성립하는 것과 같은 이치이다.

02 제2문

(1) A사립학교법인 이사장 甲은 학교에서 발생한 폭력문제가 언론에 보도되는 등 학교운영에 어려움을 겪자 A사립학교법인의 임원 변경 방식을 통하여 학교의 운영권을 타인에게 넘기기로 마음먹었다. 이를 전해들은 乙은 甲에게 연락하여 A사립학교법인의 운영권을 5억 원에 양도하고 자기를 A사립학교법인 이사장으로 선임해 줄 것을 부탁하였다. 乙은 자신이 이사장으로 선임된 이후 甲에게 5억 원을 이체하기로 하였다. 乙은 이사장으로 선임된 직후 B로부터 A사립학교법인의 교직원으로 채용해 달라는 부탁을 받고 그 대가로 1억 원을 교부받았다.

(2) 乙은 운영권 양수 대금인 5억 원을 甲의 계좌로 이체하려다가 착각하여 丙의 계좌로 잘못 이체하였다. 자신의 계좌에 乙의 명의로 5억 원이 이체된 것을 확인하고 돌려주려는 丙에게 친구인 丁은 아무런 근거 없이 "乙이 착오로 너에게 입금한 것이 분명해. 그 돈을 다른 계좌로 이체해도 아무런 문제가 생기지 않을 테니까, 우선 내 계좌로 이체해."라고 말하였다. 丙은 丁의 말을 듣고 막연히 괜찮을 것이라 생각하고 5억 원을 丁의 계좌로 이체하였다.

(3) 한편 甲은 乙이 B로부터 교직원 채용의 대가로 1억 원을 받았다는 사실을 알고 그중 5,000만 원을 자신에게 이체할 것을 乙에게 요구하면서 '5,000만 원을 주지 않으면 부정채용으로 경찰에 고발하겠다'는 문자를 일주일 동안 수십 차례 보냈다. 문자를 받고 겁을 먹은 乙은 甲에게 5,000만 원을 이체하였다.

1. (1)에서 甲, 乙의 죄책은? (15점)
2. (2)에서 丙, 丁의 죄책은? (25점)
3. (3)에서 甲의 죄책은? (15점)

[설문 1]의 해설

1. 논점의 정리

학교법인의 운영권 양도와 관련하여 甲과 乙에게 배임수증재죄가 성립할 수 있는지, 乙이 B로부터 교직원으로 채용해 달라는 부탁을 받고 그 대가로 1억 원을 교부받은 행위가 배임수재죄가 성립할 수 있는지 문제된다.

2. 학교법인의 운영권 양도와 관련한 甲과 乙의 죄책

배임수증재죄(제357조 제1항, 제2항)[1]에 있어서 부정한 청탁이라 함은 청탁이 사회상규와 신의성실의 원칙에 반하는 것을 말한다(대판 : 2004도6646).

사안에서 학교법인의 이사장 甲이 학교법인 운영권을 양도하고 양수인인 乙로부터 乙 자신을 학교법인의 이사장으로 선임해 주는 대가로 양도대금을 받기로 하는 내용의 '청탁'을 받았다 하더라도, (특별한 사정이 없는 한)[2] 그 청탁이 사회상규 또는 신의성실의 원칙에 반하는 것을 내용으로 하는 것이라고 할 수 없으므로 이를 배임수증재죄의 구성요건인 '부정한 청탁'에 해당한다고 할 수 없다(대판 : 2013도11735).[3]

사안에서 甲이 학교법인의 사무를 처리하는 자임은 분명하나, 乙이 甲에 대하여 자기를 이사장으로 선임해 줄 것을 부탁한 것이 부정한 청탁에 해당하지 않으므로 양도대금 5억 원이 甲의 구좌에 이체되었는지 여부를 불문하고 甲과 乙에게 배임수증재죄는 물론 그 미수범도 성립하지 아니한다.[4]

3. 교직원으로 채용해 달라는 부탁을 받고 그 대가로 1억 원을 교부받은 행위에 대한 乙의 죄책

乙은 학교법인 이사장이므로 학교법인의 사무를 처리하는 자에 해당하고, B로부터 학교법인의 교직원으로 채용해 달라는 부탁은 사회상규와 신의성실의 원칙에 반하는 것이어서 乙의 임무에 관한 부정한 청탁에 해당하므로 乙이 그 대가로 1억 원을 교부받은 행위는 배임수재죄(제357조 제1항)가 성립한다.

4. 결론

학교법인의 운영권 양도와 관련하여 甲과 乙은 배임수증재죄(또는 그 미수)의 죄책을 지지 아니하며,

---

[1] 부정한 청탁에 해당하는지가 핵심이며 이에 해당하지 않아 배임수증재죄가 성립하지 않는 사안이므로 구성요건을 일일이 적시하지 않고 바로 핵심을 검토하는 방식을 취하였다.

[2] 이 부분의 판례 원문은 "그 청탁의 내용이 당해 학교법인의 설립 목적과 다른 목적으로 기본재산을 매수하여 사용하려는 것으로서 학교법인의 존립에 중대한 위협을 초래할 것임이 명백하다는 등의 특별한 사정이 없는 한"…이다. 그러나 수험생의 입장에서 실제 암기하기도 힘들뿐 아니라 시험장에서 현출하는 것은 더욱 힘들다고 본다. 더욱이 사안은 이러한 특별한 사정이 있는 경우도 아니므로 굳이 무리하게 현출을 시도할 필요성도 없다고 본다.

[3] 학교법인 이사장으로 선임해 줄 것을 부탁하는 것은 학교법인의 운영권을 양도 양수하는 정상적인 과정에 해당한다는 취지이다.

[4] 사안에서 양도대금 5억 원이 甲의 구좌에 이체되지 않았음 - 이체 약속에 그친 것 - 을 지적하여 배임수재미수와 배임증재미수에 해당함을 먼저 논증한 후 부정한 청탁의 요건이 구비되지 않았으므로 배임수재미수죄와 배임증재미수죄가 성립하지 아니한다는 결론을 도출한 교재도 있다(이인규 박사님 등 2인 공저). 그러나 부정한 청탁의 요건이 갖추어지지 않는 경우 당연히 배임수증재죄의 기수는 물론 미수도 성립할 수 없으므로 먼저 미수에 해당함을 논증할 실익은 없다고 본다.

다만 乙은 교직원으로 채용해 달라는 부탁을 받고 그 대가로 1억 원을 교부받은 행위에 대하여 배임수재죄의 죄책을 진다.

[설문 2]의 해설

Ⅰ. 논점의 정리

① 丙에 대하여는 乙의 착오로 이체된 5억 원을 丁의 계좌로 이체한 행위가 특경법위반(횡령)죄가 성립하는지 및 금융기관에 대한 사기죄 등 재산죄가 성립하는지 문제된다.

② 丁에 대하여는 丙의 범죄에 대한 교사범과 5억 원을 이체 받은 것에 대하여 장물보관죄가 성립하는지 문제된다.

Ⅱ. 丙의 죄책

1. 특경법위반(횡령)죄의 성립여부

(1) 구성요건해당성

형법 제355조 제1항(횡령)의 죄를 범한 사람이 그 범죄행위로 인하여 취득한 재물의 가액이 5억원 이상일 때에는 특경법위반(횡령)죄가 성립한다(제3조 제1항). 한편 타인의 재물을 보관하는 자가 그 재물을 횡령한 경우 형법 제355조 제1항의 죄가 성립한다.

사안에서 丙이 취득한 5억 원의 예금채권은 乙의 착오로 丙의 계좌에 잘못 이체된 것으로서 이체의 원인이 된 법률관계가 존재하지 않는 경우이다. 이와 같은 경우 계좌명의인인 丙이 취득한 예금채권 상당의 돈은 송금의뢰인인 乙에게 반환하여야 할 성격의 것이므로, 계좌명의인인 丙은 이체된 돈에 대하여 송금의뢰인인 乙을 위하여 보관하는 지위에 있다고 보아야 한다(대판 : 2017도17494). 그럼에도 불구하고 乙은 이체된 돈을 그대로 보관하지 않고 영득할 의사로 인출(이체)하였으므로 타인의 재물을 횡령한 것이다.

결국 丙이 횡령으로 취득한 재물의 가액이 5억 원이므로 丁에게는 특경법위반(횡령)죄(동법 제3조 제1항 제2호, 형법 제355조 제1항)의 구성요건해당성이 인정된다.

(2) 형법 제16조가 적용될 수 있는지 여부

丙은 丁의 말을 듣고 丙 자신의 행위가 막연히 괜찮을 것이라 생각하였는바 이는 형법 제16조의 자기의 행위가 법령에 의하여 죄가 되지 아니하는 것으로 오인한 행위에 해당한다.

그러나 착오로 송금된 돈은 송금의뢰인에게 반환하여야 한다는 사실은 일반인 누구나 알고 있는 것이므로, 丙이 친구인 丁으로부터 "아무런 문제가 생기지 않을 것이다"라는 아무런 근거도 없는 말을 믿고 횡령행위로 나아갔다하여 그 오인에 정당한 이유가 인정된다고 할 수 없으므로 책임이 조각된다고 할 수 없다(책임설).❺

결국 丙에게는 특경법위반(횡령)죄가 성립한다.

2. 금융기관에 대한 사기죄 등 재산죄의 성립여부❻

송금의뢰인과 수취인 사이에 송금의 원인인 법률관계가 존재하는지 여부에 관계없이 수취인과 은행 사이에는 송금액 상당의 예금계약이 성립하고, 수취인은 은행에 대하여 위 금액 상당의 예금채권을 취득한다(대판 : 2010도3498).

사안에서 비록 5억 원이 乙의 착오로 丙의 계좌에 잘못 이체하였다고 하더라도 수취인인 丙은 금융기관에 대하여 5억 원의 예금채권을 취득한 것이므로 5억 원을 丁의 계좌로 이체하였다고 하더라도 이는 예금채권을 행사한 것에 불과하여 금융기관에 대한 사기죄나 컴퓨터사용사기죄가 성립하지 아니한다.

Ⅲ. 丁의 죄책

1. 특경법위반(횡령)죄의 교사범의 성립여부

丁은 丙을 교사하여 특경법위반(횡령)죄를 범하게 하였음은 분명하고, 丁이 아무런 문제가 생기지 않을 것이라고 생각하였다고 하더라도 丙과 마찬가지로 제16조가 적용될 수 없으므로, 일응 동죄의 교사범이 성립할 수 있다.

한편 횡령죄는 타인의 재물을 보관하는 자만이 그 범죄의 주체가 되는 진정신분범이고, 丁에게 이러한 신분이 없지만 신분관계로 인하여 성립될 범죄에 가공한 것이므로 제33조 본문에 의하여 특경법위반(횡령)죄의 교사범(제31조 제1항)이 성립한다.

2. 장물보관죄(제362조 제1항)의 성립여부

장물죄는 타인이 불법하게 영득한 재물의 처분에 관여하는 범죄이므로 본범인 정범에게는 장물죄가 성립하지 아니하나(대판 : 86도1273), 본범에 대한 교사범에게는 장물죄가 성립할 수 있다(대판 : 69도692).

사안에서 丁은 丙에게 횡령을 교사한 후 丙이 횡령한 돈을 이체받아 보관하였으므로 장물보관죄❼가 성립한다.

---

❺ 위법성인식의 체계적 지위에 관한 고의설, 책임설을 상세히 설시한 다음 책임설이 타당함을 논증한 후 책임설에 따라 결론을 도출한 교재도 있다. 그러나 논점이 수두룩한 변시의 경우 이러한 답안은 시간적 제약을 이겨낼 수 없다고 본다.

❻ 착오로 이체(송금)된 돈을 인출하거나 이체하는 경우 항상 이러한 논점을 기술할 수 있도록 대비를 하여야 할 것이다.

❼ 장물취득과 장물보관은 사실상의 처분권의 획득유무에 따라 결정된다. 사안의 경우 丙은 丁으로부터 "우선 내 계좌로 이체해."라는 말을 듣고 이체한 것이므로 우선…즉 일단 丁의 계좌에 이체하여 (맡겨)두었다고 보는 것이 보다 사실관계에 적합하다고 보았다.

Ⅳ. 결론

丙은 특경법위반(횡령)죄의 죄책을 지며, 丁은 동죄의 교사범 및 장물보관죄의 죄책을 진다.

[설문 3]의 해설

1. 논점의 정리

甲이 乙로부터 5,000만 원을 이체 받은 것에 대하여 공갈죄와 장물취득죄가 성립하는지, 甲이 乙에게 수십 차례 문자를 보낸 것에 대하여 정통망법위반죄가 성립하는지 문제된다.

2. 甲의 죄책

(1) 공갈죄의 성립여부

형법 제350조에 의하면 사람을 공갈하여 재물의 교부를 받거나 재산상의 이익을 취득한 경우 공갈죄가 성립한다. 여기의 공갈의 수단인 협박은 고지하는 내용이 위법함을 요하지 아니한다.

사안에서 甲이 乙에게 '부정채용 사실을 경찰에 고발하겠다'는 취지의 문자를 보낸 것은 그 내용이 위법하지 않더라도 공갈의 수단인 협박에 해당하므로 甲이 乙로부터 5,000만 원❽을 이체 받은 이상 공갈죄가 성립한다.

(2) 장물취득죄의 성립여부

甲이 乙로부터 이체 받은 5,000만 원은 乙이 배임수재죄로 취득한 재물❾인 1억 원 중 일부이므로 이는 재산죄로 영득한 재물로서 장물에 해당한다.

한편 장물을 갈취한 경우 장물죄의 본질과 관련하여 피해자의 반환청구권 행사를 곤란하게 한 이상 장물취득죄가 성립한다는 견해가 있다(추구권설). 그러나 장물죄의 본질은 합의에 의한 위법상태의 유지라는 점도 아울러 고려하는 것이 타당하다고 본다(추구권설과 유지설의 결합설).

사안의 경우 甲은 5,000만 원을 갈취하였을 뿐 乙과 합의하에 점유를 이전받은 경우가 아니므로 장물취득죄는 성립하지 아니한다.

判例도 타인이 갈취한 재물을 그 타인의 의사에 반하여 절취하였다면 절도죄를 구성하고 장물취득죄가 되지 않는다고 판시한바 있다(대판 : 66도1437).❿

---

❽ 아래의 (2)에서 보는바와 같이 이는 재물로 평가하는 것이 타당하다.

❾ 사안 (1)에서 "乙은 이사장으로 선임된 직후 B로부터 A사립학교법인의 교직원으로 채용해 달라는 부탁을 받고 그 대가로 1억 원을 교부받았다."라고 되어 있다. 사안 (2)에서 5억 원이 '이체'되었다고 한 것과 달리 '1억 원을 교부받았다'라고 표현한 것은 (현금이 아니라 수표일 가능성은 높지만) 재물을 수령한 것이라고 보아야 할 것이다. 다만 수표라고 명시되어 있지 않으므로 환전통화의 장물성까지 논의할 필요는 없다고 본다.

❿ 본 사안과 동일한 사안이 아님에도 위 판례를 인용한 것은 그 법리를 인용하겠다는 취지이다. 즉 위 판례이론을 본 사안에 적용하면 … 타인이 배임수재죄로 취득한 재물을 그 타인의 의사에 반하여 갈취하였다면 공갈죄를 구성하고 장물취득죄가 되지 않는다…라는 결론이 도출되기 때문이다.

(3) 정통망법위반죄의 성립여부

사안에서 甲은 乙에게 (휴대전화를 통하여)⓫ "부정 축재한 사실을 폭로할 수도 있다."라는 문자를 일주일 동안 수십 차례 보내어 도달하게 하였는바, 이는 정보통신망을 통하여 공포심이나 불안감을 유발하는 문언을 반복적으로 상대방에게 도달하게 한 것이므로 정통망법 제74조 제1항 제3호 위반죄가 성립한다.

3. 결론

甲은 공갈죄와 정통망법위반죄의 죄책을 진다.

⓫ 사안에서 분명한 것은 아니나 일반적으로 문자(메세지)를 보내는 수단이므로 이와 같이 판단하여도 문제가 없을 것이다. 정보통신망을 통하여…라는 것이 정통망법위반죄의 구성요건이므로 위와 같은 표현이 필요한 것이다.

2019년 제8회 변호사시험

01 제1문

甲이 乙에게 채무변제를 독촉하면서 "너 혼자 몰래 A의 집에 들어가 A 소유의 도자기를 훔쳐 이를 팔아서 나에게 변제하라."라고 말하였다. 이를 승낙한 乙은 혼자 범행을 하는 것이 두려운 나머지 甲에게는 알리지 않은 채 친구 丙과 함께 A의 도자기를 훔치기로 공모하였다. 범행이 발각될 것이 두려웠던 甲은 乙에게 전화하여 범행 단념을 권유하였으나, 乙은 甲의 제안을 단호히 거절하였고 2018. 6. 20. 10:00경 丙과 함께 A의 집에 도착하였다. 丙은 A의 집 앞에서 망을 보고, 곧바로 乙은 A의 집에 들어가 A의 도자기를 훔친 후 丙과 함께 도주하였다. 그 후 乙은 B를 기망하여 도자기를 1억 원에 판매하고 자신의 몫 5,000만 원을 은행에 별도 계좌를 개설하여 예금해 두었다가 며칠 후 그 전액을 수표로 인출하여 그 정을 알고 있는 甲에게 채무변제금 명목으로 지급하였다.

사건을 수사하던 사법경찰관 P는 2018. 6. 27. 22:00경 乙을 카페에서 적법하게 긴급체포한 직후, 乙이 자신의 노트북 컴퓨터로 작업하던 위 범행 관련 문서를 발견하고 노트북 컴퓨터를 그 자리에서 영장 없이 압수하였다. 그 후 P는 경찰서로 연행된 乙로부터 도자기 판매대금이 예치되었던 예금통장이 乙의 집에 있다는 임의의 자백을 듣고, 가족이 이를 훼손할 염려가 있는 등 긴급히 그 예금통장을 압수할 필요가 있다고 판단하였다. P는 2018. 6. 28. 01:00경 압수수색영장 없이 乙의 집에 들어가 그 집을 지키던 乙의 배우자를 집 밖으로 나가게 한 채 집을 수색하여 예금통장을 압수하고 나서 즉시 노트북 컴퓨터와 예금통장에 대하여 압수수색영장을 발부받았다.

이러한 상황에서 乙의 배우자는 乙과 상의 없이 전직 경찰관 丁에게 "이 돈을 P에게 전달하여 남편의 일을 잘 무마해 달라."라고 하며 3,000만 원을 건네주었고, 丁은 그 돈 전부를 P에게 전달하였다.

한편 乙의 체포사실을 알아차린 丙은 바로 형사처분을 면할 목적으로 6개월 동안 필리핀으로 도피하였다가 귀국하였다.

1. 甲, 乙, 丙, 丁의 죄책은? (60점)

[설문 1]의 해설

Ⅰ. 논점의 정리

① 乙과 丙에게 A의 집에 들어가 도자기를 훔친 점에 대하여 특수절도죄 및 폭처법위반(공동주거침입)죄의 성립여부

② 乙이 훔친 도자기를 B에게 판매한 점에 대하여 사기죄와 장물양도죄의 성립여부 및 乙이 도자기 판매대금을 채무변제에 사용한 점에 대하여 횡령죄의 성립여부

③ 甲에게 앞의 乙의 범죄에 대하여 교사범이 성립하는지, 교사범이 성립하는 경우 어느 범위에서 죄책을 질것인지, 수표를 지급받은 점에 대하여 장물취득죄가 성립하는지

④ 丁에 대하여는 돈을 건네받아 경찰관에게 전달한 점에 증뢰물전달죄와 뇌물공여죄의 성립하는지가 각각 문제된다.

Ⅱ. A의 집에 들어가 도자기를 훔친 점에 대한 乙과 丙의 죄책

1. 특수절도죄의 성립여부

형법 제331조 제2항에 의하면 2인 이상이 합동하여 타인의 재물을 절취한 경우 특수절도죄가 성립한다. 여기의 합동❶은 공모와 실행행위의 분담이 있어야 하고, 그 실행행위는 시간적 장소적으로 협동관계에 있음을 의미한다(대판 : 96도313).❷

사안에서 乙과 丙은 절도를 공모한 후 丙은 A의 집 앞에서 망을 보고, 乙은 A의 집에 들어가 A의 도자기를 훔쳤으므로 이는 시간적 장소적으로 협동하여 실행행위를 분담한 경우에 해당한다.

따라서 乙과 丙의 행위는 2인 이상이 합동하여 타인의 재물을 절취한 경우에 해당되므로 특수절도죄가 성립한다.

2. 폭처법위반(공동주거침입)죄의 성립여부❸

2명 이상이 공동하여 사람의 주거에 침입한 경우 폭처법위반(공동주거침입)죄가 성립한다(폭처법 제2조 제2항 제1호, 형법 제319조 제1항). 여기의 공동은 공범관계에 있는 수인이 동일 장소에서 동일 기회에 상호 다른 자의 범행을 인식하고 이를 이용하여 범행을 한 경우를 의미한다(대판 : 2013도4430).

사안에서 乙과 丙은 주거침입을 공모한 후 丙은 A의 집 앞에서 망을 보고, 乙은 A의 집에 들어갔으므로 이는 공범관계에 있는 수인이 동일 장소에서 동일 기회에 상호 다른 자의 주거침입의 범행을 인식하고 이를 이용하여 주거침입의 범행을 한 경우에 해당한다.

---

❶ 합동의 의미에 대하여는 공모공동정범설, 가중적 공동정범설, 현장설, 현장적 공동정범설의 견해의 다툼이 있으나, 사안의 경우 어느 견해에 의하더라도 '합동'이 인정되는 경우이므로 학설을 장황하게 소개하는 것은 - 비판까지 덧붙이는 것은 더욱더 - 시간 낭비임과 동시에 쟁점에 대한 이해 부족임을 자명(自明)하는 것이다.

❷ 학설 다툼이 실익이 없는 경우에는 판례이론에 따라 사례를 해결하는 것이 가장 간명한 방법이며 또한 충분하다고 본다.

❸ 변경된 전원합의체 판결 등의 취지에 따르더라도 본 사안은 '침입'에 해당될 것이다.

따라서 乙과 丙의 행위는 2명 이상이 공동하여 사람의 주거에 침입한 경우에 해당하므로 폭처법위반(공동주거침입)죄가 성립한다.

3. 죄수

형법 제331조 제2항의 합동에 의한 특수절도에 있어서 주거침입은 그 구성요건이 아니므로, 절도 범인이 그 범행수단으로 주거침입을 한 경우에 그 주거침입행위는 특수절도죄에 흡수되지 아니하고 별개로 주거침입죄를 구성하며 양죄는 실체적 경합의 관계가 인정된다(대판 : 2009도9667).

따라서 乙, 丙이 범한 합동에 의한 특수절도죄와 폭처법위반(공동주거침입)죄는 실체적 경합에 해당한다.

Ⅲ. 훔친 도자기를 B에게 판매한 점 및 도자기 판매대금을 채무변제에 사용한 점에 대한 乙의 죄책

1. 사기죄의 성립여부

사안에서 乙은 B를 기망하여 절취한[4] 도자기를 1억 원에 판매하였는바 이러한 乙의 행위는 B에 대한 새로운 법익을 침해한 것이므로 절도죄의 불가벌적 사후행위[5]라고 할 수 없고 별도로 형법 제347조 제1항의 사기죄가 성립한다[6](대판 : 80도2310).

2. 장물양도죄의 성립여부

형법 제362조 제1항에 의하면 장물을 양도한 경우 장물양도죄가 성립한다. 다만 장물죄는 타인이 불법하게 영득한 재물의 처분에 관여하는 범죄이므로 자기의 범죄에 의하여 영득한 물건에 대하여는 성립하지 아니한다(대판 : 86도1273).

사안에서 乙은 B에게 절취한 도자기를 1억 원에 판매하였으나 이 도자기는 乙이 자기의 절도범죄에 의하여 영득한 물건이므로 형법 제362조 제1항의 장물양도죄가 성립하지 아니한다.[7]

---

[4] 도자기를 '훔친' 행위가 앞서 절도죄에 해당하는 것으로 판명되었으므로 '절취'한 도자기라고 표현을 하여도 무방하다.

[5] 출제자가 사안에서 "乙은 B를 기망하여 도자기를 1억 원에 판매하"였다고 밝히고 있으므로 乙이 "사람을 기망하여 재물을 교부받은 경우"임이 명백하므로 사기죄의 성립요건과 그 충족여부를 검토하라는 취지의 문제라고는 볼 수 없다. 오히려 사안은 매매 목적물인 도자기가 절도죄로 영득한 재물로서 장물이므로 이러한 절취한 장물을 자기 것인 양 제3자를 기망하여 금원을 편취한 경우 불가벌적 사후행위에 해당하는지 여부가 논의의 대상이라고 보는 것이 타당하다. 다만 이러한 경우 '불가벌적 사후행위에 해당하는지 여부'라고 목차를 구성하는 경우가 많으나 불가벌적 사후행위에 관한 논의는 절도죄 이외에 별도로 사기죄가 성립하는지를 논의하는 과정에서 필요한 것이므로 위와 같이 '사기죄의 성립여부'로 목차를 구성한 후 불가벌적 사후행위에 관한 논의를 충실히 해주면 충분하다. 죄책을 논하는 사례형 문제의 경우 형법 총론에서 배운 이론은 각론의 각 범죄의 성립여부를 검토하는 과정에서 필요한 것이지 그 자체가 독립적인 의미를 갖는 것은 아니라는 점을 명심하였으면 한다.

[6] 저자는 형법의 죄책을 묻는 사례문제에서 가장 기본적인(중요한) 것은 특정범죄의 성립요건, 즉 구성요건을 적시하는 것이라고 본다. 다만 본 사안과 같이 사안 자체가 구성요건의 충족이 명백한 경우에는 별도로 구성요건을 실시할 필요 없이 사안의 행위를 특정한 후 바로 특정범죄가 성립한다고 기술하여도 충분하다. 그러나 어떤 경우에도 법조문 표기는 누락되어서는 아니 된다.

[7] 이와 같이 결론적으로 범죄가 성립하지 아니하게 되는 경우 수험생의 입장에서는 어느 범위까지 논의의 대상으로 삼아야 할지 어려움을 겪게 된다. 강의중에도 자주 언급한 바 있지만 판례가 그러한 논의를 하였는지를 기준으로 삼으면 충분하다. 다음 항목의 횡령죄의 성립여부도 그와 관련한 판례가 있기 때문에 쟁점으로 삼아 언급한 것이다.

3. 횡령죄의 성립여부

형법 제355조 제1항에 의하면 타인의 재물을 보관하는 자가 그 재물을 횡령한 경우 횡령죄가 성립한다. 이러한 횡령죄가 성립하기 위해서는 불법영득의 의사 없이 목적물의 점유를 시작한 경우여야 한다(대판 : 85도2513).

사안의 경우 乙은 B를 기망하여 (불법영득의사로) 금원을 교부하게 한 것이므로 그 금원을 채무변제에 사용하였다 하더라도 사기죄를 구성할 뿐 횡령죄는 성립하지 아니한다.

Ⅳ. 甲의 죄책

1. 乙의 범죄에 대한 甲의 교사범의 성립여부 및 성립범위

(1) 乙의 범죄에 대한 甲의 교사범의 성립여부(공범관계 이탈여부)❽

교사범이 피교사자가 범죄의 실행행위에 나아가기 전에 교사범에 의하여 형성된 피교사자의 범죄 실행의 결의를 해소한 경우 - 공범관계 이탈의 경우 - 교사자는 형법 제31조 제1항에 의한 교사범으로서의 죄책을 부담하지는 않는다(대판 : 2012도7407).

사안의 경우 甲은 乙에게 범행을 교사하여 승낙을 받은 후 범행단념을 권유하였으나 乙은 甲의 제안을 단호히 거절하고 범행에 이르렀는바, 甲에 의하여 형성된 乙의 범죄 실행의 결의는 해소되었다고 할 수 없다.

따라서 甲은 乙의 범죄에 대하여 교사범으로서의 죄책을 부담하여야 한다.

(2) 乙의 범죄에 대한 甲의 교사범의 성립범위(교사의 착오의 법적 효과)❾

사안에서 甲은 乙에게 '혼자서' 범행할 것을 교사하였으나 乙은 甲의 의사와 무관하게 丙과 함께 특수절도죄, 폭처법위반(공동주거침입)죄를 범한 후 乙은 혼자서 사기죄를 범하였다.❿

따라서 甲의 교사의 고의의 범위를 넘는⓫ 특수절도죄, 폭처법위반(공동주거침입)죄에 대해서는 甲은 교사범이 성립하지 않으며 단순절도죄(제329조) 및 주거침입죄(제319조 제1항)의 교사범과 사기죄의 교사범의 죄책을 질뿐이다.

2. 수표를 지급받은 점에 대한 甲의 장물취득죄의 성립여부

형법 제362조 제1항에 의하면 장물을 취득한 경우 장물취득죄가 성립한다.

사안의 경우 사기죄로 영득한 장물인 5,000만 원을 예금해 두었다가 수표로 인출하였는바, 이러한

---

❽ 편의상 공범관계 이탈…이라는 부제를 붙여 두었으나 반드시 필요한 것은 아니며 이를 단독 목차로 삼을 필요도 없다. 앞서도 언급하였지만 甲의 교사범의 성립여부를 결정짓는 이론이므로 본문에서 언급하면 충분하다.

❾ 편의상 교사의 착오의 법적 효과…라는 부제를 붙여 두었으나 반드시 필요한 것은 아니며 이를 단독 목차로 삼을 필요도 없다. 앞에서도 언급하였지만 甲의 교사범의 성립범위를 결정짓는 이론이므로 본문에서 언급하면 충분하다.

❿ 이와 같이 본문에서도 굳이 교사의 착오…라는 용어를 반드시 사용하여야 하는 것도 아니다. 乙이 교사자인 甲의 의사와 무관한 범행을 하였다…라는 부분이 교사의 착오에 해당한다는 의미이기 때문이다.

⓫ 교사의 착오의 법적 효과의 이론적 근거에 해당한다. 즉 교사자의 고의를 넘는 피교사자의 실행부분은 교사자가 책임을 지지 아니한다.

수표는 장물인 현금 그 자체가 아니므로 장물이라고 볼 수 없다는 견해가 있다. 그러나 장물인 현금을 동일한 액수의 수표로 인출한 경우에 인출된 수표는 당초의 현금과 물리적인 동일성은 상실되었지만 액수에 의하여 표시되는 금전적 가치에는 아무런 변동이 없으므로 장물로서의 성질은 그대로 유지된다(대판 : 2004도134)고 보는 것이 타당하다.

한편 甲은 비록 사기죄의 교사범일지라도 장물죄의 주체가 될 수 있다(대판 : 69도692).

따라서 甲은 장물인 수표를 그 정을 알고서도 채무변제금조로 지급받아 취득⑫하였으므로 장물취득죄가 성립한다.

V. 돈을 건네받아 경찰관에게 전달한 점에 대한 丁의 죄책

1. 증뢰물전달죄의 성립여부

형법 제133조 제2항에 의하면 뇌물에 공할 목적으로 제3자에게 금품을 교부하거나 그 정을 알면서 교부를 받은 경우 증뢰물전달죄가 성립한다.

사안에서 丁은 乙의 배우자로부터 뇌물에 공할 금품임을 알면서 3,000만 원을 교부받은바 있으므로 증뢰물전달죄가 성립한다.⑬

2. 뇌물공여죄의 성립여부

사안에서 丁에게 증뢰물전달죄가 성립하는 이상 교부받은 3,000만 원을 P에게 전달하였다고 하여 별도로 형법 제133조 제1항의 뇌물공여죄가 성립하는 것은 아니다(대판 : 2007도3798).

VI. 결론

① 甲은 단순절도죄, 주거침입죄, 사기죄의 각 교사범의 죄책과 장물취득죄의 죄책을 진다.
② 乙과 丙은 특수절도죄와 폭처법위반(공동주거침입)죄의 죄책을 지며, 더 나아가 乙은 사기죄의 죄책을 진다.
③ 丁은 증뢰물전달죄의 죄책을 진다.

---

⑫ 장물취득죄의 취득은 점유를 이전받아 사실상의 처분권을 획득하는 것을 말한다. 이러한 내용을 기술한 후 채무변제조로 지급받은 것은 위 취득의 요건을 구비하였다고 사안포섭을 하는 것도 유익적 기재사항에 해당된다. 다만 본 사안의 가장 중요한 쟁점은 수표가 장물에 해당하는지 여부이고 다음은 교사범이 장물죄의 주체가 될 수 있는지 여부이다(이러한 부분에 대하여는 명시적인 판례가 있다는 점에서 더욱 그러하다). 유익적 기재사항이라고 하여 망라적으로 기술하다보면 다른 중요쟁점을 기술할 시간이 부족하게 될 것이므로 적절한 선에서 자제하는 것이 오히려 고득점에 도움이 될 것이다. 사안에서 도자기를 훔친 후 乙이 丙과 함께 '도주하였다'라는 부분에 대하여 적지 않은 수험생이 도주죄의 성립여부…를 검토했을 것이라고 보여진다(물론 도주죄의 주체가 될 수 없어 동죄가 성립할 수 없다는 결론에 이르렀을 것이다). 이러한 부분도 정말 지엽적인 논의에 해당하는 것이다. 유해한 것이라고는 할 수 없으나 이러한 부분도 가급적 자제를 하고 보다 본질적인 논점에 집중하는 것이 바람직할 것이다. 이러한 지엽적인 부분을 잘 기술하고 본질적인 부분을 모두 놓친다면 어떻게 좋은 성적을 얻을 수 있겠는가!

⑬ 사안에서 丁이 乙에 대하여 제3자의 지위에 있음이 분명하므로 이 점에 대하여는 별도로 언급할 필요는 없으며, 3,000만 원을 교부받아 '전달'까지 한 사안이므로 교부받은 이상 전달하지 않은 경우라도 증뢰물전달죄(기수)가 성립한다는 판례는 별도로 언급할 필요는 없다고 본다. 다만 3,000만 원을 교부받아 '전달은 하지 않은 사안이라면 기수시기(교부받은 때)에 대한 언급은 득점요소가 될 것이다.

02 제2문

甲과 乙은 보이스피싱으로 돈을 마련하기로 공모했다. 이에 따라 甲은 A에게 전화하여 "검찰청 수사관이다. 당신 명의의 계좌가 범죄에 이용되어 그 계좌에 곧 돈이 들어올 것이다. 그 돈을 포함해서 계좌에 있는 돈 전액을 인출해서 검찰청 앞으로 와라."라고 말했다. 乙은 B에게 전화하여 "서초경찰서 경찰이다. 당신의 개인정보가 유출되었으니 계좌에 있는 돈을 안전한 계좌로 옮겨야 한다."라고 말하면서 A 명의의 계좌번호를 알려주었다. B는 A 명의의 계좌로 1,000만 원을 이체했고, A는 그 1,000만 원을 포함해서 자신의 계좌에 있던 전액 1,500만 원을 인출한 다음 甲에게 교부했다.

甲과 乙은 범행으로 취득한 1,500만 원의 배분 문제로 甲의 아파트 거실에서 다투다가 몸싸움을 하게 되었는데, 왜소한 체격의 甲이 힘이 센 乙에게 밀리자 주방에 있던 식칼로 乙을 찌르려고 하기에 乙은 甲으로부터 그 식칼을 빼앗아 甲의 목을 찌른 후 그 식칼을 가지고 도주하였다. 甲의 처 丙은 귀가하여 거실에서 많은 피를 흘리며 쓰러져 있는 甲을 발견하고 죽을 수도 있다고 생각했지만 평소 자신을 지속적으로 구타해 온 甲이 차라리 죽었으면 좋겠다는 생각에 그대로 두고 나가버렸다. 이후 사법경찰관 P1은 乙을 적법하게 체포하면서 乙로부터 위 식칼을 임의로 제출받아 압수하였고 사후에 영장을 발부받지는 않았다. 그리고 P1은 乙과 함께 현장검증을 실시하여 혈흔이 남아 있는 범행현장을 사진으로 촬영하였고, 乙이 "식칼로 甲의 목을 찔렀다."라고 진술하면서 범행을 재연하는 상황도 사진으로 촬영한 후, 이를 첨부하여 위 진술내용이 기재된 검증조서를 작성하였다.

병원으로 후송되어 치료를 받고 퇴원한 甲은 丁에게 乙을 살해할 것을 부탁하였고 이를 승낙한 丁은 C를 乙로 오인하고 C를 자동차로 들이받았으나 6주의 상해를 가하는 데에 그쳤다. 신고를 받고 출동한 사법경찰관 P2가 丁을 적법하게 체포하여 그 인적사항을 확인하자 丁은 자신의 친형 D의 운전면허증을 제시하였고, 丁은 피의자신문을 받은 후 P2가 작성한 피의자신문조서를 교부받아 열람하고 그 조서 말미에 D 명의로 서명날인한 다음 P2에게 건네주었다.

1. 甲, 乙, 丙, 丁의 죄책은? (55점)

[설문 1]의 해설

I. 논점의 정리

① 甲과 乙이 보이스피싱으로 B와 A로부터 각각 1,000만 원, 500만 원 합계 1,500만 원을 취득한 점에 대하여 사기죄의 공동정범이 성립하는지, B가 A의 계좌에 이체한 1,000만 원 부분을 A로부터 취득한 점에 대하여 A에 대하여 별도의 사기죄나 B에 대한 별도의 횡령죄가 성립하는지, 검찰청 수사관이나 경찰을 사칭한 점에 대하여 공무원자격사칭죄가 성립하는지

② 甲과 乙이 다투는 과정에서 甲이 식칼로 乙을 찌르려고 한 점에 대하여 살인미수(또는 특수상해미수)죄가 성립하는지, 乙이 식칼로 甲의 목을 찌른 점에 대하여 살인미수죄가 성립하는지

③ 丙이 甲을 방치한 점에 대하여 살인미수죄가 성립하는지

④ 丁이 C를 자동차로 들이받아 상해를 가한 점에 대하여 丁에게 살인미수죄가 성립하는지, 丁의 범행을 교사한 甲의 죄책은 어떠한지

⑤ 丁이 사경 P2에게 D의 운전면허증을 제시한 점, 피신조서에 D 명의로 서명날인한 다음 P2에게 건네준 점에 대하여 각각 공문서부정행사죄, 사서명위조죄 및 동행사죄가 성립하는지 문제된다.

II. 보이스피싱으로 1,500만 원을 취득한 점에 대한 甲과 乙의 죄책

1. 사기죄의 공동정범의 성립여부

형법 제30조와 제347조 제1항에 의하면 2인 이상이 공동하여 사람을 기망하여 재물을 교부받은 경우 사기죄의 공동정범이 성립한다. 여기의 공동정범이 성립하기 위해서는 공모와 그에 따른 기능적 행위지배를 통한 범죄의 실행사실이 필요하다(대판 : 2011도7229).

사안에서 甲과 乙은 보이스피싱으로 돈을 마련하기로 공모한 후 甲은 A를 기망하고, 乙은 B를 기망하여 B와 A로부터 각각 1,000만 원, 500만 원 합계 1,500만 원 교부받았으므로 기능적 행위지배를 통한 사기죄의 실행사실이 인정되므로 사기죄의 공동정범이 성립한다.❶

2. B가 A의 계좌에 이체한 1,000만 원 부분에 대하여 A에 대한 별도의 사기죄의 성립여부

사안에서 A는 B가 이체한 1,000만 원을 포함해서 자신의 계좌에 있던 500만 원을 합한 금액인 1,500만 원을 인출한 다음 甲에게 교부하였으나, 이는 A를 B로부터 편취한 1,000만 원을 전달하는 하는 도구로서 이용한 경우에 불과하므로, 1,000만 원에 대하여는 B에 대한 사기죄가 성립할 뿐 A에 대하여 별도로 사기죄가 성립하지 아니한다(대판 : 2017도3894).

---

❶ 본 사안의 경우 사기죄의 성립한다는 점은 거의 의문의 여지가 없다고 해도 과언이 아니다. 이러한 경우 사기죄의 성립요건을 일일이 설시하고 그에 대한 포섭을 하는 것은 다른 쟁점에 대한 답안기재의 시간을 포기하는 것과 같다고 본다. 이하에서도 보듯이 변호사시험에서는 언급해야 할 쟁점(범죄)이 아주 많고, 일정한 쟁점마다 배점이 정해져 있으므로 아무리 상세히 답안을 작성해도 그 배점 이상을 얻을 수 없기 때문에, 어느 하나의 쟁점을 지나치게 상세하게 기재하는 것보다는 각 쟁점을 빠짐없이 골고루 논의해 주는 것이 오히려 득점에 더 유리하다는 점을 잊지 말아야 한다.

3. B가 A의 계좌에 이체한 1,000만 원 부분에 대하여 B에 대한 별도의 횡령죄의 성립여부

사안에서 甲과 乙이 B가 A의 계좌에 이체한 1,000만 원을 정을 모르는 A로 하여금 인출·교부하도록 하여 영득하였다고 하더라도 이는 사기범행의 실행행위에 지나지 아니하여 B에 대하여 새로운 법익을 침해하는 것이 아니므로 B에 대하여 별도로 형법 제355조 제1항의 횡령죄가 성립하지 아니한다(대판 : 2017도3045 참고).

4. 공무원자격사칭죄의 성립여부

사안에서 甲과 乙은 검찰청 수사관이나 경찰 즉 공무원의 자격을 사칭한 점은 인정되나 범죄에 이용되거나 개인정보가 유출된 예금계좌에서 예금을 인출하도록 하여 교부받는 것이 당해 공무원의 직권행사라고 볼 수 없으므로 형법 제118조의 공무원자격사칭죄가 성립하지 아니한다.

Ⅲ. 甲과 乙이 다투는 과정에 행한 행위에 대한 죄책

1. 甲이 식칼로 乙을 찌르려고 한 점에 대한 죄책

(1) 살인미수죄의 성립여부

살인미수죄(제254조, 제251조 제1항)가 성립하려면 살인의 고의[2]가 인정되어야 한다.

사안에서 甲은 단순히 식칼로 乙을 찌르려고 하였는바, 범행에 이르게 된 경위[3]를 고려할 때 이러한 행위만으로 살인의 고의를 인정하기에는 부족하다고 보여진다.[4][5]

따라서 甲에게 살인미수죄가 성립하지 아니한다.

(2) 특수상해미수죄의 성립여부

사안에서 甲은 식칼로 乙을 찌르려고 하려다가 뜻을 이루지 못하였으므로 이는 위험한 물건을 휴대하여 사람의 신체를 상해하려다가 미수에 그친 것으로서 특수상해미수[6](제258조의2 제3항, 제1항, 제257조 제1항)에 해당한다.

---

[2] 피고인이 범행 당시 살인의 범의는 없었고 단지 상해 또는 폭행의 범의만 있었을 뿐이라고 다투는 경우에 피고인에게 범행 당시 살인의 범의가 있었는지 여부는 피고인이 범행에 이르게 된 경위, 범행의 동기, 준비된 흉기의 유무·종류·용법, 공격의 부위와 반복성, 사망의 결과발생 가능성 정도 등 범행 전후의 객관적인 사정을 종합하여 판단할 수밖에 없는 것이다(대판 : 2001도6425). → 시간적인 한계가 있으므로 본 판례의 내용을 답안지에 일일이 적시하는 것은 힘들다고 본다. 이럴 경우 본 판례이론에 따라 살인의 고의가 인정되는지를 검토하였음을 적시하면 충분하다고 본다.

[3] 범행으로 취득한 돈의 배분 문제로 다투다가 몸싸움을 하는 과정에서 힘이 센 乙에게 밀리자 범행에 이르게 되었다는 의미를 함축적으로 기술한 것이다.

[4] 상해죄는 살인죄에 대하여 보충관계에 있으므로 행위자의 행위가 살인의 고의인지 상해의 고의인지 불분명한 경우에는 반드시 살인의 고의가 인정되는지 여부를 먼저 검토하여야 한다.

[5] 본 사안은 살인의 고의를 인정하기에는 무리가 있다고 보여진다. 설사 더 나아가 살인의 고의인지 상해의 고의인지가 불분명하다고 생각되는 경우라고 양보하더라도 형사법의 대원칙 - 의심스러울때는 피고인의 이익으로 - 에 따라 살인의 고의를 인정하여서는 안된다고 본다.

[6] 살인의 고의가 부정된 이상 특수상해의 고의가 인정됨은 분명해졌으므로 그에 대한 별도의 언급을 생략한 것이다.

한편 甲의 특수상해미수행위는 몸싸움의 과정에서 발생한 것으로서 방어행위인 동시에 공격행위의 성격을 가지므로 형법 제21조의 정당방위 또는 과잉방위행위라고 볼 수 없다(대판 : 92도1329).❼ 따라서 甲이 식칼로 乙을 찌르려고 한 행위는 특수상해미수죄가 성립한다.

2. 乙이 식칼로 甲의 목을 찌른 점에 대한 죄책

(1) 살인미수죄의 성립여부

살인미수죄(제254조, 제251조 제1항)가 성립하려면 살인의 고의가 인정되어야 한다. 살인죄의 고의는 확정적인 고의가 아닌 미필적 고의로도 족하다(대판 : 93도3612).❽

사안에서 乙은 식칼로 인체의 급소인 甲의 목을 찔렀으므로, 甲이 사망할 수도 있다는 사실을 인식하고 사망을 용인하는 내심적 의사가 있었다고 보여진다(대판 : 2000도5590, 86도2338).❾ 따라서 乙에게는 살인의 미필적 고의가 인정된다.

사안에서 乙은 살인의 고의로❿ 식칼로 甲의 목을 찔렀으나 甲이 사망하지 않았으므로 이는 사람을 살해하려다가 미수에 그친 것으로서 살인미수(제25조⓫, 제254조, 제251조 제1항)에 해당한다.

(2) 乙의 행위가 정당방위에 해당하는지 여부

甲은 乙과의 몸싸움 과정에서 당연히 예상할 수 있는 정도를 초과하여 乙을 식칼로 찌르려고 하였으므로 이는 일응 乙에 대한 부당한 침해라고 할 수 있다(대판 : 68도370). 그러나 乙은 甲이 식칼로 찌르자 '그 칼을 빼앗아' 甲의 목을 찔렀으므로 이를 형법 제21조 제1항의 현재의 부당한 침해를 방위하기 위한 행위로서 상당한 이유가 있는 경우에 해당한다고 할 수 없다(대판 : 83도1873).

따라서 乙의 살인미수행위는 정당방위에 해당하지 아니하고 살인미수죄가 성립한다.

---

❼ 싸움에서의 가해행위에 대하여는 이미 위와 같이 정당방위나 과잉방위가 성립할 수 없다는 확고한 판례가 있으므로 별도로 정당방위 요건을 일일이 검토할 필요는 없다고 보며 판례이론의 논거 - 방어행위인 동시에 공격행위의 성격을 가지므로 - 만 정확하게 기술하여도 충분하다고 본다.

❽ 사안에서 乙에게 살인의 확정적 고의가 인정되지 않으므로 살인의 미필적 고의도 살인의 고의라고 할 수 있는지를 먼저 밝혀야 한다.

❾ 미필적 고의의 요건 - 결과발생의 가능성에 대한 인식이 있음은 물론 나아가 결과발생을 용인하는 내심의 의사가 있음을 요한다 - 을 먼저 적시한 후 사안 포섭을 하는 것이 원칙이나 논점이 많고 시간적 제약이 있는 경우에는 사안의 사실관계가 미필적 고의의 요건에 해당하는지를 한꺼번에 판단하여도 족하다. 사례형 답안은 이와 같이 논점의 많고 적음, 시간의 한계, 답안지의 분량 등을 고려하여 융통성 있게 답안을 구성하여야 한다. 앞에서도 본 바와 같이 저자가 구성요건을 설시한 후 사안포섭을 하는 경우도 있고 사안을 바로 구성요건에 포섭하는 경우가 있는 것도 이러한 점들을 고려한 결과이다. 주어진 사안이 일정한 요건에 해당함이 분명한 경우에 더 자주 후자의 방법을 사용하고 있음은 물론이다.

❿ 앞서 논의한 결과물 - 살인의 고의가 인정된다 - 을 그 다음 논의를 위하여 사용한 것이다. 즉 乙이 식칼로 찌른 행위는 살인행위라는 의미이다.

⓫ 최종적으로 乙의 살인미수가 형법 제25조의 미수(장애미수)에 해당한다는 점을 기술한 것이다. 사안에서 甲은 병원으로 후송되어 치료를 받아 사망하지 않았다는 취지로 기술되어 있는 바, 병원 후송의 주체가 명확하지 아니하나 乙은 범행 현장에서 도주한 후 사법경찰관에게 체포되었으므로 병원으로 후송한 자가 乙이 아님은 분명하다고 보아야 한다. 따라서 乙의 살인미수행위가 乙의 결과방지에 의한 것이 아니라는 언급을 하면서 중지미수가 성립될 수 없다고 기술하는 것은 득점에 그리 도움이 된다고 볼 수 없다.

Ⅳ. 丙이 甲을 방치한 점에 대한 죄책

1. 살인미수죄의 성립여부

형법 제250조 제1항에 의하면 사람을 살해한 경우 살인죄가 성립한다. 여기의 살해는 부작위에 의하여도 가능하다. 다만 부작위에 의한 살인죄[12]가 성립하기 위해서는 부작위행위자에게 생명침해를 방지할 법적 작위의무가 있어야 하고(제18조), 부작위로 인한 생명침해가 살인죄의 살해행위로 평가될 수 있어야 한다(대판 : 2015도6809).[13]

사안에서 丙은 많은 피를 흘리며 쓰러져 있는 甲을 발견하고 甲이 죽을 수도 있다고 생각하면서도 차라리 죽었으면 좋겠다는 생각에 그대로 두고 나가버렸는바, 이는 甲의 생명에 대한 위험이 발생한 상황에서, 丙은 甲의 처로서 甲의 생명침해를 방지할 법적 의무가 인정됨에도, 살인의 미필적 고의를 가지고 부작위로 나아간 것이다. 또한 丙의 이러한 부작위는 살인죄의 살해행위로 평가하기에 족하다고 보여진다.[14]

결국 丙은 작위의무자로서 부작위에 의한 살인행위에 나아갔으나 甲이 사망하지 않았으므로 丙의 행위는 살인미수에 해당한다(제25조, 제254조, 제250조 제1항, 제18조).

2. 丙의 행위가 정당방위 또는 긴급피난에 해당하는지 여부

丙의 甲에 대한 살인미수행위가 남편인 甲이 자신을 지속적으로 구타해 온 것에 기인하였다고 하더라도 이를 형법 제21조 제1항의 현재의 부당한 침해로 보기 어렵고[15] 더 나아가 현재의 부당한 침해로 인정하더라도 사회통념상 상당성을 결여하여 정당방위가 성립하지 아니한다(대판 : 92도2540). 한편 남편인 甲이 자신을 지속적으로 구타해 온 것을 형법 제22조 제1항의 현재의 위난으로 보더라도 역시 상당성을 결여하여 긴급피난이 성립하지 아니한다.

따라서 丙이 甲을 방치한 행위는 살인미수죄가 성립한다.

---

[12] 강학상 부진정부작위범에 해당하나 사례문제의 해결을 위하여 본 사례가 부진정부작위범에 해당하는 것이라고 별도로 밝힐 이유는 없다.

[13] 행위정형의 동가치성이라는 일반적 요건을 부작위에 의한 살인죄에 구체적으로 적용하여 표현을 변경한 것이다. 다만 본 사안의 경우 丙의 부작위를 살인행위라고 인정함에 무리가 없으므로 행위정형의 동가치성 요건을 최대한 축약하여 기술하였다.

[14] 丙의 부작위를 살해행위로 인정한 이상 별도로 실행의 착수를 논의할 필요는 없다고 본다.

[15] 지속적 위난에 대하여 침해의 현재성을 인정하지 않는 것이 다수 학자의 입장이다. 본 논점에서 침해의 현재성을 인정할 수 있는지를 논의하는 것은 실익이 없다고 보여진다. 현재성을 인정하는 견해 - 예를 들어 판례이론 - 도 상당성을 인정할 수 없으므로 정당방위가 성립할 수 없다는 동일한 결론에 이르기 때문이다.

V. 丁이 C를 자동차로 들이받아 상해를 가한 점에 대한 丁과 甲의 죄책

1. 丁에게 C에 대한 살인미수죄가 성립하는지 여부

사안에서 丁은 자동차로 들이받아 乙을 살해하려다가[16] C를 乙로 오인하고 C를 자동차로 들이받아 상해를 가하였다.[17] 이러한 丁의 착오는 동일 구성요건 사이의 착오이며 객체의 동일성을 착오한 경우이므로, 구성요건적 착오로서 구체적 사실의 착오 중 객체의 착오에 해당한다.[18] 이 경우 발생사실에 대하여 고의를 인정함에는 이론이 없다.[19] 따라서 丁에게 C에 대한 살인의 고의가 인정되나 C에게 상해를 가하는 데 그쳤으므로 살인미수죄가 성립한다(제25조, 제254조, 제250조 제1항).

2. 교사자 甲의 죄책

사안에서 피교사자인 丁이 객체의 착오를 하였는바 이와 같이 정범의 객체의 착오의 경우에도 공범종속이론에 따라 착오의 이론이 그대로 적용되어 교사자에게도 동일하게 객체의 착오가 된다는 견해가 있다. 그러나 정범의 객체의 착오는 교사자의 입장에서는 의도하지 않았던 객체에 대하여 결과가 발생하는 것이므로 방법의 착오로 보는 것이 타당하다.

따라서 교사자인 甲은 구체적 사실의 착오 중 방법의 착오를 한 경우에 해당한다. 이 경우의 법적 효과에 대하여는 구체적 부합설과 법정적 부합설의 결론이 다른데 구체적 부합설에 의하면 고의의 인정범위가 지나치게 좁아진다는 문제점이 있으므로 법정적 부합설이 타당하다.

따라서 丁은 C에 대한 살인미수죄의 교사범이 성립한다(제254조, 제250조 제1항, 제31조 제1항).

VI. 丁에 대한 문서관련 범죄의 성립여부

1. 공문서부정행사죄의 성립여부

사용권한이 없는 자가 사용권한자와 용도가 특정되어 작성된 공문서를 본래의 용도에 따라 사용하는 경우 형법 제230조의 공문서부정행사죄가 성립한다(대판 : 99도206).[20]

---

[16] 丁은 甲으로부터 乙을 살해할 것을 부탁받고 승낙한바 있으므로 丁이 자동차로 들이받는 행위를 살인행위로 인정함에는 문제가 없다.

[17] 수험생 중에는 본 사안을 乙을 살해하려다가 C를 상해한 사건으로 잘못 판단하여 이를 추상적 사실의 착오로 판단하는 오류를 범한 경우도 있을 것이라고 생각된다. 乙을 살해하려다가 C에게 사망의 결과가 발생한 사건이 구체적 사실의 착오이듯 乙을 살해하려다가 C를 상해한 사건(이는 C에게 사망의 결과가 발생하지 않은 사건으로 읽어야 한다) 역시 구체적 사실의 착오에 해당한다는 점을 유의하여야 한다. C가 사망했는지 상해를 입고 말았는지는 C에 대한 살인의 고의가 인정된다면 기수에 해당하는지 미수에 해당하는지를 결정하는 요소에 불과하다.

[18] 쟁점에 대한 '법적 성질'을 밝힌 것이다. 어떠한 착오인지에 따라 그 법적 효과가 달라지고 또한 구성요건 착오에 해당할지라도 구체적 사실의 착오인지 추상적 사실의 착오인지 또는 객체의 착오인지 방법의 착오인지에 따라 각 학설의 입장에 의할 때 결론이 같거나 달라질 수 있기 때문에 '쟁점'에 대한 법적 성질을 먼저 밝혀야 한다.

[19] 구체적 사실의 착오 중 객체의 착오의 경우에는 부합설 중 어느 학설에 의하더라도 발생사실에 대한 고의를 인정함에 이론이 없으므로 여러 가지 부합설을 장황하게 나열하는 것은 아무런 의미가 없다(그런데 실제로 채점을 해보면 학설 소개에 많은 지면을 할애하는 경우가 많다. 이는 배점이 없는 부분에 시간을 낭비한 것이며 더 나아가 사례 해결에 불필요한 내용을 기술하였다는 점에서 답안의 인상을 흐릴 수 있다는 점에서 주의하여야 한다). 각 학설이 쟁점에 대한 효과를 달리하는 경우에만 각 학설을 소개한 후 어느 하나의 학설을 취하여(물론 이 과정에서 다른 견해의 문제점이나 취하는 견해의 장점을 소개하여야 한다) 그 견해에 입각하여 결론을 내려야 한다. 박상기 교수님의 사례집(형법연습 8면)에서도 어느 학설을 적용하더라도 결론이 동일할 경우 굳이 각 학설을 일일이 설명하고 같은 결론임을 설명할 필요는 없다고 언급하고 있다.

사안에서 丁은 인적사항을 확인하고자 하는 사경 P2에게 D의 운전면허증을 제시하였는바 운전면허증이 위 공문서에 해당함은 의문이 없다. 다만 운전면허증의 인적사항 확인 기능은 운전자격증명의 부수적 기능에 불과하고 이는 운전면허증의 본래적 기능에 해당한다고 볼 수 없다는 견해가 있다(대판(전) : 2000도1985 소수견해).[21] 그러나 각종 법령과 거래의 실제를 고려하면 운전면허증은 운전자격증명과 동일인증명(인적사항의 확인)의 기능을 동시에 갖고 있다고 보는 것이 타당하다(대판(전) : 2000도1985 다수견해).

따라서 丁은 사용권한 없이 D의 운전면허증을 용도대로 사용한 것이므로 공문서부정행사죄가 성립한다.

2. 사서명위조죄 및 동행사죄의 성립여부

丁이 피신조서에 D 명의로 서명날인한 것은 형법 제239조 제1항의 사서명위조죄가 성립하고, 피신조서에 서명을 하는 순간 바로 수사기관이 열람할 수 있는 상태에 놓이게 되는 것이므로 서명날인한 후 그 피신조서를 P2에게 건네준 것은 위조사서명행사죄가 성립한다(대판 : 2005도4478[22] 참고).

Ⅶ. 결론

① 보이스피싱과 관련하여 甲과 乙은 사기죄의 공동정범의 죄책을 진다.

② 식칼로 乙을 찌르려고 한 점에 대하여 甲은 특수상해미수죄의 죄책을 진다.

③ 식칼로 甲의 목을 찌른 점에 대하여 乙은 살인미수죄의 죄책을 진다.

④ 甲을 방치한 행위에 대하여 丙은 살인미수죄의 죄책을 진다.

⑤ 丁이 C를 자동차로 들이받아 상해를 가한 점에 丁은 살인미수죄, 甲은 살인미수죄의 교사범의 죄책을 진다.

⑥ 丁이 사경 P2에게 D의 운전면허증을 제시한 점, 피신조서에 D 명의로 서명날인한 다음 P2에게 건네준 점에 대하여 각각 공문서부정행사죄, 사서명위조죄 및 동행사죄의 죄책을 진다.

---

[20] 제230조의 규정을 해석론까지 덧붙여 한꺼번에 언급하였다.

[21] 특정 논점에 대하여 다양한 학설과 판례가 있다면 최소한 판례이론을 소개하고 그에 따른 결론을 내렸다면 다양한 학설은 생략하여도 무방하다고 본다(변시의 특성상 다수의 논점이 주어지기 때문에 어느 하나의 쟁점을 천착하여 기술하는 것은 가능하지도 바람직하지도 않기 때문이다). 그러나 대법원 전원합의체 판결의 경우에는 가급적 소수견해도 언급하면서 다수견해를 자설로 취하여 결론을 내리는 것이 고득점의 요소라고 생각된다. 물론 이 경우에도 다수견해 즉 판례의 입장만으로 결론을 내어도 합격점을 받음에는 지장이 없을 것이다. 적절한 답안의 분량이 상대적인만큼 수험생의 입장에서는 일정한 쟁점을 공부하면서 그 쟁점이 시험에 출제될 경우 어느 범위에서 답안을 기재할 것인지를 미리 정하여 공부하는 것이 바람직하다.

[22] 본 사안이 위 판례사안과 일치하는 것은 아니다. 즉 본 사안은 丁이 'D 명의로 서명날인 후 피신조서를 사경에게 건네 준' 사안일 뿐 서명위조사실이 발각되었다는 점은 사안에 나타나지 않는다. 그러나 2005도4478 판례사안은 피고인이 피의자신문조서의 진술자란에 제3자의 서명을 기재하였으나 그 이후 피고인의 간인이나 조사 경찰관의 서명날인 등이 완료되기 전에 그 서명위조 사실이 발각된 사건이다. 따라서 본 사안에서 丁에게 위조사서명행사죄가 성립하기 위한 요건을 검토하면서 "사서명위조사실이 발각되었더라도" 사서명위조죄가 성립한다는 취지는 불필요한 것이다. 출제된 사안이 판례사안과 유사하다고 하여 바로 동일한 사안이라는 전제하에 답안을 기재하여서는 안된다는 점을 주의하여야 한다. 저자가 판례이론을 인용하면서 판례번호 이외에 '참고'라는 표현을 덧붙여 놓은 경우 문제의 사안이 판례사안과 완전히 동일한 사안은 아니라는 의미를 담고 있다.

2018년 제7회 변호사시험

A(여, 26세)는 버스를 타고 남자친구를 만나러 가던 중 깜박 졸다가 휴대폰을 좌석에 둔 채 하차하였다. 그 순간 옆 좌석의 승객 甲(남, 30세)이 휴대폰을 발견하고 이를 전해주기 위해 A를 따라 하차하면서 A를 불렀으나 대답이 없자 뒤에서 A의 어깨를 잡았다. 그때 A를 기다리던 남자친구 乙은 그 장면을 보고 甲을 성폭행범으로 오해하여 A를 구하기 위해 甲을 밀어 넘어뜨렸다. 甲은 좋은 일을 하려다 봉변을 당한 데 대해 억울한 마음이 들어 합의금이라도 두둑이 받아야겠다고 생각하였으나 육안으로 보이는 상처가 없자 스스로 머리를 벽에 부딪쳐 이마에 상처를 낸 다음 국립대학교 병원 소속 의사 B를 찾아가 乙에게 맞아 상해를 입었다고 거짓말하여 B에게서 상해진단서를 발급받았다. 그 후 甲은 위 상해진단서를 乙에게 제시하면서 합의금 500만 원을 요구하였다.

乙은 합의금을 마련하기 위하여 기숙사 룸메이트인 C의 지갑에서 몰래 신용카드(현금카드 겸용)를 꺼내어 편의점 앞에 있는 현금자동지급기로 가서 평소 알고 있던 비밀번호를 입력하여 C의 예금계좌에서 잔고 전액인 300만 원을 인출하고, 200만 원은 현금서비스를 받은 다음 신용카드를 제자리에 가져다 놓았다. 그 후 乙은 인출한 500만 원을 甲에게 합의금으로 건네주었다.

1. 甲과 乙의 죄책은? (50점)
2. 만약 乙과 함께 있던 乙의 친구 丙이, 甲이 A에게 접근한 목적과 사정을 알고 있으면서도 평소 못마땅하게 생각하고 있던 甲을 이번 기회에 혼내주려고 乙에게 "甲이 A를 성폭행하려고 한다."라고 말하면서 乙이 甲을 폭행하도록 부추겼고, 이에 乙이 甲의 행동을 오해하여 甲을 밀어 넘어뜨린 것이라면, 丙의 죄책은? (10점)

[설문 1]의 해설

Ⅰ. 논점의 정리

① 甲의 죄책과 관련하여 ⅰ) 의사 B로부터 상해진단서를 발급받은 행위가 허위공문서작성죄(또는 허위진단서작성죄)의 간접정범이 성립하는지, 상해진단서를 乙에게 제시한 행위가 허위작성공문서행사죄가 성립하는지, ⅱ) 甲으로부터 합의금을 받은 행위가 사기죄가 성립하는지 각각 문제된다.❶

② 乙의 죄책과 관련하여 ⅰ) 甲을 성폭행범으로 오해하여 甲을 밀어 넘어뜨린 행위에 대하여 폭행죄가 성립하는지, ⅱ) 무단사용하고 제자리에 갖다 놓은 신용카드에 대하여 절도죄가 성립하는지, ⅲ) C의 신용카드로 현금자동지급기를 이용하여 C의 예금을 인출하고, 현금서비스를 받은 행위에 대하여 절도죄 또는 컴퓨터사용사기죄가 성립하는지 및 신용카드부정사용죄가 성립하는지, ⅳ) 신용카드로 인출한 500만 원을 甲에게 합의금으로 건네준 행위에 대하여 장물죄가 성립하는지 문제된다.

Ⅱ. 甲의 죄책

1. 상해진단서를 발급받은 행위에 대한 허위공문서작성죄(또는 허위진단서작성죄)의 간접정범의 성립여부❷

(1) 공무원인 의사 B가 발급한 상해진단서의 법적 성질

형법이 제225조 내지 제230조에서 공문서에 관한 범죄를 규정하고, 이어 제231조 내지 제236조에서 사문서에 관한 범죄를 규정하고 있는 점에 비추어 볼 때 형법 제233조 소정의 허위진단서작성죄의 대상은 공무원이 아닌 의사가 사문서로서 진단서를 작성한 경우에 한정된다고 보아야 한다(대판 : 2003도7762 참조).

---

❶ 甲이 A의 어깨를 잡은 점에 대하여 폭행죄가 성립하는지 여부도 논점으로 잡고 설명한 교재도 있다. 물론 습득물을 돌려주기 위한 과정에서 어깨를 잡은 것이므로 어깨를 잡은 행위를 폭행으로 보더라도 사회상규에 위배되지 않는 행위로서(제20조) 위법성이 조각되므로 폭행죄는 성립하지 아니한다. 시간적 여유가 있다면 기재하여 해로울 것이 없는 유익적 기재사항에 해당한다. 다만 유익적 기재사항에 치중하다가 보면 본질적 기재사항(핵심 논점)을 놓칠 수 있으니 균형감각을 잃지 말아야 한다. 저자가 참고하고 있는 어느 교재에도 언급이 없는 부분이지만 사례에서 "甲은 휴대폰을 발견하고 이를 전해주기 위하여 A의 어깨를 잡았다"라고 되어 있으므로 甲은 A가 하차하면서 좌석에 둔 휴대폰을 일단 자기 손에 쥐었다는 사실이 인정된다. 그렇다면 사안에서 분명하지는 않지만 A가 하차과정 또는 그 직후에 있거나(이 경우 일응 휴대폰은 아직 A의 지배(점유)하에 있다고 보아야 할 것이다), A가 완전히 하차하였는지(이 경우 판례에 의하면 휴대폰은 점유이탈물에 해당한다)에 따라 휴대폰에 대한 절도죄나 점유이탈물횡령죄의 성립여부도 논점으로 잡을 수 있다. 물론 甲은 휴대폰을 전해(돌려)주기 위하여 휴대폰을 손에 쥔 것이므로 불법영득의사가 없어 절도든 점유이탈물횡령이든 성립하지 않을 것이다. 이와 같이 유익적 기재사항은 곳곳에 산재하여 있다. 본 사례와 관계없는 것이지만 수험생들이 대표적(습관적)으로 답안에 기재하려고 마음먹고 있는 논점이 있다. 범인이 현장에서 "도주하였다"와 같이 도주라는 단어만 나오면 도주죄를 검토한 후 법률에 의하여 체포 또는 구금된 자가 아니므로 도주죄가 성립할 수 없다는 결론을 내는 것이 바로 그것이다. 수험생으로서는 쉽지는 않은 부분이지만 핵심논점에 치중하여 답안을 구성하는 것이 보다 득점에 유리하다는 점을 명심하기 바란다. 핵심논점이 잘 기재되어 있고 유익적 기재사항이 더하여진 경우는 빛나는 답안이지만 유익적(지엽적) 기재사항만 다수 나열되어 있고 핵심논점을 누락한 경우라면 이는 면과락을 위한 몸부림 또는 제대로 공부하지 않았음의 방증으로 평가받을 가능성이 없지 않다고 본다. 사례의 첫 문단은 오상방위(위전착)의 법적 효과가 핵심논점이다.

❷ 본 문제는 甲이 정을 모르는(고의가 없는) 공무원인 의사를 이용하여 발급받은 상해진단서가 과연 허위진단서인지 아니면 허위공문서인지를 먼저 판단한 후(판례의 취지에 의하면 허위공문서에 해당한다), 이러한 판단에 따라 사인인 甲에게 허위공문서작성죄의 간접정범이 성립하는지를 논의하는 것이 핵심이다.

사안의 경우 상해진단서는 공무원인 의사 B가 발급한 것이므로 허위진단서로 볼 수 없고 허위공문서로 보아야 한다.

사안의 경우 甲의 거짓말에 속아 상해진단서를 발급한 B는 허위공문서작성의 고의가 없어 허위공문서작성죄로 처벌되지 않으므로 甲에게 허위공문서작성죄의 간접정범(제227조, 제34조 제1항)이 성립하는지 문제된다.

(2) 甲에게 허위공문서작성죄의 간접정범이 성립하는지 여부

허위공문서작성죄는 작성권한 있는 공무원만이 주체가 될 수 있는 진정신분범이다. 따라서 사안의 경우와 같이 이러한 신분이 없는 사인(私人)인 甲은 신분자인 공무원 B를 이용하여 허위공문서를 작성하게 하였더라도 허위공문서작성죄의 간접정범이 성립하지 아니한다.

判例도 공무원 아닌 자가 허위공문서작성의 간접정범[3]일 때에는 제228조(공정증서원본부실기재죄)의 경우를 제외하고는 이를 처벌할 수 없다고 판시한바 있다(대판 : 2006도1663).

2. 상해진단서를 제시한 행위에 대한 허위작성공문서행사죄의 성립여부[4]

허위공문서작성죄에 의하여 만들어진 문서를 행사한 경우 허위작성공문서행사죄가 성립한다(제229조, 제227조).

사안의 경우 甲은 허위 내용이 기재된 공문서를 乙에게 제시하여 행사하였지만 그 공문서는 허위공문서작성죄에 의하여 만들어진 것이 아니므로 甲에게는 허위작성공문서행사죄가 성립하지 아니한다(대판 : 2009도9963).

3. 합의금을 받은 행위에 대한 사기죄가 성립여부[5]

제347조 제1항에 의하면 사람을 기망하여 재물을 교부받은 때에는 사기죄가 성립한다.

---

[3] 공무원 아닌 자가 공무원을 이용하여 허위공문서를 작성하게 하였다는 사실적 의미이지 허위공문서작성죄의 간접정범(또는 간접정범의 성립)이라는 의미가 아님을 주의하여야 한다.

[4] 이 부분은 기본적인 논점임은 분명하고 판례도 존재하는 부분이므로 놓쳐서는 안되는 득점요소라고 판단된다. Rainbow 변시기출해설 형사법 사례형(이인규 등 2인 공저, 학연)에서는 본서와 결론을 달리하고 있지만 상세한 설명을 하고 있다. 대부분의 다른 교재에서는 이에 대한 언급을 찾아보기 어려웠다.

[5] Rainbow 변시기출해설 형사법 사례형(이인규 등 2인 공저, 학연)의 경우 甲이 乙로부터 합의금을 받은 행위에 대하여 공갈죄의 성립여부를 논점으로 잡고 설명하고 있다. 그러나 甲은 합의금을 요구하면서 폭행이나 협박을 한 사실이 없으므로 공갈죄의 성립여부는 논점이라고 볼 수 없다고 보여진다. 한편 로이어스 형법 사례형 기출(김정철, 오제현, 헤르메스)의 해설에서는 甲이 乙로부터 합의금을 받은 행위에 대하여 사기죄의 성립여부를 논점으로 잡고 설명을 하고 있는 것은 본서와 같은 입장이나 「甲은 乙로부터 실제 폭행을 당한 것은 사실이고 이에 대해 합의금을 청구할 권리가 있었는바 사기죄에 대하여 정당행위로 위법성이 조각될 수 있는지가 문제된다」(위 교재의 34면)고 하여 甲의 행위를 사기죄의 구성요건에 해당하지만 권리실현의 수단으로 기망행위를 한 것으로 평가하여 정당행위로서 위법성이 조각되는지 여부를 추가하여 설명하고 있다. 그러나 본 사례는 甲이 500만 원을 폭행당한 것에 대한 합의금으로 교부받은 것이 아니라 아예 존재하지도 않았던 상해의 사실을 기초로 하여 합의금을 교부받은 것이므로 아예 권리의 행사라고 볼 수 없다고 보여진다. 즉 甲은 존재하지도 않는 권리(상해로 인한 손해배상을 받을 권리)를 그것이 존재하는 것처럼 기망하여 500만 원을 교부받은 것이지, 즉 존재하는 500만 원의 손해배상을 받을 권리를 기망을 통하여 행사한 것이라고 볼 수 없다. 이러한 판단에 기초하여 저자는 위법성조각 부분은 논점이 아니라고 보아 본문에 기재하지 않았다(관점에 따라 차이가 있을 수 있는 부분이라고 생각한다. 판단은 독자들에게 맡긴다).

참고판례 피고인의 행위가 피해자에 대하여 채권을 변제받기 위한 방편이었다 하더라도 피해자에게 환전하여 주겠다고 기망하여 약속어음을 교부받은 행위는 위법성을 조각할 만한 정당한 권리행사 방법이라고 볼 수는 없고, … 사기죄가 성립된다(대판 1982.9.14. 82도1679). 본 판례에서 피고인의 채권이 (진실로) 존재함을 전제로 하여 기망을 수단으로 권리를 행사한 경우에 위법성 조각을 검토하고 있음을 알 수 있다.

사안에서 甲은 乙에게 허위내용의 상해진단서를 제시하여 乙에게 맞아 상해를 입었다는 취지로 乙을 기망하여 乙로부터 합의금 500만 원을 교부받았으므로 사기죄가 성립한다.

Ⅲ. 乙의 죄책

1. 甲을 밀어 넘어뜨린 행위에 대한 폭행죄의 성립여부

(1) 乙의 행위의 법적 성질

사안에서 乙이 甲을 밀어 넘어뜨린 행위는 폭행에 해당하고 이는 제21조 제1항의 타인의 법익에 대한 '현재의 부당한 침해'가 존재하지 않음에도 그것이 존재한다고 오인하고 방위의사를 가지고 행한 것이므로 오상방위 즉 위법성조각사유의 전제사실에 관한 착오에 해당한다.

(2) 위법성조각사유의 전제사실에 관한 착오에 기인한 행위의 법적 효과

ⅰ) 위법성조각사유는 소극적구성요건요소가 되므로 위법성을 조각하는 행위상황에 대한 착오는 제13조가 직접 적용되는 구성요건적 착오이므로 행위의 고의가 조각된다는 견해(소극적 구성요건표지이론), ⅱ) 위법성조각사유의 전제사실의 착오는 구성요건적 착오와 유사성이 있으므로 구성요건적 착오에 관한 규정(제13조)을 유추적용하여 행위의 고의가 조각된다는 견해(유추적용설), ⅲ) 위법성조각사유의 전제사실의 착오의 경우 행위자에게 위법성의 인식이 없으므로 그 착오는 위법성의 착오로 보아 제16조로 해결하여야 한다는 견해(엄격책임설), ⅳ) 判例는 위법성조각사유의 전제사실의 착오의 경우 그 착오에 정당한 이유가 있는 경우 위법성 조각을 인정한다.

그러나 위법성조각사유의 전제사실의 착오의 경우에도 행위객체를 침해한다는 사실에 대한 인식·의사는 있으므로 구성요건적 고의는 조각되지 아니하나, 착오로 인하여 행위자의 심정반가치를 인정할 수 없으므로 책임고의가 조각되어 그 법적 효과에 있어서만 구성요건적 고의가 조각된 것처럼 과실범의 문제로 취급하는 것이 타당하다고 본다(법효과제한적 책임설).❻

(3) 사안의 경우

사안에서 乙은 甲의 신체를 폭행한다는 인식과 의사로 甲을 폭행하였으나, 상황을 착오한 나머지 A를 구하기 위하여 행한 것으로서 심정반가치가 인정되지 않으므로, 폭행에 대하여 고의책임은 인정되지 않는다. 따라서 乙의 행위는 폭행죄(제260조 제1항)가 성립할 수 없으며 폭행에 대한 과실범은 처벌규정이 없으므로 乙이 착오함에 과실이 있는지 여부를 불문하고 무죄이다.❼

---

❻ 저자는 과거에는 다음과 같이 반대견해(자설로 취하지 않는 견해)를 비판한 후 법효과제한적 책임설을 자설로 취하여 결론을 내려왔다. 「생각건대 소극적구성요건표지이론과 유추적용설은 착오로 행위한 자에 가담한 자에 대하여 공범성립을 인정할 수 없다는 문제점이 있으며, 엄격책임설은 착오에 정당한 이유가 인정되지 않는 경우 행위자를 고의범으로 처벌하게 되어 법감정에 반한다. 한편 판례도 위법성조각사유의 객관적 요건을 구비하지 않았음에도 착오에 정당한 이유가 있다는 이유로 위법성조각을 인정하는 것은 문제가 있다고 본다. 따라서 위법성조각사유의 전제사실의 착오는 법효과제한적 책임설에 따라 해결하는 것이 타당하다」라고 하여왔다. 그런데 이러한 답안 구성을 본문과 같이 간결하게 반대견해를 소개한 후 자설의 입장이 타당한 이유만을 확실히 제시한 후 결론을 내는 것으로 변경한 것은 변호사시험의 문제가 아주 많은 논점을 포함시켜 출제를 하고 있으므로 반대견해에 대한 비판까지 쓴 후 자설을 채택하여 결론을 내기에는 시간이 부족하다고 보았기 때문이다. 다만 필력이 좋은 수험생의 경우나 위전착의 쟁점이 많은 배점이 부여되어 출제된다면 비판까지 언급하여 고득점을 추구하는 것도 좋은 방법이 될 것이다(욕심을 내지 말고 골고루 잘 쓰는 것이 고득점의 지름길임은 이 경우에도 잊지 말아야 할 것이다).

2. 신용카드에 대한 절도죄의 성립여부

절도죄는 타인의 재물을 절취함으로써 성립하는 범죄이다(제329조). 절도죄가 성립하려면 주관적 요건으로 절도의 고의 이외에 불법영득의사가 있어야 한다. 타인의 재물을 무단 사용하는 경우 그 사용으로 인하여 물건 자체가 가지는 경제적 가치가 상당한 정도로 소모되는 경우 불법영득의사를 인정할 수 있다(대판 : 2010도9570).

사안에서 乙은 C의 신용카드(현금카드 겸용)를 무단사용하여 예금인출 및 현금서비스를 받은 후 반환하였는바, 그 사용으로 인하여 카드 자체가 가지는 경제적 가치가 상당한 정도로 소모되었다고 할 수 없으므로❽ 불법영득의사를 인정할 수 없다(대판 : 99도857, 98도2642). 따라서 乙은 신용카드(현금카드 겸용)에 대한 절도죄가 성립하지 아니한다.

---

❼ 본 쟁점과 관련하여 어느 견해로 결론을 내리든지 자설의 명확한 논거만 제시하면 득점에는 유불리가 없다고 본다. Rainbow 변시기출 해설 형사법 사례형(이인규, 김영환 등 2인 공저, 학연) 및 형사법 사례형 해설(조균석, 강수진, 박영사)의 경우 판례이론에 따라 결론을 내리고 있다. 다만 전자는 乙의 착오에 정당한 이유가 없다고 판단하여 폭행죄를 인정한 반면 후자는 오인에 정당한 이유가 있다는 있다고 판단하여 폭행죄가 성립하지 않는다는 결론을 내고 있다.

또한 로이어스 형법 사례형 기출(김정철, 오제현, 헤르메스)의 경우는 법효과제한책임설에 의하면 과실폭행이 문제가 되나 처벌규정이 없어 무죄가 되고, 판례의 입장에 따르면 乙의 착오에 정당한 이유가 없어 폭행죄가 성립한다는 취지로 결론을 내고 있다(이 부분을 지적하고자 논의를 시작한 것은 아니지만 乙의 죄책이 무죄일수도 있고 폭행죄일수도 있다는 결론은 쉽게 이해되지는 않는다. 죄책을 묻는 문제의 경우 원칙적으로 - 변호사의 입장이나 검사의 입장을 전제하여 출제된 특수한 경우를 제외하고는 - 수험생은 주어진 자료를 놓고 법관의 입장에서 판단해야 하는바 유죄의 이론에 따르면 유죄, 무죄의 이론에 따르면 무죄라는 결론을 내는 법관은 없을 것이다. 다만 이 부분도 수험생들에게 두가지 경우의 답안이 있을 수 있다는 것을 소개한 결론으로 선해할 수도 있는 부분이지만 실제 시험에서는 바람직한 답안이 될 수 없으므로 주의하여야 할 것이다).

저자가 언급하고자 하는 바는 乙의 착오에 대하여 '정당한 이유'를 인정할 수 있는지에 관한 것이다. 위 본문에서 보다시피 법효과제한적 책임설을 취하면 오상폭행의 경우 고의범이 인정되지 않는다는 논증만 이끌어 낸다면 - 과실에 의한 폭행은 처벌규정이 없기 때문에 - 당연 무죄가 되므로 과실유무를 검토할 필요가 없으므로 이에 대한 판단을 생략하였다(과실의 유무를 논의할 실익은 과실범을 처벌하는 규정이 있을 때이다).

다만 판례이론에 따르면 '정당한 이유'의 인정여부에 따라 폭행죄(이인규 박사님 등 2인 공저)와 무죄(조균석 교수님 등 2인 공저)로 결론이 달라지므로 이에 대한 판단은 명확한 논거를 제시하는 것이 바람직하다.

저자는 판례이론을 자설로 취하지 않았지만 사견으로서는 乙의 착오에 정당한 이유를 인정함에 있어서는 엄격한 입장을 취하는 것이 바람직하다고 본다. 위법성조각사유의 전제사실의 착오에 의한 행위는 이미 행위자 자신이 구성요건적 행위를 행한다는 사실은 알고서 이루어지기 때문이다. 즉 사안의 경우 乙은 이미 甲을 폭행한다는 (사실상의) 인식은 있는 경우이므로 그 행위가 정당화될 수 있는 상황인지에 대하여는 보다 신중을 기하여 판단해야 할 의무가 있기 때문이다. 본 사례의 경우 「甲이 휴대폰을 발견하고 이를 전해주기 위해 A를 따라 하차하면서 A를 불렀으나 대답이 없자 뒤에서 A의 어깨를 잡았다. 그때 A를 기다리던 남자친구 乙은 그 장면을 보고 甲을 성폭행범으로 오해하여 A를 구하기 위해 甲을 밀어 넘어뜨렸다」라고 하고 있다. 사실관계를 재구성해보면 甲이 A를 불렀으나 대답이 없자 A의 어깨를 잡았던 상황이었고 그 때 그 장면을 본 乙이 甲을 성폭행범으로 오인하여 폭행하였다는 것이다. 甲이 A를 불렀던 시점과 A의 어깨를 잡았던 시점 및 그 장면을 본 시점은 순식간에 일어난 일로 보아야 할 것이다. 그렇다면 그 장면을 본 시점에서 甲이 (어떤 용무가 있어) A를 불렀던 상황도 인지가 가능했을 것이므로 乙이 甲을 성폭행범으로 단정하기 전에 A의 어깨를 잡은 사정을 확인할 기회가 있었음에도 이를 확인하지 않은 과실이 있다고 보아야 할 것이다. 더 나아가 A를 부르는 甲의 목소리가 작았거나 A를 불렀던 시점과 A의 어깨를 잡았던 시점이 떨어져 있어 甲이 A를 불렀던 상황을 乙이 미처 인지하지 못하였다고 하더라도 버스에서 하차하는 다른 손님들도 있었을 가능성이 있었고 乙처럼 버스에서 내리는 사람을 기다리는 사람도 있는 상황에서 甲이 다른 사람에게 쉽사리 발각될 수 있는(실제로도 乙에게 바로 발각되었다) - 뒤따라 하차하면서 남의 눈에 띄지 않는 엉덩이를 만진 것과 같은 경우가 아니라 - A의 어깨를 잡아 성범죄를 범한다는 것은 일반적이라고 할 수 없으므로 乙이 甲을 성폭행범으로 착오한 것은 그 착오에 정당한 이유가 없다고 보는 것이 타당하다고 본다.

❽ 시간이 허락되는 경우라면 그 이유를 구체적으로 설명하는 것도 득점에 유리할 것이다. 즉 "신용카드는 신용카드회원 사실을 증명하거나 신용카드업자로부터 서비스를 받을 수 있는 증표로서의 가치를 갖는 것인데 현금인출로 인하여 이러한 경제적 가치가 소모되지 않으므로 무단사용자에게 불법영득의사가 인정되지 아니한다"라는 언급을 말한다. 저자도 이 부분에 관한 기술 분량에 대하여 상당시간 고민을 하였으나 본 사례에서는 순수한 신용카드가 아니라 현금카드 겸용 신용카드였으므로 현금카드의 기능에 대한 설명까지 덧붙여야 하는 상황이어서 분량이 지나치게 확대된다고 보아 위 본문의 내용 정도로 기술하기로 한 것이다. 이와 같이 실제 시험에서는 수험생 자신이 알고 있는 모든 것을 다 기술하려고 하여서는 아니되며 항상 시간과 타협할 태도를 가지고 있어야만 전체 문제에 대한 균형 잡힌 답안작성이 가능할 것이다.

3. 신용카드로 예금을 인출하고, 현금서비스를 받은 행위에 대한 죄책

(1) 절도죄 또는 컴퓨터사용사기죄의 성립여부[9]

타인의 신용카드를 무단사용하여 예금을 인출하고, 현금서비스를 받은 경우, 인출한 현금 즉 재물도 재산상 이익에 해당한다고 보아 컴퓨터사용사기죄가 성립한다는 견해도 있다. 그러나 제347조의2는 컴퓨터등사용사기죄의 객체를 재물이 아닌 재산상의 이익으로만 한정하여 규정하고 있으므로, 현금을 인출하는 행위가 재물에 관한 범죄인 이상 컴퓨터사용사기죄가 성립할 수 없다(대판 : 2003도1178)고 보는 것이 타당하다.

사안에서 乙이 C의 신용카드를 무단사용하여 예금 300만 원을 인출한 것과 200만 원의 현금서비스를 받은 것은 현금자동지급기의 관리자의 의사에 반하여 그의 지배를 배제한 채 그 현금을 자기의 지배하에 옮겨 놓는 행위로서 절도죄가 성립한다(대판 : 2006도3126).

(2) 신용카드부정사용죄의 성립여부

도난당한 신용카드를 사용한 경우 신용카드부정사용죄가 성립한다(여신전문금융업법 제70조 제1항 제3호). 여기의 도난당한 신용카드라 함은 소유자 또는 점유자의 의사에 반하여 점유가 배제된 신용카드를 말하며, 그 점유를 배제하는 행위를 한 자가 반드시 유죄의 처벌을 받을 것을 요하지 아니한다[10](대판 : 99도857). 그리고 신용카드의 사용이라 함은 신용카드의 본래의 용법에 따라 사용하는 경우를 말한다.

사안에서 乙이 신용카드(현금카드 겸용)로 예금 300만 원을 인출[11]한 것은 신용카드에는 예금인출 기능이 없으므로 현금카드를 사용한 경우에 불과하여 신용카드부정사용죄가 성립하지 아니한다.[12] 그러나 乙이 신용카드(현금카드 겸용)로 200만 원의 현금서비스를 받은 것은 비록 乙이 신용카드에 대한 절도죄가 성립하지 않은 경우일지라도 도난 당한 신용카드를 용도대로 사용한 것이므로 신용카드부정사용죄가 성립한다.

4. 500만 원을 甲에게 합의금으로 건네준 행위에 대한 장물죄의 성립여부

제362조의 장물죄는 타인(본범)이 불법하게 영득한 재물의 처분에 관여하는 범죄이므로 자기의 범죄에 의하여 영득한 물건[13]에 대하여는 성립하지 아니한다(대판 : 86도1273).

사안에서 乙은 절도죄의 정범에 해당하므로 절취한 500만 원을 甲에게 합의금으로 건네준 행위는 장물죄가 성립할 수 없다.[14]

---

[9] 양죄 모두 성립하지 아니하고 무죄가 된다는 견해도 있다. 그러나 이 부분까지 기술하는 것은 시간상 무리라고 본다. 다만 컴사기죄가 성립하지 아니한다는 판례가 존재하므로 컴사기의 성립여부에 대하여는 가급적 언급하여야 할 것이다.

[10] 이러한 논점이 있으므로 (쉽지는 않겠지만) 신용카드에 대한 절도죄의 성립여부를 본 논점에 앞서 먼저 검토하는 것이 바람직하다.

[11] 예금인출은 겸용카드에 내포된 현금카드 기능을 사용하여만 가능하다.

[12] 그렇다고 하여 현금카드부정사용죄가 성립할 수 있는 것도 아니다. 여전법은 동죄에 대한 규정이 없기 때문이다.

[13] 자기의 범죄에 의하여 영득한 물건에 대하여는 장물죄의 구성요건해당성이 없으므로 장물죄가 성립하지 아니한다는 학자들의 견해가 있으나 판례는 이를 불가벌적 사후행위에 해당하여 처벌되지 아니한다고 보고 있다. 부수적 쟁점에 지나지 않으므로 판례에서 장물죄가 성립하지 아니한다는 논거만을 취하여 간명하게 기술하였다.

[14] 다만 이 경우 500만 원을 건네받은 甲에게는 장물죄의 성립여부를 검토할 수 있으나 사례에서 그 500만 원이 장물이라는 인식이 없으므로 - 乙이 절취해 온 사실을 설명하였다거나 甲이 그러한 사정을 알았다는 사정이 사례에 주어져 있지 않다 - 장물취득죄가 성립하지 아니한다. 이 부분 역시 부수적 쟁점에 지나지 않는다고 보아 甲의 죄책을 논의할 때 별도의 논점으로 잡지 않았다(대부분의 다른 교재도 마찬가지다).

Ⅳ. 결론

① 甲은 사기죄의 죄책을 진다.

② 乙은 예금인출 행위에 대하여 절도죄, 현금서비스를 받은 행위에 대하여 절도죄와 신용카드부 정사용죄의 실체적 경합범의 죄책을 진다.[15]

[설문 2]의 해설

1. 논점의 정리

악의의 丙이 乙로 하여금 甲을 폭행하도록 한 행위에 대하여 폭행죄의 간접정범 또는 교사범이 성립하는지 문제된다.

2. 폭행죄의 간접정범 또는 교사범의 성립여부

사안에서 丙은 乙로 하여금 위법성조각사유의 전제사실의 착오에 빠져 甲을 폭행하도록 하였다. 이 경우 ⅰ) 소극적 구성요건표지이론과 유추적용설에 의하면 乙의 행위는 무죄가 되므로, 丙은 어느 행위로 인하여 처벌되지 아니하는 자를 교사하여 범죄행위의 결과를 발생하게 한 자로서 폭행죄의 간접정범이 성립한다(제34조 제1항). ⅱ) 엄격책임설과 판례이론에 의하면 乙의 착오에 정당한 이유가 인정되지 않으므로 乙의 행위는 폭행죄가 성립하므로, 丙은 폭행죄의 교사범이 성립한다.[16]

그러나 앞서 살펴본 바와 같이 위법성조각사유의 전제사실의 착오의 법적 효과는 법효과제한적 책임설에 의하여 해결하는 것이 타당하다고 본다.

법효과제한적 책임설에 의하면 乙의 행위는 폭행의 고의불법이 인정되나 고의책임이 인정되지 않아 무죄가 된다. 따라서 丙의 행위는 폭행죄의 교사범[17]뿐만 아니라 폭행죄의 간접정범이 성립할 가능성이 동시에 존재한다. 그러나 乙이 丙과 친구 사이라는 점, 丙이 乙로 하여금 애인 A를 甲이 성폭행하려고 한다고 상황을 오인케 한 점을 고려하면,[18] 丙이 乙로 하여금 甲을 폭행하도록 한 것에 대하여 의사지배를 인정할 수 있다. 따라서 丙의 행위는 폭행죄의 간접정범이 성립한다고 보아야 한다.[19]

---

[15] 예금인출에 대한 절도죄 및 현금서비스에 대한 절도죄의 죄수에 대하여는 이인규 박사님의 해설에서는 포괄일죄로 평가하고 있으며, 조균석, 강수진 교수님의 해설서 및 김정철, 오제현 2인 공저의 해설서에는 실체적 경합으로 평가하고 있다. 저자는 이인규 박사님의 결론 - 단일범의로 시간과 장소가 접착되어 있고 같은 관리인의 관리하에 있는 재물을 절취한 경우이므로 포괄하여 1죄가 성립한다 - 에 동의하는 입장이지만 본문에 기재하지는 아니하였다. 강의 중에도 자주 언급하지만 죄수의 경우 분명한 판례가 있지 않은 경우 가급적 그 평가를 자제하는 것이 간명하다고 본다. 다만 현금서비스를 받은 행위에 대하여 절도죄와 신용카드부정사용죄의 실체적 경합범에 해당한다는 판례가 있으므로 이 부분에 대한 언급은 필요하다고 본다(대부분의 교재에서 이 부분은 빠짐없이 언급하고 있다).

[16] 다만 이러한 결론에 이르는 과정에서 다음과 같은 논의를 추가할 수 있다. 즉 「乙이 丙과 친구 사이라는 점, 丙이 乙로 하여금 애인 A를 甲이 성폭행하려고 한다고 상황을 오인케 한 점을 고려하면, 丙이 乙로 하여금 甲을 폭행하도록 한 것에 대하여 의사지배를 인정할 수 있다. 이와 같은 경우에는 비록 乙에게 고의범인 폭행죄가 성립하더라도 丙에게 폭행죄의 간접정범이 성립할 수 있다는 이론(정범 배후의 정범이론)이 있다. 그러나 이 이론은 제34조 제1항의 명문에 반하는 해석으로서 허용될 수 없다고 보아야 하므로 결국 丙은 폭행죄의 교사범이 성립된다고 보는 것이 타당하다.」라는 내용이다. 저자는 시간적 한계를 고려하여 정범 배후의 정범이론을 인정하지 않는 통설에 따라 본문과 같이 결론을 지은 것이다. 이러한 논의를 추가할 것인지는 수험생 각자의 역량에 맡긴다.

3. 결론

丙은 乙로 하여금 甲을 폭행하도록 한 행위에 대하여 폭행죄의 간접정범의 죄책을 진다.

---

⑰ 본 사례에서 종속형식 중 어느 것이 타당한 것인지까지 논의한다는 것은 거의 불가능하다고 보아 통설인 제한적 종속형식에 의하여 판단한 것이다.

⑱ 의사지배 유무에 따라 결론이 달라지므로 그 판단의 근거를 명확하게 제시할 필요가 있다.

⑲ 정범개념 우위성에 입각하여 간접정범의 성립가능성을 먼저 검토한 것이며, 간접정범의 성립을 인정한 이상 폭행죄의 교사범이 성립할 수 없음은 당연하다. 이 경우 종종 「정범개념 우위성에 입각하여 간접정범의 성립을 먼저 검토해 보겠다」는 내용을 답안에 기재하는 경우가 있는데 이러한 표현을 답안에 기재할 필요없이 그저 간접정범의 성립여부를 먼저 검토하면 충분하며, 만약 본 사례와 달리 간접정범이 성립하지 않는다는 판단에 이른 경우라면 교사범이 성립한다고 결론을 내면 충분한 것이다.

(1) 甲은 X주식회사의 대표이사이고 乙은 사채업자이다. 甲이 乙에게 수억 원 대 내기 골프에 필요한 돈을 빌린 후 변제기에 갚지 않자 乙은 위 채무가 甲이 회사와 무관하게 개인적인 용도로 차용한 것임을 잘 알면서도, 甲에게 위 채무담보목적으로 약속어음을 발행해 줄 것을 요청하였다. 甲이 이를 승낙하여 乙은 위 회사 사무실에서 위 회사 약속어음 용지에 액면금 5억 원, 발행일 등을 기재하고 甲은 수취인을 乙로 기재하고 "X주식회사 대표이사 甲"이라고 새겨진 명판과 법인 인감도장을 각각 날인한 후 약속어음을 乙에게 교부하였다. 그런데 위 회사에서 실제로 약속어음 금을 지급하거나 손해배상책임을 부담하지는 않았으며 위 약속어음이 제3자에게 유통되지도 아니하였다.

(2) 한편, 위 회사 전무이사인 丙은 국립초등학교에 다니는 딸의 담임교사 A가 평소 딸을 많이 혼내는 것에 불만이 있었는데, 위 초등학교 부근을 걸어가다 도로에 인접한 딸의 교실에서 수업을 하고 있는 A를 보고 화가 나 위 교실 창문을 열고 교실 안으로 얼굴을 들이밀어 큰 소리로 "잘 사는 애들만 대접받는 더러운 세상"이라고 외쳤다. A가 제지하는데도 丙은 약 20분간 계속 크게 소리를 내며 소란을 피워 A는 수업을 중단하였고, 학생들은 더 이상 수업을 받지 못하게 되었다.

(3) 丙은 2017. 1.경 B와 토지 매매계약을 체결한 후 甲과 명의신탁약정을 체결하고 곧바로 甲 명의로 소유권이전등기를 마친 다음 丙 자신이 위 토지를 담보로 대출을 받았음에도 "甲이 임의로 위 토지에 근저당권을 설정하였다."라며 허위로 甲을 경찰에 고소하였다.

(4) 그 후 丙은 위 약속어음 발행 건을 추가 고소하였고, 사법경찰관은 위 회사에서 甲과 乙이 만나 약속어음을 발행하는 상황이 녹화된 CCTV 동영상을 찾아내어 관리자의 동의를 얻어 그 부분의 동영상 파일을 CD에 복사한 후 이를 임의로 제출받아 압수하였는데, 이후 위 회사 CCTV 동영상의 보존기간이 경과하여 원본파일은 삭제되었다.

(5) 위 사건을 송치받은 검사는 甲의 위 내기 골프 사실을 밝혀내고 기존 사건에 도박죄를 병합하여 기소하였다. 甲의 재판에서 丙은 증인으로 출석하여 증언하면서 약속어음 발행 경위에 대한 수사기관에서의 진술을 번복하였다. 이에 검사는 丙을 소환하여 수사기관에서의 진술이 맞다는 내용의 진술조서를 작성하여 이를 추가 증거로 제출하였다. 이후 증인으로 재차 출석한 丙은 수사 기관에서의 진술대로 증언하였고, 추가 증거로 제출된 위 진술조서가 자신이 진술한 그대로 기재 되어 있음을 인정하였다.

1. 위 (1), (2), (3) 사실관계에서 甲, 乙, 丙의 죄책은? (부동산실권리자명의등기에관한법률위반의 점은 논외로 함) (60점)

[설문 1]의 해설

Ⅰ. 논점의 정리

① 甲에 대하여는 약속어음을 발행하여 乙에게 교부한 행위와 관련하여, ⅰ) 특경법위반(업무상배임)죄,**❶** ⅱ) 자격모용유가증권작성죄 또는 허위유가증권작성죄와 그에 대한 행사죄가 성립하는지 문제된다.

② 乙에 대하여는 ⅰ) 위 ①의 범죄에 대하여 甲과 공동정범이 성립하는지, ⅱ) 약속어음을 교부받은 행위에 대하여 장물취득죄가 성립하는지 문제된다.**❷**

③ 丙의 죄책과 관련하여 ⅰ) 교실 안으로 얼굴을 들이민 행위가 주거침입죄**❸**에 해당하는지, ⅱ) 큰 소리로 소란을 피워 수업을 중단하게 하고 학생들이 수업을 받지 못하게 한 행위와 관련하여 전자에 대하여는 공무집행방해죄(위계에 의한 공무집행방해죄) 또는 업무방해죄가 후자에 대하여는 업무방해죄가 성립하는지, ⅲ) 허위고소를 한 행위에 대하여 무고죄가 성립하는지가 문제된다.**❹**

Ⅱ. 甲의 죄책

1. 특경법위반(업무상배임)죄의 성립여부

(1) 특경법위반(업무상배임)죄의 성립요건

업무상배임(기수)죄를 범하여 이득액이 5억 원에 해당하면 특경법위반죄가 성립한다(동법 제3조 제1항 제2호, 형법 제356조, 형법 제355조 제2항).

사안의 경우 대표이사인 甲은 자신의 개인적인 채무를 담보할 목적으로 대표권을 남용하여 회사명의의 약속어음을 발행하였다. 이는 甲이 배임의 범의로 업무상의 임무위배행위를 한 것이므로**❺** 업무상배임죄의 실행에 착수한 것이다. 다만 甲의 행위가 회사에 재산상 손해를 가한 경우로서 업무상배임죄의 기수가 될 수 있는지 문제된다.

---

❶ 어음의 금액이 5억 원이므로 특별형법인 특경법위반죄부터 검토하여야 한다. 결론적으로 특경법위반죄가 성립하지 아니한다고 하여 특경법위반죄에 대한 검토를 생략하고 바로 형법상의 업무상배임죄를 검토하여서는 아니된다.

❷ 이와 같이 재산범죄가 논점인 문제의 경우 장물죄는 주된 논점이 되거나 아니면 부수적 논점이 될 수 있음을 명심하여야 한다. 전자인지 후자인지는 저자로서는 판례가 있는 부분이면 주된 논점 그렇지 않은 부분이면 부수적 논점으로 판단하고 있다. 본 문제에서 장물취득죄를 논점으로 잡고 설명하는 교재는 많지 않았다(조균석, 강수진 교수님 교재에는 언급되어 있음을 밝혀둔다. 그리고 저자가 이 부분을 기술한 것이 그렇지 않은 다른 교재보다 우월하다는 의미가 아님도 아울러 밝혀둔다). 저자도 고민 끝에 본문에 기술하기는 하였지만 다른 주된 논점을 잘 기술할 자신이 있으면 생략해도 무방한 부분이라고 보며 이 논점을 생략한 다른 교재도 이러한 생각에 기초한 것이라고 생각된다).

❸ 객체를 보다 구체화하여 건조물침입죄로 기재하는 것도 무방하다.

❹ 사례에서 (3)의 부분은 무고죄가 핵심 논점임이 분명하다. 이 부분에 치중하여 답안이 작성되어야 한다.

❺ 회사의 대표자인 甲이 업무상 타인의 사무처리자임은 분명하며, 대표권을 남용하여 어음을 발행하는 - 본인인 회사에 대한 채무부담의 가능성이 있는 - 행위가 본인(회사)와의 신임관계를 저버리는 배임행위임도 분명하다. 시간적 여력이 있다면 이러한 내용을 기재하는 것도 방법일 것이나 본 사례는 특경법위반죄가 성립하기 위한 요건인 업무상 배임죄가 기수인지 여부가 핵심이므로 이 부분에 더 집중하여 기술하기 위하여 본문과 같이 간명하게 처리하였다.

(2) 대표권 남용의 어음발행과 업무상배임죄의 기수시기

배임죄에 있어 본인에게 손해를 가한 때라 함은 현실적인 손해를 가한 경우뿐만 아니라 재산상 실해 발생의 위험을 초래한 경우도 포함된다(대판 : 2011도15857).[6]

회사의 대표이사가 대표권을 남용하여 약속어음을 발행하였더라도 상대방이 대표권남용 사실을 알았거나 알 수 있었던 경우에는 그 어음채무부담행위는 회사에 대하여 무효이므로 어음발행 사실만으로는 회사에 현실적인 손해가 발생하였다거나 실해 발생의 위험이 초래되었다고 평가하기 어려우므로, 배임죄의 기수에 이른 것은 아니다. 다만 이 경우에도 그 의무부담행위로 인하여 실제로 채무의 이행이 이루어진 경우, 회사가 민법상 불법행위책임을 부담하게 된 경우 및 그 어음이 실제로 제3자에게 유통되었다면 - 어음법상 발행인은 종전의 소지인에 대한 인적 관계로 인한 항변으로써 소지인에게 대항하지 못하므로(어음법 제17조, 제77조) - 회사에 현실적인 손해나 실해 발생의 위험이 초래되었다고 볼 수 있으므로 배임죄의 기수범이 된다(대판 : 2014도1104).[7][8]

(3) 사안의 경우

甲은 대표권을 남용하여 회사명의의 약속어음을 발행하였으나 상대방인 乙은 대표권남용 사실을 알았던 경우이므로 그 어음채무부담행위는 X회사에 대하여 무효이다. 또한 X회사에서 실제로 약속어음금을 지급하거나 손해배상책임을 부담하지는 않았으며 위 약속어음이 제3자에게 유통되지도 아니하였으므로 회사에 현실적으로 손해가 발생하였다거나 실해 발생의 위험이 발생하였다고도 볼 수 없으므로, 甲의 어음 발행행위는 업무상배임죄의 기수범이라고 할 수 없다.

따라서 甲의 어음발행행위는 업무상배임죄의 기수범의 성립을 전제로 하는 특경법위반(업무상배임)죄는 성립할 수 없으며, 형법상 업무상배임미수죄(제356조, 형법 제355조 제2항, 제359조)가 성립한다.

2. 자격모용유가증권작성죄 또는 허위유가증권작성죄와 그에 대한 행사죄의 성립여부

자격모용 유가증권작성죄(제215조)를 구성하는지 여부는 그 유가증권 작성함에 있어 타인의 자격을 모용하였는지 아닌지의 형식에 의하여 결정하여야 한다(대판 : 83도332 참고).

사안에서 甲은 X주식회사의 대표이사로서 그 대표이사 명의로 유가증권을 작성할 권한이 있으므로 그 지위를 남용하여 자기의 이익을 도모할 목적으로 어음을 발행하여 乙에게 교부하였다고 하더라도 자격모용 유가증권작성죄 및 동행사죄는 성립하지 아니한다.

---

[6] 소수견해와 차이가 있는 부분이므로 기재한 것이다.

[7] 변경 전의 판례는 「대표이사의 회사 명의 약속어음 발행행위가 무효인 경우에도 그 약속어음이 제3자에게 유통되지 아니한다는 특별한 사정이 없는 한 재산상 실해 발생의 위험이 초래된 것이므로 배임죄는 기수에 해당한다」라고 하여 현재의 판례보다 기수의 범위를 더 넓게 인정하는 입장이었다.

[8] 2014도1104 전합의 소수견해는 「배임죄는 본인에게 '손해를 가한때' 성립되는 것이고 '손해를 가한때'란 본인에게 현실적인 재산상 손해를 가한 경우만을 의미하므로(소수견해는 배임죄를 침해범으로 본다), 회사의 대표이사가 대표권을 남용하여 회사 명의의 약속어음을 발행한 경우에도 그 발행행위의 법률상 효력 유무나 그 약속어음이 제3자에게 유통되었는지 또는 유통될 가능성이 있는지 등에 관계없이 회사가 그 어음채무나 그로 인해 부담하게 된 민법상 불법행위책임을 실제로 이행한 때에 배임죄는 기수가 성립한다」는 입장이다.
따라서 소수견해는 다수견해와 이론구성을 달리하지만 본 사례에 경우 회사에서 실제로 약속어음금을 지급하거나 손해배상책임을 부담하지는 않았으므로 배임죄의 기수가 될 수 없다는 점에서 다수견해와 결론을 같이한다. 수험생의 입장에서는 어느 견해를 취하더라도 논거만 정확히 기술하면 득점에는 차이가 없다고 본다. 다만 (결론에서 차이가 없는) 두가지 견해를 모두 소개하는 욕심을 부리는 경우는 없어야 할 것이다. 정말 여력이 있어 변경 전의 판례까지 소개한다면 추가득점이 될 것이다.

허위유가증권작성죄(제216조)는 작성권한 있는 자가 허위의 유가증권을 작성하는 것을 말한다.

사안에서 甲이 권한을 남용하여 약속어음을 발행하여 乙에게 교부하였다고 하더라도 그 약속어음에 허위내용을 기재한바 없으므로 허위유가증권작성죄 및 동행사죄는 성립하지 아니한다.

Ⅲ. 乙의 죄책

1. 업무상배임미수죄의 공동정범의 성립여부

(1) 배임범죄의 공동정범(제30조)의 성립요건

업무상배임죄의 실행으로 이익을 얻게 되는 거래상대방은, 배임의 의도가 전혀 없었던 실행행위자에게 배임행위를 교사하거나 또는 배임행위의 전 과정에 관여하는 등으로 배임행위에 적극 가담한 경우에 한하여 배임의 실행행위자에 대한 공동정범으로 인정할 수 있다(대판 : 2014도17211).

사안에서 乙은 약속어음의 발행의사가 없었던 甲에게 요청하여 甲으로 하여금 약속어음을 발행하도록 하였을 뿐만 아니라, 乙 스스로 약속어음 용지에 액면금, 발행일 등을 기재하는 등 甲의 배임행위에 적극 가담하였으므로 일응 甲의 배임범죄에 대한 공동정범이 성립할 수 있다. 다만 甲의 범행이 신분범임에도 비신분자인 乙에게 甲의 범죄에 대한 공동정범이 성립하는지 문제된다.

(2) 업무상배임죄에 가담한 비신분자의 죄책[9]

제33조는 신분관계로 인하여 성립될 범죄에 가공한 행위는 신분관계가 없는 자에게도 전3조의 규정을 적용한다. 단, 신분관계로 인하여 형의 경중이 있는 경우에는 중한 형으로 벌하지 아니한다고 규정하고 있다.

제33조 본문과 단서의 관계에 대하여, 본문은 진정신분범의 성립과 과형을, 단서는 부진정신분범의 성립과 과형을 규정한 것으로 보는 견해가 있다. 그러나 이 견해는 제33조 단서의 '중한 형으로 벌하지 아니한다'를 '중한 죄가 성립하지 아니한다'는 의미까지 포함된다고 해석하는 것으로 문제가 있다고 본다.

따라서 제33조 본문은 진정신분범과 부진정신분범 모두에 대한 성립문제를 규정한 것이고, 제33조 단서는 '신분관계로 인하여 형의 경중이 있는 경우' 즉 부진정신분범의 경우에 그 과형에 대해서만 예외적으로 '중한 형으로 벌하지 아니한다'고 해석하는 것이 타당하다.

사안에서 乙은 업무상 타인의 사무처리자의 지위에 있지 않지만 제33조 본문에 의하여 업무상배임미수죄의 공동정범이 성립하나, 제33조 단서에 의하여 단순배임미수죄의 공동정범으로 처벌된다.

2. 장물취득죄의 성립여부

장물죄의 객체인 장물은 재산죄로 영득한 물건을 말한다.

사안에서 乙이 교부받은 약속어음은 甲의 배임범죄에 제공된 물건일 뿐 배임범죄로 영득한 물건 자체는 아니므로 乙에게는 장물취득죄(제362조)가 성립하지 아니한다(대판 : 74도2804 참고).[10]

---

[9] 신분범의 논의에 있어서는 제33조의 논점이 들어가는 경우가 허다하므로 항상 유념해 두어야 한다.

Ⅳ. 丙의 죄책

1. 주거침입죄의 성립여부

(1) 주거침입죄의 성립요건

　제319조 제1항에 의하면 사람의 주거 또는 관리하는 건조물 등에 침입한 경우 주거침입죄가 성립한다. 여기의 '침입'에 대하여 신체의 전부가 들어간 경우를 의미한다고 보는 견해가 있다. 그러나 주거침입죄의 보호법익은 사실상의 주거의 평온이므로, 신체의 일부만 타인의 주거 안으로 들어갔다고 하더라도 거주자가 누리는 사실상의 주거의 평온을 해할 수 있는 정도에 이르렀다면 범죄구성요건을 충족하는 것이라고 보는 것이 타당하다. 따라서 주거침입죄의 고의는 반드시 신체의 전부가 타인의 주거 안으로 들어간다는 인식이 있어야만 하는 것이 아니라 신체의 일부라도 타인의 주거 안으로 들어간다는 인식이 있으면 족하다(대판 : 94도2561).

(2) 사안의 경우[11]

　사안에서 丙이 교실창문을 열고 교실 안으로 얼굴을 들이밀었다. 이 경우 丙에게 최소한 신체의 일부가 주거 안으로 들어간다는 인식은 있었으므로 주거침입의 고의가 인정되고, 교실 안으로 얼굴을 들이밀은 이상 사실상의 주거의 평온을 해할 수 있는 정도라고 보여지므로 주거침입은 기수에 이르렀다고 보아야 한다.

　따라서 丙이 교실창문을 열고 교실 안으로 얼굴을 들이밀은 행위는 주거침입죄가 성립한다.

2. 수업을 중단하게 한 행위에 대한 죄책

(1) 공무집행방해죄(위계에 의한 공무집행방해죄)의 성립여부

　제136조 제1항에 의하면 직무를 집행하는 공무원에 대하여 폭행 또는 협박한 경우 공무집행방해죄가 성립한다. 제137조에 의하면 위계로써 공무원의 직무집행을 방해한 경우 위계에 의한 공무집행방해죄가 성립한다.

　사안의 경우 丙은 국립초등학교 교사 A의 수업을 중단케 하였으므로 공무를 방해하였음은 분명하다. 그러나 丙이 크게 소리를 내며 소란을 피운 행위는 위력이라고는 할 수 있으나 폭행, 협박 또는 위계라고 할 수 없으므로 위 양죄가 모두 성립할 수 없다.

(2) 업무방해죄의 성립여부

　허위의 사실을 유포하거나 위계 또는 위력으로써 사람의 업무를 방해한 경우 업무방해죄가 성립한다(제314조, 제313조).

　본 사안과 같이 직무를 집행하는 공무원에게 폭행 또는 협박의 정도에 이르지 않는 위력을 가하여 그의 공무 수행을 방해한 경우에는 공무와 사적 업무의 보호간의 불균형 초래를 방지하기 위하여

---

[10] 본 사례의 경우 乙이 업무상배임범죄의 공동정범에 해당하므로 정범인 乙에게는 장물취득죄가 성립할 수 없다는 설명도 가능하다. 핵심쟁점의 경우도 두 개의 논거를 제시하기가 시간적 제약으로 곤란한 이상 핵심 쟁점이 아닌 장물취득죄의 논거를 수개씩 제시할 필요는 없다고 본다.

[11] 초등학교를 일반 공중에게 개방된 장소로 볼 수는 없을 것이다.

업무방해죄가 성립할 수 있다는 견해가 있다(대판 : 2009도4166, 소수견해).

그러나 형법이 업무방해죄와는 별도로 공무집행방해죄를 규정하면서 공무집행방해죄의 행위유형을 폭행, 협박 또는 위계로 제한한 것은 사적 업무와 공무를 구별하여 공무에 관해서는 공무원에 대한 폭행, 협박 또는 위계의 방법으로 그 집행을 방해하는 경우에 한하여 처벌하겠다는 취지라고 보는 것이 타당하다(대판 : 2009도4166, 다수견해).

사안의 경우 丙이 위력에 의하여 교사 A의 공무를 방해한 행위에 대하여는 업무방해죄가 성립할 수 없다.

3. 학생들이 수업을 받지 못하게 한 행위에 대한 업무방해죄의 성립여부

업무방해죄의 '업무'는 직업 기타 사회생활상의 지위에 기하여 계속적으로 종사하는 사무 또는 사업을 말한다.

사안에서 초등학생들이 학교에서 수업을 듣는 것은 - 헌법 및 초·중등교육법에 기하여 - 학생들 본인의 교육을 받을 권리를 행사하는 것이거나 국가의 의무교육 실시의무 내지 부모들의 취학의무를 이행하는 것에 불과할 뿐 그것이 위 업무방해죄의 업무에 해당한다고 할 수 없다.

따라서 丙이 크게 소리를 내며 소란을 피워 학생들은 수업을 받지 못하게 되었다고 하더라도 학생들의 업무를 방해한 경우로서 업무방해죄가 성립한다고 볼 수는 없다(대판 : 2013도3829).

4. 허위고소를 한 행위에 대한 무고죄의 성립여부

(1) 무고죄의 성립요건

제156조에 의하면 타인으로 하여금 형사처분을 받게 할 목적으로 공무소 또는 공무원에 대하여 허위의 사실을 신고한 경우 무고죄가 성립한다. 여기의 허위사실의 신고라 함은 신고된 사실 자체가 형사처분의 원인이 될 수 있어야 한다. 따라서 허위의 사실을 신고하였다 하더라도 그 사실 자체가 형사범죄로 구성되지 아니한다면 무고죄는 성립하지 아니한다.

사안에서 丙은 경찰에 허위의 사실을 신고하였음은 분명하다.⑫

(2) 丙의 고소내용이 형사처분의 원인이 될 수 있는지 여부

사안에서 丙의 고소내용은 중간생략등기형 명의신탁이 이루어진 후 명의수탁자인 甲이 임의로 수탁부동산에 근저당을 설정하였다는 것이다.

중간생략등기형 명의신탁의 경우 명의신탁자는 부동산의 소유자라고 할 수 없고,⑬ 위탁신임관계를 인정할 수 없으므로⑭ 명의수탁자는 명의신탁자의 재물을 보관하는 자라고 볼 수 없다(대판 : 2004도6992). 또한 신탁자와 수탁자간의 신임관계가 인정되지 않으므로 수탁자를 신탁자에 대한 타인의 사무를 처리하는 자라고 볼 수도 없다.

---

⑫ 사례에서 허위로 甲을 경찰에 고소하였다…라고 되어 있으므로 신고 내용이 허위인지 여부는 논점이라고 할 수 없다.

⑬ 부동산실명법에 의하면 명의수탁자 명의의 소유권이전등기는 무효이고 신탁부동산의 소유권은 매도인이 그대로 보유하게 되기 때문이다. 시간적 여력이 있는 경우 이 부분을 추가하여 서술하면 보다 충실한 답안이 될 것이다.

⑭ 형사처벌까지 하고 있는 부동산실명법의 명의신탁관계에 대한 규정에 비추어 볼 때 위탁신임관계를 인정할 수 없다는 것이다. 시간적 여력이 있는 경우 이 부분을 추가하여 서술하면 보다 충실한 답안이 될 것이다.

따라서 수탁자의 수탁부동산의 임의처분은 신탁자에 대하여 횡령죄 및 배임죄가 성립할 수 없다 (대판 : 2004도6992).⑮⑯

사안에서 丙의 신고 내용은 甲에게 횡령죄 및 배임죄가 성립할 수 없어 형사처분의 원인이 될 수 없는 것이다.

(3) 결론

丙이 甲에 대하여 경찰에 허위고소를 한 행위는 무고죄가 성립할 수 없다.

V. 결론

① 甲은 업무상배임미수죄의 죄책을 진다.
② 乙은 업무상배임미수죄의 공동정범이 성립하지만, 단순배임미수죄의 공동정범으로 처벌된다.
③ 丙은 주거침입죄의 죄책을 진다.

---

⑮ 신탁자에 대한 횡령죄가 성립할 수 없다는 것이 판례의 내용이며 배임죄 부분은 저자가 임의로 추가한 것이다.

⑯ 더 나아가 "甲이 임의로 위 토지에 근저당권을 설정하였다"라는 부분에 대하여 甲에게 채권자(근저당권자)에 대한 사기죄가 성립하는지도 검토할 여지가 있다. 명의수탁자인 甲이 채권자에게 근저당권을 설정하여 준 이상 실질적인 재산상의 손해가 있을 리 없으므로 채권자에 대한 사기죄가 성립될 여지는 없다(대판 : 2006도4498). 따라서 이 부분을 추가하더라도 丙에게 무고죄가 성립할 수 없다는 결론은 달라지지 않는다. 그러나 저자는 사례에서 채권자(피해자)를 특정하지 않고 있는 점 및 근저당을 설정하였다는 점만 제시되어 있고 금원을 차용하였다는 구체적인 표현이 없는 점 - 물론 금원 차용이 추정되기는 하지만 - 등을 고려하여 무고와 관련한 본질적인 쟁점은 아니라고 보아 본문에 기재하지 않았다.

Chapter
08

2017년 제6회 변호사시험

01 제1문

○○아파트 조경공사 관련 계약을 추진하던 입주자대표회장 甲은 공사 경험이 전무한 조경업자인 A로부터 적정 공사금액보다 크게 부풀려진 5,000만 원으로 공사를 성사하여 주면 200만 원을 리베이트로 주겠다는 제안을 받은 후, A에게 "5,000만 원에 조경공사계약을 체결하고 공사대금을 받으면 리베이트로 500만 원을 나에게 돌려주는 것으로 하자."라고 제안하였다. A가 망설이며 甲을 피해다니자, 甲은 A의 오랜 친구인 乙에게 그 사정을 말하였고, 乙은 甲을 도와주기 위해 A와 甲이 다시 한 번 만날 수 있도록 자리를 주선했다. 甲과 단둘이 만난 A는 甲의 설득으로 결국 그 제의를 받아들였다. 甲과 A는 2016. 12. 15. 공사대금 5,000만 원의 조경공사 계약서를 작성하였고, 甲은 이를 스캔하여 자신의 컴퓨터에 저장하였다. 같은 날 甲은 A에게 선급금 1,000만 원을 지급하였고 다음날 A는 100만 원 권 자기앞수표 5장을 甲에게 리베이트로 건네주었다. 甲은 자신의 컴퓨터에 '2016. 12. 16. A로부터 500만 원을 수령함'이라는 내용의 문서파일을 작성하여 저장하였다. 甲은 위 500만 원을 은행에 예금하고 며칠이 지난 뒤 다시 현금 500만 원을 인출하여 그 중 300만 원을 그 돈의 출처를 잘 알고 있는 친구 丙에게 주면서 종이봉투에 잘 보관하라고 부탁하고, 乙에게 전화하여 "도움에 감사하다."라고 말하고 인근 술집으로 나오라고 한 후 밤새 술을 마시며 놀았다. 취기가 오른 乙은 새벽에 택시를 타고 귀가하였으나 甲은 만취하여 의식을 잃은 채 술집 소파에서 잠들어 버렸는데, 술집 사장 丁은 甲의 주머니에서 현금 200만 원을 발견하고 술 값 100만 원을 꺼내 가졌다. 한편 乙은 丙이 300만 원을 보관하고 있다는 사실을 알게 되자 이를 훔쳐 나올 생각으로 늦은 밤 丙의 집에 몰래 들어갔으나 해가 뜰 때까지 丙이 잠들지 않자 丙이 잠들기를 기다리다가 오전 9시경 종이봉투에 담겨 장롱 속에 보관중인 현금 300만 원을 들고 나왔다.

1. 甲, 乙, 丙, 丁의 죄책은? (45점)
2. 만약 丁이 퇴근하기 위해 잠든 甲을 깨우려고 몇 차례 흔들어도 깨어나지 않자 영하 10도의 추운 날씨임에도 난방을 끈 채 퇴근해 버렸는데, 甲이 다음 날 얼어 죽었다면, 甲이 죽어도 어쩔 수 없다고 생각했던 경우와 甲의 죽음을 단지 예견할 수 있었던 경우를 나누어 丁의 죄책을 검토하시오. (15점)

[설문 1]의 해설

Ⅰ. 논점의 정리

① 甲에 대하여 ⅰ) 공사대금을 부풀려 조경공사 계약서를 작성한 행위가 업무상배임죄 및 자격모용 사문서작성죄 및 동행사죄가, ⅱ) 리베이트로 수표를 받은 행위가 배임수재죄가 성립하는지 문제된다.

② 乙에 대하여 ⅰ) 위 甲의 범죄에 대하여 종범이 성립하는지, ⅱ) 丙의 집에서 현금을 들고 나온 행위가 야간주거침입절도죄 및 장물취득죄가 성립하는지 문제된다.❶

③ 丙에 대하여 甲으로부터 받은 돈을 보관한 행위가 장물보관죄가 성립하는지 문제된다.

④ 丁에 대하여 술값 100만 원을 꺼내 간 행위에 대하여 절도죄가 성립하는지 문제된다.

Ⅱ. 甲의 죄책

1. 업무상배임죄의 성립여부

업무상 타인의 사무를 처리하는 자가 그 임무에 위배하는 행위로써 재산상의 이익을 취득하거나 제3자로 하여금 이를 취득하게 하여 본인에게 손해를 가한 때에 업무상배임죄가 성립한다(제356조, 제355조 제2항). 여기의 본인에게 손해를 가한 때라 함은 현실적인 손해를 가한 경우뿐만 아니라 재산상 실해 발생의 위험을 초래한 경우도 포함된다(대판 : 2011도15857).

사안에서 입주자대표회장 甲은 업무상 타인의 사무를 처리하는 자에 해당한다. 그리고 공사대금을 부풀려 아파트 조경공사 계약을 체결하여 아파트 주민들에게 부당하게 많은 채무를 부담하게 한 이상 이는 甲이 임무에 위배하는 행위를 하여 A로 하여금 재산상의 이익을 취득하게 하여 아파트 주민들에게 재산상 실해 발생의 위험을 초래한 것이므로 업무상배임죄가 성립한다(대판 : 99도883).❷❸

2. 자격모용사문서작성죄(제232조) 및 동행사죄(제234조)의 성립여부❹

자격모용 사문서작성죄를 구성하는지 여부는 그 문서를 작성함에 있어 타인의 자격을 모용하였는지 아닌지의 형식에 의하여 결정하여야 하고, 그 문서의 내용이 진실한지 아닌지는 이에 아무런 영향을 미칠 수 없다(대판 : 2007도5838).

---

❶ 앞의 이인규 박사님 등 2인 공저에는 乙이 甲으로부터 술을 얻어 마신 점에 대하여 장물취득죄가 성립하는지를 논점으로 잡고 있다. 물론 술은 장물이 아니므로 장물취득죄가 성립하지 아니한다.

❷ 이 경우 배임액은 계약금액 전액(5,000만 원)에서 정당한 계약금액을 공제한 금액으로 보아야 한다.

❸ 사안에서 甲이 계약을 체결한 것만으로도 업무상배임죄가 이미 성립한 것이므로 선급금 1,000만 원을 지급한 것이 정당한 계약 금액을 초과한 것인지는 甲의 업무상배임죄의 성립여부와 무관하다.

❹ 저자가 참고하고 있는 모든 교재에서 언급하고 있지 아니하다. 저자는 본 논점에 대하여 관련판례가 있다는 점을 고려하여 정식으로 배점이 있을 것으로 보아 본문에 기재하였다.

사안에서 甲은 ○○아파트 입주자대표회장 명의로 문서를 작성할 권한이 있으므로 자기 또는 제3자의 이익을 도모할 목적으로 계약서를 작성하였다 하더라도 자격모용 사문서작성죄가 성립하지 아니한다. 따라서 동행사죄도 성립하지 아니한다.

3. 배임수재죄의 성립여부

사안에서 입주자대표회장인 甲은 조경업자인 A로부터 부풀려진 공사대금 지급을 내용으로 하는 조경공사 계약 체결을 부탁받고 500만 원을 받았는바, 이는 타인의 사무를 처리하는 자가 그 임무에 관하여 부정한 청탁을 받고 재물을 취득한 경우이므로 배임수재죄(제357조 제1항)가 성립한다.❺❻

4. 죄수

업무상배임죄와 배임수재죄는 행위의 태양을 달리하는 별개의 독립된 범죄이므로 甲이 범한 이들 범죄는 실체적 경합에 해당한다(대판 : 84도1906).

Ⅲ. 乙의 죄책

1. 업무상배임죄 및 배임수재죄의 종범의 성립여부

사안에서 乙은 甲의 범행을 도와주기 위해 A와 甲이 만날 수 있도록 자리를 주선하였는바 이는 타인의 범죄를 방조한 것이다(제32조 제1항). 다만 비신분자인 乙에게 甲이 범한 신분범인 업무상배임죄 및 배임수재죄에 대한 종범이 성립하는지 문제된다.

이와 관련하여 제33조는 신분관계로 인하여 성립될 범죄에 가공한 행위는 신분관계가 없는 자에게도 전3조의 규정을 적용한다. 단, 신분관계로 인하여 형의 경중이 있는 경우에는 중한 형으로 벌하지 아니한다고 규정하고 있다.

---

❺ 배임수재죄의 성립이 비교적 분명한 사안이므로 사실관계를 확정하여 바로 구성요건에 포섭을 하며 결론은 내린 것이다.

❻ 본 사례에 대하여 「타인을 위하여 금전 등을 보관·관리하는 사람이 과다하게 부풀린 금액으로 공사계약을 체결하기로 공사업자 등과 사전에 약정하고 과다 지급된 공사대금 중 일부를 되돌려 받는 행위를 한 사례로 보아 과다하게 부풀려 지급된 공사대금 상당액의 업무상횡령죄가 성립하고(대판 : 2013도13444, 2005도7112) 별도로 배임수재죄는 성립하지 아니한다.」고 보는 견해도 있다(앞의 이인규 박사님 등 2인 공저). 그리고 저자와 같이 본 사례를 업무상배임죄와 배임수재죄가 성립하는 것으로 보면서도 업무상횡령죄로 답안을 구성하여도 무리가 없다는 견해를 피력하고 있는 문제집도 있다[로이어스 형법 사례형 기출(김정철, 오제현, 헤르메스)].
그러나 본 사례에서는 甲이 수령한 500만 원에 해당하는 금원은 과다하게 부풀려 지급된 공사대금(또는 그 일부)이라고 특정할 수 없으므로 2013도13444, 2005도7112의 판례이론을 적용하는 것은 문제가 있다고 본다(예를 들어 적정 공사대금이 2,500만 원임에도 공사대금을 100% 부풀려 5,000만 원으로 결정하였다고 가정하면 선급금으로 받은 1,000만 원 중 500만 원이 부풀린 금액에 해당하는지 적정한 공사대금에 해당하는지를 특정할 수 없다는 것이다. 더 나아가 사례에서 甲이 받은 100만 원 권 자기앞수표 5장은 선급금으로 받은 1,000만 원의 일부에 해당한다고 확정지을 수도 없으며 선급금으로 지급받은 돈이 아니라 별개의 금원일 수도 있는 상황이다).
오히려 본 사례는 얼마를 부풀렸는지는 알 수 없지만 크게 부풀린 금액인 5,000만 원을 공사대금으로 하는 계약을 성사시켜 달라는 부정한 청탁의 대가로 (선급금의 일부이거나 또는 별개의 금원인) 500만 원을 받은 것이라고 보는 것이 보다 사실에 부합한다고 본다.
앞의 조균석, 강수진 교수님의 해설집에서는 저자와 같이 업무상배임죄와 배임수재죄의 성립을 인정하고 있으며 업무상횡령죄가 성립할 수 없는 이유를 구체적으로 제시하고 있다(359면 각주 2 참고).

제33조 본문과 단서의 관계에 대하여, 본문은 진정신분범의 성립과 과형을 단서는 부진정신분범의 성립과 과형을 규정한 것으로 보는 견해가 있다. 그러나 이 견해는 제33조 단서의 '중한 형으로 벌하지 아니한다'를 '중한 죄가 성립하지 아니한다'는 의미까지 포함된다고 해석하는 것으로 문제가 있다고 본다.

따라서 제33조 본문은 진정신분범과 부진정신분범 모두에 대한 성립문제를 규정한 것이고, 제33조 단서는 '신분관계로 인하여 형의 경중이 있는 경우' 즉 부진정신분범의 경우에 그 과형에 대해서만 예외적으로 '중한 형으로 벌하지 아니한다'고 해석하는 것이 타당하다.

사안에서 乙은 업무상 타인의 사무처리자의 지위에 있지 않지만 제33조 본문에 의하여 업무상배임죄의 종범이 성립하나, 제33조 단서에 의하여 단순배임죄의 종범으로 처벌된다.

또한 乙은 타인의 사무처리자의 지위에 있지 않지만 제33조 본문에 의하여 배임수재죄의 종범이 성립되고 그에 따라 처벌된다.

2. 야간주거침입절도죄 및 장물취득죄의 성립여부

(1) 야간주거침입절도죄의 성립여부

제330조에 의하면 야간에 사람의 주거 등에 침입하여 타인의 재물을 절취한 경우 야간주거침입절도죄가 성립한다.

다만 여기의 야간이라는 시간적 제약이 주거침입과 절취의 어느 부분에 미치는지에 대하여, ⅰ) 절취가 야간에 이루어져야 한다는 견해, ⅱ) 주거침입과 절취 중 어느 하나만 야간에 이루어지면 된다는 견해, ⅲ) 주거침입과 절취 모두 야간에 이루어져야 한다는 견해가 있다.

그러나 형법이 제329조에서 절도죄를 규정하고 곧바로 제330조에서 야간주거침입절도죄를 규정하고 있을 뿐, 야간절도죄에 관하여는 처벌규정을 별도로 두고 있지 아니한 점을 고려하면, 형법은 야간에 이루어지는 주거침입행위의 위험성에 주목하여 그러한 행위를 수반한 절도를 야간주거침입절도죄로 중하게 처벌하고 있는 것으로 보아야 한다(대판 : 2011도300). 따라서 주거침입이 야간에 이루어지면 절취의 시점을 묻지 않고 야간주거침입절도죄가 성립한다고 해야 한다.[7]

사안의 경우 乙이 야간에 丙의 주거에 침입한 이상 주간에 丙이 보관중인 현금 300만 원을 절취하였더라도 야간주거침입절도죄가 성립한다.

---

[7] 2011도300 판례를 주거침입과 절취 모두 야간에 이루어져야 한다는 입장이라고 평가한 후 그에 따라 판례의 입장을 전제하면서도 본 사례에서 乙에게 절취가 주간에 이루어졌음을 고려하여 야간주거침입절도죄가 성립하지 아니하고 주거침입죄와 단순절도죄가 성립한다는 취지로 결론을 낸 교재도 있다(앞의 김정철, 오제현 2인 공저). 그러나 판례의 입장은 야간주거침입절도죄를 야간주거침입+(제329조의) 절도죄로 평가하는 것으로 보아야 한다. 판례가 형법이 야간절도죄의 규정을 두고 있지 않다는 점을 지적한 것은 야간주거침입절도죄의 절도죄는 제329조의 절도죄를 의미한다는 것이며 제329조의 절도죄는 주간의 절도든 야간의 절도든 묻지 않기 때문이다. 즉 야간에 주거에 침입한 이상 절도의 시점은 묻지 않겠다는 것이 판례의 입장이라고 보아야 한다. 2011도300 판례의 실제사례에서 피고인이 주간에 주거에 침입하여 야간에 절취하였으나 피고인에게 야간주거침입절도죄가 성립하지 않는 것은 주거침입과 절취 모두 야간에 이루어지지 않았기 때문이 아니라 주거침입이 야간에 이루어지지 않았기 때문인 것이다. 앞의 이인규 박사님의 교재에서는 「판례의 입장이 분명하지는 않으나 주거침입이 야간에 이루어져야 한다는 입장으로 보인다」라고 평가하고 있으며, 앞의 조균석, 강수진 교수님의 해설집에서는 판례가 주거침입이 야간에 이루어져야 한다는 입장이라고 평가하고 있으며 이를 전제로 「야간주거침입절도죄는 주거에 침입할 때 실행의 착수가 있으므로 절취행위까지 야간에 행해져야 한다고 보기 어렵다. 따라서 판례에 의하면 乙에 대하여 야간주거침입절도죄가 성립한다.」라고 결론을 맺고 있다. 즉 위 본문의 ⅲ)의 견해가 아니라 판례이론을 취하면서 야간주거침입절도죄가 성립하지 아니한다는 결론은 문제가 있다고 본다.

(2) 장물취득죄의 성립여부

> 📝 **참고**
>
> 丙의 죄책과 관련하여 상세하게 살펴보겠지만 丙이 보관중인 현금 300만 원은 甲이 배임수재죄로 취득한 100만 원 권 자기앞수표 5장을 은행에 예금하였다가 나중에 다시 현금으로 인출한 500만 원 중의 일부로서 판례이론에 의하면 장물에 해당한다.
>
> 본 논점은 앞서 살펴 본바와 같이 乙이 (장물인) 위 300만 원을 절취하였으므로 乙에게 야간주거침입절도죄 이외에 장물취득죄가 성립하는지를 논의하자는 부분이다.
>
> 본 논점과 관련하여 이인규 박사님의 교재는 「사안에서 乙은 '정을 알면서' 장물을 절취한 경우이므로 장물취득죄도 성립하는지가 문제된다」라고 하고 있으며, 조균석, 강수진 교수님의 해설집에도 「乙은 丙이 甲으로부터 받아 보관 중이던 현금 300만 원의 '출처를 알면서' 절취하였으므로 장물취득죄가 성립하는지 문제되는데 …」라고 하고 있으며, 김정철, 오제현 2인 공저의 경우에도 구체적인 언급은 없지만 丙이 보관하고 있는 300만 원에 대하여 장물성에 대한 인식이 있는 것을 전제로 논의하고 있는 것으로 보인다(乙의 300만 원 절취는 장물취득죄의 '취득'이라고 볼 수 없어 장물취득죄가 성립하지 아니한다는 결론을 내리고 있다).
>
> 그러나 주어진 사례에서는 「乙은 丙이 300만 원을 보관하고 있다는 사실을 알게 되자' (이를 기화로) … 丙이 보관중인 현금 300만 원을 들고 나왔다」라고 제시되어 있을 뿐 사례 전문(全文) 어디에도 乙이 위 300만 원이 장물인 정을 알았다거나 그 출처를 알고 있었던 경우라고 판단할만한 단서는 보이지 않는다.
>
> 사례에서 乙이 A와 甲을 만날 수 있도록 자리를 주선하였다고 하여 필연적으로 조경공사계약이 성사되어 A가 리베이트를 제공하게 된다고 판단할 수도 없으며, 더 나아가 이를 긍정하더라도 공사대금 5,000만 원의 조경공사 계약서 작성 - 甲은 A에게 선급금 1,000만 원을 지급 - A는 100만 원 권 자기앞수표 5장을 甲에게 리베이트로 건네줌 - 甲은 위 500만 원을 은행에 예금하고 며칠이 지난 뒤 다시 현금 500만 원을 인출하여 그 중 300만 원을 친구 丙에게 보관시켰다…라는 사정까지 乙이 알 수 있다는 것은 거의 불가능한 일이라고 보여진다.
>
> 결국 300만 원의 출처를 알 수 있는 사람은 甲과 丙(출처를 잘 알고 있는 사람으로 사례에서 주어져 있다)뿐이라고 보아야 하며, 이들로부터 乙이 300만 원의 출처에 대한 설명을 듣지 않으면 乙은 그 출처에 대하여 알 수 없었다고 보는 것이 보다 합리적인 판단일 것이다.
>
> 그런데 사례에서 乙은 丙과는 단 한번도 만나거나 연락한 적이 없다. 다만 사례에서 甲이 丙에게 위 300만 원을 보관시킨 후 甲이 乙과 만나 밤새 술을 마시며 놀았다는 사정은 보이나 300만 원의 출처에 대하여 甲이 乙에게 이야기 하였다는 것은 어디에도 나타나 있지 않다. 그렇다고 하여 밤새 술을 마시면 놀았으니 당연히 300만 원의 출처에 대하여 이야기 하였을 것이라고 추정하는 것은 형사법에서 쉽사리 인정하여서는 안되는 논리비약이라고 생각된다.
>
> 그렇다면 출제자가 乙이 300만 원의 출처를 잘 알고 있었다는 특단의 사정을 주어주지 않는 이상 乙은 300만 원의 출처를 알 수 없는 경우라고 보아야 할 것인데 본 사례에서 그러한 사정은 나타나 있지 않다.

더욱이 사례를 상세히 살펴보면 丙에 대하여는 유독 '그 돈의 출처를 잘 알고 있는 친구 丙'이라고 표현하면서도 乙에 대하여는 '乙은 丙이 300만 원을 보관하고 있다는 사실을 알게 되자'라고 표현하여 그 출처를 잘 알고 있다는 표현을 부가하고 있지 않은 점을 고려하면 乙은 300만 원의 출처를 알 수 없었다고 보는 것이 올바른 판단이라고 생각된다.

즉 '乙은 丙이 300만 원을 보관하고 있다는 사실을 알게 되자'에서 乙이 알게 된 사실은 丙이 그저 300만 원을 보관(가지고 있다는 의미로 보아야 할 것이다)하고 있다는 것이지 300만 원이 생성되는 과정까지 - 즉 장물이라는 것까지 - 알게 되었었다는 의미로 읽는 것은 무리라고 생각된다.

결론적으로 위 300만 원은 (판례이론에 따르면) 객관적으로 장물에 해당하지만 乙은 그러한 사정을 알지 못하고 절취한 것에 불과하므로 乙에게는 야간주거침입절도죄가 성립할 뿐 장물취득죄는 성립할 수 없다고 보아야 할 것이다.

다만 독자들의 편의를 위하여 乙이 300만 원의 출처 즉 장물이라는 것을 알고서 절취한 경우를 '가정' 한다면 어떠한 답안이 작성되어야 하는지를 아래에서 살펴보기로 한다.

※ 사례를 변경하여 乙이 300만 원의 출처를 잘 알고서 이를 절취한 경우를 가정함

사안에서 乙은 300만 원의 출처를 잘 알면서도 이를 절취하였는바 乙에게 장물취득죄(제362조 제1항)가 성립하는지 문제된다.

乙은 배임수재죄의 종범이므로 장물죄의 주체가 될 수 있음은 의문이 없다. 한편 장물을 절취한 경우 장물죄의 본질과 관련하여 피해자의 반환청구권 행사를 곤란하게 한 이상 장물취득죄가 성립한다는 견해가 있다(추구권설). 그러나 장물죄의 본질은 합의에 의한 위법상태의 유지라는 점도 아울러 고려하는 것이 타당하다고 본다(추구권설과 유지설의 결합설).

사안의 경우 乙은 300만 원을 절취하였을 뿐 그 점유자인 丙과 합의하에 점유를 이전받은 경우가 아니므로 장물취득죄는 성립하지 아니한다.

判例도 타인이 갈취한 재물을 그 타인의 의사에 반하여 절취하였다면 절도죄를 구성하고 장물취득죄가 되지 않는다고 판시한바 있다(대판 : 66도1437).[8]

📝 **참고**

乙의 죄책과 관련하여 「장물인 현금으로 구입한 술을 乙이 甲과 함께 마신 것은 장물취득죄에 해당하지 않는다」고 하여 술을 (얻어) 마신 점에 대하여 장물취득죄를 논점으로 하는 교재도 있다(앞의 이인규 박사님 등 2인 공저). 물론 술은 장물이 아니므로 당연히 장물취득죄가 성립되지 아니한다.

---

[8] 자설에 의한 결론이 판례이론과도 일치함을 보여주어 자설의 결론이 정당성을 뒷받침하는 답안구성이다.

IV. 丙의 죄책 - 장물보관죄의 성립여부

사안에서 甲은 배임수재죄로 영득한 장물인 자기앞수표 5장을 은행에 예금한 후 다시 현금 500만 원을 인출하여 그 중 300만 원을 丙에게 보관하게 하였다. 이 경우 300만 원은 장물인 수표 그 자체가 아니므로 장물이라고 볼 수 없다는 견해가 있다. 그러나 장물인 수표를 동일한 액수의 현금으로 인출한 경우에 인출된 현금은 당초의 수표와 물리적인 동일성은 상실되었지만 액수에 의하여 표시되는 금전적 가치에는 아무런 변동이 없으므로 장물로서의 성질은 그대로 유지된다(대판 : 2004도134)고 보는 것이 타당하다.

따라서 丙은 장물인 현금 300만 원을 그 정을 알고서도 보관❾하였으므로 장물보관죄(제362조 제1항)가 성립한다.

V. 丁의 죄책

1. 절도죄의 성립요건

제329조에 의하면 타인의 재물을 절취한 경우 절도죄가 성립한다. 여기의 절취란 타인이 점유하고 있는 재물을 점유자의 의사에 반하여 그 점유를 배제하고 자기 또는 제3자의 점유로 옮기는 것을 말한다(대판 : 2008도3252).

사안에서 비록 甲이 의식을 잃었다고 하더라도 주머니 속의 현금에 대하여는 甲의 점유가 인정되며(대판 : 4289형상170),❿ 丁은 甲의 승낙 없이 술값으로 현금 100만 원을 꺼내 가져갔는바 이는 甲의 의사에 반하여 그 점유를 배제하고 자기의 점유로 옮긴 것이므로 타인의 재물을 절취한 것이며 불법영득의사도 인정된다.

따라서 丁은 甲의 재물을 절취하였으므로 절도죄가 성립한다.

📝 **참고**

이인규 박사님 등 2인 공저, 조균석, 강수진 교수님 2인 공저, 김정철, 오제현 2인 공저에서는 본 사례를 丁이 술값으로 100만 원을 가져간 것을 丁이 술값채권을 가지고 있다는 전제하에 丁이 '정당한 권리자로서' 100만 원을 절취한 사건으로 보아 '불법영득의사'를 인정할 수 있는지 여부를 상세히 기술하고 있으며, 모두 판례의 입장(행위불법설)을 취하여 불법영득의사를 인정하고 있다. 여기에 더하여 丁의 절취행위를 인정한 다음 위법성조각사유로서 자구행위(이인규 박사님 등 2인 공저), 정당행위와 자구행위(조균석, 강수진 교수님 2인 공저), 추정적 승낙, 정당행위(김정철, 오제현 2인 공저)를 논의하여 이러한 요건을 구비할 수 없다고 보아 최종적으로 절도죄가 성립하는 것으로 결론을 맺고 있다.

---

❾ 본 사례는 사례 자체에서 보관이라는 용어를 사용하고 있으며 법률적 의미에서도 보관이 분명한 경우이므로 취득과 보관의 개념을 구별하여 설명한 다음 보관에 해당한다는 판단까지 할 필요는 없다고 본다.

❿ 설사 피해자가 졸도하여 의식을 상실한 경우에도 현장에 일실된 피해자의 물건은 자연히 그 지배하에 있는 것으로 보아야 할 것이다.

그러나 저자는 본 사례는 丁이 술값 채권을 행사할 정당한 권리자라고 보는 것은 문제가 있다고 본다. 일반적으로 술을 마시고 술값을 지급하는 시점은 - 술값을 선불로 지급하기로 하는 특단의 사정이 없는 한 - 술마시기를 마친 후 주점에서 나갈 때 그 술값을 지급하는 것이다. 법률적으로 표현하자면 술값채무의 이행기는 주점에서 나갈 때라고 보아야 한다. 따라서 본 사례는 술을 마신 甲이 비록 만취하여 의식을 잃은 채 술집 소파에서 잠들어 버렸다고 하더라도 - 이러한 사정으로 술값을 받아낼 시기가 늦어지긴 하더라도 - 아직 술값채무의 이행기는 도래하지 않았다고 보는 것이 타당할 것이다.[⑪] 즉 丁이 甲의 주머니에서 100만 원을 꺼내갈 때 정당한 술값채권을 행사할 수 있는 권리자라고 볼 수 없다는 것이 저자의 생각이다(출제자의 의도는 저자도 알 수 없다).[⑫]

즉 본 사례는 甲이 술을 마신 후 주점에서 나갈 때 지갑을 가져오지 않았다고 하면서 다음날 술값을 갚겠다고 약속한 후 다음날 지급하지 아니하고 - 이 경우는 술값채권을 행사할 권리가 확실하게 발생한 것이다 - 차일피일 술값채무를 변제하지 않는 상황에서 丁이 우연히 공원에서 잠든 甲을 발견하고 그의 주머니에서 술값채권에 충당할 목적으로 100만 원을 가져간 사건과는 달리보아야 할 것이다.[⑬][⑭]

따라서 丁이 술값채권을 행사할 권리를 확실하게 가지지도 못한 상태에서 - 승낙도 없이 - 甲의 돈 100만 원을 취거한 것은 당연히 타인의 재물을 절취한 것이며 불법영득의사도 인정되어 절도죄가 성립한다고 보아야 하며, 무권리자의 임의취거가 추정적 승낙에 해당하지 않음은 당연하고, 청구권이 존재함(이행기가 도래하였음)을 전제로 하는 자구행위가 될 수 없음도 당연하며, 정당행위가 될 수 없음도 또한 당연한 것으로 보아야 한다(이러한 위법성조각사유를 검토할 수 있으나 검토의 가치가 떨어진다는 의미이다. 저자가 위법성조각사유의 검토를 생략한 것도 이러한 이유에서이다).

VI. 결론

① 甲은 업무상배임죄 및 배임수재죄의 실체적 경합범의 죄책을 진다.
② 乙은 업무상배임죄의 종범이 성립하나, 단순배임죄의 종범으로 처벌되며, 배임수재죄의 종범 및 야간주거침입절도죄의 죄책을 진다.
③ 丙은 장물보관죄, 丁은 절도죄의 죄책을 진다.

[⑪] 병원에서 마취수술을 받은 환자가 생각보다 오랫동안 깨어나지 않는다고 하여 환자의 주머니에서 병원비를 가져가는 것을 정당한 권리자로서 병원비를 가져갔다고 할 수는 없을 것이다.

[⑫] 그러나 시험문제는 가급적 출제자의 의도를 고려하여 답안구성을 하여야 할 것이지만 출제가 된 이상 그 사실관계는 객관적으로 판단되어야 한다. 만약 출제자의 의도와 주어진 사례의 객관적 사실관계가 큰 차이가 있다면 수험생으로서는 그 의도를 알 수 없으므로 이 경우까지 그 출제의도를 고려하여 답안을 구성하라고 요구할 수는 없을 것이다.

[⑬] 참고판례 피고인이 피해회사 차고 내 책상서랍을 관리자의 승낙 없이 공구로 뜯어서 열고 그 안에서 꺼낸 위 회사 소유의 여객운송수입금을 위 회사에 대하여 가지고 있던 유류대금채권의 변제에 충당하였다면 이는 피고인이 자기 채권의 추심을 위하여 타인의 점유하에 있는 타인소유의 금원을 불법하게 탈취한 것이라고 보지 않을 수 없으니 불법영득의 의사를 인정하기에 충분하다(대판 : 83도297). 본 판례의 경우도 피고인이 유류대금채권의 '변제에 충당하였다' 또는 '채권의 추심을 위하여'라고 표현한 것은 변제기가 도래했다는 전제하에 (그래도 승낙없이 돈을 꺼내갔다면) 불법영득의사를 인정할 수 있다는 것이다. 따라서 변제기가 도래하지도 않았음에도 승낙 없이 돈을 꺼내갔다면 이러한 논의를 할 필요도 없이 당연히 불법영득의사가 인정된다고 보아야 할 것이다.

[⑭] 즉 이행기가 도래하지 않았음에도 채권자가 그 채권을 행사하여 채무자의 승낙없이 채무자의 금전을 취거하는 행위와 이행기가 도래한 후에 채권자가 채무자의 승낙없이 채무자의 금전을 임의취거하는 행위는 구별되어야 할 것이다. 후자의 경우에 비로소 불법영득의사가 인정될 것인지에 관하여 영득의 불법설과 행위(절취)의 불법설의 다툼이 있는 것이다.

[설문 2]의 해설

I. 甲이 죽어도 어쩔 수 없다고 생각했던 경우 丁의 죄책

1. 논점의 정리

丁이 甲이 죽어도 어쩔 수 없다고 생각하면서 甲을 방치하여 甲이 얼어 죽었다면 丁에게 살인의 미필적 고의가 인정된다.[⑮] 따라서 이 경우 丁에 대하여는 살인죄가 성립될 수 있는지 문제된다.

2. 살인죄의 성립여부

(1) 살인죄의 성립요건

형법 제250조 제1항에 의하면 사람을 살해한 경우 살인죄가 성립한다. 여기의 살해는 부작위에 의하여도 가능하다. 다만 부작위에 의한 살인죄가 성립하기 위해서는 부작위행위자에게 생명침해를 방지할 법적 작위의무가 있어야 하고(제18조), 부작위로 인한 생명침해가 살인죄의 살해행위로 평가될 수 있어야 한다(대판 : 2015도6809).

(2) 丁에게 법적인 작위의무가 인정되는지 여부

형법 제18조의 작위의무는 법적인 의무인 한 성문법이건 불문법이건 상관이 없고 또 공법이건 사법이건 불문하므로, 법령, 법률행위, 선행행위로 인한 경우는 물론이고 기타 신의성실의 원칙이나 사회상규 혹은 조리상 작위의무가 기대되는 경우에도 법적인 작위의무가 인정된다(대판 : 95도2551).

사안의 경우 丁은 술집의 사장이므로 영하 10도의 추운 날씨에 손님 甲이 만취하여 의식을 잃은 채 소파에서 잠들었다면, 甲의 생명 또는 신체에 대한 위해가 발생하지 아니하도록 甲을 주점 내실로 옮기거나 인근에 있는 여관에 데려다 주어 쉬게 하거나 甲의 지인 또는 경찰에 연락하는 등 필요한 조치를 강구하여야 할 묵시적 계약 또는 신의칙상 의무가 인정된다고 보아야 한다.

(3) 丁이 甲을 방치한 행위가 살해행위라고 볼 수 있는지 여부

사안에서 丁은 위에서 살펴본 의무를 이행함으로써 甲의 사망을 쉽게 방지할 수 있었음에도 불구하고 甲의 사망을 용인하고 이를 방관한 채 그 의무를 이행하지 아니하여 甲이 사망하였는바 이는 그 부작위가 작위에 의한 법익침해와 동등한 형법적 가치를 가진다고 볼 수 있어 살인죄의 살인행위로 평가될 수 있다고 보여진다(대판 : 2009도12109).[⑯]

[⑮] 미필적 고의의 인정요건에 관한 학설인 가능성설, 개연성설, 감수설, 용인설(판례입장이기도 하다) 어느 견해에 의하더라도 미필적 고의가 인정되므로 학설을 상세하게 소개할 필요는 없다고 본다. 결국 본 사례는 살인의 고의가 인정될 것인지를 묻고 있는 것이 아니라 살인의 고의가 인정되는 경우와 유기의 고의가 인정되는 경우를 사실상 주어주고 그에 따른 丁의 죄책을 논하라는 것이나 다름없다고 본다.

[⑯] 사안을 행위정형의 동가치성의 법적 요건에 바로 포섭한 것이다.

(4) 결론

사안에서 丁은 법적인 작위의무가 인정됨에도 甲이 동사할 수 있는 상황 - 구성요건적 상황 - 에서 살인의 고의를 가지고 부작위에 의한 살인행위로 나아가 그로 인하여[17] 甲을 사망하게 하였다. 따라서 丁에게는 살인죄가 성립한다.

Ⅱ. 甲의 죽음을 단지 예견할 수 있었던 경우 丁의 죄책

1. 논점의 정리

丁이 甲의 죽음을 예견할 수 있었음에도 甲을 방치하여 甲이 얼어 죽었다면 丁에게 유기치사죄가 성립될 수 있는지 문제된다.

2. 유기치사죄의 성립여부

제275조에 의하면 유기죄를 범하여 사람을 사망에 이르게 함으로써 유기치사죄가 성립하며, 유기죄는 노유, 질병 기타 사정으로 인하여 부조를 요하는 자를 보호할 법률상 또는 계약상 의무 있는 자가 유기함으로써 성립한다(제271조 제1항).

사안의 경우 甲이 스스로 만취하여 의식을 잃은 경우도 요부조자에 해당하며, 유기는 요부조자에 대한 장소적 이전을 요하지 않으므로 丁이 甲을 방치하고 퇴근한 행위는 유기에 해당한다.[18]

한편 유기죄의 계약상 보호의무에는 계약에 기한 주된 급부의무가 부조를 제공하는 것인 경우뿐만 아니라, 계약의 부수적 의무의 한 내용으로 상대방을 부조하여야 하는 경우도 포함된다(대판 : 2011도 12302).[19]

사안의 경우 丁은 술집의 사장이므로 영하 10도의 추운 날씨에 손님 甲이 만취하여 의식을 잃은 채 소파에서 잠들었다면, 甲의 생명 또는 신체에 대한 위해가 발생하지 아니하도록 甲을 주점 내실로 옮기거나 인근에 있는 여관에 데려다 주어 쉬게 하거나 甲의 지인 또는 경찰에 연락하는 등 필요한 조치를 강구하여야 할 계약상의 보호의무가 인정된다.

또한 사안에서 丁의 유기행위와 甲의 사망간에 인과관계가 인정되며, 丁은 자신의 유기행위로 甲이 사망할 수 있다는 점에 대한 예견가능성도 인정된다.[20]

丁은 계약상의 보호의무가 인정됨에도 불구하고 요부조자인 甲을 유기하여 사망에 이르게 하였으므로 유기치사죄가 성립한다.

---

[17] 본 사례에서 인과관계를 큰 쟁점으로 보아 목차를 잡아 설명하고 있는 교재도 있다. 저자는 인과관계가 인정됨이 분명하다고 보아 '그로 인하여'라는 표현 하나로 인과관계가 인정됨을 간명하게 표현하였다. 여력이 있다면 「작위의무를 이행하였다면 결과가 발생하지 않았을 것이라는 관계가 인정될 경우에는 작위를 하지 않은 부작위와 사망의 결과 사이에 인과관계가 있다(대판 : 2015도6809)」는 판례법리를 적시한 후 사안포섭을 하는 것도 방법일 것이다.

[18] 이 부분은 반드시 언급이 있어야 하는 기본적 논점에 해당한다고 본다.

[19] 이 부분이 핵심 논점이지만 그렇다고 하여 앞의 기본적 논점을 간과해서는 안된다.

[20] 인과관계 및 예견가능성이 인정됨은 분명한 사안이라고 보여진다. 따라서 이와같이 간명하게 처리하거나 심지어 상황에 따라서는 생략하고 바로 결론으로 넘어가도 무방하다고 본다.

(1) 甲, 乙, 丙은 현금자동지급기 부스에서 나오는 사람을 상대로 금원을 빼앗기로 공모한 다음 丙은 범행에 사용할 전자충격기를 구해오기로 하였다. 丙은 전자충격기를 구하여 乙에게 전해 주었으나, 범행에 가담한 것을 후회하고 자신은 그만 두겠다고 말한 뒤 잠적하였다.

(2) 이에 甲과 乙은 자신들만으로는 다른 사람의 금원을 빼앗는 것이 어렵다고 판단하여 길가에 주차된 승용차 안에 있는 물건을 훔치기로 계획을 변경하였다. 그리고 A 소유의 자동차를 범행대 상으로 삼아 甲은 자동차의 문이 잠겨 있는지를 확인하기 위하여 자동차의 손잡이를 잡아당겨 보고, 乙은 그 옆에서 망을 보았다. 그때 근처에서 두 사람의 행동을 수상히 여기고 이를 지켜보던 경찰관 P가 다가가자 甲과 乙은 각각 도주하였다.

(3) 도주하던 乙은 키가 꽂힌 채 주차되어 있던 丁 소유의 오토바이를 발견하고, 이를 타고 간 후 버릴 생각으로 오토바이에 올라타 시동을 걸어 달아나려는 순간 丁에게 발각되었다. 丁은 오토 바이를 타고 약 5m 정도 진행하던 乙을 발로 걷어차 바닥에 넘어뜨렸고, 이 과정에서 乙은 전치 3주의 상해를 입었다. 乙은 신고를 받고 출동한 경찰관 P에게 인계되었다.

(4) P는 乙을 인계받아 경찰차에 태운 다음 乙에게 신분증의 제시를 요구하였다. 乙은 얼마 전 길에서 주운 B의 주민등록증 사진이 자신의 용모와 매우 흡사한 것을 기화로 B의 주민등록증을 자신의 신분증인 것처럼 제시하였다. 그리고 P가 신분조회를 하는 틈을 이용하여, 자신이 소지하 고 있던 전자충격기로 P에게 충격을 가하여 기절시킨 후 도주하였다. 얼마 후 의식을 회복한 P는 乙이 도주하는 과정에서 떨어뜨리고 간 휴대전화를 압수한 후, 적법한 절차를 거쳐 甲과 乙을 체포하였다. P는 甲과 乙(B 명의)에 대한 조사를 마친 후 검사에게 송치하였고, 검사는 이를 토대 로 甲과 乙(B 명의)에 대하여 공소를 제기하였다.

1. 위 사례에서 甲, 乙, 丙의 죄책은? (50점)
2. (3)의 밑줄 친 행위에 대하여 乙이 丁을 폭행치상죄로 고소한 경우, 丁의 변호인으로서 폭행치 상죄가 성립하지 않음을 주장할 수 있는 근거를 제시하시오. (10점)

[설문 1]의 해설

Ⅰ. 논점의 정리

① 사실관계 (1)과 관련하여 甲, 乙, 丙에 대하여 강도예비죄의 공동정범이 성립하는지, 더 나아가 강도예비죄의 중지범이 성립하는지 문제된다.

② 사실관계 (2)과 관련하여 甲, 乙에 대하여 특수절도미수죄가 성립하는지 문제된다.

③ 사실관계 (3), (4)에서 乙이 ⅰ) B의 주민등록증을 길에서 주운 행위가 점유이탈물횡령죄가,❶ ⅱ) B의 주민등록증을 자신의 신분증인 것처럼 제시한 행위가 공문서부정행사죄가, ⅲ) 전자충격기로 P에게 충격을 가하여 기절시킨 행위가 강도상해죄 및 특수공무방해치상죄가, ⅳ) 도주한 행위가 특수도주죄가 각각 성립하는지 문제된다.

Ⅱ. 사실관계 (1)에서 甲, 乙, 丙의 죄책

1. 강도예비죄의 공동정범이 성립여부

사실관계 (1)에서 甲, 乙, 丙은 금원을 빼앗기로 공모한 다음 丙이 범행에 사용할 전자충격기를 마련하였으나 실행의 착수로 나아가지 않았는바, 이는 2인 이상이 공동하여 강도할 목적으로 예비한 경우이므로 강도예비죄의 공동정범이 성립한다(제343조, 제30조).❷

2. 강도예비죄의 중지범의 성립여부

사안에서 丙은 강도예비에 이른 후 후회하여 실행의 착수로 나아가지 않았는바, 이 경우 실행에 착수에 나아가 중지한 경우와 형의 불균형을 방지하기 위하여 그러한 목적 범위 내에서 강도예비죄의 중지범(제343조, 제26조)을 인정할 수 있다는 견해가 있다. 그러나 중지범은 범죄의 실행에 착수한 후 자의로 그 행위를 중지한 때를 말하는 것이므로, 실행의 착수가 있기 전인 예비의 단계에 있어서는 중지범은 인정할 수 없다(대판 : 99도424)고 보는 것이 타당하다.

한편 사실관계 (2)에서 甲과 乙은 丙이 잠적하자 자신들만으로는 다른 사람의 금원을 빼앗는 것이 어렵다고 판단하여 강도의 실행의 착수를 포기하였는바 이는 자의에 의한 중지가 아니므로 강도예비죄의 중지범을 인정할 수 있는지와 무관하게 강도예비죄의 중지범이 성립할 수 없다.

---

❶ 공문서부정행사죄의 사례를 구성하기 위한 장치에 불과한 것으로서 중요 논점은 아니라고 본다.

❷ 강도예비죄의 공동정범이 성립 - 판례, 통설이 인정하고 있다 - 함은 분명하므로 구구절절 언급할 필요없이 위와 같이 간명하게 처리하여도 무방하다고 본다. 오히려 다음의 강도예비죄의 중지범이 상대적으로 조금이라도 더 중요하다(놓치기 쉽다)고 판단된다.

Ⅲ. 사실관계 (2)에서 甲과 乙에게 특수절도미수죄가 성립하는지 여부

사안에서 甲과 乙은 자동차 털이 절도를 공모한 후 甲은 A의 자동차 안에 있는 물건을 훔치기 위하여 자동차 문의 손잡이를 잡아당겼고, 乙은 그 옆에서 망을 보았으나 절취에는 실패하였다.

자동차 안에 있는 물건을 절취하기 위하여 자동차 문의 손잡이를 잡아당긴 행위는 절도의 실행에 착수한 것이다.

따라서 甲과 乙은 절도를 공모한 후 시간적 장소적으로 협동하여 즉, 합동하여 타인의 재물을 절취하기 위하여 실행에 착수하였으나 실패하였으므로 특수절도미수죄(제331조 제2항, 제342조)가 성립한다.

Ⅳ. 사실관계 (3), (4)에서 乙의 죄책

1. 점유이탈물횡령죄의 성립여부

사안에서 乙은 길에서 B의 주민등록증 주어 영득하였으므로 점유이탈물횡령죄(제360조 제1항)가 성립한다.

2. 공문서부정행사죄의 성립여부

사안에서 乙은 신분증의 제시를 요구받고 경찰관 P에게 B의 주민등록증을 자신의 신분증인 것처럼 제시하였는바, 이는 사용권한이 없는 자가 사용권한자와 용도가 특정되어 작성된 공문서를 본래의 용도에 따라 사용한 것이므로 제230조의 공문서부정행사죄가 성립한다.

3. 전자충격기로 P에게 충격을 가하여 기절시킨 행위에 대한 乙의 죄책

(1) 강도상해죄의 성립여부

1) 강도상해죄의 성립요건

강도상해죄는 강도가 사람을 상해함으로써 성립한다(제337조). 여기의 강도는 준강도도 포함되며 상해는 고의에 의한 것이어야 한다.

2) 乙이 준강도에 해당하는지 여부

한편 절도가 체포를 면탈할 목적으로 폭행을 가한 경우 준강도에 해당한다(제335조).

사실관계 (3)에서 乙은 丁 소유의 오토바이를 타고 간 후 버릴 생각으로 오토바이에 올라타 시동을 걸고 약 5m 정도 진행하였는바, 이는 乙이 불법영득의사로 오토바이를 절취한 것이므로 절도(기수)죄❸가 성립한다. 따라서 乙은 준강도의 주체인 절도에 해당한다. 한편 乙은 체포면탈목적으로 전자충격

---

❸ 乙의 행위를 절도죄 기수로 보는 견해(이인규 박사님 등 2인 공저, 조균석, 강수진 교수님 공저)와 절도죄의 미수로 보는 견해(김정철, 오제현 공저)가 나뉘어져 있다. 乙의 죄책이 준강도에 그치는 경우라면 절도의 기수인지 여부는 준강도기수인지 여부를 결정하는 기준이므로 매우 중요한 쟁점이 된다. 그러나 후에 기술하는 것과 같이 乙의 죄책을 강도상해죄로 인정하는 경우라면 절도의 기수와 미수는 강도상해죄를 인정함에 있어서 차이가 없으므로 크게 고민할 필요는 없는 부분이다. 저자는 간명하게 오토바이를 절취한 것이라고 평가함으로써 절도기수라는 결론으로 맺음하였다.

기로 경찰관 P에게 충격을 가하였으므로 사람의 반항을 억압할 수 있을 정도의 폭행한 경우에 해당하고, P가 절도의 피해자가 아니라도 준강도죄의 폭행에 해당한다. 또한 乙은 현행범인으로 체포되어 P에게 인계된 후 경찰차에 태워진 상태에서 P를 폭행하였는바 이는 아직 신병확보가 확실한 상태가 아니므로 절도의 기회에 폭행한 것이다❹(대판 : 66도1501 참고).❺

이상에서 살펴본 바와 같이 乙은 절도로서 체포를 면탈할 목적으로 절도의 기회에 폭행한 것이므로 준강도에 해당한다.❻

3) 결론

乙은 준강도로서 강도상해죄의 주체인 강도에 해당하며 전자충격기로 P에게 충격을 가하여 기절시켰으므로 이는 고의로 사람을 상해한 것이다. 결국 乙은 강도가 사람을 상해한 경우에 해당하므로 강도상해죄가 성립한다.

(2) 특수공무방해치상죄의 성립여부

위험한 물건을 휴대하여 직무를 집행하는 공무원에 대하여 폭행하여 공무원을 상해에 이르게 한 경우 특수공무집행방해치상죄가 성립한다(제144조 제2항, 제1항, 제136조).

특수공무집행방해치상죄의 상해는 과실에 의한 경우를 의미하며 고의가 있는 경우는 포함되지 아니한다는 견해가 있다(부진정결과적 가중범을 부정하는 견해). 그러나 상해의 결과에 대하여 고의가 있는 경우에 대하여 상해의 결과에 대하여 과실이 있는 경우보다 더 무겁게 처벌하는 규정이 없으므로 형의 불균형을 시정할 필요가 있으므로 상해의 결과에 고의가 있는 경우에도 특수공무집행방해치상죄가 성립할 수 있다고 보는 것(부진정결과적 가중범을 긍정하는 견해)이 타당하다.

사안에서 乙은 현행범인인 자신을 인계받아 신분확인을 하려는 경찰관 P를 전자충격기로 충격하여 기절시켰는바, 이는 위험한 물건을 휴대하여 직무를 집행하는 공무원에 대하여 폭행하여 공무원을 고의로 상해에 이르게 한 것이므로 乙에게는 특수공무집행방해치상죄가 성립한다.

📝 특수상해죄의 성립여부를 추가적으로 논의해야 할 것인지 여부

일응 특수상해죄를 검토한다면 사안에서 乙은 전자충격기로 P에게 충격을 가하여 기절시켰는바, 이는 위험한 물건을 휴대하여 상해죄를 범한 것이므로 특수상해죄가 성립한다(제258조의2, 제257조 제1항). 부진정결과적 가중범인 특수공무방해치상죄가 인정되는 경우 특수상해죄를 아울러 검토한 다음 그에 대한 죄수를 논하는 것이 일반적이다. 판례에 따르면 결국 특수공무방해치상죄만 성립한다는 결론에 이를 것이다.

---

❹ 절도의 기회성이 인정되지 않는다는 입론의 여지가 없는 것은 아니다.

❺ 참고판례 피고인의 폭행사실은 피고인의 절도행위 직후 동 범행장소로부터 야경원에 의하여 피고인이 파출소로 연행하는 도중에 있었다는 것이므로 이를 사후강도(저자 주 - 준강도)로 인정하였음에 위법이 있다고 할 수 없다(대판 : 66도1501).

❻ 대부분의 교재에서 준강도가 특수강도의 준강도인지 단순강도의 준강도인지를 중요쟁점으로 별도의 목차를 구성하거나 상당한 지면을 할애하여 기술하고 있다. 그러나 이는 전혀 실익이 없는 것이라고 생각된다. 乙의 죄책이 준강도에 그쳤다면 그 처벌이 달라질 수 있으므로 중요한 쟁점이 될 수 있으나, 乙의 죄책으로 강도상해죄를 인정하는 이상 특수강도의 준강도이든 단순강도의 준강도이든 강도상해죄의 강도로 인정되는 것은 동일하며 그로 인하여 죄책이 달라지지 않기 때문이다.

그러나 본 사례와 같이 준강도에 의한 강도상해죄가 성립하는 경우에는 강도상해죄의 '상해죄' 부분이 사실상 특수상해를 의미하는 것이므로 특수상해죄를 추가로 논의하면 '전자충격기로 P에게 충격을 가하여 기절시킨' 부분을 이중으로 검토하는 문제가 발생하게 된다. 이에 대한 학자들의 구체적 견해가 제시되어 있지 않아 쉽사리 판단하기 어려운 부분이지만 사견으로는 별도의 검토를 하지 않는 것이 바람직 한 것이라고 생각된다(본 교재도 그러한 입장에서 서술되어 있다).

(3) 죄수

강도상해죄와 특수공무집행방해치상죄는 하나의 상해행위로 인하여 양죄가 성립한 경우이므로 상상적 경합에 해당한다.

4. 특수도주죄❼의 성립여부

사안에서 乙은 현행범인으로 체포되어 경찰관 P에게 인계된 후 간수자인 P를 폭행한 후 도주하였으므로 특수도주죄가 성립한다(제146조).❽

V. 결론

① 사실관계 (1)에서 甲, 乙, 丙은 강도예비죄의 공동정범의 죄책을 진다.
② 사실관계 (2)에서 甲과 乙은 특수절도미수죄의 죄책을 진다.❾
③ 사실관계 (3), (4)에서 乙은 점유이탈물횡령죄의 죄책, 공문서부정행사죄의 죄책, 강도상해죄와 특수공무집행방해치상죄의 상상적 경합의 죄책, 특수도주죄의 죄책을 진다.❿

[설문 2]의 해설

I. 논점의 정리

사안에서 丁은 乙을 발로 걸어차 바닥에 넘어뜨려 乙에게 전치 3주의 상해를 입게 하였으므로 폭행치상죄(제262조)의 구성요건에 해당함에는 의문이 없다. 따라서 丁의 변호인은 丁에게 폭행치상죄가 성립하지 않음을 주장하기 위해서는 위법성조각사유를 주장하여야 한다.

---

❼ 수용설비 또는 기구를 손괴하거나 사람에게 폭행 또는 협박을 가하거나 2인 이상이 합동하여 도주죄를 범한 경우 특수도주죄가 성립한다(제146조).
❽ 이 부분은 놓쳤다고 크게 아쉬워할 필요는 없다고 본다.
❾ 사실관계 (2)에서 甲과 乙의 범행은 丙과 무관하게 이루어졌으므로 丙에 대하여 사실관계 (2)에서의 甲과 乙의 범행에 대한 책임여부를 논의할 필요는 없다(또는 논의하여서는 안 된다).
❿ 사실관계 (3), (4)에서 乙의 범행은 甲과 무관하게 독립적으로 이루어졌으므로 甲에 대하여 사실관계 (3), (4)에서의 乙의 범행에 대한 책임여부를 논의할 필요는 없다(또는 논의하여서는 안된다).

Ⅱ. 변호인이 주장할 수 있는 위법성조각사유

1. 정당방위의 주장 가능성

사안에서 乙은 丁의 오토바이를 절취하여 달아나려고 하였는바, 이는 丁의 법익에 대한 현재의 부당한 침해에 해당하고, 이러한 상황에서 丁이 乙을 발로 걸어 찬 것은 자신의 법익에 대한 침해를 방어하기 위한 행위에 해당하고, 그로 인하여 전치 3주 정도의 상해를 입혔다하더라도 상당성이 인정될 수 있다고 보여진다. 따라서 丁의 행위는 제21조 제1항의 정당방위에 해당한다.⓫

2. 정당행위의 주장 가능성

형사소송법 제212조는 현행범인은 누구든지 영장 없이 체포할 수 있다고 하고 있으므로 사인의 현행범 체포행위일지라도 적정한 한계를 벗어나지 않는 경우라면 그 현행범 체포는 제20조의 법령에 의한 행위로서 정당행위에 해당한다.

한편 적정한 한계를 벗어나는 현행범 체포행위인가 여부는 정당행위의 일반적 요건을 갖추었는지 여부에 따라 결정되어야 하며 그 행위가 소극적인 방어행위인가 적극적인 공격행위인가에 따라 결정되어야 하는 것은 아니다(대판 : 98도3029).

사안에서 丁이 乙을 체포한 행위(걸어차 넘어뜨려 달아나지 못하게 하는 과정에서 전치 3주의 상해를 입게한 행위)는 다소 공격적인 행위로 보이지만 오토바이 절도의 현행범인을 체포하기 위하여 사회통념상 허용될 수 있는 행위라고 할 수 있다. 따라서 丁의 행위는 법률에 의한 행위로서 정당행위에 해당한다(대판 : 98도3029 참고).⓬

3. 긴급피난 및 자구행위의 주장 가능성

사안에서 丁은 선의의 제3자의 법익을 침해하면서 현재의 위난을 피한 것이 아니므로 제22조 제1항의 긴급피난에 해당하지 않는다.

사안에서 丁은 현재의 부당한 침해를 모면하기 위하여 乙을 폭행한 것이므로 과거의 침해를 전제로 청구권을 보전하는 행위인 제23조 제1항의 자구행위에 해당하지 않는다.

Ⅲ. 결론

丁의 변호인은 丁의 폭행치상 행위가 정당방위나 정당행위로서 위법성이 조각됨을 주장하여 폭행치상죄가 성립하지 않음을 주장할 수 있다.

⓫ 10점 배점이라는 점을 고려하여 가급적 간명하게 답안을 구성하였다.

⓬ 피고인의 차를 손괴하고 도망하려는 피해자를 도망하지 못하게 멱살을 잡고 흔들어 피해자에게 전치 14일의 흉부찰과상을 가한 경우, 행위 자체로서는 다소 공격적인 행위로 보이더라도 사회통념상 허용될 수 있는 행위로서 정당행위에 해당한다(대판 : 98도3029).

2016년 제5회 변호사시험

甲과 乙은 공원을 배회하던 중 혼자 걸어가던 여성 A(22세)를 함께 강간하기로 모의하고 A를 으슥한 곳으로 끌고 간 다음 乙이 망을 보고 있는 사이 甲은 A를 세게 밀어 바닥에 넘어뜨리고 A의 위에 올라타 수차례 뺨을 때리면서 옷을 벗기려 하였다. 이에 A는 비명을 지르며 필사적으로 반항하면서 도망하다가 돌부리에 걸려 넘어지면서 발목이 부러지는 상해를 입었고, 그때 공원을 순찰 중이던 경찰관 P1이 A의 비명소리를 듣고 달려왔다. 이를 본 乙은 혼자서 급히 다른 곳으로 도주해 버렸고 甲은 바닥에 떨어져 있던 A의 핸드백을 들고 도주하였다. 그 장면을 목격한 P1이 도주하는 甲을 100여 미터 추적하여 붙잡으려 하자, 甲은 체포를 당하지 않으려고 주먹으로 P1의 얼굴을 세게 때려 P1의 코뼈를 부러뜨리는 상해를 가하였다.

甲은 P1의 추적을 벗어난 다음 다른 곳에 도망가 있던 乙에게 연락하여 자신의 승용차 조수석에 乙을 태우고 운전하여 가던 중 육교 밑에서 도로를 무단횡단하기 위해 갑자기 뛰어든 B를 발견하고 급제동을 하였으나 멈추지 못하고 앞범퍼로 B를 충격하였고, 이로 인해 B는 다리가 부러지는 상해를 입고 도로변에 쓰러졌다. 甲은 B의 상태를 살펴보기 위해 정차하려 하였으나 乙이 "그냥 가자!"라고 말하자 이에 동의하고 정차하지 아니한 채 그대로 운전하여 가버렸다. 다행히 B는 현장을 목격한 행인 C의 도움으로 병원에 후송되어 치료를 받았다.

1. 甲과 乙의 죄책을 논하시오. (60점)

[설문 1]의 해결

Ⅰ. 논점의 정리

① 甲과 乙이 A를 강간하려다가 미수에 그치고 A가 상해를 입은 점에 대하여 성폭력범죄의 처벌 등에 관한 특례법(이하 '성폭력 특별법'이라 한다)상의 특수강간치상죄가 성립하는지 문제된다.

② 甲이 A의 핸드백을 들고 도주하다가 경찰관 P1에게 상해를 가한 점에 대하여 강도상해죄와 공무집행방해죄가 성립하는지 문제된다. 또한 甲의 범행에 대하여 乙이 책임을 질 것인지도 문제된다.

③ 甲이 운전하던 중 B에게 상해를 입힌 후 그대로 가버린 점에 대하여 특정범죄 가중처벌 등에 관한 법률(이하 '특가법'이라 한다)위반(도주치상)죄가 성립하는지, 교통사고처리특례법위반(업무상과실치상)죄가 성립하는지, 도로교통법위반(사고후미조치, 사고후미신고)죄가 성립하는지, 형법상의 유기죄가 성립하는지 문제된다. 또한 甲의 범행에 대하여 乙에게 공동정범이 성립하는지 문제된다.

Ⅱ. A를 강간하려다가 미수에 그치고 A가 상해를 입은 점에 대한 甲과 乙의 죄책

1. 특수강간치상죄의 성립여부

2명 이상이 합동하여 폭행 또는 협박으로 사람을 강간하려다가 미수에 그친 경우에도 사람을 상해에 이르게 하였다면 특수강간치상죄가 성립한다(성폭력 특별법 제8조 제1항, 제4조 제1항, 형법 제297조).

사안에서 甲과 乙은 강간을 모의한 후 乙은 망을 보고 甲은 A에게 폭행을 가하여 강간에 착수❶하였는바, 이는 강간을 공모한 후 시간적 장소적으로 협동하여 실행행위를 분담한 경우이므로 2명 이상이 합동하여 강간을 하려한 것이고 그 뜻을 이루지 못하였으므로 甲과 乙은 특수강간미수행위를 한 것이다.

한편 사안에서 A는 甲의 강간범행을 피해 도망하다가 넘어지면서 상해를 입었는바, 이는 강간에 수반하여 일어난 것이므로❷ 강간행위와 상해 사이에는 인과관계가 인정되며, 강간의 과정에서 A가 범행을 피하려다가 상해를 입게 될 수 있다는 점에 대한 예견가능성도 인정된다. 따라서 甲과 乙은 특수강간치상죄가 성립한다.

2. 특수강간치상죄의 미수범의 성립여부

성폭력 특별법 제15조는 특수강간치상죄에 대하여 미수범규정을 두고 있으므로❸ 甲에게 동 규정을 적용하여 특수강간치상죄의 미수범 즉 결과적 가중범의 미수범을 인정할 수 있는지가 문제된다.❹

---

❶ 甲이 A를 세게 밀어 바닥에 넘어뜨리고 A의 위에 올라타 수차례 뺨을 때리면서 옷을 벗기려 하였다는 점을 위와 같이 평가한 것이다. 甲의 행위가 상대방의 반항을 현저하게 곤란하게 한 폭행행위라는 점이 거의 분명하다고 본 것이다. 시간적 여력이 있다면 이를 구체적으로 인용하여 포섭한다면 더욱 좋은 답안이 될 것이다.

❷ 인과관계를 인정하는 판례이론의 논거이다.

❸ 이와 같이 왜 당해 쟁점이 문제되는지를 분명히 밝혀야 하며 분명한 득점요소이다.

❹ 각론적 쟁점을 총론적 논의를 전환하여 기술하였다. 이 부분도 각론적 언급이 타당하다고 생각되나 변화에 대한 수험생들의 불안감을

결과적 가중범의 기본범죄가 미수에 그쳤으나 중한 결과가 발생한 경우에 기본범죄의 기수와 미수는 결과불법에 있어서 차이가 나므로 기본범죄가 미수인 경우에는 미수범 처벌규정이 있는 경우에 한하여 결과적 가중범의 미수의 성립을 인정해야 한다는 견해가 있다. 그러나 결과적 가중범의 중한 결과는 기본범죄에 내포된 전형적인 위험이 실현된 것이므로 그 위험의 실현으로 중한 결과가 발생한 이상 기본범죄의 기수·미수는 결과적 가중범의 기수의 성립에 영향이 없다고 보는 것이 타당하다.❺

따라서 성폭력 특별법 제15조의 미수범규정은 성폭력 특별법 제8조 제1항에 규정된 특수강간상해죄에 적용됨은 별론으로 하고 특수강간치상죄에는 적용되지 않는다고 보아야 한다.❻ 따라서 甲과 乙에 대하여는 특수강간치상죄의 미수범이 아니라 동죄의 기수범이 성립한다.

判例도 위험한 물건인 전자충격기를 사용하여 강간을 시도하다가 미수에 그치고, 피해자에게 상해를 입힌 사례에서 피고인의 행위를 특수강간치상죄의 기수에 해당한다고 판시한바 있다(대판 : 2007도10058).

III. 甲이 A의 핸드백을 들고 도주하다가 경찰관 P1에게 상해를 가한 점에 대한 甲과 乙의 죄책

1. 甲에게 강도상해죄가 성립하는지 여부

강도가 사람을 상해한 경우 강도상해죄가 성립한다(제337조). 여기의 강도에는 준강도도 포함되며 상해에 대하여는 고의가 있어야 한다.

제335조에 의하면 절도가 체포를 면탈할 목적으로 폭행한 경우 준강도죄가 성립한다.

사안에서 甲은 강간의 피해자인 A가 현장에 두고 간 핸드백을 영득하였는바 이 경우에도 핸드백에 대해서는 여전히 A의 점유가 인정되므로 甲이 제329조의 절도죄를 범한 것이므로 절도에 해당한다. 또한 절도의 현장에서 추적해 온 경찰관에게❼ 얼굴을 세게 때려 코뼈를 부러뜨리는 상해를 가하였으므로 이는 체포면탈의 목적으로 절도의 기회에 상대방의 반항을 억압할 정도의 폭행(상해에 폭행의 의미가 포함되어 있다)을 한 것이다.

따라서 甲에게는 준강도죄가 성립하며 甲은 준강도로서 강도상해죄의 강도에 해당한다.

또한 사안에서 甲은 주먹으로 P1의 얼굴을 세게 때려 P1의 코뼈를 부러뜨리는 상해를 가하였으므로 상해의 고의가 인정된다.

고려하여 타협점을 찾은 것이다. 순수한 각론적인 기술은 다음과 같다.

특수강간치상죄의 특수강간죄가 미수에 그쳤으나 상해의 결과가 발생한 경우에 특수강간죄의 기수와 미수는 결과불법에 있어서 차이가 나므로 특수강간죄가 미수인 경우에는 미수범 처벌규정이 있으므로 특수강간치상죄의 미수의 성립을 인정해야 한다는 견해가 있다. 그러나 특수강간치상죄의 상해의 결과는 특수강간죄에 내포된 전형적인 위험이 실현된 것이므로 그 위험의 실현으로 상해의 결과가 발생한 이상 특수강간죄의 기수·미수는 특수강간치상죄의 기수의 성립에 영향이 없다고 보는 것이 타당하다.

❺ 저자는 대부분 '판례이론'에 입각하여 사례를 해결해 왔으나 본 쟁점에 대하여는 '학설'을 소개하였다. 판례를 중심으로 결론을 내려도 충분하다는 것이 저자의 초지일관된 생각이다. 본 쟁점에서 학설을 소개한 것은 판례는 '결론(기본범죄가 미수여도 결과적 가중범의 기수 인정)'만 적시하고 있을 뿐 그 결론에 이르는 '논거'를 제시하고 있지 않았기 때문에 학설의 논거를 인용한 것이다. 수강생 중에서 종종 "판례가 결과적 가중범의 미수를 부정하고 있으며 판례가 타당하고 따라서 결과적 가중범의 미수는 부정되어야 한다."고 기술하는 것을 보아왔다. '판례의 결론'이라고 하여 무조건 타당한 것이 아니다. '결론'에 이르는 '판례의 이론'이 타당하니 그 '결론'이 타당한 것이다. 그런데 판례 중에는 본 쟁점에서와 같이 결론에 이르는 논거를 제시하지 않는 경우가 많으므로 이러한 경우에는 반드시 판례의 결론과 동일한 입장인 학설의 논거를 인용한 후 결론을 내려야 한다는 것을 잊어서는 안 된다.

❻ 앞서 제시된 '문제점'에 대한 '결론'에 해당하며 사례 해결에 이르는 핵심적인 논거에 한다. 그럼에도 불구하고 수험생 중에서 이를 분명히 적시하는 경우를 거의 보지 못했다.

❼ 폭행, 협박의 상대방은 절도의 피해자 이외의 제3자도 포함된다.

따라서 甲은 강도로서 사람을 상해하였으므로 강도상해죄가 성립한다.

2. 甲에게 공무집행방해죄가 성립하는지 여부

사안에서 경찰관 P1은 현행범인인 甲을 체포하려고 하였으므로 이는 적법한 공무집행에 해당하며,❽ 甲이 경찰관 P1에게 폭행한 이상 공무집행방해죄(제136조 제1항)가 성립한다.❾

3. 甲의 죄책에 대하여 乙이 공동정범의 죄책을 질 것인지 여부

사안에서 甲이 범한 강도상해죄 및 공무집행방해죄는 乙이 도주해 버린 이후의 단독범행이므로❿ 乙은 甲의 범행에 대하여 공동정범이 성립하지 아니한다.⓫

IV. 甲이 운전하던 중 B에게 상해를 입힌 후 그대로 가버린 점에 대한 甲과 乙죄책

1. 특가법위반(도주치상)죄의 성립여부⓬

자동차의 교통으로 인하여 「형법」 제268조의 죄를 범한 해당 차량의 운전자가 피해자를 상해에 이르게 한 후 구호하는 등 「도로교통법」 제54조 제1항에 따른 조치를 하지 아니하고 도주한 경우 특가법위반(도주치상)죄가 성립한다(동법 제5조의3 제1항). 여기의 "운전자"란 차의 교통으로 인한 업무상과실 또는 중대한 과실로 인하여 사람을 사상에 이르게 한 자를 가리키는 것이고 과실이 없는 사고 운전자까지 포함하는 것은 아니다(대판 : 91도711).

사안에서 甲은 육교 밑에서 도로를 무단횡단하기 위해 갑자기 뛰어든 B를 발견하고 급제동을 하였으나 멈추지 못하고 앞범퍼로 B를 충격하였다. 그러나 보행자의 횡단이 금지되어 있는 육교밑 차도에 사람이 뛰어들어오리라고는 일반적으로 예견하기 어려우므로, 甲에게 B가 - 교통법규를 지켜 차도를 횡단하지 아니하고 육교를 이용하여 횡단할 것을 신뢰하여 운행하면 족하다 할 것이고 - 갑자기 육교밑 차도에 뛰어들 것을 예상하여 사고 방지 조치를 해야할 업무상 주의의무는 없다(대판 : 84도1572).

---

❽ 사법경찰관리가 현행범인을 체포하는 경우에는 체포를 위한 실력행사에 들어가기 이전에 미리 미란다원칙을 실시하여야 하는 것이 원칙이나, 달아나는 피의자를 쫓아가 붙들거나 폭력으로 대항하는 피의자를 실력으로 제압하는 경우에는 붙들거나 제압하는 과정에서 고지하거나, 그것이 여의치 않은 경우에라도 일단 붙들거나 제압한 후에 지체없이 (미란다 원칙을) 행하였다면 경찰관의 현행범인 체포는 적법한 공무집행이라고 할 수 있다(대판 2008.10.9. 2008도3640). 따라서 사안에서 미란다 원칙의 사전 실시가 없었다는 점만으로는 경찰관 P1의 현행범 체포가 위법한 것이라고 단정하여서는 안된다. 그러나 형사소송법 문제가 아닌 이상 이러한 내용을 상세히 기술할 필요는 없으며 직무집행의 적법성을 검토하였다는 정도만 기술하여도 무방하다고 본다.

❾ 법문을 적시한 후 위와 같이 포섭하는 것이 가장 바람직하나 구성요건의 충족이 분명한 사안이므로 위와 같이 사안을 규정에 포섭해가며 바로 결론을 낸 것이다.

❿ 공모한 강간범죄를 질적으로 초과하는 것이라는 점을 논거로 하여도 무방하다.

⓫ 대부분의 교재가 10행 내외의 분량으로 기재하고 있으나 위 본문의 내용정도면 충분하다고 본다.

⓬ 기존의 사법시험의 출제경향과는 다른 쟁점에 해당한다. 현재 변호사시험이 특별형법을 상당히 중요시하는 경향이 있음을 보여준 사례라고 할 수 있다. 본 쟁점에 대한 것은 위 본문의 91도711 판례내용만 알아둔다면 기타의 내용은 익히 알고 있는 내용이므로 답안 작성에 어려움이 없을 것이다. 그리고 그 다음의 특별형법에 관한 쟁점 역시 법조문만 확인하면 답안을 작성하는데 큰 어려움은 없을 것이다.

따라서 甲에게 업무상과실 또는 중과실이 인정되지 않으므로 형법 제268조의 죄를 범한 '운전자'라고 할 수 없다. 결국 甲에게는 특가법위반(도주치상)죄가 성립하지 아니한다.

2. 교통사고처리특례법위반(업무상과실치상)죄의 성립여부

차의 운전자가 교통사고로 인하여 「형법」 제268조의 죄를 범한 경우 교통사고처리특례법위반(업무상과실치상)죄가 성립한다(동법 제3조 제1항).

앞서 살펴본 바와 같이 甲은 형법 제268조의 죄를 범한 자가 아니므로 위 죄가 성립하지 아니한다.

3. 도로교통법위반(사고후미조치, 사고후미신고)죄의 성립여부

차의 운전 등 교통으로 인하여 사람을 사상한 후 그 차의 운전자가 즉시 정차하여 사상자를 구호하는 등 필요한 조치를 하지 아니한 경우 도로교통법위반(사고후미조치)죄가 성립한다(동법 제148조, 제54조 제1항). 차의 운전 등 교통으로 인하여 사람을 사상한 후 경찰공무원이나 국가경찰관서에 사고가 일어난 곳 등을 지체 없이 신고하지 아니하면 도로교통법위반(사고후미신고)죄가 성립한다(제154조 4호, 제54조 제2항).

한편 도로교통법 제54조 제1항, 제2항이 규정한 교통사고발생시의 구호조치의무 및 신고의무는 - 사상자를 구호하고, 교통질서의 회복 등에 관하여 적절한 조치를 취하게 하기 위한 방법으로 부과된 것이므로 그 의무는 - 교통사고를 발생시킨 당해 차량의 운전자에게 그 사고발생에 있어서 고의·과실 혹은 유책·위법의 유무에 관계없이 부과된 의무라고 해석된다(대판 : 2000도1731).

사안에서 甲에게 업무상과실이나 중과실이 인정되지 않더라도 구호조치의무 및 신고의무가 인정된다. 그런데 甲은 이러한 의무를 이행하지 않았으므로 도로교통법위반(사고후미조치)죄 및 도로교통법위반(사고후미신고)죄가 성립한다.

4. 유기죄의 성립여부

제271조 제1항에 의하면 부조를 요하는 자를 보호할 법률상 의무 있는 자가 유기한 경우 유기죄가 성립한다.

사안에서 甲은 도로교통법 제54조 제1항에 근거한 구호조치의무가 인정됨에도 불구하고 상해를 입어 요부조상태에 있는 B를 두고 가버렸으므로[13] 유기죄가 성립한다.

5. 甲의 죄책에 대하여 乙이 공동정범의 죄책을 질 것인지 여부

사안에서 甲은 B의 상태를 살펴보기 위해 정차하려 하였으나 乙이 "그냥 가자!"라고 말하자 이에 동의하고[14] 정차하지 아니한 채 그대로 운전하여 가버렸다는 점에서 乙은 甲과 공모하여 범행을 하였다고 볼 수 있으므로 일응 공동정범(제30조)이 성립할 수 있다.

---

[13] 가장 전형적인 협의의 유기에 해당하므로 유기의 의미를 구구절절 기재할 필요가 없다.
[14] 乙이 구호조치나 신고를 하지 말고 그냥가자라는 제의에 甲이 동의한 한 것이고 이에 따라 범죄 실행으로 나아간 것으로 볼 수 있다.

한편 甲의 도로교통법위반죄[15]와 유기죄는 진정신분범에 해당하지만 비신분자인 乙은 제33조 본문에 의하여 甲의 범죄에 대한 공동정범이 성립한다.

V. 결론

① 甲과 乙은 성폭력 특별법상의 특수강간치상죄의 죄책을 진다.

② 甲은 강도상해죄 및 공무집행방해죄의 죄책을 지며 양죄는 상상적 경합관계에 있다.

③ 甲과 乙은 도로교통법위반(사고후미조치)죄, 도로교통법위반(사고후미신고)죄, 유기죄의 공동정범의 죄책을 진다.[16]

---

[15] 차의 운전자나 그 밖의 승무원만 주체가 될 수 있는 진정신분범이다.

[16] 도로교통법위반(사고후미조치)죄, 도로교통법위반(사고후미신고)죄는 실체적 경합에 해당한다[이주원, 특별형법(제3판), 88면, 홍문사간](대판 : 92도1749 참조). 위 사례에서 유기죄는 피해자를 두고 떠나는 행위(置去)에 의하여 성립한 것이므로 부작위범이 아닌 작위범에 해당한다. 따라서 부작위범인 도로교통법상의 미조치죄와 미신고죄와는 실체적 경합에 해당한다. 거듭 언급해 왔지만 이와 같이 죄수가 복잡한 경우 오류를 범하는 것보다는 범죄명만을 나열하는 것이 더 간명한 방법일 것이다.

甲과 乙은 서울 소재의 참소식신문사(대표이사 김참말)에서 일하는 사회부 기자들이다. 甲과 乙은 연말 특종을 노리고 의사들의 수면유도제 프로포폴 불법투여실태를 취재하고 있던 중, 다나아 종합병원 원장 A가 유명 연예인들에게 프로포폴을 불법투여한다는 풍문을 듣고 2014. 12. 30. 14:00경 취재를 위해 다나아 종합병원으로 찾아갔다. 그 과정에서 이 사실을 보고받은 대표이사 김참말은 甲과 乙에게 포상금 지급을 약속하면서 격려하였다. 다나아 종합병원에서 甲과 乙은 마침 유명 연예인 B가 진료실에서 병원장 A로부터 프로포폴을 투여받고 있는 것을 우연히 열린 문틈으로 목격하고, 프로포폴 불법투여가 사실이라고 믿게 되었다. 이에 甲과 乙은 보다 상세한 취재를 위해 자신들이 투여장면을 보았다고 말하면서 A와 B에게 인터뷰에 응해달라고 요청하였으나 B는 사생활이라 이야기하기 싫다고 답변하였고 병원장 A는 환자의 비밀이라 이야기할 수 없다고 하며 인터뷰를 거절하였다. 이에 甲과 乙은 1) 확실한 증거를 확보할 목적으로 몰래 진료실에 들어가 프로포폴 1병을 가지고 나왔다. 그리고 2) A와 B로부터 자세한 설명을 듣지는 못했으나 프로포폴을 주사하는 현장을 직접 목격했으므로 더 이상의 조사는 필요 없다고 생각하고, "병원장 A가 거액을 받고 상습적으로 프로포폴을 주사해 주고 있으며, B도 상습적으로 프로포폴을 불법투여받은 것으로 보인다."라는 내용의 기사를 작성하였고, 이 기사는 다음 날 참소식신문 1면 특종으로 게재되었다. 甲과 乙은 이 기사내용이 사실이라고 굳게 믿었고 A나 B를 비방할 의도 없이 이들의 불법투여사실을 알림으로써 프로포폴의 오·남용을 근절하는 데 일조한다는 생각에서 기사화한 것이었다. 그러나 사실 B는 성형수술을 목적으로 프로포폴 주사를 맞은 것이었고, 병원장 A에 관한 내용도 허위사실로서 다나아 종합병원의 경쟁병원 의사 C가 낸 헛소문에 불과한 것이었다. 기사가 보도된 뒤 많은 사람들이 A와 B를 맹비난하였고 나중에 기사내용을 알게 된 A와 B는 터무니없는 허위기사를 쓴 기자 甲과 乙을 검찰에 고소하였다. 한편 3) 다나아 종합병원 소재지에 있는 보건소 공무원 丙은 참소식신문의 기사를 읽고 유흥비를 마련할 목적으로 병원장 A에게 전화를 걸어 "불법 프로포폴 투여사실 외에 그동안 수집한 비리를 언론에 제보하겠다."라고 말하여 이에 겁을 먹은 A로부터 1,000만 원을 받았다.

1. 1) 사실에 대해서 甲과 乙에게 성립가능한 죄책을 제시하고[마약류관리에관한법률위반(향정)은 논외로 함], 이때 변호인의 입장에서 甲과 乙의 무죄를 주장하는 논거를 제시하시오. (10점)
2. 2) 사실에 대해서 甲과 乙의 죄책을 논하시오. (25점)
3. 위 2.의 경우 甲과 乙의 행위에 대하여, 대표이사 김참말에게 방조범의 성립을 긍정하는 견해를 제시하시오. (5점)
4. 3) 사실에 대해서 丙의 죄책을 논하시오. (10점)

[설문 1]의 해결

1. 논점의 정리

甲과 乙이 몰래 진료실에 들어간 점에 대하여 폭력행위 등 처벌에 관한 법률(이하 '폭처법'이라 한다)위반(공동주거침입)죄가 성립하는지 문제되며, 프로포폴 1병을 가지고 나온 점에 대하여 특수절도죄가 성립하는지 문제된다.

2. 甲과 乙에게 성립가능한 죄책❶

(1) 폭력행위 등 처벌에 관한 법률위반(공동주거침입)죄의 성립가능성

사안에서 진료실은 방실에 해당한다. 그리고 병원장 A가 인터뷰를 거절했다는 점에서 진료실의 출입을 허용하였다고 볼 수 없으므로, 甲과 乙이 몰래 진료실에 들어간 것은 방실침입에 해당한다.

따라서 甲과 乙은 공동하여 사람이 점유하는 방실에 침입한 것이므로 일응 폭처법위반(공동주거침입)죄(동법 제2조 제2항, 형법 제319조 제1항)가 성립할 수 있다.

(2) 특수절도죄가 성립가능성

형법 제331조 제2항에 의하면 2인 이상이 합동하여 타인의 재물을 절취한 경우 특수절도죄가 성립한다. 여기의 '합동'은 공모와 실행행위의 분담이 있어야 하고, 그 실행행위에 있어서는 시간적으로나 장소적으로 협동관계에 있음을 요한다(대판 : 96도313).

사안에서 甲과 乙은 합동의 요건을 구비하였음은 분명하고 타인의 재물을 절취하였음도 분명하므로 일응 특수절도죄가 성립할 수 있다.

3. 변호인의 입장에서 甲과 乙의 무죄를 주장하는 논거

(1) 형법 제20조에 의한 위법성 조각의 주장

사안에서 甲과 乙은 프로포폴을 불법투여 사실을 취재하는 과정에서 방실침입과 절도를 한 것이므로 변호인은 형법 제20조의 기자의 업무로 인한 행위로서 위법성이 조각된다고 주장하거나 더 나아가 형법 제20조의 사회상규에 반하지 않는 행위로서 위법성이 조각된다는 것을 근거로 무죄를 주장할 수 있다.❷

---

❶ 甲과 乙이 프로포폴 1병을 가지고 나왔다고 하더라도 업무방해의 고의를 인정하기는 어려우므로 업무방해죄가 성립할 수는 없다고 보여진다. 다른 교재도 이를 언급하고 있지는 아니하다.

❷ 실제로 이러한 주장은 수용되기 어려울 것이다. 목적이 정당하다고 인정하더라도 수단의 상당성까지 인정할 수는 없기 때문이다. 그러나 설문은 무죄를 주장하는 논거를 '제시'하라고 하였으므로 수험생 입장에서는 그 수용가능성까지 고려하여 수용가능한 논거만 제시하여야 하는 것은 아니다. 그렇다고 하여 예컨대 정당방위를 주장하는 것과 같이 전혀 동떨어진 논거를 제시하여서는 안된다. 그리고 '무죄를 주장하는 논거를 (그저) 제시'라고 하였으므로 수용가능성까지 답안지에 언급할 필요는 없다고 본다.

(2) 불법영득의사를 부정하여 절도죄의 구성요건해당성 조각을 주장❸

특수절도죄가 성립하기 위해서는 주관적 요건으로 불법영득의사가 있어야 한다. 불법영득의사란 권리자를 배제하고 타인의 물건을 자기의 소유물과 같이 그 경제적 용법에 따라 이용·처분할 의사를 말한다(대판 : 91도3149).

사안에서 甲과 乙은 프로포폴을 불법투여 사실에 대한 확실한 증거를 확보할 목적으로 프로포폴 1병을 가지고 나왔으므로 변호인은 甲과 乙에게 권리자를 배제하고 프로포폴을 자기의 소유물과 같이 그 경제적 용법에 따라 이용·처분할 의사가 없다는 것, 즉 불법영득의사가 없음을 주장하여 특수절도죄의 구성요건해당성이 인정되지 않는다고 하여 무죄를 주장할 수 있다.

[설문 2]의 해결

Ⅰ. 논점의 정리

甲과 乙이 A와 B의 프로포폴을 불법투여 관련 내용을 신문에 게재한 점에 대하여 제309조의 출판물에 의한 명예훼손죄의 성부가 문제되며, 그리고 출판물에 의한 명예훼손죄가 성립하지 않는 경우 제307조의 명예훼손죄의 성립여부가 문제된다.

Ⅱ. 출판물에 의한 명예훼손죄의 성립여부

1. 출판물에 의한 명예훼손죄의 성립요건

사람을 비방할 목적으로 신문에 의하여 사실 또는 허위사실을 적시하여 사람의 명예를 훼손한 경우 출판물에 의한 명예훼손죄가 성립한다(제309조 제1항, 제2항).

2. 甲과 乙에게 비방할 목적을 인정할 수 있는지 여부

적시한 사실이 공공의 이익에 관한 것인 경우에는 특별한 사정이 없는 한 비방할 목적은 부인된다(대판 : 2003도2137).

행위자의 주요한 목적이나 동기가 공공의 이익을 위한 것이라면 부수적으로 다른 사익적 목적이나 동기가 내포되어 있더라도 공공의 이익을 위한 것이라고 할 수 있다(대판 : 95도1473).

사안에서 甲과 乙은 범죄행위인 프로포폴 불법투여 사실을 알림으로서 프로포폴의 오·남용을 근절할 목적이 있었으므로 특종 보도와 그에 따른 포상금 획득이라는 사익적 목적이 포함되어 있다고 하더라도 주요한 목적이 공공의 이익을 위한 것이라고 할 수 있다. 甲과 乙이 적시한 사실이 공공의 이익에 관한 것이므로 비방할 목적이 인정되지 않는다.

---

❸ 본 쟁점과 관련하여 김정철, 오제현 2인 공저의 경우에는 프로포폴을 금제품에 해당한다고 보아 금제품의 재물성을 부정하여 특수절도죄의 객체인 재물에 해당하지 않는다는 항변을 할 수 있다고 기술하고 있다. 만약 프로포폴이 금제품에 해당한다는 전제가 옳다면 금제품이 절도죄의 객체인 재물이 될 수 있는지에 관하여는 이를 부정하는 견해가 있으므로 이론의 여지가 있을 것이다. 그러나 일반적으로 병원에 있는 프로포폴은 수면유도제로서 (적법하게 만들어진) 의약품이므로 그것이 의술법칙에 위배되어 투여되면 프로포폴 '투여'자체가 불법이 되는 것이지 이러한 불법투여에 의하여 정상적인 의약품이 금제품으로 되는 것은 아니라고 보아야 한다.

3. 결론

甲과 乙은 신문 보도를 통하여 A와 B의의 명예를 훼손하였지만 비방의 목적이 인정되지 않아 출판물에 의한 명예훼손죄가 성립할 수 없다.

III. 제307조의 명예훼손죄의 성립여부

1. 제307조의 명예훼손죄의 성립요건

공연히 사실 또는 허위의 사실을 적시하여 사람의 명예를 훼손한 경우 명예훼손죄가 성립한다(제307조 제1항, 제2항). 적시의 방법은 제한이 없으므로 출판물을 수단으로 하는 경우에도 비방의 목적이 없으면 제307조의 명예훼손죄가 성립할 수 있다(대판 : 2003도6036).

다만 사안의 경우 甲과 乙은 허위 사실을 진실로 오인하여 보도 하였으므로 이는 특별히 중한 죄가 되는 사실을 인식하지 못한 행위이므로 형법 제15조 제1항에 의하여 제307조 제2항이 아니라 제307조 제1항에 의하여 처벌할 수 있을 뿐이다.

사안의 경우 甲과 乙은 허위의 사실을 진실로 오인하고 공익을 위하여 보도를 하여 사람의 명예를 훼손하였는바 이 경우에도 제310조와 관련하여 제307조 제1항의 명예훼손죄가 성립하는지 문제된다.

2. 허위사실을 진실로 오인하고 공공의 이익을 위하여 사람의 명예를 훼손한 경우의 법적 효과

성실한 검토의무를 제310조의 적용에 필요한 특별한 주관적 정당화요소로 파악하여 검토의무를 성실히 이행하였다면 진실성에 대해 착오를 일으켰을지라도 위법성이 조각되지만 행위자가 성실한 검토의무를 다하지 못하고 사실의 진실성을 경신하였다면 위법성이 조각될 수 없어 제307조 제1항의 명예훼손죄가 성립한다는 견해가 있다(허용된 위험의 법리 원용설).

그러나 제310조를 위법성조각사유를 규정한 것으로 보는 이상 적시사실의 진실성 및 공익성은 위법성조각사유의 전제사실에 해당하고 이에 대한 착오는 위법성조각사유의 전제사실의 착오 문제로 보아 해결하는 것이 타당하다(위법성조각사유의 전제사실의 착오로 보는 견해).

3. 위법성조각사유의 전제사실의 착오의 법적 효과

ⅰ) 위법성조각사유는 소극적구성요건요소가 되므로 위법성을 조각하는 행위상황에 대한 착오는 제13조가 직접 적용되는 구성요건적 착오이므로 행위의 고의가 조각된다는 견해(소극적 구성요건표지이론), ⅱ) 위법성조각사유의 전제사실의 착오는 구성요건적 착오와 유사성이 있으므로 구성요건적 착오에 관한 규정(제13조)을 유추적용하여 행위의 고의가 조각된다는 견해(유추적용설), ⅲ) 위법성조각사유의 전제사실의 착오의 경우 행위자에게 위법성의 인식이 없으므로 그 착오는 위법성의 착오로 보아 제16조로 해결하여야 한다는 견해(엄격책임설), ⅳ) 判例는 일부 허위사실이 포함된 신문기사를 보도한 경우일지라도 기사작성의 목적이 공공의 이익에 관한 것이고 그 기사내용을 작성자가 진실하다고 믿었으며 그와 같이 믿은 데에 객관적인 상당한 이유가 있는 경우에는 위법성이 없다고 판시하고 있다(대판 : 94도3191).

그러나 위법성조각사유의 전제사실의 착오의 경우에도 행위객체를 침해한다는 사실에 대한 인식·의사는 있으므로 구성요건적 고의는 조각되지 아니하나, 착오로 인하여 행위자의 심정반가치를 인정할 수 없으므로 책임고의가 조각되어 그 법적 효과에 있어서만 구성요건적 고의가 조각된 것처럼 과실범의 문제로 취급하는 것이 타당하다고 본다(법효과제한적 책임설).

4. 결론

사안에서 甲과 乙은 A와 B의 명예를 훼손한다는 인식과 의사로 신문 보도를 통하여 이들의 명예를 훼손하였으나, 상황을 착오한 나머지 법을 배반하여 명예를 훼손한다는 심정반가치가 인정되지 않으므로 명예훼손에 대하여 고의책임은 인정되지 않는다. 따라서 甲과 乙의 행위는 명예훼손죄가 성립할 수 없으며 명예훼손에 대한 과실범은 처벌규정이 없으므로 甲과 乙은 그 착오에 과실이 있는지 여부를 불문하고 무죄이다.

[설문 3]의 해결

1. 종범의 성립요건❹

제32조 제1항에 의하면 타인의 범죄를 방조한 경우 종범이 성립한다. 종범이 성립하기 위해서 정범은 고의범이어야 한다. 또한 종범은 정범의 실행행위에 종속하여 성립하며 정범의 실행행위는 구성요건에 해당하고 위법하여야 한다.❺

따라서 사안에서 김참말에게 방조범의 성립을 긍정하려면 甲과 乙에게 명예훼손죄의 고의불법을 인정할 수 있는 견해를 제시하여야 한다.

2. 甲과 乙의 행위에 대하여, 대표이사 김참말에게 방조범의 성립을 긍정하는 견해

(1) 허용된 위험의 법리 원용설

위 이론에 의할 때 甲과 乙은 성실한 검토의무를 다하지 못하고 사실의 진실성을 경신한 것이므로 고의범인 명예훼손죄가 성립한다. 따라서 위 이론에 의할 경우 김참말에게 방조범의 성립을 긍정할 수 있다.

(2) 엄격책임설

엄격책임설에 의할 때 甲과 乙은 위법성을 착오한 것이나 착오에 과실이 인정되므로(정당한 이유가 인정되지 않으므로) 고의범인 명예훼손죄가 성립한다. 따라서 위 이론에 의할 경우 김참말에게 방조범의 성립을 긍정할 수 있다.

---

❹ 이 부분의 논의가 없는 것은 다음의 논의를 무의미하게 한다. 다음의 학설이나 판례는 이러한 요건을 갖추었는지를 판단하는 것이므로 반드시 기술되어야 한다.

❺ 배점이 5점인 것을 고려하여 통설인 제한적 종속형식만을 소개하였다. 여기서 모든 종속형식의 논의까지 포함시키게 되면 절대적으로 시간이 부족할 것이라고 보아 생략하였는데 이러한 생략이 오히려 바람직할 것이다.

(3) 판례

판례에 의할 때 甲과 乙의 착오에 상당한 이유가 인정되지 않으므로 위법성이 조각되지 않아 고의 범인 명예훼손죄가 성립한다. 따라서 판례에 의할 경우 김참말에게 방조범의 성립을 긍정할 수 있다.

(4) 법효과제한적 책임설

법효과제한적 책임설에 따르면 甲과 乙은 책임고의가 인정되지 않아 고의범인 명예훼손죄가 성립하지 않는다고 하더라도 제307조 제1항의 구성요건적 고의가 인정되므로 고의범의 구성요건해당성 및 위법성은 인정된다. 따라서 법효과제한적 책임설에 의할 경우 김참말에게 방조범의 성립을 긍정할 수 있다.

[설문 4]의 해결

1. 논점의 정리

丙이 A로부터 돈을 받은 점에 대하여 공갈죄가 성립하는지, 더 나아가 수뢰죄가 성립하는지 문제된다.

2. 공갈죄의 성립여부

사안의 경우 丙은 A에게 병원의 비리를 언론에 제보하겠다는 말을 하였으므로 이는 사람의 의사결정의 자유를 제한하기에 족한 해악을 고지하여 공갈한 것이며, 이에 겁을 먹은 A로부터 1,000만 원을 받았으므로 공갈죄가 성립한다(제350조).

3. 공무원에게 공갈죄가 성립하는 경우 수뢰죄의 성립여부

공무원이 그 직무에 관하여 뇌물을 수수한 경우에는 수뢰죄가 성립한다(제129조 제1항). 따라서 공무원이 직무집행의 의사로 당해 직무와 관련하여 타인을 공갈하여 재물을 교부받은 때에는 수뢰죄와 공갈죄의 상상적 경합이 되지만(대판 : 66도12), 공무원이 직무집행의 의사 없이 또는 직무처리와 대가적 관계없이 타인을 공갈하여 재물을 교부하게 한 경우에는 공갈죄만이 성립한다(대판 : 94도2528).

사안의 경우 丙은 단지 유흥비 마련을 목적으로 A를 협박하여 1,000만 원을 받았으므로 직무집행 의사가 인정되지 아니한다. 따라서 丙에게는 공갈죄만 성립하고 수뢰죄가 성립하지 아니한다.

4. 결론

丙은 공갈죄의 죄책을 진다.

Chapter
10

2015년 제4회 변호사시험

甲은 자기 소유의 아파트를 A에게 6억 원에 매도하기로 하고 계약금으로 6,000만 원을 받았다. 그 후 A는 甲에게 잔금을 지급하면서 수표를 잘못 세어 1억 원권 자기앞수표 5장과 1,000만 원권 자기앞수표 5장을 교부하였다. 甲은 그 현장에서 A가 준 수표를 세어보고 1,000만 원이 더 지급된 것임을 알았음에도 이를 A에게 돌려주지 않았다.

甲은 친구 乙과 명의신탁약정을 한 후 위 아파트 매각대금 중 4억 원으로 B 소유의 X건물에 관하여 B와 매매계약을 체결하고 X건물에 대한 소유권이전등기는 B에서 바로 乙 명의로 경료하였다. 그런데 乙은 사업자금이 부족하게 되자 X건물이 자기명의로 등기되어 있는 것을 기화로 甲의 동의를 받지 않고 X건물에 관하여 채권최고액 1억 5,000만 원의 근저당권을 설정하고 은행으로부터 1억 원을 대출받았다. 그로부터 한 달 후 乙은 사업자금이 더 필요하여 X건물을 임의로 매도하기로 마음먹고 C와 매매계약을 체결하여 계약금과 중도금을 받았다. 그런데 乙과 C간의 위 매매계약 체결 및 중도금 지급 사실을 알고 있던 丙은 乙에게 X건물을 자신에게 매도할 것을 수차례 요청하면서 만약 문제가 발생하면 모든 책임을 지겠다고 적극적으로 매도를 권유하였고, 이에 乙은 丙으로부터 매매대금 3억 원 전액을 받고 임의로 X건물의 소유권이전등기를 경료해주었다.

1. 甲, 乙, 丙의 죄책을 논하시오(부동산 실권리자명의 등기에 관한 법률 위반의 점은 논외로 함).
   (60점)

[설문 1]의 해설

Ⅰ. 甲의 죄책❶

1. 논점의 정리

甲이 더 지급된 1,000만 원을 A에게 돌려주지 않은 행위가 사기죄가 성립하는지 문제된다.

2. 사기죄의 성립여부

제347조 제1항에 의하면 사람을 기망하여 재물의 교부를 받거나 재산상의 이익을 취득한 경우 사기죄가 성립한다.

여기의 기망은 그 수단·방법은 제한이 없으므로 법률상 고지의무 있는 자가 일정한 사실에 관하여 상대방이 착오에 빠져 있음을 알면서도 그 사실을 고지하지 아니하는 부작위에 의해서도 가능하다. 그리고 고지의무는 법령·계약 이외에 신의성실의 원칙에 의해서도 발생할 수 있다.

사안에서 A는 수표를 잘못 세어 지급해야할 금액보다 1,000만 원을 더 지급하였는바 甲이 그 사실을 A에게 사실대로 고지하였다면 그와 같이 더 지급하지 아니하였을 것이 경험칙상 명백하므로, 甲은 잔금을 교부받던 중에❷ 1,000만 원이 더 지급된 것임을 알았으므로 그 사실을 고지하여 A의 착오를 제거하여야 할 신의칙상 의무가 인정된다(대판 : 2003도4531).❸ 그럼에도 甲은 고지의무를 이행하지 아니하고 1,000만 원을 더 지급받아 돌려주지 않았으므로 이는 부작위에 의한 기망에 의하여 A의 재물을 교부받은 것이어서 사기죄가 성립한다.

Ⅱ. 乙의 죄책

1. 논점의 정리

乙에 대하여는 ① X건물에 대하여, 은행에 근저당권을 설정한 점, C와 매매계약을 체결하여 계약금과 중도금을 받은 점, 丙에게 소유권이전등기를 경료해 준 점에 대하여 각각 甲에 대하여 횡령죄, 횡령미수죄, 횡령죄가 성립하는지 문제된다. ② 乙의 위 행위가 각 거래 상대방에 대한 사기죄가 성립하는지 문제된다. ③ 乙이 C 및 丙과 거래한 것이 은행에 대한 배임죄가 성립하는지 문제된다. ④ X건물에 대하여 丙에게 소유권이전등기를 경료해 준 점에 대하여 C에 대하여 배임죄가 성립하는지 문제된다.

---

❶ 본 사례는 甲, 乙, 丙의 죄책을 완전히 분리하여 기술하여도 될 정도로 사실관계 자체기 분리되어 있어 논점을 각 행위자마다 별도로 정리하였다. 총론적인 논점으로 정리하려면 각 행위자의 죄책에 관한 논점을 모두 한꺼번에 모아 기술하면 된다. 그러나 대부분의 사례는 이와 같은 단선적인 사실관계가 아니므로 - 甲. 乙, 丙 등이 공범관계로 묶여 있기 때문에 - 甲, 乙, 丙의 죄책을 논하는 문제라고 하여 甲의 죄책 논하고 乙의 죄책 논하고 丙의 죄책을 논하여서는 안되며 하나의 사건을 중심으로 관계된 자들의 죄책을 논의해 가야할 것이다.

❷ 사실관계를 이와 같이 평가하여 표현할 수 있어야 한다.

❸ 시간적 여력이 있다면 거래관행상 매도인에게 수령액이 더 많다는 것을 고지해야 할 의무가 없다는 반대의 견해를 소개하는 것도 방법이 될 수 있다.

2. 乙의 X건물의 처분과 횡령죄의 성립여부

(1) 횡령죄의 성립요건

제355조에 제1항에 의하면 타인의 재물을 보관하는 자가 그 재물을 횡령한 경우 횡령죄가 성립한다. 중간생략등기형 명의신탁에서 명의수탁자의 수탁부동산의 임의처분에 대하여는 매도인에 대한 횡령죄가 성립한다는 견해(학설)와 신탁자에 대한 횡령죄가 성립한다는 견해(변경전의 판례)가 있다.

그러나 매도인은 매매대금을 지급받고 소유권이전등기를 하여 준 이상 피해자라고 볼 수 없으므로 매도인에 대한 횡령죄가 성립할 수 없다고 보아야 한다.

또한 부동산실명법에 의하면 명의수탁자 명의의 소유권이전등기는 무효이고 신탁부동산의 소유권은 매도인이 그대로 보유하게 되므로 명의신탁자는 부동산의 소유자라고 할 수 없다는 점, 형사처벌까지 하고 있는 부동산실명법의 명의신탁관계에 대한 규정에 비추어 볼 때 위탁신임관계를 인정할 수 없다는 점을 고려하면, 명의수탁자는 명의신탁자의 재물을 보관하는 자라고 볼 수 없어 수탁자의 수탁부동산의 임의처분은 신탁자에 대하여 횡령죄가 성립할 수 없다(대판 : 2004도 6992)[4]고 보는 것이 타당하다.

사안의 경우 乙은 중간생략등기형 명의신탁에서 명의수탁자에 해당한다.[5] 따라서 乙의 X건물의 임의처분은 횡령죄가 성립하지 않는다.

(2) 사안의 해결

乙이 X건물을 은행, C, 丙에게 처분한 행위는 횡령죄, 횡령미수죄, 횡령죄가 성립할 수 없다.

3. 乙의 X건물의 임의처분과 그 거래상대방에 대한 사기죄의 성립여부[6]

乙은 은행, C, 丙과 거래를 하면서 X건물이 명의신탁된 사실을 고지하지 않았으나 대외적으로 수탁자인 乙에게 그 부동산의 처분권한이 있으므로 거래상대방이 거래목적을 달성하지 못하여 재산상의 손해가 있을 리 없으므로 그 명의신탁 사실과 관련하여 신의칙상 고지의무가 있다고 할 수 없다(대판 : 2006도4498).

따라서 乙이 명의신탁 사실을 고지하지 않은 행위를 사기죄의 기망행위로 볼 수 없으므로 乙은 은행, C, 丙에 대하여 사기죄가 성립하지 아니한다.

4. 乙의 C 및 丙과의 거래와 은행에 대한 배임죄의 성립여부

제355조 제2항에 의하면 타인의 사무를 처리하는 자가 그 임무에 위배하는 행위로써 재산상의 이익을 취득하여 본인에게 손해를 가한 때 배임죄가 성립한다.

---

[4] 본 사례의 실제시험 당시에는 판례는 신탁자에 대한 횡령죄가 성립한다는 입장이었으나 그 후 판례가 변경되었으며 변경된 판례에 의하여 해설을 하였다.

[5] 명의신탁의 종류를 반드시 특정하여야 한다. 명의신탁의 종류에 따라 명의수탁자의 임의처분에 대하여 횡령죄가 성립하거나(2자간 명의신탁), 횡령죄 또는 배임죄가 성립하지 않기 때문이다(중간생략등기형명의신탁, 계약명의신탁). 또한 후자의 경우 횡령죄나 배임죄가 성립하지 않게 되는 이론적 근거가 각각 다르기 때문이다.

[6] 앞서 사기죄의 조문이 인용된 바 있으므로 다시 동 조문을 인용하지 않아도 무방하다고 본다.

사안의 경우 乙이 은행에 근저당권을 설정하여 준 이상 X건물의 교환가치는 근저당권에 포섭되므로, 乙이 X건물을 C 및 丙에게 매도하여 소유자가 달라지더라도 근저당권에는 영향이 없다(대판 : 2008도3651). 따라서 乙의 행위를 부당히 담보가치를 감소시키는 행위라고 볼 수 없어 은행에 대한 배임죄가 성립하지 아니한다.

5. X건물을 丙에게 소유권이전등기를 경료해 준 점에 대한 乙의 C에 대한 죄책

(1) 배임죄의 성립여부

사안에서 乙은 X건물에 대하여 C와 매매계약을 체결하여 계약금과 중도금을 받았으므로 잔금수령과 동시에 매수인 C명의로 소유권이전등기에 협력할 임무가 있으므로[7] 타인의 사무를 처리하는 자에 해당한다(대판 : 88도750). 그럼에도 乙이 X건물을 丙에게 2중으로 매도하여 그 소유권이전등기를 경료하였으므로 C에 대한 소유권이전등기의무는 이행불능이 되어 C에게 그 부동산의 소유권을 취득할 수 없는 손해가 발생하였으므로 乙에게는 배임죄가 성립한다(대판 : 83도1946).

(2) 사기죄 및 횡령죄의 성립여부[8]

乙이 애초부터 편취의 의사로 C와 매매계약을 체결한 바 없으므로 C로부터 수령한 계약금과 중도금에 대하여는 사기죄가 성립하지 아니한다. 또한 乙은 C에게 소유권이전등기를 경료한 바 없으므로 여전히 X건물은 乙의 소유이고, 乙이 丙에게 소유권이전등기를 경료하여 주었다고 하여 C에 대한 횡령죄는 성립할 수 없다.

Ⅲ. 丙의 죄책

1. 논점의 정리

丙에 대하여는 X건물의 취득행위가 배임죄의 교사범[9] 및 장물취득죄가 성립하는지 문제된다.

2. 배임죄의 교사범의 성립여부

(1) 부동산의 이중매매에서 배임죄의 교사범의 성립요건

이미 타인에게 매도되었으나 소유권이전등기가 경료되지 아니한 부동산을 이중으로 매수하는 자의 경우, 그가 단지 그 부동산이 이미 타인에게 매도되었음을 알고 이중으로 매수하는 경우에는 배임

---

[7] 배임죄의 타인의 사무에는 부동산의 매매에 있어서 매도인의 등기협력의무와 같이 자기의 거래를 완성하기 위한 자기의 사무인 동시에 상대방의 재산보전에 협력할 의무가 있는 경우도 포함된다(대판 : 81도3137). 이러한 판례이론을 먼저 기술하고 본문과 같이 사안포섭을 하는 것이 가장 바람직하다. 그러나 시간상의 제약을 고려하여 위와 같이 설명하였다.

[8] 대부분의 교수님의 교재에는 부동산의 이중매매에 대한 모든 논점을 설명하기 위하여 이 부분이 관련논점으로 언급되어 있다. 그러나 실제 시험에서는 이를 꼭 언급해야하는지는 의문이다. 시간적 여력이 충분할 때만 언급하는 것이 바람직하다고 본다.

[9] 본 사례는 배임죄의 교사범 또는 공동정범 중 어느 것으로 논의를 하여도 무방하다고 생각된다. 공동정범으로 검토한 교재와 공동정범과 교사범을 동시에 검토한 교재가 있다.

죄의 교사범이 성립할 수 없으나, 먼저 매수한 자를 해할 목적으로 매도를 교사하거나 기타 방법으로 양도행위에 적극 가담한 경우에는 매도인의 배임행위에 대한 교사범이 성립한다(대판 : 74도2455).

(2) 사안의 경우

丙은 乙과 C간의 매매계약 체결 및 중도금 지급 사실을 알고 있으면서도 乙에게 X건물을 자신에게 매도할 것을 수차례 요청하면서 만약 문제가 발생하면 모든 책임을 지겠다고 적극적으로 매도를 권유하였고, 이에 乙이 X건물을 丙에게 매매하고 소유권이전등기를 경료해주었으므로, 丙은 乙의 배임행위에 적극가담한 것이다. 따라서 丙에게는 일응 배임죄의 교사범이 성립할 수 있다.

한편 배임죄는 타인의 사무를 처리하는 자만이 그 범죄의 주체가 되는 진정신분범이고, 丙에게 이러한 신분이 없지만 丙은 신분관계로 인하여 성립될 범죄에 가공한 것이므로 제33조 본문에 의하여 배임죄의 교사범(제31조 제1항)이 성립한다.

3. 장물취득죄의 성립여부

제362조의 장물이란 타인이 재산범죄로 영득한 재물을 말한다(대판 : 2004도5904).

사안에서 丙이 취득한 X건물은 乙이 배임죄에 제공한 것이고 배임죄로 인하여 영득한 것 자체는 아니므로 장물이 될 수 없다(대판 : 74도2804).

따라서 丙이 X건물의 소유권을 취득한 행위는 장물취득죄가 성립하지 아니한다.

Ⅳ. 결론

① 甲은 사기죄의 죄책을 진다.

② 수탁부동산의 이중매매와 관련하여 乙은 C에 대한 배임죄, 丙은 배임죄의 교사범의 죄책을 진다.

02 제2문

甲과 乙은 후배인 V를 지속적으로 괴롭혀 왔다. <u>1) 2008. 3. 5. 甲과 乙은 함께 V의 자취방에서 V를 구타하다가 사망에 이르게 하였다.</u> V가 사망하자 乙은 당황하여 도주하였는데, 甲은 V의 자취방을 뒤져 V명의의 A은행 통장과 V의 주민등록증 및 도장을 훔친 후 도주하였다. <u>2) 다음 날인 3. 6. 12:00경 甲은 V의 주민등록증 사진을 자신의 사진으로 바꾸고, 같은 날 15:00경 A은행에 가서 V명의로 예금청구서를 작성하고 V의 도장을 찍어 V의 주민등록증을 제시한 후 V의 통장에서 현금 1,000만 원을 인출하였다.</u> 같은 해 3. 8. 甲과 甲의 친구인 丙은 乙에게 찾아가 A은행에서 찾은 현금 1,000만 원을 주면서 乙 혼자 경찰에 자수하여 乙이 단독으로 V를 때려 사망에 이르게 한 것이라고 진술하라고 하였다. 만약 그렇게만 해주면 乙의 가족들에게도 상당한 금액으로 보상하고 乙이 출소하더라도 끝까지 뒤를 봐주겠다고 회유하였다.

고민하던 乙은 2008. 3. 11. 15:00경 경찰에 찾아가 자수하면서 자신이 혼자 V를 때려 사망에 이르게 한 것이라고 진술하였고, 이에 따라 2008. 4. 9. 乙만 상해치사죄로 구속 기소되었다. 하지만 乙은 제1심 공판과정에서 심경의 변화를 일으켜 사건의 진상을 털어놓았고, 검찰이 재수사에 착수하여 2008. 6. 16. 甲을 긴급체포하였다. 긴급체포 과정에서 검찰수사관은 甲의 소지품을 압수하였는데, 그 중에 V 명의의 직불카드가 있는 것을 발견하고 甲을 추궁하자 <u>3) 甲은 乙과 함께 2008. 2. 중순 경 V를 폭행하여 V 명의의 B은행 직불카드를 빼앗은 후 비밀번호를 알아내고 현금자동지급기에서 현금 50만 원을 인출하여 유흥비로 사용한 사실</u>을 털어놓았다.

甲은 2008. 7. 4. 구속 기소되어 같은 해 9. 3. 제1심 법원으로부터 유죄를 선고받고 그날 항소를 포기하여 그대로 판결이 확정되었다. 한편 丙은 甲이 체포된 후 숨어 지내다가 2013. 4. 29. 체포되었고, 같은 해 5. 15. 검사는 丙에 대해 공소를 제기하였다.

1. 1)의 범죄사실에 대해 甲의 변호인은 상해치사의 공동정범의 성립을 부정하고, 상해의 죄책만을 인정하려 한다. 甲의 변호인의 입장에서 그 논거를 서술하시오. (10점)
2. 2)의 범죄사실에 대한 甲의 죄책을 논하시오. (20점)
3. 3)의 범죄사실에 대한 甲과 乙의 죄책을 폭행의 정도를 구별하여 논하시오. (20점)

[설문 1]의 해결

1. 결과적 가중범의 공동정범을 인정할 수 없다는 근거를 제시하는 방법❶

변호인은 공동정범의 본질은 기능적 행위지배에 있고, 기능적 행위지배는 공동의 결의에 기초한 실행분담을 의미하는데, 과실범에는 이러한 공동의 범행결의가 불가능하므로 공동정범이 성립할 여지가 없으므로, 고의와 과실의 결합범인 결과적 가중범(상해치사)의 공동정범은 인정할 수 없다는 주장을 하면 된다.

다만 위 견해에 의하더라도 사안에서 甲은 乙과 함께 V를 구타하였으므로 고의범인 상해의 공동정범과 중한 결과에 대한 과실범의 동시범이 된다.❷ 따라서 甲이 V의 사망에 대하여 예견가능성이 인정되면 상해치사죄가 성립된다.❸ 그러므로 甲에게 상해의 죄책만 인정하려면 변호인은 甲에게 V의 사망에 대하여 예견가능성이 없었다는 점을 주장하여야 한다.❹

2. 결과적 가중범의 공동정범을 인정할 수 있지만 그 요건을 구비하지 못하였다는 근거를 제시하는 방법

判例는 결과적 가중범의 공동정범을 인정할 수 있다는 입장이며 그 성립을 위하여 기본범죄행위를 공동으로 할 의사와 중한 결과에 대하여 예견가능성이 있을 것을 요한다고 한다(대판 : 2000도745).

변호인은 위와 같은 판례의 입장에 의하더라도 사안에서 甲에게는 기본범죄인 상해행위를 공동으로 할 의사가 인정될 뿐 V의 사망에 대하여 예견가능성이 없었다는 점을 주장하여 상해치사죄의 공동정범은 성립할 수 없고 상해죄의 공동정범만이 인정될 수 있다고 주장하면 된다.❺❻

---

❶ 본 문제와 관련하여 변호인이 선결적으로 결과적 가중범의 공동정범을 인정할 수 없다는 견해를 취하여야만 상해치사죄의 공동정범의 성립을 부정할 수 있다는 취지로 기술하고 있는 교재도 있다. 그러나 다음에서 보는 바와 같이 결과적 가중범의 공동정범(상해치사죄의 공동정범)을 인정할 수 있다는 견해를 취하면서도 그 구체적 요건을 구비하지 못하여 상해치사죄의 공동정범의 성립을 부정할 수도 있다는 점을 유의하여야 한다.

❷ 본 사례에서 결과적 가중범(상해치사죄)의 공동정범을 인정할 수 없게 되면 상해치사죄의 동시범에 해당한다고 전제하여 제263조를 검토하는 교재도 있다(이인규 박사님 등 2인 공저, 김정철, 오제현 2인 공저). 그러나 이러한 논의는 사실관계를 잘못 파악한 것이라고 보여진다. 본 사례가 만약 甲과 乙이 독립하여 상해를 한 사건이라면 제263조의 논의가 가능한 것이나 본 사례는 '甲과 乙이 함께 구타(상해)'하였다고 되어 있으므로 상해에 대하여는 공동하였음이 분명하기 때문이다.

❸ 이와 같은 결론을 통하여 상해치사죄의 공동정범을 인정하지 않는다고 하여 甲에게 상해치사죄가 성립할 수 없다는 성급한 결론에 이르러서는 안된다는 것을 주의하여야 한다. 甲에게는 여전히 상해치사죄의 단독정범이 성립할 수 있음을 기억하여야 한다.

❹ 이러한 주장은 결국 甲은 상해죄의 공동정범에 지나지 않는다는 주장이며 결국 甲은 제30조에 의하여 상해의 죄책만을 지게 되는 것이다. 많은 수험생이 또는 가끔은 본 쟁점에 대한 해설서조차도 여기의 甲의 상해의 죄책이 단독범인 것으로 오인하고 있다.

❺ 상해죄의 공동정범만이 인정될 수 있다는 주장은 결국 甲은 제30조에 의하여 상해의 죄책만을 지게 된다는 주장에 해당하는 것이다.

❻ 본 사례와 관련하여 이인규 박사님 등 2인 공저, 김정철, 오제현 2인 공저의 경우 甲의 구타(상해)행위와 V의 사망간에 인과관계가 없음을 주장하는 방법도 제시되어 있으나 사건으로 이 부분은 굳이 주장한다면 주장은 할 수 있으나 설득력이 없는 주장이라고 생각한다. 甲과 乙이 공동하여 상해행위를 하였으므로 그로 인한 결과(V의 사망)는 누구의 행위에 의한 것이든 인과관계는 인정됨이 분명하기 때문이다. 앞서 각주에서 언급한 바와 같이 본 사례의 사실관계를 甲과 乙이 독립하여 상해를 한 것으로 오인한 것에 기인한 것이라고 보여진다. 조균석, 강수진 교수님 2인 공저의 경우는 인과관계 부정에 의한 주장을 논점으로 설명은 하였지만 결론에서 인과관계를 부정하기는 어려울 것이라고 평가하고 있다.

[설문 2]의 해결

I. 2)의 범죄사실에 대한 甲의 죄책❼

1. 甲이 V의 주민등록증 사진을 자신의 사진으로 바꾸어 은행에 제시한 행위에 대한 죄책

(1) 공문서위조죄의 성립여부

제225조에 의하면 행사할 목적으로 공무원 또는 공무소의 문서를 위조한 경우 공문서위조죄가 성립한다.

사안에서 甲은 V의 주민등록증 사진을 자신의 사진으로 바꾸었는바, 이는 기존 공문서의 본질적 또는 중요 부분에 변경을 가하여 새로운 증명력을 가지는 별개의 공문서를 작성한 경우로서 공문서를 위조한 것이다(대판 : 91도1610).

한편 甲에게 위조한 주민등록증을 행사할 목적도 인정되므로 甲에게는 공문서위조죄가 성립한다.

(2) 위조공문서행사죄의 성립여부

사안에서 甲은 공문서위조죄에 의하여 만들어진 주민등록증을 은행에 제시하였는바 甲에게는 위조공문서행사죄(제229조)가 성립한다.

2. 甲이 V명의로 예금청구서를 작성하고 V의 도장을 찍어 은행에 제시한 행위에 대한 죄책

(1) 사문서위조죄 및 동행사죄의 성립여부

제231조에 의하면 행사할 목적으로 권리·의무 또는 사실증명에 관한 타인의 문서를 위조한 경우 사문서위조죄가 성립한다.

사안에서 甲은 행사할 목적으로❽ 사자인 V명의로 예금청구서를 작성하였는바, 작성일자가 V가 사망한지 1일 정도 지난 시점이어서 그 예금청구서는 일반인으로 하여금 V의 권한 내에서 작성된 문서라고 믿게 할 수 있는 정도의 형식과 외관을 갖춘 것이므로 甲에게는 사문서위조죄가 성립하며 (대판 : 2002도18), 아울러 위조된 정을 모르는 은행원에게 예금청구서를 제시하였는바❾ 위조사문서행사죄(제234조)가 성립한다.

(2) 사인부정사용죄 및 동행사죄의 성립여부

사안에서 甲은 예금청구서를 작성하고 훔친 V의 도장을 찍은 후 그 도장이 찍힌 예금청구서를 은행에 제시하였는바, 이는 행사할 목적으로 타인의 인장을 부정사용한 후 부정사용한 인장을 행사한 경우이므로 일응 사인부정사용죄(제239조 제1항) 및 동행사(제239조 제2항)가 성립할 수 있다.

---

❼ 사례의 특정된 일부의 사실에 대한 죄책을 묻는 문제여서 별도로 종합적인 논점 목차를 잡지 않고 바로 개별적인 논의로 들어갔다.

❽ 사실관계가 확실하므로 이러한 바로 이러한 평가를 하여도 무방하다고 본다.

❾ 은행원에 대한 예금청구서 제시는 사실관계에 명시적으로 기술되어 있지 않더라도 예금이 인출된 이상 그러한 사실관계가 인정된다고 보아야 한다.

그러나 사인부정사용 및 동행사는 사문서위조 및 동행사의 과정에서 일반적·전형적으로 수반되는 행위이므로(대판 : 2012도1895) 사문서위조죄 및 동행사죄에 흡수되고 별도로 죄가 성립하지 아니한다(대판 : 78도1787 참고).

3. 甲이 V의 통장에서 현금 1,000만 원을 인출한 행위에 대한 죄책

甲은 절취한⑩ V의 통장을 이용하여 은행원을 기망하여 진실한 명의인이 예금을 찾는 것으로 오신시켜 현금을 교부받았으므로 사기죄(제347조 제1항)가 성립한다. 한편 은행에 대한 사기죄는 새로운 법익의 침해에 해당하므로 통장에 대한 절도죄의 불가벌적 사후행위가 되는 것이 아니다(대판 : 78도1787 참고).

4. 甲이 예금을 인출하기 위하여 은행에 들어간 행위에 대한 죄책

일반인의 출입이 허용된 장소에 영업주의 승낙을 받아 통상적인 출입방법으로 들어갔다면 특별한 사정이 없는 한 주거침입죄에서 규정하는 침입행위에 해당하지 않고, 설령 행위자가 범죄 등을 목적으로 음식점에 출입하였거나 영업주가 행위자의 실제 출입 목적을 알았더라면 출입을 승낙하지 않았을 것이라는 사정이 인정되더라도 그러한 사정만으로는 출입 당시 객관적·외형적으로 드러난 행위 태양에 비추어 사실상의 평온상태를 해치는 방법으로 음식점에 들어갔다고 평가할 수 없으므로 침입행위에 해당하지 않는다(대판(전) : 2017도18272).

사안에서 비록 甲이 일반인의 출입이 허용된 은행에 범죄 목적으로 들어갔으나 통상적인 출입방법으로 들어간 이상 건조물침입죄(제319조 제1항)가 성립하지 않는다.

Ⅱ. 결론

甲은 공문서위조죄 및 동행사죄, 사문서위조죄 및 동행사죄, 사기죄, 건조물침입죄의 죄책을 진다.⑪⑫

---

⑩ 살해 후 시간적 장소적으로 근접하여 사자의 재물을 취거한 경우 사자의 생전점유가 인정되어 절도죄가 성립한다(대판 : 93도2143). 이 부분의 논외로 되어 있으므로 본문처럼 언급하면 족하다고 본다.

⑪ 물론 위조죄, 행사죄, 사기죄는 판례에 의하면 실체적 경합에 해당하고, 두 개의 행사죄는 문서를 일괄제시하였을 것이므로 상상적 경합에 해당한다.

⑫ 본 문제는 배점이 20점에 불과하므로 본론 부분마저도 논점을 빠트리지 않되 가급적 간명하게 기술하여야 하여야 하는데 죄수에 관한 논의를 중언부언 할 수 있을지 의문이며 바람직할지는 더욱 의문이다.

[설문 3]의 해결

I. 甲과 乙의 폭행의 정도가 강도죄의 폭행에 해당할 정도인 경우

1. V의 직불카드를 빼앗은 행위에 대한 죄책

사안에서 甲과 乙은 함께하여 (강도죄의 폭행에 해당할 정도인) 폭행으로 V의 직불카드를 빼앗았는바, 이는 2인 이상이 합동하여[13] 폭행으로 타인의 재물을 강취한 것이므로 특수강도죄가 성립한다(제334조 제2항, 제333조).

2. 현금자동지급기에서 현금을 인출하여 유흥비로 사용한 행위에 대한 죄책

(1) 컴퓨터사용사기죄[14] 또는 절도죄의 성립여부

컴퓨터사용사기죄(제347조의2)는 그 객체를 재물이 아닌 재산상의 이익으로만 한정하여 규정하고 있으므로 사안에서 甲과 乙이 인출한 현금이 재물에 해당하는 이상 컴퓨터사용사기죄가 성립할 수 없다.[15]

따라서 甲과 乙이 강취한 V의 카드를 이용하여 자동지급기에서 현금을 인출한 행위는, 현금자동지급기의 관리자의 의사에 반하여 그의 지배를 배제한 채 재물인 현금을 자기의 지배하에 옮겨 놓는 행위로서, 2인 이상이 합동하여 타인의 재물을 절취한 경우에 해당하므로 특수절도죄가 성립한다(대판 : 2006도3126).

(2) 직불카드부정사용죄의 성립여부

여신전문금융업법 제70조 제1항 제4호에 의하면 강취한 직불카드를 사용한 경우 직불카드부정사용죄가 성립한다.

사안에서 甲과 乙은 강취한 직불카드를 이용하여 현금(예금)을 인출하였는바, 이는 직불카드에 겸용으로 되어 있는 현금카드를 사용한 것에 불과하므로, 甲과 乙에게는 직불카드부정사용죄가 성립하지 아니한다.[16]

(3) 사기죄의 성립여부

甲과 乙이 절취한 현금을 유흥비로 사용한 것은 특수절도죄의 불가벌적 사후행위로서 별도의 사기죄가 성립하지 아니한다.

3. 결론

甲과 乙에게는 특수강도죄 및 특수절도죄의 죄책을 지며 이들 범죄는 실체적 경합에 해당한다.

---

[13] 공모와 실행분담의 현장성이 확실히 인정되므로 합동에 대한 별도의 개념정의와 포섭과정이 필요하지 않다고 본다.

[14] 절취 또는 강취한 카드로 현금을 인출할 경우 항상 컴퓨터사용사기죄의 성립여부의 논점이 포함되어 있다는 점을 유의하여야 한다.

[15] 컴사기죄의 성부에 관한 논의를 최대한 축약하여 기술하였다.

[16] 甲과 乙은 강취한 직불카드에 겸용으로 되어 있는 현금카드를 사용한 것에 불과하므로 직불카드를 사용한 경우가 아니다. 따라서 직불카드의 본래의 기능대로 사용했는지 여부는 더 이상 논의할 필요가 없는 것이다.

Ⅱ. 甲과 乙의 폭행의 정도가 공갈죄의 폭행에 해당할 정도인 경우

1. V의 직불카드를 빼앗은 행위에 대한 죄책

사안에서 甲과 乙은 함께하여 (공갈죄의 폭행에 해당할 정도인) 폭행으로 V의 직불카드를 빼앗았는바, 이는 2인 이상이 공동하여⑰ 공갈죄를 범한 한 것이므로 폭력행위 등 처벌에 관한 법률위반(공동공갈)죄가 성립한다(폭처법 제2조 제2항).

2. 현금자동지급기에서 현금을 인출하여 유흥비로 사용한 행위에 대한 죄책

(1) 컴퓨터사용사기죄의 성립여부

앞서 살펴본 바와 같이 컴퓨터사용사기죄의 객체는 재산상 이익이고 여기에는 재물이 포함되지 않으므로 甲과 乙에게 동죄가 성립하지 아니한다.

(2) 특수절도죄의 성립여부

사안에서 甲과 乙이 예금주인 직불카드 소유자인 V를 협박하여 카드를 갈취하였다고 하더라도, 하자 있는 의사표시이기는 하지만 V의 승낙에 의하여 직불카드를 사용할 권한을 부여받아 이를 이용하여 현금을 인출한 이상,⑱ V가 그 승낙의 의사표시를 취소하기까지는 직불카드를 적법, 유효하게 사용할 수 있는 것이므로, 甲과 乙이 직불카드를 사용하여 현금을 인출한 행위는 특수절도죄가 성립하지 아니한다(대판 : 95도1728).

따라서 직불카드의 갈취행위와 그 카드로 현금을 인출한 행위는 현금을 갈취하고자 하는 甲과 乙의 단일하고 계속된 범의 아래에서 이루어진 일련의 행위로서 포괄하여 하나의 공갈죄를 구성할 뿐이다(대판 : 95도1728).

(3) 직불카드부정사용죄의 성립여부

사안에서 甲과 乙은 앞서 살펴본 바와 같이 현금카드를 사용한 것에 불과하므로, 甲과 乙에게는 직불카드부정사용죄가 성립하지 아니한다.⑲

(4) 사기죄의 성립여부

甲과 乙이 갈취한 현금을 유흥비로 사용한 것은 공갈범죄의 불가벌적 사후행위로서 별도의 사기죄가 성립하지 아니한다.

3. 결론

甲과 乙에게는 폭처법위반(공동공갈)죄의 포괄일죄의 죄책을 진다.

---

⑰ 공동이 확실히 인정되므로 공동에 대한 별도의 개념정의와 포섭과정이 필요하지 않다고 본다.

⑱ 정확하게는 이러한 평가를 하기 위한 사실관계가 사례에서 분명하다고 할 수는 없다. 그러나 본 문제의 출제의도를 고려한다면 '직불카드를 빼앗은 후 비밀번호를 알아내고'라는 부분에서 피해자인 V가 겁을 먹은 상태에서 비밀번호를 가르쳐 준 것이기는 하지만 알려준 비밀번호를 사용하여 직불카드를 사용할 것을 승낙하였다고 볼 수 있을 것이다.

⑲ 앞서 살펴본바 있는 부분이므로 앞에서보다 더욱 요약하여 기술하였다.

Chapter
11

2014년 제3회 변호사시험

甲은 도박장을 직접 운영하기로 마음먹고, 단속에 대비하여 마침 직장을 잃고 놀고 있던 사촌 동생 乙에게 '도박장 영업을 도와주어 용돈도 벌고, 도박장이 적발되면 내가 도망가더라도 네가 사장이라고 진술을 해달라'고 제의하였고, 乙은 甲의 제의를 승낙하였다. 甲은 생활정보지에 광고하여 도박장에서 일할 종업원들을 채용하였다. 甲은 乙을 사장으로 위장하기 위하여 甲의 자금으로 乙로 하여금 직접 사무실을 임차하도록 하였다.

2013. 10. 1. 저녁 甲은 평소 알고 있던 丙 등 도박꾼들을 속칭 '대포폰'으로 연락하여 사무실로 불러 '포커'도박을 하도록 하고 자릿값으로 한 판에 판돈에서 10%씩 떼어 내었고, 乙은 창문으로 망을 보았다. 丙은 도박자금이 떨어지자 옆에서 구경하고 있던 丁에게 사실은 변제할 의사가 없었지만 높은 이자를 약속하고 도박자금을 빌려달라고 하였고, 丁은 丙이 상습도박 전과가 있음을 알면서도 丙에게 도박자금으로 300만 원을 빌려주었다.

근처 주민의 신고로 경찰관 P 등이 출동하여 乙, 丙, 丁은 현장에서 도박 등의 혐의로 현행범인으로 체포되었고, 甲과 다른 도박꾼들은 도망쳤다. 乙은 경찰서에서 자신이 도박장 주인이라고 하면서 도박장 등의 운영 경위, 자금 출처, 점포의 임대차계약 경위, 종업원 채용 등에 관하여 구체적으로 거짓말을 하였고, 조사를 받은 후 체포된 다른 사람들과 함께 석방되었다.

단속 3일 후 甲이 경찰관 P에게 전화하여 불구속 수사를 조건으로 자수 의사를 밝혀오자 경찰관 P는 일단 외부에서 만나 이야기하자고 하였다. 다음 날 경찰관 P는 경찰서 밖 다방에서 甲을 만나 범죄사실의 요지, 체포의 이유와 변호인선임권을 고지하고 변명의 기회를 준 후 甲을 긴급체포하려 하였다. 그러자 甲은 '자수하려는 사람을 체포하는 법이 어디에 있느냐'고 따지며 경찰관 P의 가슴을 밀쳐 바닥에 넘어뜨렸고, P는 넘어지면서 손가락이 골절되었다.

1. 甲, 乙, 丙, 丁의 죄책은? (60점)

[설문 1]의 해설

I. 논점의 정리

① 도박장 운영과 관련하여 甲에게 도박장소개설죄가 성립하는지, 乙에게는 도박장소개설죄의 종범이 성립하는지 문제된다. 또한 甲이 丙 등에게 도박을 하도록 한 점과 도박이 진행되는 동안 乙이 망을 보아 준 점에 대하여는 도박죄의 교사범 및 도박죄의 종범이 성립하는지 문제된다.

② 도박자금의 차용과 관련하여 丙에게 사기죄가 성립하는지 문제된다.

③ 丙에 대하여는 도박행위가 상습도박죄가 성립하는지, 丁의 丙에 대한 도박자금 대여행위가 상습도박죄의 종범이 성립하는지 여부가 문제된다.

④ 乙이 경찰서에서 허위진술을 한 행위와 관련한 乙에게 범인도피죄와 위계에 의한 공무집행방해죄가 성립하는지, 또한 乙에게 허위진술을 하도록 한 甲에게 범인도피죄의 교사범이 성립하는지 문제된다.

⑤ 경찰관 P의 가슴을 밀쳐 손가락이 골절되게 한 행위에 대하여 甲에게 공무집행방해죄 및 폭행치상죄가 성립하는지 문제된다.

II. 도박장의 운영과 관련한 甲과 乙의 죄책

1. 도박장소개설죄의 성립여부

형법 제247조에 의하면 영리의 목적으로 도박을 하는 장소를 개설한 경우 도박장소개설죄가 성립한다. 여기서 '도박하는 장소를 개설한다'는 것은 스스로 주재자가 되어 그 지배하에 도박의 장소를 개설하는 것을 말한다.

사안에서 甲은 자릿값을 받을 목적으로 도박장의 종업원을 채용하고, 도박장을 임차하였으며❶ 도박꾼들을 불러 모아 도박을 하도록 하였는바 이는 甲이 '영리의 목적으로' '주재자가 되어 그 지배하에 도박의 장소를 개설한' 것이므로 도박장소개설죄가 성립한다.

한편 乙은 甲으로부터 도박장 영업을 도와 달라는 제의를 받고 승낙한 후 甲의 부탁으로 도박장을 임차하고 도박이 진행되는 동안 망을 보아 주었는바 이는 도박장소개설에 대한 방조에 해당하므로 乙에게는 도박장소개설죄의 종범이 성립한다(제247조, 제32조 제1항).❷

---

❶ 사안에서 甲은 자신의 자금으로 乙로 하여금 직접 사무실을 임차하도록 하였으나 결국 甲이 임차한 것으로 보아야 하므로 본문과 같은 표현을 하여도 무방할 뿐만 아니라 오히려 바람직하다고 본다.

❷ 사안에서 '甲은 乙을 사장으로 위장하기 위하여 甲의 자금으로 乙로 하여금 직접 사무실을 임차하도록 하였다.'는 사실관계를 '乙이 甲의 자금으로 사무실을 임차하였다'고 평가하여 乙은 甲의 도박장소개설죄에 분업적으로 행위를 분담한 것이므로 종범이 아닌 공동정범으로 보는 견해도 있다(김태계, 변시 3회 기출해설, 고시계/ 이인규, 로스쿨 기출시리즈, 학연). 그러나 저자는 위 사실관계의 본질은, 형식은 乙이 사무실을 임차한 것이지만 그 자금이 甲의 것일 뿐만 아니라 그 목적이 甲이 乙을 사장으로 위장하기 위한 수단으로 乙로 하여금 임차'하도록'한 것에 불과하므로 결국 그 본질은 甲이 사무실을 임차하는 것이라고 보는 것이 더 타당하다고 보았다.

2. 도박죄의 교사범 또는 도박죄의 종범의 성립여부

도박장소개설은 도박을 교사하거나 방조하는 성격을 포함하고 있으므로 甲에게 도박장소개설죄가 乙에게 도박장소개설죄의 종범이 성립하는 이상 甲이 丙 등에게 도박을 하도록 한 점과 도박이 진행되는 동안 乙이 망을 보아 준 점에 대하여는 도박죄의 교사범 및 도박죄의 종범이 성립하지는 아니한다.

Ⅲ. 도박자금의 차용과 관련한 丙의 죄책(사기죄의 성립여부)

형법 제347조 제1항에 의하면 사람을 기망하여 재물의 교부를 받은 경우 사기죄가 성립한다.

사안에서 丙은 지급의사 없이 이자를 약속하고 도박자금을 丁으로부터 빌렸는바 이는 사람을 기망하여 불법원인급여를 하게 한 경우에 해당한다.

이 경우 급여자에게 민법상 반환청구권이 인정되지 않아 법이 보호해야 할 재산상 손해가 없으므로 사기죄가 성립하지 않는다는 견해가 있다.

그러나 민법상 반환청구권의 존재가 사기죄의 성립요건에 해당하는 것은 아니므로 불법원인급여에 해당하여 급여자가 수익자에 대한 반환청구권을 행사할 수 없다고 하더라도, 수익자가 기망을 통하여 급여자로 하여금 불법원인급여에 해당하는 재물을 제공하도록 하였다면 사기죄가 성립한다고 보는 것이 타당하다(대판 : 2006도6795). 따라서 甲에게는 사기죄가 성립한다.❸

Ⅳ. 丙의 도박과 丁의 도박자금 대여행위에 대한 죄책

1. 丙의 죄책(상습도박죄의 성립여부)

형법 제246조 제2항 및 제1항에 의하면 상습으로 도박을 한 경우 상습도박죄가 성립한다.

사안에서 丙은 상습도박의 전과가 있을 뿐만 아니라 도박을 하다가 도박자금이 떨어진 후에도 도박을 그만두지 못하고 사기의 방법에 의해 도박자금을 빌려 도박을 하는 것을 볼 때 '도박의 습벽'이 인정된다고 보여진다.❹

---

❸ 본 쟁점과 관련하여 '불법원인이 수익자에게만 있는 경우에는 민법 제746조 단서에서 예외적으로 반환청구를 인정하여 정의를 실현시키고자 하는 취지를 충분히 고려한다면 급여자 丁의 반환청구권은 상실하지 않는다고 보아 사기죄가 성립해야 한다. 판례와 다수설의 입장인 긍정설이 타당하다.'(이재상, 변호사시험 3개년 기출문제, 238면)고 결론을 내린 경우도 있다. 그러나 본 사안은 丁이 도금으로 사용될 것을 알면서 이자를 목적으로 금전을 丙에게 빌려 주었으므로 불법의 원인이 수익자인 丙에게만 있는 경우라고 볼 수 없다는 점에서 의문이다. 그리고 판례 역시 '반환청구권을 행사할 수 없다'는 전제에서 사기죄의 성립을 인정하고 있으므로 '반환청구권이 있음'을 전제로 하여 사기죄의 성립을 인정하면서 판례의 입장이 타당하다는 것은 그 자체가 모순이라고 보여진다.

❹ 본 쟁점과 관련하여 "사안에서 분명하지는 않으나 '丙이 상습도박 전과'가 있다고 되어 있으므로, 丙에게 상습도박죄를 인정하는 것이 타당할 것으로 보인다"고 평가한 후 丙에게 상습도박죄를 인정한 경우도 있으며(이인규, 전게서), "丙은 상습도박의 전과가 있는 자인바, 이는 丙에게 반복하여 도박행위를 하는 습벽으로서 행위자의 속성을 말하는 상습도박죄에 있어서 상습성이 있음을 의미한다"고 평가한 후 丙의 행위는 상습도박죄를 인정한 경우도 있다(이재상, 전게서). 상습도박죄에 있어서의 상습성이라 함은 반복하여 도박행위를 하는 습벽으로서 행위자의 속성을 말하는데, 이러한 습벽의 유무를 판단함에 있어서는 도박의 전과나 도박 회수 등이 중요한 판단자료가 된다(대판 1995.7.11. 95도955). 따라서 상습도박의 전과는 상습성 판단의 '중요한 자료'이나 상습도박의 전과가 있는 자라고 하여 상습성 있음을 의미한다고 단정할 수는 없는 것이다. 판례는 "상피고인이 사용해 보라고 건네주는 유실물인 자기앞수표 금 1,000,000원권 10매를 건네받은 도박 전과가 없는 피고인이 21:00경부터 이튿날 09:00경까지 사이에 위 수표를 가지고 공소외 4인과 함께 화투

따라서 丙이 도박자금을 빌리기 전후의 도박은 도박의 습벽의 발현에 의한 것이므로 포괄하여 상습도박죄 일죄가 성립한다.

2. 丁의 죄책(상습도박죄의 종범의 성립여부)

사안에서 丁은 도박의 습벽이 있는 丙에게 도박자금을 빌려주어 丙으로 하여금 도박을 할 수 있도록 하였다. 丁의 행위는 丙의 상습도박죄에 방조로서 가담한 것이다.

判例도 도박하는 자리에서 도금으로 사용하리라는 정을 알면서 채무변제조로 금원을 교부하였다면 도박을 방조한 행위에 해당한다(대판 : 70도1218)고 판시한 바 있다.

다만 사안에서 丁은 상습성이 없는 자이므로 도박의 상습성이 있는 丙을 방조한 경우 부진정신분범인 '상습도박죄'의 종범이 성립하는지 문제된다.

형법 제33조는 신분관계로 인하여 성립될 범죄에 가공한 행위는 신분관계가 없는 자에게도 전3조의 규정을 적용한다. 단, 신분관계로 인하여 형의 경중이 있는 경우에는 중한 형으로 벌하지 아니한다고 규정하고 있다.

제33조 본문과 단서의 관계에 대하여, 본문은 진정신분범의 성립과 과형을, 단서는 부진정신분범의 성립과 과형을 규정한 것으로 보는 견해가 있다. 그러나 33조 단서의 '중한 형으로 벌하지 아니한다'를 '중한 죄가 성립하지 아니한다'는 의미까지 포함된다고 해석하는 것으로 문제가 있다고 본다. 따라서 형법 제33조 본문은 진정신분범과 부진정신분범에 모두에 대한 성립문제를 규정한 것이고, 제33조 단서는 '신분관계로 인하여 형의 경중이 있는 경우' 즉 부진정신분범의 경우에 그 과형에 대해서만 예외적으로 '중한 형으로 벌하지 아니한다'고 해석하는 것이 타당하다.

따라서 사안에서 丁은 제33조 본문에 의하여 상습도박죄의 종범이 성립하나 제33조 단서에 의하여 단순도박죄의 종범으로 처벌하여야 한다.

Ⅴ. 乙이 경찰서에서 허위진술을 한 행위와 관련한 乙과 甲의 죄책

1. 乙의 죄책

(1) 범인도피죄의 성립여부

1) 범인도피죄의 성립요건

형법 제151조 제1항에 의하면 벌금 이상의 형에 해당하는 죄를 범한 자를 도피하게 한 경우 범인도

를 사용하여 1회 도금 최고 금 100,000원씩을 걸고 약 200회에 걸쳐 속칭 '모이쪼'라는 도박을 하였다면, 도박에 제공된 돈의 액수가 다소 많은 것은 사실이나 그 돈의 출처, 도박하기에 이른 경위 등에 비추어 도박의 상습성을 인정할 수 없다(대판 1991.10.8. 91도1894)."고 판시한 바 있다. 이 판례에 의하면 도박의 전과가 없는 경우라도 '돈의 출처, 도박하기에 이른 경위' 등을 아울러 고려하여 '상습성'을 판단하고 있음을 알 수 있다. 즉 타인의 권유에 의하여 도박에 이르렀고(자기가 하고 싶어 한 것이 아니고), 도금인 수표가 타인이 건네준 유실물이라는 것(굳이 도박하고 싶은 것은 아니지만 도박자금이 타인이 습득하여 건네준 것이어서 경제적 부담이 없으므로 도박을 하였을 수도 있다는 것)을 고려하여 상습성을 부정한 것이라고 볼 수 있다. 따라서 사안에서도 '상습도박의 전과'는 상습성을 인정할 유력한 근거이지만 그것만으로 곧 상습성이 바로 인정된다고 포섭을 하는 것은 무리가 있다고 보여진다. 저자는 사안에서도 상습도박의 전과 이외에 도박자금의 구입경위도 아울러 포섭하는 것이 출제자(채점자)에게 상습성을 인정하는 것에 대한 설득력을 갖는 것으로 보았다.

피죄가 성립한다. 여기의 '도피'란 은닉 이외의 방법으로 수사기관의 발견·체포를 곤란 내지 불가능하게 하는 행위를 말한다(대판 : 2002도5374; 동지 대판 : 93도3080).

사안에서 甲은 도박장소개설죄를 범하였으므로 '벌금 이상의 형에 해당하는 죄를 범한 자'에 해당한다. 그리고 乙은 경찰서에서 자신이 도박장 주인이라고 하면서 도박장 등의 운영 경위, 자금 출처, 점포의 임대차계약 경위, 종업원 채용 등에 관하여 구체적으로 거짓말을 하였으므로 이는 수사기관이 실제 업주인 甲을 발견 또는 체포하는 것이 곤란 내지 불가능하게 될 정도에까지 이른 것으로 보아야 한다.

따라서 乙은 벌금 이상의 형에 해당하는 죄를 범한 자를 도피하게 하였으므로 범인도피죄의 구성요건해당성이 인정된다.❺

2) 친족간의 특례 규정의 법적 성질

형법 제151조 제2항은 '친족 또는 동거의 가족이 본인을 위하여 범인도피죄를 범한 때에는 처벌하지 아니한다'고 규정하고 있다.

이 규정에 대하여 인적처벌조각사유라는 견해도 있으나, 이는 적법행위에 대한 기대가능성이 없음을 이유로 한 책임조각사유라고 하는 보는 것이 타당하다.

사안에서 乙이 甲을 도피시켰다고 하더라도 乙은 甲의 4촌 동생이므로 친족에 해당하여 제151조 제2항에 의하여 책임이 조각되어 범인도피죄가 성립하지 아니한다.

(2) 위계에 의한 공무집행방해죄의 성립여부

수사기관이 범죄사건을 수사함에 있어서는 피의자의 진술여하에 불구하고 피의자를 확정하고 그 피의사실을 인정할 만한 객관적인 제반증거를 수집 조사하여야 할 권리와 의무가 있다.

따라서 사안에서 乙이 경찰서에서 자신이 도박장 주인이라고 하는 등 허위진술을 하였다고 하더라도 형법 제137조의 위계에 의한 공무집행방해죄가 성립하지 아니한다(대판 : 76도3685).

2. 甲의 죄책(범인도피죄의 교사범의 성립여부)

형법 제31조 제1항에 의하면 타인을 교사하여 죄를 범하게 한 경우 교사범이 성립한다. 범인도피죄의 범인은 타인을 의미하므로 자기도피는 범인도피죄가 성립할 수 없다.

한편 자기도피의 교사의 경우, 자기 비호의 연장에 불과하므로 범인도피죄의 교사범이 성립하지 않는다는 견해가 있다. 그러나 범인이 타인을 교사하여 범인도피죄를 범하게 하는 행위는 방어권의 남용에 해당하므로 범인도피죄의 교사범이 성립한다(대판 : 2005도3707)고 보는 것이 타당하다. 이 경우 그 타인이 제151조 제2항에 의하여 처벌을 받지 아니하는 친족에 해당한다 하여도 마찬가지로 보아야 한다.

---

❺ 참고판례 게임산업진흥에 관한 법률 위반, 도박개장 등의 혐의로 수사기관에서 조사받는 피의자가 사실은 게임장·오락실·피씨방 등의 실제 업주가 아니라 그 종업원임에도 불구하고 자신이 실제 업주라고 허위로 진술하였다고 하더라도, 그 자체만으로 범인도피죄를 구성하는 것은 아니다. 다만, 그 피의자가 실제 업주로부터 금전적 이익 등을 제공받기로 하고 단속이 되면 실제 업주를 숨기고 자신이 대신하여 처벌받기로 하는 역할(이른바 '바지사장')을 맡기로 하는 등 수사기관을 착오에 빠뜨리기로 하고, 단순히 실제 업주라고 진술하는 것에서 나아가 게임장 등의 운영 경위, 자금 출처, 게임기 등의 구입 경위, 점포의 임대차계약 체결 경위 등에 관해서까지 적극적으로 허위로 진술하거나 허위 자료를 제시하여 그 결과 수사기관이 실제 업주를 발견 또는 체포하는 것이 곤란 내지 불가능하게 될 정도에까지 이른 것으로 평가되는 경우 등에는 범인도피죄를 구성할 수 있다(대판 2010.1.28. 2009도10709; 동지 대판 2010.2.11. 2009도12164).

사안에서 甲은 친족에 해당하는 乙에게 '도박장이 적발되면 내가 도망가더라도 네가 사장이라고 진술을 해달라'고 제의한 바 있는데 이는 甲이 타인인 乙을 교사하여 범인도피죄를 범하게 한 경우에 해당하여 甲은 범인도피죄의 교사범이 성립한다.

VI. 경찰관 P의 가슴을 밀쳐 손가락이 골절되게 한 행위에 대한 甲의 죄책

1. 공무집행방해죄의 성립여부[6]

형법 제136조 제1항에 의하면 직무를 집행하는 공무원에 대하여 폭행한 경우 공무집행방해죄가 성립한다. 여기의 공무집행은 적법한 것이어야 한다. 긴급체포가 적법하기 위해서는 형사소송법 제200조의3 제1항의 요건을 갖추어야 한다.

사안에서 甲은 자발적으로 경찰관 P에게 전화로 자수의사를 밝혔고, P가 지정한 장소에 자진하여 출석하였다는 것을 고려하면 증거를 인멸할 염려가 있는 때 또는 도망하거나 도망할 우려가 있는 때라는 긴급체포의 요건을 구비하였다고 보기 어렵다.[7] 따라서 경찰관 P가 미란다 원칙을 실시하였다고 하더라도 甲에 대한 긴급체포가 적법하지 아니한 이상 甲이 P의 가슴을 밀쳐 폭행한 것은 공무집행방해죄가 성립하지 아니한다.

2. 폭행치상죄의 성립여부

사안에서 甲은 P의 가슴을 밀쳐 바닥에 넘어뜨렸고, P는 넘어지면서 손가락이 골절되었는바, 이는 폭행치상(제262조, 제260조 제1항)에 해당한다.

그러나 甲의 폭행치상행위는 자기의 법익을 P의 위법한 긴급체포행위로부터 방위하기 위한 상당한 이유 있는 행위에 해당하므로 정당방위에 해당하여 위법성이 조각된다(제21조 제1항).

따라서 甲에게는 폭행치상죄가 성립하지 아니한다.

VII. 결론[8]

① 甲은 도박장소개설죄, 범인도피죄의 교사범의 죄책을 지며 양죄는 실체적 경합에 해당한다.
② 乙은 도박장소개설죄의 종범의 죄책을 진다.
③ 丙은 상습도박죄 포괄일죄와 사기죄의 죄책을 지며 양죄는 실체적 경합에 해당한다.
④ 丁은 상습도박죄의 종범이 성립하나 단순도박죄의 종범의 형으로 처벌된다.

---

[6] 공무집행방해치상죄의 구성요건이 존재하지 않으므로 공무집행방해죄와 폭행치상죄로 나누어 고찰하여야 한다.
[7] 형사소송법 문제가 복합 사례로 구성되는 변호사 시험의 경우는 긴급체포의 요건을 약간 더 상세하게 기술하는 것도 하나의 방법이나 역시 핵심은 위 본문에 기술한 두가지 요건을 검토하는 것이다.
[8] 기타 甲이 대포폰을 사용하여 통신료를 면탈한 것이 사기죄가 성립하는지도 쟁점이 될 수 있으나, 이는 '사람(자연인)'을 기망한 경우가 아니어서 사기죄가 성립할 수 없다. 본질적인 쟁점으로 득점을 하라는 것은 강의시간에 수차 언급한 바 있다.

02 제2문

甲은 친구 乙의 사기범행에 이용될 사정을 알면서도 乙의 부탁으로 자신의 명의로 예금통장을 만들어 乙에게 양도하였고, 乙이 A를 기망하여 A가 甲의 계좌로 1,000만 원을 송금❶하자 甲은 소지 중이던 현금카드로 그중 500만 원을 인출하여 소비하였다. 乙이 甲에게 전화하여 자신 몰래 돈을 인출한 데 대해 항의하자 甲은 그 돈은 통장을 만들어 준 대가라고 우겼다. 이에 화가 난 乙은 甲을 살해할 의사로 甲의 집으로 가 집 주변에 휘발유를 뿌리고 불을 질렀으나, 갑자기 치솟는 불길에 당황하여 甲에게 전화해 집 밖으로 빠져 나오게 하였고, 甲은 간신히 목숨을 건질 수 있었다.

甲은 乙이 자신을 살해하려고 한 사실에 상심한 나머지 술을 마시고 혈중알코올농도 0.25%의 만취상태에서 승용차를 운전하여 乙의 집으로 가다가 보행신호에 따라 횡단보도를 걸어가고 있는 B를 승용차로 치어 B가 중상을 입고 도로 위에 쓰러졌다. 甲은 사고 신고를 받고 긴급출동한 경찰관 P에 의해 사고현장에서 체포되었고, B는 사고 직후 구급차에 실려 병원으로 후송되던 중 구급차가 교차로에서 신호를 무시하고 지나가는 트럭과 부딪혀 전복되는 바람에 그 충격으로 사망하고 말았다.

경찰의 수사를 피해 도피 중이던 乙은 경찰관인 친구 C에게 전화를 걸어 자신에 대한 수사상황을 알아봐 달라고 부탁하였고, C는 甲이 체포된 사실 및 甲 명의의 예금계좌에 대한 계좌추적 등의 수사상황을 乙에게 알려 주었다. 한편, 甲의 진술을 통해 乙의 범행을 인지한 경찰관 P는 乙이 은신하고 있는 호텔로 가서 호텔 종업원의 협조로 乙의 방 안에 들어가 甲 등 타인 명의의 예금통장 십여 개와 乙이 투약한 것으로 의심되는 필로폰을 압수한 후, 호텔에 잠복하고 있다가 외출 후 호텔로 돌아오는 乙을 긴급체포하였다.

1. 甲, 乙의 죄책은? (60점)

---

❶ 대법원은 계좌이체 또는 현금으로 계좌송금(이하 '계좌이체 등'이라고 한다)이라고 하여 후자를 전자와 구별하고 있다. 즉 사례는 현금 1,000만 원을 송금으로 읽어야 하며 또 그런 의미로 읽어 달라고 출제된 것이 거의 확실하다고 보여진다. 그러나 사회생활의 실제에서는 계좌송금이 양자 모두를 포괄하는 의미로 사용되는 경우도 있으므로 보다 분명하게 현금 1,000만 원을 송금…하였다고 표현해 주었다면 수험생의 혼란이 줄었을 것으로 생각된다. 본 사례는 송금이 현금송금인지 예금채권의 이체송금인지에 따라 답안 구성이 하늘과 땅 차이로 나누어지기 때문에 더욱 애매한 표현은 피했어야 한다고 본다.

[설문 1]의 해설

I. 논점의 정리

① 사기범행과 관련하여 乙에게 사기죄, 甲에게 사기죄의 종범이 성립하는지 문제되며, 또한 甲이 1,000만 원 중 500만 원을 인출하여 소비한 행위가 A와 乙에 대한 횡령죄, 장물취득죄, 금융기관에 대하여 절도죄 등 재산죄가 성립하는지 문제된다.

② 방화살인과 관련하여 乙에게 현주건조물방화죄 및 살인죄의 중지미수가 성립하는지 문제된다.

③ 음주운전 사고와 관련하여 甲에게 특가법위반(위험운전치사상)죄, 음주운전죄, 교특법위반(업무상과실치사상)죄가 성립하는지 문제된다.

④ 乙이 수사상황을 알아봐 달라고 부탁한 점에 대하여 공무상비밀누설죄의 교사범이 성립하는지 문제된다.

II. 사기범행과 관련한 甲과 乙의 죄책

1. 乙의 죄책 - 사기죄의 성립여부

제347조 제1항에 의하면 사람을 기망하여 재물을 교부받은 경우 사기죄가 성립한다. 사기죄는 재물의 교부가 있는 때 즉 재물이 범인의 지배하에 들어간 때 기수가 된다.

사안에서 乙은 A를 기망하여 A로부터 공범자인 甲의 계좌로 1,000만 원을 송금받았는바 이는 송금받은 돈을 자신의 지배하에 두게 된 것이므로 사기죄 기수가 성립한다(대판 : 2003도2252).

2. 甲의 죄책

(1) 사기죄의 종범의 성립여부

사안에서 甲은 乙의 사기범행에 이용될 사정을 알면서도 자신의 명의로 예금통장을 만들어 양도하여 乙이 그 통장을 이용하여 사기죄를 범하였는바, 이는 타인의 범죄를 방조한 것이므로 사기죄의 종범(제32조 제1항)이 성립한다.

(2) 횡령죄의 성립여부

제355조 제1항에 의하면 타인의 재물을 보관하는 자가 그 재물을 횡령한 경우 횡령죄가 성립한다. 여기의 재물은 '타인소유'여야 하고, '보관'은 위탁관계에 의한 것임을 요한다.

사안에서 甲이 A로부터 편취한 금원 중 500만 원을 인출하여 소비하였으나, 사기죄의 종범인 甲과 그 피해자인 A 사이에 위탁관계가 인정되지 않고, 위 500만 원의 인출은 사기범행의 실행행위에 지나지 아니하여 새로운 법익을 침해한다고 볼 수 없다. 따라서 甲에게 사기죄의 종범 외에 별도로 A에 대한 횡령죄가 성립하지 않는다(대판 : 2017도17494).

또한 甲의 예금통장에 입금된 편취금원에 대하여 사기범 乙이 그 돈을 인출할 수 있는 상태에 이르렀다고 하더라도 그 돈의 소유권을 취득한 것이라고 볼 수는 없으며, 甲과 사기범 乙 사이에 보호할 가치 있는 위탁관계가 인정되지도 않는다. 따라서 甲에게 乙에 대한 횡령죄가 성립하지 않는다(대판 : 2017도17494).

(3) 장물취득죄(제362조 제1항)의 성립여부

사안에서 A는 乙의 기망행위에 속아 현금 1,000만 원을 甲 명의의 예금계좌로 송금하였는바, 이는 재물에 해당하는 현금을 교부하는 방법이 예금계좌로 송금하는 형식으로 이루어진 것에 불과하여, 甲이 인출한 500만 원은 乙이 사기죄로 영득한 재물로서 장물에 해당한다.❷

한편 사안에서 甲이 자신의 예금계좌에서 500만 원을 인출하였지만 이는 예금명의자로서 은행에 예금반환을 청구한 결과일 뿐 본범인 乙로부터 위 돈에 대한 점유를 이전받아 사실상 처분권을 획득한 것은 아니므로, 甲의 500만 원 인출행위를 장물취득이라고 할 수 없다.

따라서 甲에게는 장물취득죄가 성립하지 아니한다.

(4) 금융기관에 대한 재산죄의 성립여부

송금의뢰인과 수취인 사이에 송금의 원인인 법률관계가 존재하는지 여부에 관계없이 수취인과 은행 사이에는 송금액 상당의 예금계약이 성립하고, 수취인은 은행에 대하여 위 금액 상당의 예금채권을 취득한다.

따라서 사안에서 甲이 소지 중이던 자기명의❸의 현금카드로 자기명의의 예금계좌로 송금된 1,000만 원 중 500만 원을 인출하였다고 하더라도 이는 금융기관에 대하여 예금반환을 청구하여 예금을 지급받은 것에 불과하므로 은행에 대한 절도죄, 컴퓨터사용사기죄, 사기죄가 성립하지 아니한다(대판 : 2010도3498).❹

Ⅲ. 방화살인 행위에 대한 乙의 죄책

1. 현주건조물방화죄 및 살인죄의 중지미수의 성립여부

현주건조물방화치사죄(제164조 제2항)를 부진정결과적 가중범으로 인정하더라도 사안에서 乙은 甲을 살해할 의사로 현주건조물을 방화하였으나 甲이 사망하지 않았으므로 현주건조물방화치사죄가 성립할 수 없으며 또한 현주건조물방화치사죄의 미수를 처벌하는 규정도 없다.❺ 따라서 甲의 위 행위는 일응 현주건조물방화죄(제164조 제1항)와 살인미수죄(제250조 제1항, 제254조)가 성립한다.

---

❷ 본 사안과 관련하여 거의 모든 교재가 환전통화의 장물성에 대한 언급을 하고 있으나 본 사안과는 무관하다고 보아야 한다. 환전통화의 장물성의 논의는 (예컨대 절도죄로 영득한) 장물인 수표(또는 현금)가 장물로서 선재(先在)하였다가 이것이 예금을 통하여 현금(수표)으로 인출된 경우 후자에 대하여 장물성을 논의하는 것이기 때문이다. 본 사례의 현금 1,000만 원은 입금(송금)되기 전에는 아직 장물이 아니며, 입금(송금)된 후에도 현금 1,000만 원의 성질을 그대로 갖는다는 것이 판례의 취지이다(즉 현금의 성질을 잃지 않기 때문에 장물이라고 볼 수 있다는 것이다). 그러므로 입금된 현금의 일부인 500만 원은 환전통화가 아니라 사기죄로 영득한 재물 자체 즉 그냥 장물에 해당하는 것이다. 다른 모든 교재가 달리 해설을 하고 있으나 그렇다고 저자의 생각과 다른 부분을 그대로 추종할 수는 없었다. 환전통화의 장물성여부가 과연 논점이었으며 득점요소였을까. 저자로서는 의문이다. 판례도 그에 대한 논의가 없었음을 밝혀둔다.

❸ 사안의 전후 사정에 비추어 이렇게 평가하여도 무방하다.

❹ 지급기를 통한 인출인지 은행창구를 이용한 인출인지 그 방법이 특정되어 있지 않아 양자 모두를 포괄하여 검토하였다. 전자의 경우라도 절도죄, 컴퓨터사용사기죄가 성립하지 않으며 후자의 경우라도 사기죄가 성립하지 않는다는 의미이다.

❺ 현주건조물방화치사죄의 미수 규정이 없음에도 부진정결과적 가중범의 미수 인정여부를 장황하게 서술하는 것은 아무런 의미가 없다고 본다. 부진정결과적 가중범의 미수 규정이 있을 때만 그에 대한 인정여부의 논의가 실익이 있기 때문이다.

한편 사안에서 乙은 방화(살인의 실행행위에 해당함) 후 甲에게 전화해 집 밖으로 빠져 나오게 하여 甲의 목숨을 구하였으나 이는 갑자기 치솟는 불길에 당황하여 한 행위로서 사회통념상 범죄완수에 장애가 되는 사정에 기인한 것 즉 자의에 의한 결과방지라고 할 수 없어 제26조(중지범)가 적용될 수 없다(대판 : 97도957).❻

2. 결론

乙은 현주건조물방화죄❼와 살인미수죄(제250조 제1항, 제254조, 제25조)가 성립한다.

Ⅳ. 음주운전 사고와 관련한 甲의 죄책

1. 특가법위반(위험운전치사상)죄의 성립여부

음주의 영향으로 정상적인 운전이 곤란한 상태에서 자동차를 운전하여 사람을 상해 또는 사망에 이르게 한 경우 특가법위반(위험운전치사상)죄가 성립한다(동법 제5조의11).

사안의 경우 甲은 만취상태에서 승용차를 운전하였으므로 음주의 영향으로 정상적인 운전이 곤란한 상태에서 자동차를 운전하였음이 인정된다. 그러나 B는 甲의 승용차에 치여 중상을 입은 후 병원으로 후송되던 중 구급차 운전자의 교통신호 미준수로 인하여 사망한 것이므로 甲의 음주운전 행위와 B의 사망 사이에는 인과관계가 인정되지 않는다.❽

따라서 甲은 특가법위반(위험운전치상)죄가 성립한다.

2. 도로교통법위반(음주운전)죄, 교특법위반(업무상과실치상)죄의 성립여부

사안에서 甲은 혈중알코올농도 0.25%의 만취상태에서 승용차를 운전하였으므로 도로교통법위반(음주운전)죄(동법 제148조의2 제3항 제1호, 제44조 제1항)가 성립한다.

또한 甲은 위 운전과정에서 횡단보도에서의 보행자 보호의무를 위반하여 B를 승용차로 치어 중상을 입게 하였으므로 교특법위반(업무상과실치상)죄(동법 제3조 제1항, 형법 제268조)가 성립한다.

---

❻ 다만 위 판례이론이 적용된 사실관계는 '치솟는 불길을 보고 두려움에 불을 끈' 경우였다. 치솟는 불길에 당황하여 결과를 방지한 행위와 완전히 동일하다고 할 수는 없으나 판례이론을 원용하더라도 크게 문제되지는 않는다고 본다. 거의 모든 교재가 본 사례에 대하여 위 판례를 원용하거나 그 판례이론에 따라 자의에 의한 결과방지에 해당하지 않는다고 평가하고 있다.

❼ 사례에서 명시적으로는 현주건조물방화죄(기수)의 표지가 나타나 있지 않다. 乙은 집 주변에 휘발유를 뿌리고 불을 질렀으므로 방화의 목적물인 집 자체에 불을 지른 것은 아니다. 따라서 매개물에 발화된 이상 동죄의 실행의 착수는 확실히 인정되나 최소한 방화의 목적물인 집이 독립하여 연소하기 시작하였다는 명시적인 언급은 없다. 다만 '갑은 간신히 목숨을 건질 수 있었다'라는 이어진 표현을 집 밖으로 빠져 나오지 않았다면 죽을 뻔 했었다라는 의미로 읽을 수 있고 이는 집이 불탔다는 전제하의 판단으로 볼 수 있을 것이다.

❽ 현재의 판례이론과 통설에 의할 때 위 사안에 대하여 인과관계를 인정하는 경우는 없다. 실익도 없는 인과관계에 관한 학설을 논의할 필요가 있을까! 다음 답안의 작성시간마저 빼앗기고 있다는 사실을 잊지 말아야 한다.

3. 죄수[9]

甲의 특가법위반(위험운전치상)죄는 교특법위반(업무상과실치상)죄의 특별관계에 있으므로 교특법위반(업무상과실치상)죄는 특가법위반(위험운전치상)죄에 흡수되며 별죄를 구성하지 않는다(대판 : 2008도9182). 다만 도로교통법위반(음주운전)죄와 특가법위반(위험운전치상)죄는 입법 취지와 보호법익 및 적용 영역을 달리하는 별개의 범죄이므로,[10] 실체적 경합관계에 있다(대판 : 2008도7143).

V. 乙에 대한 공무상비밀누설죄의 교사범의 성립여부

사안에서 경찰관인 C는 乙과 관련된 수사상황을 乙에게 알려 주었으므로 C는 공무상비밀누설죄(제127조)를 범한 것이다.[11]

한편 공무상비밀누설죄는 누설하는 행위자와 누설받는 행위자를 필요로 하는 대향범에 해당하나 누설을 받는 자에 대한 처벌규정이 없다. 이 경우 비록 처벌받지 않는 대향자일지라도 처벌받는 자의 범죄에 적극가담한 경우 공범규정에 의한 처벌이 가능하다는 견해가 있다. 그러나 대향자의 일방에 대하여 처벌규정을 두고 있지 않은 것은 그 행위를 불문에 부친다는 취지이므로 공범이 성립할 수 없다고 보는 것이 타당하다(통설).

判例도 대향범에 대하여는 공범에 관한 형법총칙 규정이 적용될 수 없다는 입장이다(대판 : 2009도3642).

사안에서 乙이 경찰관 C에게 수사상황을 알아봐 달라고 부탁하였다고 하더라도 공무상비밀누설죄의 교사범이 성립하지 아니한다.

VI. 결론

① 사기범행과 관련하여 乙은 사기죄, 甲은 사기죄의 종범의 죄책을 진다.
② 방화살인행위와 관련하여 乙은 현주건조물방화죄와 살인미수죄의 죄책을 진다.[12]
③ 음주운전 사고와 관련여 甲은 도로교통법위반(음주운전)죄와 특가법위반(위험운전치상)죄의 죄책을 지며 양죄는 실체적 경합관계가 인정된다.

---

[9] 선택형으로 자주 출제가 되는 죄수에 관한 판례이므로 웬만한 수험생이면 이를 잘 알 고 있을 것이다. 이와 같이 죄수는 잘 알고 있는 경우에만 언급해도 족하다고 본다.

[10] 음주운전죄는 원활한 교통을 확보함을 목적으로 하며, 추상적 위험범의 성질을 갖고, 혈중 알코올농도가 기준치 이상일 경우에 성립하나, 위험운전치사상죄는 피해자의 생명·신체의 안전이라는 개인적 법익의 보호를 목적으로 하며, 결과범의 성질을 갖고, 혈중알코올농도가 기준치를 초과하였는지 여부와는 상관없이 운전자가 음주의 영향으로 실제 정상적인 운전이 곤란한 상태에 있어야만 한다.

[11] C의 죄책은 논의의 대상이 아니지만 교사범인 乙의 죄책을 논의하기 위하여는 반드시 기술되어야 한다. 다만 질문의 대상이 아니므로 간명하게 설명을 마쳐야 한다.

[12] 물론 상상적 경합관계가 인정된다.

Chapter
12

2013년 제2회 변호사시험

(1) 甲은 같은 동네에 혼자 사는 A가 평소 집안 장롱에 많은 금품을 보관한다는 사실을 알고 학교 후배인 乙, 丙에게 A의 집에 들어가 이를 훔쳐서 나누어 갖기로 제안하고 乙, 丙은 이에 동의했다. 甲은 A의 평소 출퇴근 시간을 관찰한 결과 A가 오전 9시에 출근하여 오후 7시에 귀가하는 것을 알게 되었다. 범행 당일 정오 무렵 甲은 乙, 丙에게 전화로 관찰 결과를 알려준 뒤 자신은 동네 사람들에게 얼굴이 알려져 있으니 현장에는 가지 않겠다고 양해를 구하였다. 乙과 丙은 甲의 전화를 받은 직후 A의 집 앞에서 만나 함께 담장을 넘어 A의 집에 들어가 장롱에 보관된 자기앞수표 백만 원권 3장을 가지고 나와 甲의 사무실에서 한 장씩 나누어 가졌다. 甲은 위 수표를 애인 丁에게 맡겼는데 丁은 이를 보관하던 중 甲의 승낙을 받지 않고 생활비로 소비하였다.

(2) A는 자기 집에 들어와 자기앞수표를 훔쳐 간 사람이 같은 동네에 사는 甲과 그의 학교 후배 乙, 丙이라는 사실을 확인하고 甲, 乙, 丙을 관할 경찰서에 고소하였다. 사법경찰관 P는 丙이 사촌동생이므로 甲, 乙, 丙에 대하여 불구속 수사를 건의하였으나 검사는 모두 구속 수사하도록 지휘하였다. P는 검사의 수사지휘를 받은 직후 사촌동생인 丙에게 전화를 하여 빨리 도망가도록 종용하였다. 甲, 乙만이 체포된 것을 수상하게 여긴 검사는 P의 범죄사실을 인지하고 수사한 결과 P를 범인도피죄로 불구속 기소하였다.

(3) 한편 P에 대한 범인도피의 피고사건에 대한 공판이 진행되던 중 P는 유죄판결이 확정되면 파면될 것이 두려워 사촌동생 丙에게 자신이 도망가라고 전화한 사실이 없다고 증언하도록 시켰다. 재판장은 丙이 P의 친척이라는 사실을 간과하고 증언거부권을 고지하지 않은 상태에서 증언을 하도록 하였다. 丙은 증인선서 후 "경찰에서 수사를 받던 중 P와 단 한 번도 전화통화를 한 사실이 없다."라고 거짓으로 증언하였다.

1. 사례 (1)에서 甲, 乙, 丙, 丁의 죄책은? (35점)
2. 사례 (3)에서 P와 丙의 죄책은? (25점)

[설문 1]의 해설

1. 논점의 정리

① 甲, 乙, 丙에 대하여 A의 집에 들어가 자기앞수표를 가지고 나온 점에 대하여 폭처법위반(공동주거침입)죄 및 특수절도죄의 성립여부, 자기앞수표를 나누어 가진 점에 대한 장물취득죄의 성립여부가 문제된다.

② 丁이 수표를 보관한 점에 대하여 장물보관죄가, 丁이 수표를 생활비로 소비한 점에 대하여 횡령죄가 성립하는지 문제된다.

2. A의 집에 들어가 자기앞수표를 가지고 나온 점에 대한 乙과 丙의 죄책

(1) 폭처법위반(공동주거침입)죄의 성립여부

2명 이상이 공동하여 사람의 주거에 침입한 경우 폭처법위반(공동주거침입)죄가 성립한다(동법 제2조 제2항 제1호, 형법 제319조 제1항). 여기의 공동은 공범관계에 있는 수인이 동일 장소에서 동일 기회에 상호 다른 자의 범행을 인식하고 이를 이용하여 범행을 한 경우를 의미한다(대판 : 2013도4430).

사안에서 乙과 丙은 절도목적으로 담장을 넘어 A의 집에 함께 들어갔는바, 이는 통상적이지 않은 출입방법으로 2인 이상이 공동하여 주거침입죄를 범한 경우에 해당하여 폭처법위반(공동주거침입)죄가 성립한다.

한편 甲은 乙과 丙과 주거침입을 공모하였으나 乙과 丙의 주거침입의 현장에 있지 않았으므로 폭처법위반(공동주거침입)죄가 성립하지 아니하며, 다만 폭처법위반(공동주거침입)죄의 공동정범(제30조)이 성립할 수 있을 뿐이다.❶

(2) 특수절도죄의 성립여부

2인 이상이 합동하여 타인의 재물을 절취한 경우 특수절도죄가 성립한다(제331조 제2항).

여기의 '합동'의 의미에 대해서는 합동을 공모로 이해하는 견해(공모공동정범설)와 합동을 공동으로 이해하는 견해(가중적 공동정범설)가 있으나, 전자의 경우 합동범의 범위가 지나치게 넓어질 수 있다는 문제점이 있고, 후자는 형법이 합동과 공동 양자를 구별하여 규정한 입법취지를 무시하게 되는 문제점이 있다.

따라서 합동은 공모와 실행행위의 분담이 있어야 하고, 그 실행행위에 있어서는 시간적으로나 장소적으로 협동관계에 있음을 요한다(대판 : 96도313)고 보는 것이 타당하다.

사안에서 乙과 丙은 절도를 공모한 후 함께 A의 집에서 자기앞수표를 가지고 나왔는바 이는 2인 이상이 시간적 장소적으로 협동 즉 합동하여 타인의 재물을 절취한 것이므로 특수절도죄가 성립한다(제331조 제2항).

그러나 甲은 절도를 공모하고 범행이 가능한 시간을 알려주는 등 실행행위의 분담이 있었으나 그 실행행위가 시간적 장소적으로 협동관계에 있다고 볼 수 없다. 따라서 甲에게는 합동에 의한 특수절도죄가 성립할 수 없다. 이 경우 甲에게 합동에 의한 특수절도죄의 공동정범이 성립하는지에 대하여,

---

❶ 본 사안에 대하여는 명시적인 판례가 없다. 다만 판례이론에 따라 사안을 포섭하면 위와 같은 결론을 맺을 수밖에 없다고 생각된다.

합동에 의한 특수절도죄가 무겁게 처벌되는 것은 시간적, 장소적 협동에 의하여 다수인이 죄를 범할 때 위험성이 증가하는 점을 고려한 것이므로 현장이 아닌 곳에서 역할분담을 한 자에 대하여는 합동범의 공동정범이 성립할 수 없다는 견해가 있다. 그러나 합동범에 대하여도 공동정범의 일반이론이 적용되어야 하므로 현장에 있지 아니한 자도 현장의 합동범에 기능적 행위지배를 하고 있는 이상 합동범의 공동정범이 될 수 있다고 보는 것이 타당하다.

사안에서 甲은 乙과 丙의 합동에 의한 특수절도 행위에 대하여 공모와 실행분담(기능적 행위지배)이 인정되므로 합동에 의한 특수절도죄의 공동정범이 성립한다.

(3) 죄수

형법 제331조 제2항의 합동에 의한 특수절도에 있어서 주거침입은 그 구성요건이 아니므로, 특수절도의 범인들이 그 범행수단으로 주거침입을 한 경우에 그 주거침입행위는 특수절도죄에 흡수되지 아니하고 별개로 주거침입죄를 구성한다고 보아야 한다(대판 : 2009도9667).

따라서 乙, 丙의 특수절도죄(甲의 특수절도죄의 공동정범)와 폭처법위반(공동주거침입)죄는 실체적 경합의 관계에 있다.

3. 절취한 자기앞수표를 나누어 가진 점에 대한 장물취득죄의 성립여부

장물죄는 타인(본범)이 불법하게 영득한 재물의 처분에 관여하는 범죄이므로 자기의 범죄에 의하여 영득한 물건에 대하여는 성립하지 아니한다(대판 : 86도1273).

사안에서 甲, 乙, 丙 특수절도죄의 공동정범 또는 정범이므로 장물취득죄(제362조 제1항)가 성립할 수 없다.

4. 丁이 수표를 보관한 점, 수표를 생활비로 소비한 점에 대한 죄책

(1) 장물보관죄의 성립여부

사안에서 자기앞수표는 절도죄로 영득한 재물로서 장물에 해당하고 丁이 이를 보관하였음도 분명하다. 다만 丁에게 수표가 장물임을 인식하였는지가 분명하지 아니하다. 만약 丁이 장물임을 인식하였다면 장물보관죄(제362조 제1항)가 성립하고, 장물임을 인식하지 못하였다면 장물보관죄가 성립하지 아니한다.❷

(2) 횡령죄의 성립여부

형법 제355조 제1항에 의하면 타인의 재물을 보관하는 자가 그 재물을 횡령한 경우 횡령죄가 성립한다. 여기의 재물은 '타인소유'여야 하고, '보관'은 위탁관계에 의한 것임을 요한다.

사안의 경우 丁은 甲이 절취하여 맡긴 장물인 수표를 보관하던 중 임의로 소비하였는 바 이러한 불법원인급여의 경우에도 민법상 반환청구가 불가능하더라도 소유자가 소유권을 상실하는 것이 아

---

❷ 저자는 편의상 위 본문과 같이 2가지 경우를 나누어 서술하였으나, 대부분의 사례에서 장물성을 인식할 수 있는 표지를 두는 것이 일반적이므로 이에 대한 언급이 없는 이상 장물성에 대한 인식이 없다는 전제하에 장물보관죄의 성립을 부정하는 것이 바람직하다고 본다. 많은 기출해설집에서 당연히 장물성에 대한 인식이 있는 것을 전제로 하는 것은 문제가 있다고 본다.

니며 또한 신임관계를 전제로 한 위탁관계가 인정되므로 횡령죄가 성립한다는 견해가 있다.

그러나 불법원인급여물에 대하여는 형법이 보호할 가치 있는 신임관계가 존재하지 아니한다고 보아야 하고 또한 급여와 동시에 소유권이 수급자에게 이전된다고 보는 것이 타당하다(대판 : 99도275).

따라서 사안에서 불법원인급여물인 수표의 소유권은 丁에게 귀속되며 위탁관계에 의한 보관자의 지위도 인정되지 않으므로 丁이 수표를 생활비로 소비한 행위는 횡령죄가 성립하지 아니한다.❸❹

5. 결론

① 甲은 폭처법위반(공동주거침입)죄 및 특수절도죄의 공동정범의 죄책을 지며 양죄는 실체적 경합관계에 있다.

② 乙과 丙은 특수절도죄와 폭처법위반(공동주거침입)죄의 죄책을 지며 양죄는 실체적 경합의 관계에 있다.

③ 丁의 경우 장물인 정을 알았다면 장물보관죄의 죄책을 진다.

[설문 2]의 해설

1. 논점의 정리

① 丙의 죄책과 관련하여 허위 증언을 한 점에 대하여 위증죄가 성립하는지, 법정에서의 허위증언이 증거위조죄, 위계에 의한 공무집행방해죄, 범인도피죄가 성립하는지 문제된다.

② P에 대하여는 위 ①의 丙의 범죄에 대한 교사범이 성립하는지 문제된다.

2. 丙의 죄책

(1) 위증죄의 성립여부

위증죄는 법률에 의하여 선서한 증인이 허위의 진술을 한 경우에 성립한다(제152조 제1항). 사안에서 丙이 허위의 진술을 하였다는 점은 분명하다. 다만 증언거부권을 고지받지 못한 상태에서 丙을 '법률에 의하여 선서한 증인'이라고 볼 수 있는지 문제된다.❺

---

❸ 수표를 생활비로 소비한 경우 수표 사용의 상대방에 대하여 사기죄가 성립하는지도 쟁점이 될 수 있다. 위 사안에서 丁이 장물성에 대한 인식이 있어 장물보관죄가 성립한다면 사기죄는 불가벌적 사후행위에 해당한다고 보아야 할 것이다.

[참고판례] 절취한 자기앞수표를 음식대금으로 교부하고 거스름돈을 환불받은 행위는 절도의 불가벌적 사후처분행위로서 사기죄가 되지 아니한다(대판 1987.1.20. 86도1728). 그러나 출제자의 의도를 정확히 알 수는 없지만 사안에서 수표 사용의 상대방을 특정하고 있지 않고 있다는 짐에서 사기죄의 쟁점까지 기술할 것을 요구하고 있다고 보여지지는 않는다. 고시계의 교수님의 기출해설에서도 사기죄는 논점으로 기술되지 않았다.

❹ 만약 丁에게 장물보관죄를 인정하고, 횡령죄 긍정설의 입장에서 丁에게 횡령죄의 성립을 인정하였다면 죄수에서 횡령죄는 장물보관죄의 불가벌적 사후행위에 해당한다는 언급이 필요할 것이다.

[관련판례] 절도범인으로부터 장물보관의뢰를 받은 자가 그 정을 알면서 이를 인도받아 보관하고 있다가 임의처분하였다 하여도 장물보관죄가 성립되는 때에는 이미 그 소유자의 소유물추구권을 침해하였으므로 그 후의 횡령행위는 불가벌적 사후행위에 불과하여 별도로 횡령죄가 성립하지 않는다(대판 1976.11.23. 76도3067).

❺ 이와 같이 쟁점을 분명히 하여야 한다. 어느 기출해설집에도 이를 분명히 한 경우는 찾아보기 힘들었다.

증인신문절차에서 법률에 규정된 증인 보호를 위한 규정이 지켜지지 않은 경우에는 증인이 허위의 진술을 하였다고 하더라도 위증죄의 구성요건인 "법률에 의하여 선서한 증인"에 해당하지 아니한다고 보아 이를 위증죄로 처벌할 수 없다고 보아야 하며, 다만 당해 사건에서 증인 보호에 사실상 장애가 초래되었다고 볼 수 없는 경우에만 예외적으로 위증죄의 성립을 인정하여야 할 것이다(대판(전) : 2008도942).❻

증인보호에 사실상 장애가 초래되었는지 여부는 증언 당시 증인이 처한 구체적인 상황, 증언거부권을 고지 받았더라도 허위 진술을 하였을 것이라고 볼 만한 정황이 있는지 등을 종합적으로 고려하여 증인이 진술한 것이 자신의 진정한 의사에 의한 것인지 여부를 기준으로 판단하여야 한다(대판(전) : 2008도942).

사안의 경우 P의 직무유기의 피고사건에 대한 공판은 사촌 형인 P가 丙 자신의 구속을 모면시키려고 하는 행위에서 비롯되었으므로 丙으로서는 P가 유죄판결이 확정되어 파면당하는 것을 방치하기 어려웠다는 점에서 증언거부권을 고지 받았더라도 허위 진술을 하였을 것이라고 볼 만한 정황이 인정된다. 따라서 丙의 허위증언은 자신의 진정한 의사에 의한 것이라고 보아야 하며, 丙은 '법률에 의하여 선서한 증인'으로서 허위의 진술을 한 경우에 해당하여 위증죄가 성립한다.❼

(2) 증거위조죄의 성립여부

형법 제155조 제1항에 의하면 타인의 형사사건에 관한 증거를 위조한 경우 증거위조죄가 성립한다. 여기서 증거를 위조한다는 것은 증거 자체를 위조함을 말하는 것이므로 사안에서와 같이 丁이 허위의 증언을 하는 것만으로는 증거위조죄를 구성하지 아니한다(대판 : 97도2961).❽

(3) 위계에 의한 공무집행방해죄의 성립여부

사안의 경우 丁은 허위증언을 하였으나 그로 인하여 법원 재판이 저지되거나 현실적으로 곤란하게 하는데까지 이르지 아니하였으므로 위계에 의한 공무집행방해죄(제137조)는 성립하지 아니한다(대판 : 2002도4293).

(4) 범인도피죄의 성립여부

범인도피죄(제151조)의 '도피하게 하는 행위'는 직접 범인을 도피시키는 행위 또는 도피를 직접적으로 용이하게 하는 행위에 한정되며, 그 자체로는 도피시키는 것을 직접적인 목적으로 하였다고 보기 어려운 어떤 행위까지 포함되는 것은 아니다(대판 : 2002도5374).

사안의 경우 丁의 허위증언은 P를 도피시키는 것을 직접적인 목적으로 하였다고 보기 어려우므로 범인도피죄가 성립하지 아니한다.

---

❻ 이와 같이 판례를 답안지를 기술하는 자신의 견해로 인용해서 기술하여야 하며, 그저 판례의 입장을 나열한 후 판례의 견해대로 결론을 내리는 것은 올바른 사례문제의 해결이라고 볼 수 없다.

❼ 이와 같은 사안의 포섭과정이 사례해결의 백미인 것이며 고득점의 비결이다.

❽ 이와 같은 부수적 쟁점을 어디까지 언급하여야 하는지 그 한계를 짓는 일은 정말 어려운 일이다. 일응 그 기준으로 판례를 생각할 수 있다. 일정한 검토를 한 다음 판례가 그 죄책을 인정하지 않는다고 판시한 경우에는 비록 죄가 성립하지 않는다는 결론을 이미 알고 있더라도 검토과정을 거쳐 결론을 내려주는 것이 바람직하다. 丙의 죄책과 관련하여는 적어도 증거위조죄의 언급은 반드시 하여야 한다고 본다. 위계에 의한 공무집행방해죄 및 범인도피죄는 상황에 맞게 축약 서술하거나 다른 쟁점이 많고 시간적 한계가 있다면 생략하여도 무방하다고 본다.

3. P의 죄책

(1) 위증죄의 교사범의 성립여부

위증죄는 법률에 의하여 선서한 증인만이 성립할 수 있는 진정신분범이지만 증인의 신분이 아닌 P도 형법 제33조 본문에 의하여 위증죄의 교사범이 성립할 수 있음은 의문이 없다.

다만 P는 자기의 형사사건에 관하여 丙에게 위증을 교사하였는바, 이 경우 자기의 형사사건에 대하여 타인을 교사하여 위증하게 하는 것은 자신이 허위의 진술을 하는 것과 차이가 없으므로 정범은 물론 교사범도 성립할 수 없다는 견해가 있다(소극설).❾

그러나 법률에 의하여 선서한 증인이 타인의 형사사건에 관하여 위증을 하면 위증죄가 성립되므로 자기의 형사사건에 관하여 타인을 교사하여 위증죄를 범하게 하는 것은 방어권을 남용하는 것이므로 위증죄의 교사범의 죄책을 인정하는 것이 타당하다(대판 : 2003도5114). 따라서 뛰에게는 위증죄의 교사범이 성립한다.

(2) 증거위조죄의 성립여부

사안에서 P가 丙에게 허위증언을 하도록 교사하였으나 이는 증거 자체를 위조한 경우가 아니므로 증거위조죄가 성립할 수 없다.

4. 결론

① 丙은 위증죄의 죄책을 진다.
② P는 위증죄의 교사범의 죄책을 진다.

---

❾ 이러한 학설의 명칭을 반드시 기술하여야 하는 것은 아니다. 독자들의 가독성을 높이기 위한 조치에 불과하다.

甲은 친구인 乙로부터 "丙이 송년회라도 하자며 술을 사겠다고 하니 같이 가자."라는 전화를 받고, 자신의 승용차에 乙을 태우고 약 5킬로미터 가량 떨어진 노원역 교차로 부근으로 가서 丙을 만났다. 그러자 丙은, "사실 돈이 없다. 취객을 상대로 돈을 훔쳐 술 먹자."라고 제의하였다. 甲은 농담을 하는 줄 알았으나, 乙과 丙이 그동안 몇 차례 취객을 상대로 절취행각을 한 사실을 알게 되었다. 甲은 "나는 그렇게까지 해서 술 마실 생각이 없다."라고 거절하자, 乙과 丙은 "그럼 너는 승용차에 그냥 있어라." 하고 떠났다.

乙과 丙은 마침 길바닥에 가방을 떨어뜨린 채 2~3미터 전방에서 구토하고 있는 취객을 발견하고, 乙은 그 취객을 발로 차 하수구로 넘어지게 하고 丙은 길에 떨어져 있던 가방에서 돈을 꺼냈다. 이를 지켜보던 사법경찰관 P1과 P2가 다가와 乙과 丙을 현행범으로 체포하려 하자 이 두 사람이 甲이 있는 승용차로 도망가다가 붙잡혔다. 경찰관들은 승용차 운전석에 있던 甲도 체포하여 신원을 조회한 결과 甲이 자동차 운전면허 정지기간 중인 자임을 알게 되었다.

당시 P1과 P2는 강절도범특별검거지시가 있어 순찰하다가 그 취객을 발견하고도 구호조치를 하지 않은 채 잠복근무 중, 乙과 丙이 범행하는 것을 기다렸다가 때마침 체포한 것이었다.

甲과 乙은 경찰에서 "우리들은 골프장을 건설하기 위해 수십억 원이 넘는 임야를 소유하고 있는데 왜 그런 짓을 하겠느냐."라고 하면서 등기부와 매매가격 10억 원의 매매계약서를 제시하였고, 丙은 "떨어진 지갑을 주웠을 뿐이다."라고 변명하였다.

이에 P1은 임야의 매수 과정을 확인하기 위해 매도인 丁을 불러 조사한 결과, 丁의 이름으로 명의신탁된 A의 임야를 甲과 乙에게 매도한 사실을 확인하고, 丁으로부터 매도 경위에 관한 자술서를 제출받았다.

계속해서 丁은, 甲과 乙이 자신을 설득하면서 '고위공직자 A가 부정 축재한 사실을 들어서 잘 알고 있다. 고소하지 못하도록 알아서 처리하겠다'고 말한 취지의 3자 간 대화를 녹음한 녹음테이프를 제출하였다.

뒤늦게 매도 사실을 안 A가 丁을 고소하려 하자, 甲은 A에게 휴대전화로 "고소를 포기해라. 부정 축재한 사실을 폭로할 수도 있다."라는 문자메시지를 수회 반복하여 발송하였다. A는 이에 대해 별로 개의치 않았으나, 丁이 다칠 것을 염려하여 고소를 하지 않았다.

1. 甲, 乙, 丙, 丁의 형사책임을 논하라(부동산 관련 특별법 위반의 점은 제외함). (55점)

[설문 1]의 해설

Ⅰ. 논점의 정리

① 丙의 "돈을 훔쳐 술 먹자"는 제의에 대하여 甲이 거절한 점에 대하여 丙과 甲에게 절도범죄가 성립하는지, 甲이 승용차를 운전한 것이 도로교통법위반(무면허운전)죄가 성립하는지 문제된다.

② 취객의 돈을 탈취한 점에 대하여 乙과 丙에게 특수강도죄가 성립하는지, 甲이 乙과 丙의 범죄에 대하여 책임을 져야하는지 문제된다.

③ 임야를 매매한 것과 관련하여 丁에게 특경법위반(횡령)죄가 성립하는지, 甲과 乙에게 丁의 범죄에 대한 공동정범이 성립하는지, 장물취득죄❶가 성립하는지 문제된다.

④ 甲이 문자메시지를 수회 반복하여 발송한 것과 관련하여 강요죄, 정통망법위반죄가 성립하는지 문제된다.

Ⅱ. 丙의 "돈을 훔쳐 먹자"는 제의에 대하여 甲이 거절한 점에 대한 丙과 甲의 죄책 및 甲에게 도교법위반(무면허운전)죄가 성립하는지 여부

사안에서 丙의 위 행위는 교사를 받은 甲이 범죄의 실행을 승낙하지 아니한 경우, 즉 형법 제31조 제3항의 실패한 교사에 해당한다. 이 경우 피교사자인 甲은 처벌할 수 없으며, 교사자는 음모 또는 예비에 준하여 처벌한다. 그러나 절도범죄는 음모.또는 예비에 대한 처벌규정이 없으므로 교사자인 丙도 무죄이다.

한편 甲이 자동차 운전면허 정지기간 중 승용차를 운전한 행위❷는 운전면허의 효력이 정지된 상태에서 운전한 것으로서 도교법위반(무면허운전)죄(제152조 제1호)가 성립한다.

Ⅲ. 취객의 돈을 탈취한 점에 대한 乙과 丙 및 甲의 죄책

1. 乙과 丙의 죄책 - 특수강도죄의 성립여부

2인 이상이 합동하여 폭행으로 타인의 재물을 강취한 경우 특수강도죄가 성립한다(제334조 제2항, 제333조).

여기의 "합동"은 주관적 요건으로서의 공모와 객관적 요건으로서의 범행의 실행의 분담이 있어야 하고 그 실행분담은 시간적으로나 장소적으로 서로 협동관계에 있다고 볼 수 있어야 한다(대판 : 92도917). "공모"는 반드시 사전에 이루어진 것만을 필요로 하는 것이 아니고 범행현장에서 암묵리에 의사 상통하는 것도 포함된다(대판 : 88도1557).❸

---

❶ 이 부분에 대하여는 기출문제해설 교재 중에는 아예 언급하고 있지 않거나 결론만 언급하고 있는 경우도 있으나, 후술하는 바와 같이 이와 관련된 명시적인 판례가 존재하므로 반드시 기술하여야 한다고 본다.

❷ 친구 乙을 태우고 약 5킬로미터 가량 떨어진 노원역 교차로 부근으로 운전해 간 행위를 기술한 것이며 위 본문의 내용정도이면 사실관계가 충분히 특정된다고 본다. 사실관계를 시시콜콜 모두 인용하여 기술할 필요는 없다.

사안에서 乙과 丙은 강도에 대하여 사전에 공모가 이루어진 것은 아니나❹ 범행현장에서 乙은 취객을 발로 차 넘어지게 하고 丙은 길에 떨어져 있던 가방에서 돈을 꺼냈으므로 이는 암묵리에 의사상 통한 것으로서 강도에 대한 공모가 있었다고 보아야 하며 乙과 丙의 각 행위는 실행분담에 해당한다.

한편 乙이 취객을 발로 차 넘어지게 한 행위는 상대방의 반항을 억압하거나 항거불능케 할 정도의 것으로서 강도죄의 폭행에 해당한다(대판 : 2001도359).❺

결국 乙과 丙은 합동하여 폭행으로 타인의 재물을 강취한 경우이므로 특수강도죄가 성립한다.

2. 甲의 죄책

甲은 丙의 절도범행 제의를 거절한 후 승용차 운전석에 남아 있었을 뿐 乙과 丙의 특수강도죄에 대하여는 전혀 관여한바 없으므로 乙과 丙의 특수강도 범행에 대하여는 어떠한 죄책도 지지 아니한다.

Ⅳ. 임야를 매매한 것과 관련한 丁 및 甲, 乙의 죄책

1. 丁의 죄책 - 특경법위반(횡령)죄의 성립여부

형법 제355조 제1항(횡령)의 죄를 범한 사람이 그 범죄행위로 인하여 취득한 재산상 이익의 가액이 5억원 이상일 때에는 특경법위반(횡령)죄가 성립한다(제3조 제1항). 한편 타인의 재물을 보관하는 자가 그 재물을 횡령한 경우 형법 제355조 제1항의 죄가 성립한다. 여기의 보관이라고 하기 위해서는 재물의 보관자와 재물의 소유자 사이에 법률상 또는 사실상의 위탁관계가 존재하여야 한다. 횡령죄의 본질이 신임관계에 기초하여 위탁된 타인의 물건을 위법하게 영득하는 데 있음에 비추어 볼 때 위탁관계는 횡령죄로 보호할 만한 가치 있는 신임에 의한 것으로 한정된다고 보아야 한다.

부동산실명법을 위반한 양자간 명의신탁의 경우, 계약인 명의신탁약정과 그에 부수한 기타 약정은 모두 무효이다.

나아가 명의신탁자와 명의수탁자 사이에 무효인 명의신탁약정 등에 기초하여 존재한다고 주장될 수 있는 사실상의 위탁관계라는 것은 부동산실명법에 반하여 범죄를 구성하는 불법적인 관계에 지나지 아니하여 형법상 보호할 만한 가치 있는 신임에 의한 것이라고 할 수 없다.

한편 명의수탁자가 명의신탁자에 대하여 소유권이전등기말소의무를 부담하게 되나, 명의신탁 약정에 따른 소유권이전등기는 처음부터 원인무효여서 명의수탁자는 명의신탁자가 소유권에 기한 방해배제청구로 말소를 구하는 것에 대하여 상대방으로서 응할 처지에 있음에 불과하다.

명의수탁자가 제3자와 한 처분행위가 부동산실명법 제4조 제3항에 따라 유효하게 될 가능성이 있다고 하더라도 이는 거래 상대방인 제3자를 보호하기 위하여 명의신탁약정의 무효에 대한 예외를 설정한 취지일 뿐 명의신탁자와 명의수탁자 사이에 위 처분행위를 유효하게 만드는 어떠한 위탁관계가 존재함을 전제한 것이라고는 볼 수 없다. 따라서 말소등기의무의 존재나 명의수탁자에 의한 유효

---

❸ 본 사례에서는 공모의 성립시기에 관한 이에 대한 기술이 득점요소에 해당한다.
❹ 乙, 丙은 절도에 관한 논의만 있었을 뿐이다.
❺ 사실관계가 이론이 없을 정도로 분명하므로 바로 포섭하여 해결하였다.

한 처분가능성을 들어 명의수탁자가 명의신탁자에 대한 관계에서 '타인의 재물을 보관하는 자'의 지위에 있다고 볼 수도 없다(대판(전) : 2016도18761).

사안에서 丁은 부동산실명법을 위반한 양자간 명의신탁에 있어서 명의수탁자인바 명의신탁자인 A에 대한 관계에서 '타인의 재물을 보관하는 자'의 지위에 있지 아니하므로 신탁받은 부동산을 임의로 처분한 점에 대하여 횡령죄가 성립하지 아니한다.

2. 甲, 乙의 죄책

(1) 특경법위반(횡령)죄의 공동정범의 성립여부

명의신탁된 A 소유 부동산을 甲과 乙에게 매도한 丁의 행위가 횡령죄가 성립하지 않는 이상 특경법위반(횡령)죄의 공동정범은 성립할 여지가 없다.

(2) 장물취득죄(제362조)의 성립여부

명의신탁된 A 소유 부동산을 甲과 乙에게 매도한 丁의 행위가 횡령죄가 성립하지 않는 이상 장물이 될 수 없으므로 장물죄는 성립할 여지가 없다.

V. 문자메시지를 수회 반복하여 발송한 것과 관련한 甲의 죄책

1. 강요죄의 성립여부

형법 제324조에 의하면 협박으로 사람의 권리행사를 방해하거나 의무없는 일을 하게 한 경우 강요죄가 성립한다. 여기의 협박은 객관적으로 사람의 의사결정의 자유를 제한하거나 의사실행의 자유를 방해할 정도여야 한다. 본죄는 협박이 개시된 때 실행의 착수가 인정되며, 이러한 협박으로 인하여 권리행사가 현실적으로 방해되거나 의무 없는 일을 현실적으로 했을 때 기수가 된다.

사안에서 甲이 A에게 "부정 축재한 사실을 폭로할 수도 있다."라는 문자메시지를 발송한 것은 객관적으로 부정축재한 사람의 의사결정의 자유를 제한하거나 의사실행의 자유를 방해할 정도의 협박에 해당하므로 甲은 강요죄의 실행에 착수한 것이다. 한편 A는 甲의 협박에는 별로 개의치 않았으나, 丁이 다칠 것을 염려하여 고소를 하지 않았으므로 甲의 협박행위와 고소를 하지 않은 것과의 사이에는 인과관계가 존재하지 않는다. 따라서 甲은 강요죄의 미수범(제324조, 제324조의5, 제25조)이 성립할 뿐이다.

2. 정통망법위반죄의 성립여부

사안에서 甲은 A에게 휴대전화로 "부정 축재한 사실을 폭로할 수도 있다."라는 문자메시지를 수회 반복하여 발송하여 도달하게 하였는바, 이는 정보통신망을 통하여 공포심이나 불안감을 유발하는 문언을 반복적으로 상대방에게 도달하게 한 것이므로 정통망법 제74조 제1항 제3호 위반죄가 성립한다.

VI. 결론❻

① 甲은 도교법위반(무면허운전)죄, 강요죄의 미수범, 정통망법위반죄의 죄책을 진다.

② 乙은 특수강도죄의 죄책을 진다.

③ 丙은 특수강도죄의 죄책을 진다.

④ 丁은 아무런 죄책을 지지 않는다.

---

❻ 기타 부수적 논점으로는 다음과 같은 것이 있다. 丁이 3자 간 대화를 녹음한 행위는 丁이 대화참여자인 이상 타인간의 대화를 녹음한 경우라고 할 수 없으므로 통비법위반(대화비밀침해)죄가 성립할 수 없다. 그러나 이 부분은 형법보다는 형소법상의 녹음테이프의 증거 능력 인정여부와 관련된 것이라고 보아야 할 것이다.

Chapter 13

2012년 제1회 변호사시험

甲은 2011. 12. 1. 14:00경 서울 서초구 서초동 123에 있는 서초편의점 앞 길에서 그곳을 지나가는 부녀자 A의 핸드백을 열고 신용카드 1장과 현금카드 1장이 들어 있는 손지갑 1개를 꺼내던 순간 이를 눈치챈 A가 "도둑이야."라고 소리치자 위 손지갑을 가지고 그대로 도주하였다. 이에 A는 마침 그곳을 순찰하던 정복 착용의 서초경찰서 서초지구대 소속 경찰관 P1과 함께 甲을 붙잡기 위하여 좇아갔고, 甲은 이를 피해 계속 도망하다가 대전교도소에서 함께 복역한 적이 있던 乙을 만났다. 甲은 乙에게 사정을 이야기하고 도와달라고 부탁하였고 乙은 이를 승낙하여 甲과 乙은 그곳 길바닥에 있던 깨진 소주병을 한 개씩 들고 甲을 체포하기 위하여 달려드는 경찰관 P1의 얼굴을 찔러 약 4주간의 치료를 요하는 안면부 열상을 가했다. 그런 다음 甲은 도주하였고, 乙은 그곳에서 현행범으로 체포되었다.

2011. 12. 1. 15:00경 甲은 집으로 가는 길에 A의 신용카드를 이용하여 의류가게에서 50만 원 상당의 의류를 구입하고, 부근 신한은행 현금자동지급기에서 A의 현금카드를 이용하여 현금 100만 원을 인출하였다.

1. 위 사안과 관련하여 甲의 죄책을 논하시오. (30점)
2. 위 사안과 관련하여 乙의 죄책을 논하시오. (30점)

[설문 1]의 해설

Ⅰ. 논점의 정리

甲의 죄책과 관련하여 ① A의 손지갑을 가지고 도주하다가 자신을 체포하려는 경찰관 P1에게 깨진 유리병으로 안면부 열상을 입힌 점에 대하여 강도상해죄, 특수공무집행방해치상죄, 특수상해죄가 성립하는지 여부, ② 절취한 A의 신용카드를 이용하여 의류를 구입한 점에 대하여 사기죄 및 신용카드부정사용죄가 성립하는지 여부, ③ 절취한 A의 현금카드를 이용하여 자동지급기에서 현금을 인출한 점에 대하여 컴퓨터사용사기죄 또는 절도죄 및 여신전문금융업법위반(신용카드등부정사용죄)가 성립하는지 여부가 각 문제된다.

Ⅱ. A의 손지갑을 가지고 도주하다가 자신을 체포하려는 경찰관 P1에게 안면부 열상을 입힌 점에 대한 죄책

1. 강도상해죄의 성립여부

(1) 강도상해죄의 성립요건

강도상해죄는 강도가 사람을 상해함으로써 성립한다(제337조).

(2) 甲이 '강도'에 해당하는지 여부

강도상해죄의 강도는 단순강도 이외에 준강도도 포함된다. 사안에서 甲은 손지갑을 취거하는 과정에서 상대방의 반항을 억압하거나 항거불능케 할 정도의 유형력을 행사한 바가 없으므로 단순강도에 해당하지 않고 절도에 해당한다.

한편 절도가 체포를 면탈할 목적으로 폭행을 가한 때에는 준강도에 해당한다(제335조). 여기의 폭행은 사람의 반항을 억압할 수 있는 정도이어야 하며, 절도의 피해자에 대하여 행하여질 필요가 없으며 제3자에 대한 것이라도 무방하다. 다만 폭행은 절도의 기회에 행하여져야 하므로 절도와 폭행간에 시간적 장소적 접근성이 인정되어야 한다.

사안에서 甲은 깨진 소주병으로 자신을 체포하려는 경찰관 P1의 얼굴을 찔렀으므로 체포면탈목적으로 사람의 반항을 억압할 수 있을 정도의 폭행한 경우에 해당하고, P1이 절도의 피해자가 아니라도 폭행에 해당한다. 또한 P1이 절도의 현장에서부터 추적하여 온 경우이므로 절도와 폭행은 시간적 접근성이 인정되므로 절도의 기회에 폭행이 이루어진 것이다. 따라서 甲은 준강도에 해당하며 강도상해죄의 주체인 '강도'에 해당한다.

(3) 甲에게 강도상해죄가 성립하는지 여부

강도상해죄가 성립하려는 상해의 결과에 대해서는 고의가 있어야 한다. 사안에서 甲은 P1에게 전치 4주간의 안면부열상을 가하였는바 이는 상해에 해당하고, 깨진 소주병으로 얼굴을 찔렀으므로 상해의 고의도 인정된다.

따라서 甲은 '강도'로서 '사람을 상해'하였으므로 甲에게는 강도상해죄가 성립한다(제337조).

2. 특수공무집행방해치상죄의 성립여부

(1) 특수공무집행방해치상죄의 성립요건

특수공무집행방해죄를 범하여 공무원을 상해에 이르게 한 때에는 특수공무집행방해치상죄가 성립하며(제144조 제2항, 제1항), 특수공무집행방해죄는 위험한 물건을 휴대하여 공무집행방해죄를 범한 때에 성립할 수 있다(제144조 제1항, 제136조).

(2) 공무집행방해죄 및 특수공무집행방해죄를 범하였는지 여부

공무집행방해죄는 직무를 집행하는 공무원에 대하여 폭행 또는 협박함으로써 성립한다(제136조). 여기의 직무집행은 적법한 것이어야 하며, 폭행 또는 협박은 공무집행을 방해할 수 있을 정도여야 한다.

사안에서 甲은 범인으로 호창되어 추적받고 있는 상태이므로 현행범인에 해당하고(제211조 제2항), 경찰관 P1이 甲을 체포하려고 한 것은 현행범인의 체포로서 공무원의 적법한 직무집행에 해당한다. ❶ 甲이 깨진 소주병으로 경찰관 P1의 얼굴을 찌른 행위는 공무집행을 방해할 정도의 폭행에 해당한다. 따라서 甲은 공무집행방해죄를 범한 것이다. 아울러 깨진 소주병으로 얼굴을 찌른 것은 위험한 물건을 휴대한 것에 해당한다.

따라서 甲은 위험한 물건을 휴대하여 공무집행방해죄를 범하였으므로 특수공무집행방해죄를 범한 것이다.❷

(3) 특수공무집행방해치상죄의 성립여부❸

상해의 결과에 대하여 과실이 있는 경우 이외에 고의가 있는 경우에도 특수공무집행방해치상죄가 성립할 수 있는지에 대해서는 이를 부정하는 견해(부진정결과적 가중범 부정설)도 있다.

그러나 특수공무집행방해의 경우 ⅰ) 상해의 결과에 대하여 고의가 있는 경우에 대하여 상해의 결과에 대하여 과실이 있는 경우보다 더 무겁게 처벌하는 규정이 없으므로 형의 불균형을 시정할 필요가 있다는 점, ⅱ) 상해에 대하여 예견가능성이(과실)이 있을 경우에 특수공무집행방해치상죄가 성립할 수 있으므로 상해에 대하여 고의가 있는 경우에도 동죄가 성립할 수 있다고 해석할 수 있다는 점에서, 상해의 결과에 고의가 있는 경우에도 특수공무집행방해치상죄가 성립할 수 있다고 보는 것 (부진정결과적 가중범 긍정설)이 타당하다.

사안에서 甲은 경찰관 P1에게 전치 4주간의 안면부열상을 가하였는바 이는 상해에 해당하고, 깨진 소주병으로 얼굴을 찔렀으므로 상해의 고의가 인정된다. 결국 甲은 특수공무집행방해죄를 범하여 공

---

❶ 사법경찰관리가 현행범인을 체포하는 경우에는 체포를 위한 실력행사에 들어가기 이전에 미리 미란다원칙을 실시하여야 하는 것이 원칙이나, 달아나는 피의자를 쫓아가 붙들거나 폭력으로 대항하는 피의자를 실력으로 제압하는 경우에는 붙들거나 제압하는 과정에서 고지하거나, 그것이 여의치 않은 경우에라도 일단 붙들거나 제압한 후에 지체없이 (미란다 원칙을) 행하였다면 경찰관의 현행범인 체포는 적법한 공무집행이라고 할 수 있다(대판 2008.10.9. 2008도3640). 따라서 사안에서 미란다 원칙의 사전 실시가 없었다는 점만으로는 경찰관 P1의 현행범 체포가 위법한 것이라고 단정하여서는 안된다.

❷ 포섭의 중요성을 인식하게 하기 위하여 상세하게 기술하였으나, 사안의 경우 특수공무집행방해죄가 성립함이 분명해 보이므로 실제 시험에서는 보다 간명하게 언급하는 것도 무방하다.

❸ 본 사례문제는 관여자의 죄책을 논하라고 하였으므로 각론적인 죄책을 논의하여야 하며 '부진정 결과적 가중범의 인정여부'라는 일반적인 논의를 하는 것은 바람직하지 않다. 사례집에 이러한 형식의 목차가 있는 경우가 많은데 이는 사례형의 문제에 논문식의 대답을 하는 것에 불과하다. 부진정 결과적 가중범의 논의가 중요한 것이 아니라 상해에 대하여 고의가 있는 경우에도 특수공무방해치상죄를 인정할 수 있는지가 중요하며 그 과정에서 부진정 결과적 가중범의 논의가 필요한 것에 불과하다는 점을 잊지 말아야 한다.

무원을 상해에 이르게 한 경우에 해당하여 특수공무집행방해치상죄가 성립한다(제144조 제2항, 제1항, 제136조).

(4) 특수상해죄의 성립여부❹

위험한 물건을 휴대하여 상해죄를 범한 경우 특수상해죄가 성립한다(제258조의2, 제257조 제1항). 사안에서 甲은 위험한 물건인 깨진 유리병으로 P1에게 안면부 열상의 상해를 가하였으므로 특수상해죄가 성립한다.

(5) 특수공무집행방해치상죄와 특수상해죄의 죄수❺

부진정결과적 가중범에서, 고의로 중한 결과를 발생하게 한 경우 그 고의범에 대하여 결과적 가중범보다 더 무겁게 처벌하는 규정이 없는 경우에는 결과적 가중범이 고의범에 대하여 특별관계에 있으므로 결과적 가중범만 성립하고 고의범에 대해서는 별도로 죄를 구성하지 않는다고 보아야 한다(대판 : 2008도7311).

사안에서 甲이 범한 특수상해죄(1년 이상 10년 이하의 징역)는 부진정결과적 가중범인 특수공무방해치상죄(3년 이상의 유기징역)보다 더 무겁게 처벌하지 않는다. 따라서 甲에게는 특별관계에 있는 특수공무방해치상죄만 성립하고 특수상해죄는 별도로 성립하지 아니한다.

3. 죄수

甲이 A의 손지갑을 가지고 도주하다가 자신을 체포하려는 경찰관 P1에게 깨진 유리병으로 안면부 열상을 입힌 점에 대해서는 강도상해죄(제337조) 및 특수공무집행방해치상죄(제144조 제2항, 제1항, 제136조)가 성립하며, 양죄는 하나의 행위에 의한 것이므로 상상적 경합(제40조)의 관계에 있다.

Ⅲ. 절취한 A의 신용카드를 이용하여 의류를 구입한 점에 대한 죄책

1. 사기죄의 성립여부

사람을 기망하여 재물을 교부받은 때에는 사기죄(제347조)가 성립한다.

사안에서 甲은 절취한 A의 신용카드를 마치 자기의 것인 양 가장하여 의류가게에서 (가게 주인으로부터) 50만 원 상당의 의류를 구입하였는바 이는 사람을 기망하여 재물을 교부받은 경우에 해당하여 사기죄가 성립한다.

---

❹ 앞의 기출해설에서 언급한 바와 같이 특수상해죄 부분[(4)와 (5)]은 강도상해죄의 상해가 특수상해를 의미하므로 별도로 언급하지 않아도 무방하다는 것이 저자의 생각이다. 다만 행위자가 절도범이 아닌 일반인이어서 강도상해죄가 성립하지 않고 특수공무집행방해치상죄와 특수상해죄만 검토하여야 하는 경우에 대비하여 공부를 할 수 있도록 언급을 해 두었다.

❺ 이 쟁점은 부진정 결과적 가중범의 죄수에 관한 것이다. 따라서 그 다음 항목인 죄수에서 언급할 수도 있으나 그렇게 하면 논의가 복잡해지므로 개별적인 쟁점과 관련하여 죄수를 먼저 언급한 후 목차별로 큰 쟁점으로 삼은 죄책만을 한꺼번에 모아 죄수에서 언급하였다.

2. 신용카드부정사용죄의 성립여부

도난당한 신용카드를 사용한 경우에는 여신전문금융업법상의 신용카드부정사용죄가 성립한다(제70조 제1항 제3호). 여기서 부정사용이라 함은 절취한 신용카드를 본래의 용도인 물품구입이나 용역의 제공을 받거나 또는 현금서비스(자금융통)를 받는 용도로 사용하는 것을 말한다.

사안에서 甲은 절취한 A의 신용카드를 의류를 구입하였으므로 본래의 용도대로 사용한 것으로서 신용카드부정사용죄에 해당한다.❻

한편 甲이 신용카드를 사용하는 과정에서 매출표의 서명 및 교부가 별도로 사문서위조죄 및 동행사죄의 구성요건을 충족한다고 하여도 사문서위조죄 및 동행사죄는 신용카드부정사용죄에 흡수되어 신용카드부정사용죄의 1죄만이 성립하고 별도로 사문서위조죄 및 동행사죄는 성립하지 않는다(대판 : 92도77).

3. 죄수

사기죄와 신용카드부정사용죄는 그 보호법익이나 행위의 태양이 전혀 달라 실체적 경합관계에 있다고 보아야 한다.❼

IV. 절취한 A의 현금카드를 이용하여 자동지급기에서 현금을 인출한 점에 대한 죄책

1. 컴퓨터사용사기죄의 성립여부

컴퓨터 등 정보처리장치에 권한 없이 정보를 입력하여 정보처리를 하게 함으로써 재산상의 이익을 취득한 경우 컴퓨터사용사기죄가 성립한다(제347조의2).

여기의 '재산상 이익'에 재물도 포함된다는 견해가 있으나,❽ 형법 제347조가 일반 사기죄를 재물죄 겸 이득죄로 규정한 것과 달리 형법 제347조의2는 컴퓨터등사용사기죄의 객체를 재물이 아닌 재산상의 이익으로만 한정하여 규정하고 있으므로 여기의 재산상 이익에는 재물은 포함될 수 없다고 보는 것이 타당하다(대판 : 2003도1178).

사안에서 甲이 인출한 현금이 재물에 해당하는 이상 컴퓨터사용사기죄가 성립할 수 없다.

2. 절도죄의 성립여부

절도죄는 타인의 재물을 절취함으로써 성립한다(제329조). 여기서 절취라 함은 타인이 점유하고 있는 재물을 점유자의 의사에 반하여 그 점유를 배제하고 자기 또는 제3자의 지배하에 옮기는 것을 말한다.

---

❻ 신용카드를 절취한 후 신용카드의 부정사용행위는 새로운 법익의 침해로 보아야 하고 그 법익침해가 절도범행보다 큰 것이 대부분이므로 위와 같은 부정사용행위가 절도범행의 불가벌적 사후행위가 되는 것은 아니다(대판 1992.6.9. 92도77). 이러한 언급까지 할 수 있다면 최상이겠으나 甲의 죄책이 달라지지는 않는 부분이므로 본문에서는 생략하였다. 지엽적인 부분에 너무 욕심을 내면 다른 중요한 쟁점을 놓치게 된다는 사실을 잊지 말아야 한다.

❼ 학설로는 상상적 경합을 인정하는 견해가 있다.

❽ 컴퓨터사용사기죄 성립 긍정설에 해당한다.

사안에서 甲이 절취한 A의 현금카드를 이용하여 자동지급기에서 현금을 인출하였는바 이는 현금 자동지급기의 관리자의 의사에 반하여 그의 지배를 배제한 채 재물인 현금을 자기의 지배하에 옮겨 놓는 행위로서 절도죄에 해당한다(대판 : 2006도3126).❾

3. 신용카드등부정사용죄의 성립여부

여신전문금융업법 제70조 제1항 제3호에 의하면 도난당한 신용카드나 직불카드를 사용한 자에 대해서는 처벌규정을 두고 있으나, 도난당한 현금카드를 사용한 자에 대한 처벌규정을 두고 있지 아니하다.

사안에서 甲은 절취한 A의 현금카드를 이용하여 자동지급기에서 현금을 인출하였으므로 여신전문금융업법 위반죄(신용카드등부정사용죄)가 성립하지 아니한다.❿

4. 소결

甲이 절취한 A의 현금카드를 이용하여 자동지급기에서 현금을 인출한 점에 대해서는 절도죄(제329조)가 성립한다.

V. 결론⑪

① 甲이 A의 손지갑을 가지고 도주하다가 자신을 체포하려는 경찰관 P1에게 깨진 유리병으로 안면부 열상을 입힌 점에 대해서는 강도상해죄(제337조) 및 특수공무집행방해치상죄(제144조 제2항, 제1항, 제136조)가 성립하며 상상적 경합(제40조)의 관계에 있다.

② 甲이 절취한 A의 신용카드를 이용하여 의류를 구입한 점에 대해서는 사기죄(제347조)와 신용카드부정사용죄(여신전문금융업법 제70조 제1항 제3호)가 성립하며 실체적 경합관계에 있다.

③ 甲이 절취한 A의 현금카드를 이용하여 자동지급기에서 현금을 인출한 점에 대해서는 절도죄(제329조)가 성립한다.

---

❾ 학설로는 은행이 현금지급기를 설치한 것은 신용카드의 소지자가 지급기의 지시에 따라 비밀번호를 입력하는 등 기계를 조작한 경우 무조건적으로 현금을 지급하겠다는 의사를 표시한 것이므로 절취한 신용카드로 현금을 인출하는 것은 지급기관리자의 의사에 반하여 현금을 인출한 것이라고 볼 수 없으므로 절도죄가 성립하지 않는다는 견해가 있다. 하지만 문제의 쟁점이 그 밖의 것도 많으므로 이러한 내용을 상세히 기술하는 것이 꼭 바람직하다고 볼 수는 없다.

❿ 본 쟁점에 대해서는 甲의 행위가 '부정사용'에 해당하는지 여부는 전혀 기술할 필요가 없다. 甲이 사용한 현금카드가 이미 부정사용의 객체가 아니기 때문이다. 따라서 직불카드로 예금을 인출한 판례 등을 인용하여 기술할 필요도 없다. 직불카드의 경우는 일단 부정사용의 객체에 해당하므로 '예금인출'이 '부정사용'의 개념에 해당하는지가 문제되는 경우이기 때문이다. 직불카드 사건과 달리 위 사안은 여신전문금융업위반죄의 객체의 범위가 쟁점이라고 보아야 한다. 실제로 교수님의 모범답안에서도 '직불카드 판례'는 인용되지 않았다 (고시계, 김태명 교수님, 변시 기출문제와 해설).

⑪ 논점의 정리와 수미상관하게 결론을 언급한 것이다. 시간적 여유가 있으면 최상의 기술임은 물론이다. 그러나 실제 시험에서 시간이 부족하다면 행위부분은 생략하고 죄책만 나열해도 무방하다.

[설문 2]의 해설

Ⅰ. 논점의 정리

乙의 죄책과 관련하여 ① 甲과 함께 범한 범죄인 특수공무집행방해치상죄의 공동정범이 성립할 수 있는지 여부, ② 甲의 절도범행에는 가담하지 않았으나 그러한 사정을 알고 중도에 가담한 행위만으로도 甲이 범한 강도상해죄의 공동정범이 성립할 수 있는지 여부, ③ 경찰관 P1에게 상해를 가함으로써 甲을 도주케한 점에 대하여 범인도피죄가 성립하는지 여부가 각 문제된다.⓬

Ⅱ. 특수공무집행방해치상죄의 공동정범의 성립여부

사안에서 乙은 甲으로부터 도와달라는 부탁을 받고 승낙한 후 甲과 함께 깨진 소주병을 들고 甲을 체포하려는 경찰관 P1에게 고의로 상해를 가하였는바 특수공무집행방해 및 상해에 대하여 공동가공의 의사가 인정되므로 특수공무집행방해치상죄의 공동정범이 성립한다. 앞서 살펴본 바와 같이 특수상해죄가 별도로 성립하지 않음은 물론이다.

Ⅲ. 강도상해죄의 공동정범의 성립여부

1. 제33조에 의한 강도상해죄의 성립여부

사안에서 乙은 甲의 절도범행에는 가담한 바 없으나 준강도죄의 주체가 '절도'로 한정되었다는 것을 근거로 준강도죄를 신분범으로 보아 제33조에 의하여 乙을 준강도죄 더 나아가 강도상해죄의 공동정범을 인정하는 견해도 있다.

그러나 절도죄의 주체는 제한이 없다는 점, 준강도죄의 절도는 결합범의 내용에 해당할 뿐이므로⓭ '절도'를 일신적 성질인 신분이라고 할 수 없으므로 준강도죄를 신분범으로 볼 수 없다고 보는 것이 타당하다.

따라서 乙은 제33조에 의하여 강도상해죄의 공동정범이 성립할 수 없다.

⓬ 乙이 경찰관 P1에게 상해를 가한 것은 甲의 부탁에 의한 것이므로 甲에 대하여는 자기도피의 교사의 경우 범인도피죄의 교사범이 성립할 수 있는지가 논의되어야 한다. 이에 대하여는 원칙적으로 방어권의 남용이므로 교사범이 성립할 수 있다는 것이 판례의 입장이다. 다만 본 기출문제는 甲의 죄책과 乙의 죄책을 별도로 분리하여 묻고 있기 때문에 甲의 죄책을 언급할 때 범인도피죄의 교사범을 먼저 언급하게 되면 乙의 범죄 즉 정범 없는 교사범을 논의하는 모순이 발생한다. 이러한 문제 때문이라도 항상 공범에 관한 쟁점은 정범을 먼저 논의한 후에 언급하여야 하는 것이다. 실제 시험에서는 어쩔 수 없이 甲에 대하여 범인도피죄의 교사범을 논의하면서 乙에 대하여 범인도피죄가 성립한다는 점을 먼저 언급하는 방법을 취할 수밖에 없었을 것이다. 그 후에 乙의 죄책을 논의할 때 앞의 논의를 인용하여 결론을 맺으면 될 것이다.

⓭ 결합범에 있어서 공동정범이 성립하기 위해서는 결합범을 구성하는 개개의 행위 전체에 대하여 공동정범의 관계가 인정되어야 한다.

2. 승계적 공동정범으로서 강도상해죄의 공동정범의 성립여부

승계적 공동정범이란 타인의 범죄행위가 일부 종료된 후 그 기수 전에 공동가공의 의사가 생겨 그 이후의 범죄를 실행하는 경우를 말한다.

승계적 공동정범의 후행자에게 참가 이전의 선행자의 행위를 이용하려는 의사가 있는 선행사실에 대해서도 공동정범을 인정해야 한다는 견해가 있다. 그러나 형법상 공동가공의 의사는 소급될 수 없고, 후행자의 행위와 선행사실 사이에 인과관계를 인정할 수 없으며, 선행사실에 대하여 후행자의 기능적인 역할분담이 인정될 수 없으므로, 선행사실에 대하여 후행자의 책임을 인정하는 것은 자기 책임의 원칙에 반한다는 점에서 후행자에게는 가담 이후의 행위에 대하여만 공동정범의 성립을 인정하는 것이 타당하다.

사안에서 乙은 甲의 절도범행후 甲의 부탁을 받고 승낙한 후 甲과 함께 깨진 소주병을 들고 甲을 체포하려는 경찰관 P1에게 상해를 가하였는바, 乙이 가담하기 전의 선행사실인 절도범행에 대해서는 공동정범이 성립할 수 없으므로 乙에게는 절도범행을 전제로 하는 강도상해죄가 성립할 수 없다. 다만 乙이 가담한 이후의 행위는 특수공무방해치상죄에 해당하므로 이에 대한 공동정범이 성립할 수 있을 뿐이다.

3. 범인도피죄의 성립여부

범인도피죄는 벌금 이상의 형에 해당하는 죄를 범한 자를 도피하게 함으로써 성립한다(제151조 제1항).

여기의 '죄를 범한 자'는 유죄판결이 확정되었거나 공소가 제기된 자임을 요하지 않으며, 수사개시의 전후에 있는 자인지를 불문한다. '도피하게 하는 행위'는 은닉 이외의 방법으로 범인에 대한 형사사법의 작용을 곤란 또는 불가능하게 하는 일체의 행위를 말하는 것으로서 그 수단과 방법에 제한이 없다.

사안에서 甲은 절도범인이므로 벌금 이상의 형에 해당하는 죄를 범한 자이고, 乙은 甲을 체포하려는 경찰관 P1에게 상해를 가하여 甲을 도주케 하였는바 이는 도피하게 한 경우에 해당한다. 따라서 乙에게는 범인도피죄가 성립한다.

IV. 결론

乙에 대해서는 ① 甲과 함께 범한 범죄인 특수공무집행방해치상죄의 공동정범이 성립한다. ② 甲의 절도범행에는 가담하지 않았으나 그러한 사정을 알고 중도에 가담한 행위만으로는 甲이 범한 강도상해죄의 공동정범이 성립할 수는 없다. ③ 경찰관 P1에게 상해를 가함으로써 甲은 도주케한 점에 대하여 범인도피죄가 성립한다.

고소인 甲은 서초경찰서에 '피고소인 乙은 고소인에게 상해보험금이라도 타서 빌려준 돈을 갚으라고 하면서 고소인의 쇄골을 골절해서 4주간의 상해를 입혔다. 그런데 뜻대로 안 되니까 이제는 돈을 갚으라고 협박하고 있다.'는 내용으로 고소하였다.

이를 접수한 사법경찰관 P1은 법원으로부터 영장을 받아 사채업자 乙의 사무실을 압수·수색하였다. 그 결과 甲 명의의 전세계약서, 소비대차계약서, 상해보험증권과 乙 소유의 비망록, 회사 영업장부 등을 압수하였다. 압수한 자료를 검토하던 사법경찰관 P1은 乙에게 "보험금을 청구했느냐?"라고 묻자, "교통사고를 가장해서 보험금을 청구해 보려고 했는데, 甲이 차마 더 이상 못하겠다고 해서 포기했다. 甲이 스스로 보험에 가입하였고, 甲이 승낙하여 상해를 입힌 것이다." "오히려 내가 피해자다. 甲에게 돈을 빌려 주었는데 담보로 받은 전세계약서가 위조되었다."고 주장하였다.

대질과정에서 甲은 전세계약서의 보증금란에 기재된 2,000만 원을 5,000만 원으로 고쳐 위조한 것은 사실이라고 자백하였다. 그리고 甲은, 乙이 '돈을 갚지 않으면 아들을 등교 길에 유괴할 수도 있다.'는 등으로 협박한 전화 통화내용을 직접 녹음한 테이프와 乙이 보낸 핸드폰 메시지를 촬영한 사진 20매를 증거로 제출하였다.

P1은 乙에게 소주라도 한잔하자면서 경찰서 주변 식당으로 乙을 데리고 가 비망록에 '구청직원 접대' 부분을 지적하면서, "접대를 한 구청직원이 누구이고, 왜 접대를 한 것이냐? 앞으로 내가 잘 챙겨 주겠다."는 등으로 설득을 하였다. 당시 진술거부권의 고지는 없었다.

더 이상 버틸 수 없다고 생각한 乙은 "사실은 사건 브로커 丙에게 3,000만 원을 주어 구청직원에게 대부업에 대한 행정단속 등에 편의를 봐 달라는 부탁을 하고 돈을 전달하게 했는데, 돈을 주었는지는 모르겠다."고 진술하였다. 경찰서로 복귀한 후 P1은 乙에 대한 피의자신문조서를 작성하고, 돈을 건네 준 丙을 소환하여 조사하였다. 丙은 "乙에게서 3,000만 원을 받아 丁에게 전액 전달하였다."고 자백하였다. 이에 P1은 구청직원 丁을 소환하여 조사하였는데 丁은 범행 일체를 부인하였다.

검찰에서 甲, 乙과 丙은 경찰에서 한 진술과 같이 모두 자백하였으나, 丁은 일관되게 "친구인 丙으로부터 청탁을 받은 적은 있으나 돈은 결코 받지 않았다."고 주장하였다. 검찰에서의 피의자 신문과정에서는 진술거부권이 적법하게 고지되었고, 변호인이 참여한 상태에서 조사가 이루어졌다.

제1회 공판기일에 피고인 甲은 자백하였으나, 乙과 丙은 검찰진술을 번복하면서 검사가 작성한 피의자신문조서의 진정 성립을 부정하였고, 丁은 일관되게 범행을 부인하였다.

1. 甲과 乙의 형사책임을 논하시오. (35점)
2. 丙과 丁의 형사책임을 논하시오. 이 경우 丁에게 뇌물이 전액 전달된 것임을 전제로 한다. (15점)

[설문 1]의 해설

Ⅰ. 논점의 정리

① 甲의 죄책과 관련하여 ⅰ) 전세계약서의 보증금란을 고쳐 乙에게 담보로 제공한 행위와 관련하여 사문서위조(변조) 및 위조(변조)사문서행사죄, 사기죄가 성립할 수 있는지, ⅱ) 甲이 乙과의 전화통화를 녹음한 행위와 관련하여 통신비밀보호법위반죄가 성립할 수 있는지, ⅲ) 乙을 상해죄로 고소한 행위가 무고죄가 성립할 수 있는지 각 문제된다.

② 甲과 乙이 공모하여 乙이 甲에게 고의로 상해를 입힌 후 보험금을 청구하려고 한 행위와 관련하여 甲과 乙에게 사기죄가 성립될 수 있는지 문제된다.

③ 乙의 죄책과 관련하여 ⅰ) 甲에게 고의로 상해를 가한 행위와 관련하여 상해죄 또는 중상해죄가 성립할 수 있는지, ⅱ) 돈을 갚지 않으면 아들을 등굣길에 유괴할 수 있다는 등의 전화나 문자를 반복한 행위가 공갈미수죄 및 정통망법위반죄가 성립할 수 있는지, ⅲ) 구청직원에게 전달해달라는 명목으로 丙에게 돈을 건넨 행위가 제3자뇌물교부죄(증뢰물전달죄)가 성립할 수 있는지 문제된다.

Ⅱ. 甲의 죄책

1. 사문서위조(변조) 및 동행사죄의 성립여부

행사할 목적으로 권리·의무 또는 사실증명에 관한 타인의 문서를 위조 또는 변조한 자는 사문서위조 또는 사문서변조죄가 성립한다(제231조 제1항). 사안에서 甲이 전세계약서의 보증금란을 고친 행위가 위조인지 변조인지 문제된다.

권한 없는 자가 이미 진정하게 성립된 타인명의의 문서내용에 그 동일성을 해하지 않을 정도의 변경을 가하는 것은 변조에 해당하고, 문서의 중요부분에 변경을 가하여 새로운 증명력을 가지는 별개의 문서를 작성한 경우에는 위조가 된다.

사안에서 전세계약서는 권리·의무 또는 사실증명에 관한 문서에 해당하고, 보증금란의 변경은 동일성을 해하는 것으로 볼 수 없으므로 변조에 해당하며(대판 : 2010도15206), 甲이 이러한 정을 모르는 乙에게 이를 담보로 제공하였으므로 甲에게 사문서변조 및 변조사문서행사죄가 성립하고(제234조, 제231조), 양죄는 실체적 경합관계에 있다.

2. 사기죄의 성립여부

사람을 기망하여 재물의 교부를 받거나 재산상의 이익을 취득한 경우 사기죄가 성립한다(제347조 제1항). 사기죄의 실행행위로서의 기망은 반드시 법률행위의 중요 부분에 관한 허위표시임을 요하지 아니하고 상대방을 착오에 빠지게 하여 행위자가 희망하는 재산적 처분행위를 하도록 하기 위한 판단의 기초가 되는 사실에 관한 것이면 족하다(대판 : 95도2828).

사안에서 甲이 변조된 전세계약서를 乙에게 보여주어 乙이 변조된 계약서가 진정한 것으로 오인하여 착오를 일으키고, 이러한 착오에 기하여 甲에게 돈을 교부하였으므로 이는 적극적 기망행위에 해당하고 따라서 甲에게 사기죄가 성립한다.

3. 통신비밀보호법위반죄의 성립여부

누구든지 공개되지 아니한 타인간의 대화를 녹음할 수 없고, 이러한 녹음에 의하여 획득한 내용은 재판절차에서 증거로 사용할 수 없다(통비법 제3조 제1항, 제4조).❶ 여기의 '타인간의 대화를 녹음'한다 함은 대화에 원래부터 참여하지 않는 제3자가 그 대화를 하는 타인들 간의 발언을 녹음하는 것을 의미한다(대판 : 98도3169).

사안의 경우 甲과 乙 양자 간의 대화에 있어서 대화 참여자 중의 한 사람인 甲이 그 대화를 녹음하였으므로 甲과 乙의 대화는 그 녹음자인 甲에 대한 관계에서 '타인 간의 대화'라고 할 수 없으므로, 甲의 녹음행위는 통비법 제3조 제1항에 위배된다고 볼 수 없다.

4. 무고죄의 성립여부

타인으로 하여금 형사처분을 받게 할 목적으로 공무소 또는 공무원에 대하여 허위의 사실을 신고한 경우 무고죄가 성립한다(제156조). 허위의 사실이라 함은 그 신고된 사실로 인하여 상대방이 형사처분이나 징계처분 등을 받게 될 위험이 있는 것이어야 하고, 비록 신고내용에 일부 객관적 진실에 반하는 내용이 포함되었다 하더라도 그것이 독립하여 형사처분 등의 대상이 되지 아니하고 단지 신고사실의 정황을 과장하는 데 불과하거나 허위의 일부사실의 존부가 전체적으로 보아 범죄사실의 성부에 직접 영향을 줄 정도에 이르지 아니하는 내용에 관계되는 것이라면 무고죄가 성립하지 아니한다(대판 : 2009도1302).

사안에서 乙이 보험사기를 목적으로 甲에게 상해를 가한 것은 甲의 승낙에 기한 것이기는 하나, 이러한 승낙은 사회상규에 반하는 것으로서 유효한 승낙이 될 수 없으므로 위법성이 조각되지 않고 상해죄가 성립한다. 따라서 乙에게 상해죄가 성립하는 이상 甲이 자신의 승낙 사실을 숨기고 고소장을 기재하여 제출하였다고 하더라도 무고죄는 성립하지 않는다.

5. 소결

甲은 사문서변조 및 동행사죄, 사기죄가 각 성립한다.

---

❶ 법조문의 내용 중에서도 본 사안과 관련된 내용만 인용하여 간결하게 답안을 작성하는 것이 수험효율적일 것이다. 실제 법조문과 위 인용된 내용을 반드시 비교하여 보기 바란다.

Ⅲ. 보험금 청구과 관련된 甲과 乙의 죄책

사람을 기망하여 재물의 교부를 받거나 재산상의 이익을 취득한 경우 사기죄가 성립한다(제347조 제1항). 사안에서 甲과 乙은 교통사고를 가장하여 상해를 입힌 다음 상해보험금을 타려고 하였으므로 이는 단순 교사가 아닌 공모에 해당한다. 다만, 보험금을 청구하지 않고 포기하였으므로 실행이 착수가 인정되어 사기죄가 성립할 수 있는지 문제된다.

사기죄는 기망행위를 개시한 때에 실행의 착수가 인정되고, 보험사기의 경우 보험금을 청구한 때 실행의 착수가 인정되므로(대판 : 2007도967), 사안의 경우와 같이 甲과 乙이 보험금의 청구에 나아가지 않은 이상 사기죄는 성립하지 않는다.

Ⅳ. 乙의 죄책

1. 상해죄 또는 중상해죄의 성립여부

사람의 신체를 상해한 자는 상해죄가 성립하고(제257조 제1항), 신체의 상행로 인하여 불구 또는 불치나 난치의 질병에 이르게 한 경우 중상해죄가 성립한다(제258조 제2항). 형법상의 중상해는 사람의 신체를 상해하여 생명에 대한 위험을 발생하게 하거나, 신체의 상해로 인하여 불구 또는 불치나 난치의 질병에 이르게 한 경우에 성립하므로, 사안과 같이 4주간의 쇄골 골절상을 가한 것은 중상해에 해당하지 않는다(대판 : 2005도7527).

한편, 사안에서 乙은 甲에게 쇄골 골정상을 가하였으므로 상해죄의 구성요건해당성이 인정됨에는 이론이 없으나 乙의 상해는 甲의 승낙하에 이루어진 것이므로 위법성이 조각될 수 있는지 문제된다.

위법성이 조각되는 피해자의 승낙은 개인적 법익을 훼손하는 경우에 법률상 이를 처분할 수 있는 사람의 승낙을 말할 뿐만 아니라 그 승낙이 윤리적, 도덕적으로 사회상규에 반하는 것이 아니어야 한다(대판 : 85도1892).

사안에서 비록 乙의 甲의 승낙하에 甲에게 상해를 가하였다고 하더라도 그 목적이 보험금을 타기 위한 것이었다면 이는 사회상규에 반하는 승낙에 해당하고 위법성이 조각되지 않는다. 따라서 乙에게 甲에 대한 상해죄가 성립한다.

2. 공갈미수죄 및 정통망법위반죄의 성립여부

사안에서 乙은 甲에게 "돈을 갚지 않으면 아들을 등굣길에 유괴할 수 있다."는 등의 전화나 문자를 반복하였는바, 이는 정보통신망을 통하여 공포심이나 불안감을 유발하는 문언을 반복적으로 상대방에게 도달하게 한 것이므로 정통망법 제74조 제1항 제3호 위반죄가 성립한다.

한편, 사람을 공갈하여 재물의 교부를 받거나 재산상의 이익을 취득한 경우 공갈죄가 성립한다(제350조). 공갈죄의 수단으로서의 협박은 객관적으로 사람의 의사결정의 자유를 제한하거나 의사실행의 자유를 방해할 정도로 겁을 먹게 할 만한 해악을 고지하는 것을 말한다(대판 : 2000도3245).

사안에서 乙이 甲에게 '돈을 갚지 않으면 아들을 등굣길에 유괴할 수 있다'는 취지의 말을 하거나 메시지를 보낸 것은 공갈의 수단으로서 해악의 고지인 협박에 해당함은 명백하다. 다만, 권리 실현의 수단으로서 공갈을 한 경우에 해당하여 공갈죄가 성립할 수 있는지 문제된다.

공갈죄가 성립하기 위하여 고지된 해악의 실현은 반드시 그 자체가 위법한 것임을 필요로 하지 않으며, 해악의 고지가 권리실현의 수단으로 사용된 경우라고 하여도 그것이 권리행사를 빙자하여 협박을 수단으로 상대방을 겁을 먹게 하였고 그 권리 실행의 수단 방법이 사회 통념상 허용되는 정도나 범위를 넘는다면 공갈죄가 성립한다(대판 : 2011도5910).

사안의 경우 乙이 甲에게 채무변제를 요구하며 '돈을 갚지 않으면 아들을 등굣길에 유괴할 수 있다'고 말한 것은 권리실행의 수단으로서 사회 통념상 용인될 수 있는 권리행사의 한계를 일탈한 것이므로 위법성은 조각될 수 없다. 다만, 乙이 甲로부터 재물을 교부받은 바 없으므로 공갈미수죄가 성립한다(제352조, 제350조 제1항).

3. 제3자뇌물교부죄의 성립여부

증뢰자가 뇌물에 공할 목적으로 금품을 제3자에게 교부한 경우 제3자뇌물교부죄가 성립한다(제133조 제2항). 사안에서 乙은 丙에게 구청직원에게 전달해 달라며 3,000만 원을 건넸으므로 제3자뇌물교부죄가 성립한다.

4. 소결

乙은 상해죄, 공갈미수죄, 정통망법위반죄, 제3자뇌물교부죄가 성립한다.

V. 결론

① 甲은 사문서변조 및 동행사죄, 사기죄의 죄책을 진다.
② 乙은 상해죄, 공갈미수죄, 정통망법위반죄, 제3자뇌물교부죄의 죄책을 진다.

[설문 2]의 해설

1. 논점의 정리

ⅰ) 丙이 乙로부터 3,000만 원을 교부받아 丁에게 전달한 행위와 관련하여 제3자뇌물취득죄(증뢰물전달죄), 뇌물공여죄가, ⅱ) 丁이 3,000만 원을 교부받은 행위와 관련하여 특정범죄 가중처벌 등에 관한 법률(이하 '특가법'이라 한다)위반(뇌물)죄가 성립할 수 있는지 각 문제된다.

2. 丙의 죄책

뇌물에 공할 목적으로 제3자에게 금품을 교부하거나 그 정을 알면서 교부를 받은 경우 증뢰물전달죄가 성립한다(제133조 제2항). 사안에서 丙은 乙로부터 뇌물에 공할 금품임을 알면서 3,000만 원을 교부받았으므로 증뢰물전달죄가 성립한다.

한편, 사안에서 丙은 丁에게 3,000만 원을 전달하였으므로 별도로 뇌물공여죄가 성립하는지 문제될 수 있으나 증뢰물전달죄가 성립하는 이상 교부받은 3,000만 원을 丁에게 전달하였다고 하여 별도로 형법 제133조 제1항의 뇌물공여죄가 성립하는 것은 아니다(대판 : 2007도3798).

3. 丁의 죄책

공무원이 그 직무에 관하여 뇌물을 수수한 경우에는 수뢰죄가 성립하고(제129조 제1항), 수뢰액이 3,000만 원 이상인 경우 특가법위반(뇌물)죄(제2조 제1항 제3호)가 성립한다.

사안에서 丁은 丙으로부터 3,000만 원을 수수하였으므로 특가법위반(뇌물)죄(특가법 제2조 제1항 제3호)가 성립한다.

4. 결론

丙은 제3자뇌물취득죄(증뢰물전달죄)의 죄책을 지고 丁은 특가법위반(뇌물)죄의 죄책을 진다.

PART

형사소송법

Chapter 01

2024년 제13회 변호사시험

(1) 甲, 乙, 丙이 금값 상승에 관해 이야기를 나누던 중 乙은 외삼촌 A의 집 안 금고에 금괴가 있는데 A가 출장 중이라 집이 비어 있으니 금괴를 훔쳐 나누어 갖자고 제안하였다. 이에 동의한 甲과 丙에게 乙은 A의 집 비밀번호 및 금고의 위치와 비밀번호, CCTV가 없는 도주로까지 상세한 정보와 범행 계획을 제공하였다.

범행 당일 10:00경 범행 계획대로 乙은 자신이 거주하는 오피스텔에 남아 있었고, 甲과 丙은 A의 집으로 갔다. 丙이 A의 집 비밀번호를 눌러 문을 열어주고 문 앞에서 망을 보는 사이 甲은 A의 집 안으로 들어가 금고를 찾아 열었다. 하지만 금고 안은 텅 비어 있었다. 甲은 계속하여 금괴를 찾던 중, 출장이 연기되어 마침 집 안 침실에 있던 A에게 발각되자 자신을 붙잡으려는 A의 얼굴을 주먹으로 때리고 집 밖으로 도망쳤다. 한편, 丙은 망을 보는 시간이 길어지자 甲에게 진행상황을 물어보는 문자메시지를 보냈고, 이에 甲이 금고 안에 금괴가 없다는 답을 보내오자 甲이 집에서 나오기 전에 이미 현장을 떠났다.

A는 "집에 침입한 절도범이 나를 때리고 도주하였는데, 절도범한테 맞아서 코에 피가 난다. 절도범은 30대 초반에 빨간색 뿔테안경을 착용하였고, 청바지에 흰색 티셔츠를 입었다."라고 112에 신고를 하였다. 신고를 받고 출동한 경찰관은 근처를 탐문하던 중, A의 집으로부터 2km 떨어진 지점에서 인상착의가 흡사한 甲을 발견하고 검문을 위해 정지를 요구하였다. 甲이 이를 무시하고 그대로 도주하자 200m 가량 추격하여 甲의 옷자락을 붙잡았고 그로 인해 甲이 바닥에 넘어졌다. 경찰관은 甲의 손과 소매 부분에 피가 묻어 있는 것을 발견하고 행적에 대하여 질문을 하려고 하였으나 甲이 다시 도주하려고 하자 그 자리에서 체포의 이유와 변호인 선임권 등을 고지하고 甲을 체포하였다.

경찰 조사 결과 금괴는 이미 오래전에 처분한 터라 사건 당시 금고 안에는 아무 것도 없었고, A는 甲의 폭행으로 인해 2주간의 치료를 요하는 비강출혈상을 입었다. 한편, A는 경찰 조사에서 "甲, 乙, 丙에 대한 처벌을 원한다."라고 진술하였고 경찰관은 이를 진술조서에 기재하였다.

(2) 丁과 戊는 수년간 극도로 사이가 좋지 않던 직장 동료 B를 교통사고로 위장하여 살해하기로 마음먹었다. 丁이 1t 트럭을 렌트한 다음 戊가 트럭을 운전하고 丁은 戊의 옆자리에 앉아 B가 퇴근하기를 기다렸다. 자정 무렵 B가 건물 밖으로 나오자 戊가 트럭 속도를 올려 도로를 건너는 B를 강하게 충격한 다음 그대로 도망쳤다. 丁과 戊는 사고 장소에서 3km 떨어진 곳으로 이동하여 주차하였는데, 丁은 후회와 함께 B에 대한 연민이 들어 그를 구호해 주자고 하였으나 戊는 동의하지 않고 그곳을 떠났다. 丁은 119에 전화를 걸어 B의 구조를 요청하였고, 丁의 신고를 받고 출동한 구조대에 의해 병원으로 이송된 B는 가까스로 목숨을 건질 수 있었다. 경찰관 P는 丁을 조사하였고, 丁은 범행을 자백하며 戊가 범행 당일 평택항을 통해 중국으로 출국할 계획이라고 진술하였

다. 경찰은 당일 정오에 평택항에서 출국하려는 戊를 긴급체포하면서, 戊가 소지하고 있던 휴대전화를 영장 없이 압수하였다. 조사 과정에서 戊는 범행을 부인하면서 휴대전화 분석 절차에는 참여하지 않겠다고 하였다. 휴대전화 분석 결과 丁과 戊의 대화 녹음파일이 복구되었고, 대화 중 "트럭이 준비되었으니 자정이 되면 실행하자."라는 丁의 발언이 확인되었다. 위 녹음파일은 戊가 丁 몰래 녹음한 것이었다. 경찰은 적법한 절차에 따라 사후영장을 발부받았다.

1. (1)과 관련하여 경찰관이 甲의 옷자락을 붙잡은 행위의 적법성 및 가능한 체포의 방법을 논하시오. (15점)
2. (2)와 관련하여,
   1) 戊에 대한 제1심 공판에서 戊가 범행을 부인하면서 녹음파일 중 丁의 진술 부분을 증거로 함에 부동의한 경우, 휴대전화 압수의 적법성 및 녹음파일의 증거능력을 논하시오. (17점)
   2) 丁에 대한 제1심 공판에서 丁이 범행을 부인하면서 경찰관 P 작성의 丁에 대한 피의자신문조서의 내용을 부인한 경우, 丁의 경찰에서의 진술 내용을 증거로 사용할 수 있는 방법을 논하시오. (8점)

[설문 1]의 해설❶

1. 논점의 정리

ⅰ) 경찰관이 甲이 옷자락을 붙잡은 행위와 관련하여 불심검문이 적법한지, ⅱ) 불심검문이 적법하다면❷ 甲을 체포하기 위하여 가능한 체포의 방법이 각 문제된다.

2. 불심검문의 적법성 여부

(1) 불심검문의 의의와 대상

불심검문이란 경찰관이 거동이 수상한 자(거동불심자)를 발견한 때에 이를 정지시켜 질문하는 것을 말한다(경직법 제3조). 어떠한 죄를 범하였다고 의심할 만한 상당한 이유가 있는 사람은 불심검문의 대상에 해당한다(동법 제3조 제1항).

사안의 경우 신고를 받고 출동한 경찰관은 A의 집으로부터 2km 떨어진 지점에서 인상착의가 흡사한 甲을 발견하였으므로 불심검문의 대상에 해당한다고 보여진다. 다만, 甲이 경찰관의 정지요구에 불응하여 도주하였으므로 어느 정도 실력행사를 할 수 있는지 문제된다.

(2) 실력행사의 허용여부 및 정도

이에 대하여 ⅰ) 불심검문의 실효성 확보를 위하여 강제(체포·구속)에 이르지 않을 정도의 유형력

---

❶ 2019년 제8회 변호사시험에 '임의동행'이 출제된 바 있다.
❷ 이와 같이 표현한 이유는 불심검문이 위법한 경우 이어지는 체포나 구속 또한 위법하다는 것이 대법원의 일관된 입장이기 때문이다.

행사(길을 가로막거나 추적하거나 또는 몸에 손을 대는 정도)는 가능하다는 제한적 허용설과 ⅱ) 원칙적으로 유형력 행사는 허용되지 않지만, 강도·살인 등 중범죄에 한하여 긴급체포도 가능하지만 신중을 기하기 위하여 예외적으로 허용된다는 예외적 허용설의 견해 대립이 있다. 判例는 목적 달성에 필요한 최소한의 범위 내에서 사회통념상 용인될 수 있는 상당한 방법으로 대상자를 정지시킬 수 있고 질문에 수반하여 흉기의 소지 여부도 조사할 수 있다(대판 : 2014도7976)고 판시한 바 있다.

(3) 검토 및 사안의 경우

사안의 경우 범행시간과 불심검문 시간의 근접성, 신고내용을 고려하면 甲은 절도죄를 범하였다고 의심할 만한 상당한 이유가 있는 사람(경직법 제3조 제1항의 거동불심자)이므로 질문의 필요성이 인정되고, 경찰관이 甲의 옷자락을 붙잡은 것은 불심검문의 목적 달성에 필요한 최소한의 범위 내의 상당한 방법이라고 보아야 하므로 경찰관의 불심검문은 적법하다.

3. 가능한 체포의 방법

(1) 체포의 종류

형사소송법상 강제수사인 체포는 ⅰ) 수사기관이 법관의 체포영장을 발부받아 피의자를 체포하는 영장에 의한 체포(제200조의2), ⅱ) 수사기관이 긴급을 요하여 피의자를 영장 없이 체포하는 긴급체포(제200조의3), ⅲ) 범죄를 실행하고 있거나 실행하고 난 직후의 범인을 영장 없이 체포하는 현행범체포(제212조)가 있다.

사안에서 경찰관은 불심검문 중 甲을 체포하였는바 사전영장을 발부받을 시간적 여유가 없었으므로 영장에 의한 체포는 불가능하다. 따라서 긴급체포와 현행범체포가 가능한지 문제된다.

(2) 긴급체포의 가능여부

긴급체포는 ⅰ) 피의자를 우연히 발견한 경우 등과 같이 체포영장을 받을 시간적 여유가 없을 것(긴급성), ⅱ) 피의자가 사형·무기 또는 장기 3년 이상의 징역이나 금고에 해당하는 죄❸를 범하였다고 의심할 만한 상당한 이유가 있을 것(범죄의 중대성), ⅲ) 피의자가 증거를 인멸할 염려가 있거나 또는 피의자가 도망하거나 도망할 우려가 있을 것(필요성)을 그 요건으로 한다. 그리고 긴급체포의 요건을 갖추었는지 여부는 사후에 밝혀진 사정을 기초로 판단하는 것이 아니라 체포 당시의 상황을 기초로 판단하여야 한다(대판 : 2007도11400).

사안에서 甲을 체포할 당시의 상황을 기초로 판단하면 경찰관은 신고를 받고 근처를 탐문하던 중 甲을 발견하였으므로 긴급성이 인정되고, 강도상해죄는 법정형이 장기 3년 이상에 해당하는 범죄로서 범죄의 중대성도 인정되며, 정지를 요구하였으나 甲이 이를 무시하고 그대로 도주하였다는 점에서 도망이나 증거인멸의 우려도 인정되므로 체포의 필요성도 인정된다. 따라서 경찰관은 甲을 긴급체포할 수 있다.

---

❸ 긴급체포가 가능한 중대한 범죄의 예로는 절도죄, 강도죄, 강간죄 등이 있으며, 긴급체포의 대상인 중대한 범죄에 해당하지 않는 예로는 단순폭행죄, 도박(상습도박)죄, 명예훼손죄, 모욕죄, 무면허운전죄 등이 있다.

(3) 현행범체포의 가능여부

현행범체포는 범죄를 실행하고 있거나 실행하고 난 직후의 현행범인이 ⅰ) 범죄의 범인임이 명백하고(범죄의 명백성), ⅱ) 명문의 규정은 없으나 긴급체포와 같이 도망의 우려나 증거인멸의 우려가 있을 것(체포의 필요성)을 그 요건으로 한다. 여기서 (범죄의) 실행행위를 종료한 직후라고 함은 범죄행위를 실행하여 끝마친 순간 또는 이에 아주 접착된 시간적 단계를 의미한다(대판 : 2007도1249).

사안에서 甲은 A의 집으로부터 2km 떨어진 지점에서 불심검문을 받던 중 도주하여 200m 떨어진 곳에서 체포되었고, 손과 소매 부분에 피가 묻어 있었으므로 이는 범인으로 불리며 추적되고 있는 자 또는 신체나 의복류에 증거가 될 만한 뚜렷한 흔적이 있는 준현행범인에 해당하고 범인임이 명백하다(제211조 제2항). 또한 긴급체포에서 본 바와 같이 체포의 필요성도 인정되므로 경찰관은 甲을 영장 없이 현행범인으로 체포할 수 있다.

4. 결론

경찰관의 행위는 불심검문의 상당한 방법으로서 적법하며, 경찰관은 甲을 긴급체포나 현행범체포의 방법으로 체포할 수 있다.

[설문 2]의 해설

Ⅰ. 설문 1)에 대하여

1. 논점의 정리

휴대전화 압수의 적법성과 관련하여 ⅰ) 戊에 대한 휴대전화 압수가 체포현장에서의 압수로서 적법한지, ⅱ) 적법하다면 위 녹음파일이 통신비밀보호법('이하 통비법'이라 한다)위반죄에 해당하는지, ⅲ) 녹음파일 내의 丁의 진술이 전문증거로서 전문법칙이 적용되는지 각 문제된다.❹

2. 휴대전화 압수의 적법성❺

(1) 긴급체포의 적법성

긴급체포는 ⅰ) 피의자를 우연히 발견한 경우 등과 같이 체포영장을 받을 시간적 여유가 없을 것(긴급성), ⅱ) 피의자가 사형·무기 또는 장기 3년 이상의 징역이나 금고에 해당하는 죄❻를 범하였다고 의심할 만한 상당한 이유가 있을 것(범죄의 중대성), ⅲ) 피의자가 증거를 인멸할 염려가 있거나 또는 피의자가 도망하거나 도망할 우려가 있을 것(필요성)을 그 요건으로 한다.

---

❹ 휴대전화의 압수가 위법하면 녹음파일은 위법수집증거의 2차 증거로서 증거능력이 없게 된다.
❺ 사실관계에서 사후영장에 대해서는 '적법한 절차'라고 전제하고 있으나 긴급체포는 '적법한 긴급체포'임을 전제하지 않고 있으므로 짧게라도 긴급체포의 적법성을 반드시 논해주어야 한다. 긴급체포가 적법해야지 체포현장에서의 압수가 적법해지기 때문이다.
❻ 긴급체포가 가능한 중대한 범죄의 예로는 절도죄, 강도죄, 강간죄 등이 있으며, 긴급체포의 대상인 중대한 범죄에 해당하지 않는 예로는 단순폭행죄, 도박(상습도박)죄, 명예훼손죄, 모욕죄, 무면허운전죄 등이 있다.

사안에서 경찰이 평택항을 통해 출국하려는 戊를 체포한 사정에 비추어 보면 긴급성과 체포의 필요성이 인정되고, 살인미수죄는 중대한 범죄이므로 戊에 대한 긴급체포는 적법하다.

(2) 긴급체포 현장에서 정보저장매체의 압수와 절차보장

사법경찰관은 긴급체포(제200조의3)의 규정에 의하여 피의자를 체포하는 경우에 필요한 때에는 영장없이 체포현장❼에서 압수할 수 있다(제216조 제1항 제2호). 사법경찰관은 제216조 제1항 제2호에 따라 압수한 물건을 계속 압수할 필요가 있는 경우에는 지체 없이 압수수색영장을 청구하여야 한다. 이 경우 압수수색영장의 청구는 체포한 때부터 48시간 이내에 하여야 한다(제217조 제2항).

한편, 압수의 목적물이 정보저장매체인 경우에는 '기억된 정보의 범위를 정하여' 즉 범죄 혐의사실과 관련된 부분만을 출력하거나 복제하여 제출받아야 한다. 다만, 범위를 정하여 출력 또는 복제하는 방법이 불가능하거나 압수의 목적을 달성하기에 현저히 곤란하다고 인정되는 때에는 정보저장매체 등을 압수할 수 있다(제219조, 제106조 제3항). 그리고 이와 같은 예외적인 사정이 인정되어 전자정보가 담긴 저장매체 또는 하드카피나 이미징 등 형태(이하 '복제본'이라 한다)를 수사기관 사무실 등으로 옮겨 복제·탐색·출력하는 경우에도, 그와 같은 일련의 과정에서 형사소송법 제219조, 제121조에서 규정하는 ⅰ) 피압수·수색 당사자(이하 '피압수자'라 한다)나 그 변호인에게 참여의 기회를 보장하고 ⅱ) 압수된 전자정보의 파일 명세가 특정된 압수목록을 작성·교부하여야 하며 범죄혐의사실과 무관한 전자정보의 임의적인 복제 등을 막기 위한 적절한 조치를 취하는 등 영장주의 원칙과 적법절차를 준수하여야 한다(대판(전) : 2016도348).

사안에서 경찰은 긴급체포 현장에서 戊가 소지하고 있던 휴대전화를 영장 없이 압수하였는데, 평택항이라는 장소의 특성상 정보저장매체 내에 있는 정보를 출력하거나 복제의 방식으로 압수하는 것이 불가능하므로 부득이한 사정이 인정되고 사후영장을 발부받았으므로 휴대전화 압수는 적법하다. 또한, 녹음파일의 내용은 살인미수와 관련성이 인정되고 녹음파일의 취득 과정에서도 戊에게 참여의 기회를 보장하였으나 戊가 참여하지 않겠다고 하였으므로 참여권 등의 절차보장도 이루어진 것으로 보인다. 따라서 녹음파일은 일응 증거능력이 인정될 것이나 戊가 丁과의 대화를 몰래 녹음하였으므로 통비법위반 여부와 丁의 진술이 전문증거로서 전문법칙의 예외요건을 갖추어야 증거능력이 인정될 수 있는지 문제된다.

3. 녹음파일의 증거능력

(1) 통신비밀보호법을 위반여부와 절차보장의 적법성❽

누구든지 공개되지 아니한 타인간의 대화를 녹음할 수 없고, 이러한 녹음에 의하여 획득한 내용은 재판절차에서 증거로 사용할 수 없다(통비법 제3조 제1항, 제4조).❾ 여기의 '타인간의 대화를 녹음'한다함은 대화에 원래부터 참여하지 않는 제3자가 그 대화를 하는 타인들 간의 발언을 녹음하는 것을 의미한다(대판 : 98도3169).

---

❼ 본 사안의 체포현장의 의미에 관한 어느 견해에 의하더라도 체포현장이라고 인정되므로 학설을 구구절절 기술하는 것은 의미가 없다.

❽ 2013년 제2회 변호사시험 유사.

❾ 법조문의 내용 중에서도 본 사안과 관련된 내용만 인용하여 간결하게 답안을 작성하는 것이 수험효율적일 것이다. 실제 법조문과 위 인용된 내용을 반드시 비교하여 보기 바란다.

사안의 경우 丁과 戊 양자 간의 대화에 있어서 대화 참여자 중의 한 사람인 戊가 그 대화를 녹음하였으므로 丁과 戊의 대화는 그 녹음자인 戊에 대한 관계에서 '타인 간의 대화'라고 할 수 없으므로, 戊의 녹음행위는 통비법 제3조 제1항에 위배된다고 볼 수 없다.

(2) 전문증거에 해당하는지 여부

타인의 진술을 내용으로 하는 진술이 전문증거인지는 요증사실과 관계에서 정하여지는데, 원진술의 내용인 사실이 요증사실인 경우에는 전문증거이나, 원진술의 존재 자체가 요증사실인 경우에는 본래증거이지 전문증거가 아니다(대판(전) : 2018도2738).

사안에서 위 녹음파일의 대화 중 "트럭이 준비되었으니 자정이 되면 실행하자."라는 丁의 말은 진술의 존재 자체가 살인의 실행과정에 해당하므로 원진술의 존재 자체가 요증사실인 경우로서 본래증거에 해당하고 따라서 전문법칙이 적용되지 않는다.

4. 결론

戊에 대한 긴급체포 및 휴대전화 압수는 적법하고, 녹음파일은 증거능력이 인정된다.

Ⅱ. 설문 2)에 대하여

1. 논점의 정리

사경 작성의 피의자신문조서에 대하여 피고인이 내용을 부인하면 증거능력이 없으므로(제312조 제3항) 피고인의 진술 내용을 증거로 사용할 수 있는 방법으로서 조사자증언제도와 탄핵증거가 각 문제된다.

2. 경찰관 P의 진술

공소제기 전에 피고인을 피의자로 조사하였거나 그 조사에 참여하였던 자의 공판준비 또는 공판기일에서의 진술이 피고인의 진술을 그 내용으로 하는 것인 때에는 그 진술이 특히 신빙할 수 있는 상태하에서 행하여졌음이 증명된 때에 한하여 이를 증거로 할 수 있다(제316조 제1항).

사안에서 丁을 조사하였던 P가 법정에 출석하여 丁의 진술을 그 내용으로 진술하는 경우 피고인의 진술을 그 내용으로 하는 전문진술에 해당하므로 丁의 내용 부인 여부와 무관하게 특신상태가 갖추어지면 丁의 진술을 증거로 사용할 수 있다.

3. 증거능력 없는 증거의 탄핵증거로서의 사용

탄핵증거는 범죄사실을 인정하는 증거가 아니라 진술의 증명력을 다투기 위한 것이므로 증거능력 없는 전문증거도 탄핵증거로 할 수 있다(제318조의2 제1항). 즉 탄핵증거는 전문법칙이 적용되지 않으므로 사안에서 사경 작성의 丁에 대한 피의자신문조서는 비록 丁이 내용 부인을 하여 증거능력이 없더라도 丁의 공소사실 부인 진술의 증명력을 감쇄시키기 위한 탄핵증거로 사용할 수 있다.

4. 결론

丁의 경찰에서의 진술은 P의 진술을 통해 유죄 인정의 증거로 또는 탄핵증거로 사용할 수 있다.

02 제2문

(1) 甲과 乙은 한 건 하기로 하고 집 주변 ATM 앞을 서성대다 현금을 인출하는 A의 뒤에서 몰래 A의 신용카드 비밀번호를 알아낸 다음, 乙이 A에게 길을 묻는 척하고, 甲이 그 사이 A의 지갑을 몰래 꺼내었다. 그 후 甲은 乙에게 "일단 네가 갖고만 있어라. 밤에 만나서 이야기하자."라고 말하며 그 지갑을 건네주었고, 각자 다른 방향으로 도망쳤다. 乙은 甲의 말을 어기고 ○○백화점 근처 ATM에서 A의 신용카드로 예금 100만 원을 인출하고 나오다가, 마침 그곳을 지나가던 처남 丙과 마주치자 丙에게 A의 신용카드를 자신의 것인 양 건네주며 "내가 지금 급한 약속이 있으니 아내 생일 선물로 줄 명품 가방을 하나 사 달라."라고 부탁했다. 丙은 당연히 乙의 카드로 생각하고 ○○백화점에서 A의 신용카드를 사용하여 500만 원 상당의 명품 가방을 구매하였다. 그 후 丙은 옆 매장에서 사고 싶었던 시계를 발견하고 들어가 매장직원 B에게 "한번 착용해 보자."라고 요청했고, B가 건네준 시계를 손목에 차고 살펴보다가 B가 다른 손님과 대화하는 사이 몰래 도망친 후, 乙을 만나 구입한 가방과 A의 신용카드를 건네주었다. 乙은 그날 밤 甲에게 A의 신용카드를 주면서 "너부터 사용하고 만일 경찰에 잡히면 혼자 길 가다가 주운 카드라고 말해."라고 하였다. 귀가하던 甲은, A의 신고를 받고 甲을 검거하기 위해 인근을 순찰하던 경찰관 P1이 자신에게 다가오자 평소 지니고 있던 접이식 칼을 휘둘러 P1의 팔에 전치 4주의 상처를 입혔다. 뒤늦게 현장에 도착한 경찰관 P2에 의해 체포된 甲은 피의자 신문과정에서 乙이 지시한 대로 진술했다.

(2) 한편, 경찰관 P2는 현장 부근 CCTV 영상에서 지갑을 건네받는 乙을 발견하고, 乙의 가담 여부를 확인하기 위하여 절도 혐의에 관한 영장을 발부받아 甲의 휴대전화를 압수하여 이를 적법하게 포렌식하였다. 그 과정에서, 甲이 2020. 5. 20. 15세인 C에게 C 자신의 신체 일부를 노출한 사진을 촬영하도록 하였고, 2020. 6. 15. 14세인 D에게 D 자신의 신체 전부를 노출한 동영상을 촬영하도록 하는 등 2023. 2. 10.까지 14~16세의 피해자 100명에게 피해자 자신의 신체의 전부 또는 일부를 노출한 사진과 동영상을 촬영하도록 하여 총 1,000개의 아동·청소년성착취물인 사진과 동영상을 제작한 사실도 밝혀졌다.

1. 사실관계 (2)에서 甲의 휴대전화에 저장되어 있는 아동·청소년성착취물을 아동·청소년의성 보호에관한법률위반 범행의 유죄 증거로 사용하기 위한 요건은? (10점)

2. 만약 제1심 법원이 피고인 乙에 대하여 1) A의 신용카드 관련 범행에 대해서는 유죄를 인정하였으나, 2) 乙이 甲에게 허위진술을 교사한 범행에 대해서는 무죄를 선고하자, 검사만 2)의 무죄 선고 부분에 대해 항소하였고 항소심 법원이 검사의 항소가 이유 있다고 판단하였다면, 항소심 법원의 조치는? (10점)

3. 제1심 법원에서 보석상태로 재판을 받던 甲에 대하여 항소심인 고등법원이 보석허가결정을 취소하자 甲은 검사의 집행지휘에 따라 구치소에 수감되었다. 법원의 보석취소결정에 대한 甲의 이의제기 방법과 그 효력은? (10점)

4. 사실관계 (2)에서 만약 검사가 甲의 아동·청소년의성보호에관한법률위반 범행에 대하여 '피고인은 2020. 6. 15.부터 2023. 2. 10.까지 상습으로 아동·청소년인 피해자 99명에게 신체의 전부 또는 일부를 노출한 사진을 촬영하도록 하는 등 총 999개의 아동·청소년성착취물인 사진 또는 동영상을 제작하였다'고 공소를 제기하였다가, C에 대한 범행을 추가하기 위하여 공소사실을 '피고인은 2020. 5. 20.부터 2023. 2. 10.까지 상습으로 아동·청소년인 피해자 100명에게 신체의 전부 또는 일부를 노출한 사진을 촬영하도록 하는 등 총 1,000개의 아동·청소년성착취물인 사진 또는 동영상을 제작하였다'고 변경하는 취지의 공소장변경허가신청을 하였다면, 이러한 경우 법원의 조치는? (15점)

📁 **참조조문**

구 아동·청소년의 성보호에 관한 법률(법률 제12329호, 2020. 6. 2. 개정되기 전의 것)

제11조 【아동·청소년이용음란물의 제작·배포 등】 ① 아동·청소년이용음란물을 제작·수입 또는 수출한 자는 무기징역 또는 5년 이상의 유기징역에 처한다.

② 영리를 목적으로 아동·청소년이용음란물을 판매·대여·배포·제공하거나 이를 목적으로 소지·운반하거나 공연히 전시 또는 상영한 자는 10년 이하의 징역에 처한다.

③ 아동·청소년이용음란물을 배포·제공하거나 공연히 전시 또는 상영한 자는 7년 이하의 징역 또는 5천만원 이하의 벌금에 처한다.

④ 아동·청소년이용음란물을 제작할 것이라는 정황을 알면서 아동·청소년을 아동·청소년이용음란물의 제작자에게 알선한 자는 3년 이상의 징역에 처한다.

⑤ 아동·청소년이용음란물임을 알면서 이를 소지한 자는 1년 이하의 징역 또는 2천만원 이하의 벌금에 처한다.

⑥ 제1항의 미수범은 처벌한다.

[설문 1]의 해설

1. 논점의 정리

휴대전화를 적법하게 압수하여 포렌식 하는 과정 중 별도의 범죄사실과 관련된 정보를 발견한 경우 이를 유죄의 증거로 사용하기 위한 요건이 문제된다.

2. 별도의 범죄사실에 대한 증거를 발견한 경우의 조치

(1) 별도의 영장을 발부받는 방법

전자정보에 대한 압수·수색이 종료되기 전에 범죄혐의사실과 관련된 전자정보를 적법하게 탐색하는 과정에서 별도의 범죄혐의와 관련된 전자정보를 우연히 발견한 경우라면, 수사기관은 더 이상의 추가 탐색을 중단하고 법원으로부터 별도의 범죄혐의에 대한 압수·수색영장을 발부받은 경우에 한하여 그러한 정보에 대하여도 적법하게 압수·수색을 할 수 있다(대판(전) : 2016도348). 다만, 이 경우에도 피의자에게 참여권을 보장하고 압수한 전자정보 목록을 교부하는 등 피의자의 절차적 권리를 보장하기 위한 적절한 조치가 이루어져야 한다.

(2) 임의제출의 방법

수사기관은 압수한 물건을 甲에게 환부한 후 다시 임의제출의 형식으로 압수할 수 있다. 다만, 이 경우 수사기관은 임의제출의 효과에 대하여 고지하여야 하고, 환부 후 다시 제출하는 과정에서 수사기관의 우월적 지위에 의하여 임의제출 명목으로 실질적으로 강제적인 압수가 행하여질 수 있으므로, 제출에 임의성이 있다는 점에 관하여는 검사가 합리적 의심을 배제할 수 있을 정도로 증명하여야 한다(대판 : 2013도11233). 그리고 임의제출의 경우에도 甲에게 참여권의 기회를 제공하는 등 절차적 권리를 보장하여야 한다.

3. 결론

탐색을 중단하고 별도의 영장을 받아 집행하거나, 환부 후 임의제출의 형식으로 압수하여 증거로 사용할 수 있다.

[설문 2]의 해설

1. 논점의 정리

1)관련 범죄와 2)관련 범죄는 형법 제37조 전단의 경합범 관계에 있는데 그중 일부무죄, 일부유죄가 선고되었으므로 일부상소가 허용된다. 이 경우 검사만이 무죄부분에 대하여 상소한 경우 항소심의 심판범위와 조치가 문제된다.

2. 항소심의 심판의 범위

형법 제37조 전단의 경합범 중 일부무죄, 일부유죄가 선고되어 검사만이 무죄부분에 대하여 상소한 경우, - 무죄부분이 유죄로 변경될 가능성이 있으므로 유죄부분에 대하여 따로 상소가 되지 않았더라도 상소불가분의 원칙이 적용되어 유죄부분도 무죄부분과 함께 상소심에 이심되는 것이고, 따라서 상소심 법원이 무죄 부분을 파기하여야 할 경우에는 직권으로 유죄 부분까지도 함께 파기하여 다시 일개의 형을 선고할 수 있도록 하여야 한다는 견해(전부파기설, 대판 : 91도1402 소수견해)❶가 있다.

그러나 - 당사자 쌍방이 상소하지 아니한 유죄부분은 상소기간이 지남으로써 확정되어 상소심에 계속된 사건은 무죄판결 부분에 대한 공소뿐이므로 상소심에서 이를 파기할 때에는 무죄 부분만을 파기할 수밖에 없다고 보는 것이 타당하다(일부파기설, 대판 : 91도1402 다수견해)❷.

3. 결론

사안에서 항소심에 계속된 사건은 무죄판결 부분뿐이므로 검사의 항소가 이유 있는 경우 항소심은 2)부분만을 심판대상으로 삼아 파기하여야 한다.

[설문 3]의 해설

1. 논점의 정리

고등법원의 보석취소결정에 대한 불복의 방법과 효력이 문제된다.

2. 불복의 방법과 효력

형사소송법 제415조는 고등법원의 결정에 대한 재항고는 즉시항고라고 규정하고 있으므로 고등법원의 보석취소결정에 대하여 대법원에 즉시항고 할 수 있다.

형사소송법상 제1심 법원에서 이루어진 보석취소결정에 대하여는 보통항고만 가능하므로 당해 결정에 대하여는 원칙적으로 집행정지의 효력이 없으나(제102조 제2항, 제402조, 제403조 제2항, 제409조), 형사소송법 제410조는 즉시항고의 제기기간 내에 그 제기가 있는 때에는 재판의 집행은 정지된다고 규정하고 있으므로 제1심에서 하였다면 집행정지의 효력이 없는 보석취소결정이 고등법원에서 이루어졌다는 사정만으로 집행정지의 효력이 발생하는지 문제된다.

보통항고의 경우에도 법원의 결정으로 집행정지가 가능한 점(제409조)을 고려하면, 집행정지의 효력이 즉시항고의 본질적인 속성에서 비롯된 것이라고 볼 수는 없다(대결 : 2020모633). 따라서 고등법원이 한 보석취소결정에 대하여는 집행정지의 효력을 인정할 수 없다.

---

❶ 다음에서 보는 상소한 무죄부분만 파기해야 한다는 일부파기설에 의하면 이미 확정된 유죄판결과 함께 2개의 유죄판결을 받게 되어 피고인에게 불이익을 초래할 수 있기 때문이라는 것을 논거로 한다.

❷ 항소심이 무죄부분을 파기자판하는 경우 형법 제37조 후단의 경합범으로서 형을 선고하여야 하고 형법 제39조 제1항에 의하여 1심에서 유죄로 확정된 부분과 동시에 판결할 경우와 형평을 고려하여 형을 감경하거나 면제할 수 있다고 본다.

3. 결론

고등법원의 보석취소결정에 대하여 대법원에 즉시항고 할 수 있으나, 집행정지의 효력은 인정되지 않는다.

[설문 4]의 해설

1. 논점의 정리

검사의 공소장변경허가신청과 관련하여 신설된 포괄일죄 처벌법규가 시행되기 이전의 행위와 그 이후의 행위가 공소사실의 동일성이 인정되는지 문제된다.

2. 공소장변경의 허용범위

검사는 법원의 허가를 얻어 공소장에 기재한 공소사실 또는 적용법조의 추가, 철회 또는 변경을 할 수 있다. 이 경우에 법원은 공소사실의 동일성을 해하지 아니하는 한도에서 허가하여야 한다(제 298조 제1항).

여기의 공소사실의 동일성에 대하여, 죄질의 동일성을 의미한다는 견해(죄질동일설), 구성요건이 상당정도 부합하는 경우를 의미한다는 견해(구성요건공통설), 소인의 기본적 부분을 공통으로 한 때라고 보는 견해(소인공통설), 공소사실을 그 기초가 되는 사회적 사실로 환원하여 그러한 사실 사이에 다소의 차이가 있더라도 기본적인 점에서 동일한 것을 의미한다는 견해(기본적 사실동일설, 통설, 대법원 소수 견해)가 있다.

그러나 공소사실의 동일성은 공소사실의 기초가 되는 사회적 사실관계가 기본적인 점에서 동일하면 그대로 유지되는 것이며, 공소사실의 동일성은 형사소송법상의 개념이므로 기본적 사실관계가 동일한가의 여부는 규범적 요소도 아울러 고려하여 판단하는 것이 타당하다(대판 : 93도2080).

한편, 실체적 경합관계에 있는 부분은 종전 공소사실과 기본적 사실관계가 동일하다고 볼 수 없는데 사안과 같이 애초에 죄가 되지 않던 행위를 구성요건의 신설로 포괄일죄의 처벌대상으로 삼는 경우 신설 이전의 행위와 신설 이후의 행위가 포괄일죄의 관계로서 공소사실의 동일성이 인정되어 공소장변경이 허용되는지 문제된다.

3. 공소장변경의 허용여부

포괄일죄에 관한 기존 처벌법규에 대하여 그 표현이나 형량과 관련한 개정을 하는 경우가 아니라 애초에 죄가 되지 않던 행위를 구성요건의 신설로 포괄일죄의 처벌대상으로 삼는 경우에는 신설된 포괄일죄 처벌법규가 시행되기 이전의 행위에 대하여는 신설된 법규를 적용하여 처벌할 수 없고(제1 조 제1항), 이는 신설된 처벌법규가 상습범을 처벌하는 구성요건인 경우에도 마찬가지이다(대판 : 2015 도15669).

사안의 경우 청소년성보호법의 개정 규정이 시행된 2020. 6. 2. 기준으로 위 개정 규정이 시행되기 전인 2020. 5. 20. 발생한 C에 대한 범죄는 개정 규정을 적용하여 처벌할 수 없고, 행위시법에 기초하여 개정 전의 규정으로 처벌할 수 있을 뿐이다.

2020. 5. 20. 범죄는 개정 규정으로 처벌되는 그 이후의 부분과 포괄일죄의 관계에 있지 않고 공소사실의 동일성이 인정되지 않는 실체적 경합 관계에 있으므로, 법원은 공소장변경허가신청을 허가할 수 없다.

4. 결론

개정 규정의 이전의 범죄와 그 이후의 범죄는 공소사실의 동일성이 인정되지 않는 실체적 경합관계에 있음에도 검사가 추가기소를 하지 않고 공소장 변경을 신청하였으므로 법원은 이에 대하여 기각결정을 하여야 한다.

Chapter
02

2023년 제12회 변호사시험

(1) X회사의 개발팀장으로 근무하는 甲은 2022. 4. 1. 위 회사가 입주한 Y상가 관리소장 A와 방문객 주차 문제로 언쟁을 벌인 후, A를 비방할 목적으로 상가 입주자 약 200여 명이 회원으로 가입된 Y상가 번영회 인터넷 카페 사이트 게시판에 'A에게 혼외자가 있다'는 허위사실을 게시하였다. 甲은 이 글의 신빙성을 높이기 위해 관리사무소 직원 B에게 부탁하여 'A가 혼외자와 함께 있는 것을 보았다'는 허위 내용이 기재된 B 명의의 사실확인서를 받아 위 게시물에 첨부하였다.

(2) 향후 창업을 계획하고 있어 창업 자금이 필요하던 甲은 2022. 4. 3. 약혼녀인 C의 지갑에서 액면금 3천만 원의 수표를 꺼내 가져갔다. 당시 C는 그 자리에서 甲의 행위를 보았으나 다른 생각을 하느라 별다른 행동을 하지 않았다. 이에 甲은 자신이 지갑에서 수표를 꺼내어 가져가는 데 C가 동의한 것으로 오인하였다.

(3) X회사의 경쟁 회사 상무 D는 甲에게 접근하여 'X회사에서 10억 원 가량을 투입하여 새로 개발한 기밀에 해당하는 메모리칩 도면 파일을 빼내어 주면 3억 원을 지급하겠다'고 제안하였고, 창업 자금이 부족하다고 생각하던 甲은 D의 제안을 승낙하였다. 그 후 甲은 2022. 4. 11. 09:00경 회사에 출근하여 위 메모리칩 도면 파일을 자신의 이동식 저장장치(USB)에 몰래 복사하고, 이를 가지고 나와 D에게 넘겨준 다음 현금 3억 원을 받았다.

(4) 사실관계 (3)에 대한 경찰 수사가 진행 중임을 직감한 甲은 이에 대비하기 위해 중학교 동창인 경찰관 乙에게 수사 상황을 알려 줄 것을 부탁하였다. 乙은 경찰에서 甲에 대한 체포영장을 곧 신청할 예정임을 알려 주었다. 실제로 사법경찰관 P1은 다음 날 오후 사실관계 (3)의 혐의로 甲에 대한 체포영장을 발부받아 집행에 착수하였다.

(5) 甲이 기소되어 사실관계 (3)에 대한 재판을 받게 되자, 乙은 甲의 동생인 丙에게 甲을 위해 증인으로 출석하여 甲의 알리바이를 위한 허위의 증언을 해 줄 것을 부탁하였다. 이에 따라 丙은 법정에 증인으로 출석하여 적법하게 선서한 후, '甲이 2022. 4. 11.에는 휴가를 내고 당일 새벽 자신과 함께 여행을 떠났다가 다음 날 집에 돌아왔다'고 허위로 증언하였다.

1. (1)에 대한 甲의 재판에서 다음 증거의 증거능력을 검토하시오.
   가. 재판에서 검사는 甲이 허위 사실확인서를 이용하여 A에 대한 허위사실을 게시한 점을 입증하기 위한 증인으로 甲의 친구 W를 신청하였고, 공판기일에 출석한 W는 적법하게 선서한 후 "'B에게 허위의 사실확인서 작성을 부탁하여 허위 내용 게시에 사용하였다'는 말을 甲으로부터 들었다"고 증언하였다. 위 W의 증언의 증거능력을 검토하시오. (10점)

나. 수사단계에서 사법경찰관 P2는 사실확인서를 작성한 B가 간암 말기 판정을 받고 중환자실에 입원하게 되자, 동료 직원 E를 조사하여 "고향선배인 甲이 부탁을 하여 어쩔 수 없이 A에 대한 허위 사실확인서를 작성하여 주었고 이후 인터넷 카페 사이트 게시판을 보고 甲이 이를 허위 내용 게시에 사용하였다는 것을 알게 되었다'는 말을 B로부터 들었다"는 진술을 듣고 진술조서에 기재하였다. 검사는 공판기일에 E에 대한 진술조서를 증거로 제출하였다. 이 진술조서 중 위 진술부분의 증거능력을 검토하시오. (15점)

2. (4)에서 甲이 사법경찰관 P1의 체포를 면탈하기 위해 주먹으로 P1의 얼굴을 때려 약 4주간의 치료가 필요한 상해를 가하고 달아나다가 결국 체포되었다. 검사는 甲의 이러한 행위를 공무집행방해죄와 상해죄의 경합범으로 기소하였고, 제1심 법원은 공무집행방해죄에 대하여 유죄, 상해죄에 대하여 무죄를 각각 선고하였다. 위 제1심 판결에 대해 검사만 상해죄 부분에 대하여 항소하였고, 항소심 심리 결과 甲의 두 죄가 상상적 경합 관계에 있다는 결론에 도달한 경우, 항소심의 심판 범위를 설명하시오. (15점)

[설문 1]의 해설

I. 설문 가.에 대하여

1. 논점의 정리

전문증거가 증거능력이 인정되기 위한 요건은 어떠한지가 문제된다.

2. 전문진술의 증거능력 인정여부

W의 법정진술은 '공판기일 외에서의 타인의 진술을 내용으로 하는 진술'로서 전문증거에 해당하므로 제311조 내지 316조에 규정한 것 이외에는 증거능력이 인정되지 않는다(제310조의2).

형소법 제316조 제1항에 의하면 "피고인이 아닌 자의 공판기일에서의 진술이 피고인의 진술을 그 내용으로 하는 것인 때에는 그 진술이 특히 신빙할 수 있는 상태하에서 행하여졌음이 증명된 때에 한하여 이를 증거로 할 수 있다."

여기의 '진술이 특히 신빙할 수 있는 상태하에서 행하여졌음이 증명된 때'라 함은 진술에 허위 개입의 여지가 거의 없고 그 진술내용의 신빙성이나 임의성을 담보할 구체적이고 외부적인 정황이 증명된 때를 의미한다(대판 : 2016도8137).

W의 법정진술은 甲의 친구 W의 진술로서 허위 개입의 여지가 거의 없고 신빙성이나 임의성을 담보할 구체적이고 외부적인 정황이 인정된다. 다만 이에 대한 입증책임은 검사에게 있다(대판 : 2000도1743).

3. 결론

검사가 뛰의 진술이 '특히 신빙할 수 있는 상태'에서 행하여졌음을 증명하면 A의 법정진술은 증거로 사용될 수 있다.

Ⅱ. 설문 나.에 대하여

1. 논점의 정리

사안에서 E에 대한 참고인진술조서는 공범인 B의 진술을 전문한 B의 진술이 기재되어 있는 전문진술기재서류인바 이에 대하여도 전문법칙의 예외규정을 적용하여 증거능력을 인정할 수 있는지 문제된다.

2. 전문진술기재서류도 전문법칙의 예외규정이 적용될 수 있는지 여부

전문진술기재서류는 이중의 전문증거이므로 단순한 전문증거보다 오류의 개입가능성이 높고, 형사소송법에 그 증거능력을 인정하는 명문의 규정도 없으므로 증거능력을 인정할 수 없다는 견해가 있다.

그러나 전문진술기재서류도 전문서류와 전문진술이 결합으로 이루어져 있으므로 각 부분에 대하여 전문법칙의 예외규정의 요건이 충족된다면 증거능력을 인정할 수 있다고 보는 것이 타당하다.

따라서 사안의 전문진술이 기재된 참고인진술조서는 전문서류로서 제312조 제4항의 요건과 전문진술로서 제316조 제1항 또는 제2항의 요건을 동시에 갖추면 증거능력을 인정할 수 있다고 보아야 한다(대판 : 2011도7573).

3. E에 대한 참고인진술조서의 증거능력 인정요건

위 참고인진술조서의 증거능력을 인정하기 위해서는 첫째로 제312조 제4항의 요건, 즉 ① 그 조서가 적법한 절차와 방식에 따라 작성된 것으로서 ② 원진술자인 E의 진술 또는 영상녹화물 그 밖의 객관적 방법에 의하여 실질적 진정성립이 증명되어야 하고, ③ 피고인 뛰이 E를 신문할 수 있었어야 하고, ④ 조서에 기재된 진술이 특히 신빙할 수 있는 상태하에서 행하여졌음이 증명되어야 한다. 둘째로 제316조 제1항의 요건 또는 제316조 제2항의 요건, 즉 ① 피고인 아닌 타인의 진술을 그 내용으로 하는 전문진술일 것과 ② 원진술자가 사망, 질병, 외국거주, 소재불명 그 밖에 이에 준하는 사유로 인하여 진술할 수 없고(필요성 요건), ③ 그 진술이 특히 신빙할수 있는 상태하에서 행하여졌음이 증명되어야 한다.

사안의 경우 E의 전문진술이 제316조 제2항이 적용될 수 있는지와 관련하여 ①과 ②의 요건이 문제된다.

(1) 공범이 원진술자인 경우 그 전문진술에 적용될 전문법칙의 예외규정

이 경우 전문진술은 원진술자인 공범인 공동피고인뿐만 아니라 다른 공동피고인(당해피고인)에게도 자연적인 관련성이 인정되므로 공범인 공동피고인은 제316조 제1항의 원진술자인 '피고인'에 해당된다고 보아 제316조 제1항이 적용된다는 견해가 있다.

그러나 전문법칙의 예외는 엄격히 해석해야 하므로❶ 공범인 공동피고인은 제316조 제2항의 원진술자인 '피고인 아닌 타인'에 해당된다고 보아 제316조 제2항이 적용된다고 보는 것이 타당하다.

判例도 형사소송법 제316조 제2항의 원진술자인 '피고인 아닌 자'라고 함은 제3자는 말할 것도 없고 공동피고인이나 공범자를 모두 포함한다(대판 : 2011도7173)고 판시한 바 있다.

사안의 경우 E의 진술은 공범자인 B의 진술을 내용으로 하므로 피고인 아닌 타인의 진술을 그 내용으로 하는 경우에 해당한다.

(2) 필요성 요건

위에서 살펴본 바와 같이 사안의 경우 제316조 제2항에 따라 필요성 요건을 충족해야 하는바 원진술자인 공범 B가 간암 말기 판정을 받고 중환자실에 입원하고 있으므로 진술불능요건은 갖춘 것으로 보인다.

4. 결론

E의 참고인진술조서는 피고인 아닌 타인의 진술을 그 내용으로 하는 전문진술기재서류로서 필요성의 요건을 충족하였으므로 제312조 제4항의 요건과 특신상태가 충족된다면 甲에 대하여 증거능력이 인정된다.

[설문 2]의 해설❷❸

1. 논점의 정리

형법 제37조 전단의 경합범 중 일부무죄, 일부유죄가 선고되어 검사만이 무죄부분에 대하여 상소하였으나, 항소심의 심리결과 실체적 경합관계를 상상적 경합으로 죄수판단을 달리하는 경우에 상소심의 심판범위가 문제된다.

2. 죄수판단의 변경과 심판범위

상소심에서 죄수판단을 달리하는 경우 상소심의 심판범위에 대하여 ① 범죄사실은 모두 일체를 이루므로 모두 심판이 가능하다는 전부이심설, ② 상소하지 않은 부분은 분리 확정되어 상소된 부분만 심판이 가능하다는 일부이심설, ③ 상소되지 않은 부분은 이미 확정되었으므로 상소심은 범죄사

---

❶ 제316조 제1항은 '특신상태만'을 요건으로 하지만 제2항은 '필요성'과 특신상태를 요구하고 있다.
❷ 제1회, 제6회 변호사시험에서 유사한 쟁점이 출제된 바 있다.
❸ '상소심에서의 죄수 판단의 변경과 심판범위'가 쟁점이다.

실 전부에 대하여 면소판결을 하여야 한다는 면소판결설이 대립한다.

判例는 원심(항소심)이 두개의 죄를 경합범으로 보고 한 죄는 유죄, 다른 한죄는 무죄를 각 선고하자 검사가 무죄부분만에 대하여 불복상고 하였다고 하더라도 위 두 죄가 상상적 경합관계에 있다면 유죄부분도 상고심의 심판대상이 된다(대판(전) : 80도384)고 하여 '전부이심설'의 입장이다.

3. 결론

상소하지 않은 공소사실이 상상적 경합관계로 인정되는 경우 상소불가분의 원칙에 따라 공소사실 전체가 상소심의 심판대상이 된다고 보는 전부이심설이 타당하다.

따라서 사안의 경우 공무집행방해죄와 상해죄는 상상적 경합관계에 있으므로 검사가 항소한 상해죄뿐만 아니라 공무집행방해죄 부분도 항소심의 심판대상이 된다고 할 것이다.

02 제2문

(1) 甲은 코로나19로 사업이 어렵게 되자 양부(養父) A에게 재산의 일부를 증여해 달라고 요구하였지만 핀잔만 듣게 되었다. 이에 화가 난 甲은 A를 살해하기로 마음먹고 따로 거주하고 있는 사촌 동생 乙에게 A를 살해하라고 교사하면서 甲과 A가 함께 살고 있는 집의 현관 비밀번호 및 집 구조를 乙에게 알려 주었다. 甲이 알리바이를 위하여 다른 지역으로 출장을 떠난 사이, 乙은 범행 당일 새벽 2시경 甲이 알려 준 비밀번호를 이용하여 현관문을 열고 들어가 침실에서 자고 있던 사람의 얼굴을 베개로 눌러 질식으로 사망케 하였다. 그러나 사실 침실에서 자고 있던 사람은 A의 운전기사 B였다. 乙은 살해를 한 직후 거실에서 A 소유의 명품 시계 1개를 발견하고 욕심이 생겨 이를 가지고 나왔다.

(2) 다음 날 甲과 乙은 A가 위 범행 전날 밤 교통사고로 크게 다쳐 병원에 입원하였고 乙이 사망케 한 사람이 B라는 사실을 알게 되었다. B 사망사건에 대한 수사가 개시되자 甲은 범행을 포기하였다가 6개월 후 다시 A를 살해할 마음을 먹고 乙에게 계획을 설명했으나 乙은 甲에게 '더 이상 관여하지 않겠다'고 하였다. 이에 甲은 乙에게 '내가 알아서 하겠으니 A에게 투여할 독극물만 구입해 달'고 하여 乙은 독극물을 구입하였지만 甲에게 주지 않은 채 그 다음 날 전화로 '나는 양심에 걸려 못하겠다'고 한 후 연락을 끊었다. 이에 甲도 범행을 단념하였으나 사업이 점점 어려워지자 1개월 후 A가 입원해 있는 병실에서 산소호흡기를 착용하지 않으면 생명이 위독한 A의 산소호흡기를 제거하여 A를 살해하였다.

(3) 甲은 A명의 부동산을 임의로 처분하기로 마음먹었다. 이에 甲은 A를 살해한 직후 병실에 보관되어 있던 A의 인감도장을 가지고 나온 다음 'A가 甲에게 인감증명서 발급을 위임한다'는 취지의 A명의 위임장 1장을 작성하고 같은 날 주민센터 담당 직원 C에게 제출하여 A의 인감증명서를 발급받았다.

(4) 甲의 여자친구 D는 甲이 잠이 든 D의 나체를 동의 없이 휴대전화를 이용하여 사진 촬영한 사실을 신고하면서 甲 몰래 가지고 나온 甲의 휴대전화를 사법경찰관 K에게 증거물로 제출하였다. K는 위 휴대전화를 압수한 후 D와 함께 휴대전화의 전자정보를 탐색하다가 D의 나체 사진 외에도 甲이 D와 마약류를 투약하는 장면이 녹화된 동영상을 발견하였고, 탐색을 계속하여 甲과 성명불상의 여성들이 마약류를 투약하는 장면이 녹화된 동영상을 발견하자 위 동영상들을 따로 시디(CD)에 복제하였다. 그 후 K는 위 시디(CD)에 대하여 영장을 발부받아 甲의 참여하에 이를 압수하였다.

1. (1)과 관련하여, 현장 DNA로 乙의 혐의를 확인한 사법경찰관 K가 연락이 되지 않는 乙의 주거지로 찾아가 탐문수사를 하던 중 귀가하던 乙을 우연히 발견하고 도주하려는 乙을 주거지 앞에서 적법하게 긴급체포하는 경우, 乙의 주거지 안에 있는 A의 시계에 대한 압수 방안에 관하여 모두 검토하시오. (15점)

2. (1)과 관련하여, 공판에서 검사 P가 ⓐ 살인이 일어난 범행 현장을 촬영한 사진과 乙이 범행을 재연하는 장면을 촬영한 사진이 첨부된 사법경찰관 작성 검증조서와 ⓑ 범행현장에서 乙의 DNA가 확인되었다는 내용의 국립과학수사연구원의 감정의뢰회보서를 유죄의 증거로 제출하였는데 乙이 위 증거들에 대하여 부동의하는 경우, 위 ⓐ 검증조서에 첨부된 2개의 사진 및 ⓑ 감정의뢰회보서를 증거로 사용하기 위한 요건을 설명하시오. (15점)

3. (4)와 관련하여, 甲이 위 동영상들과 관련된 범죄사실로 공소제기된 경우 甲의 변호인의 입장에서 위 시디(CD)의 증거능력을 부정할 수 있는 근거를 모두 제시하시오. (15점)

[설문 1]의 해설

1. 논점의 정리❶

긴급체포가 적법한 경우의 압수 방안과 관련하여 영장에 의한 압수와 영장에 의하지 않은 압수의 방법이 각 문제된다.

2. 영장에 의한 압수

수사기관은 지방법원판사에게 청구하여 발부받은 영장에 의하여 해당사건과 관계가 있다고 인정할 수 있는 것에 한정하여 압수·수색을 할 수 있다(제106조 제1항, 제109조 제1항, 제215조 제1항·제2항).

사안의 경우 A의 시계는 乙의 절도사건과 관련성이 인정되므로 사전영장을 발부받아 압수할 수 있다.

3. 영장에 의하지 않은 압수

(1) 체포현장에서의 압수❷

사법경찰관은 긴급체포(제200조의3)의 규정에 의하여 피의자를 체포하는 경우에 필요한 때에는 영장없이 체포현장에서 압수할 수 있다(제216조 제1항 제2호).

---

❶ 설문에서 이미 '적법하게 긴급체포하는 경우'라고 전제를 주고 있으므로 긴급체포에 대한 적법성을 논해주는 것은 시간을 낭비하고 지면을 할애하는 것이다. 항상 설문을 꼼꼼하게 읽는 습관을 들여야 할 것이다.

❷ 제3회 변호사시험 제2문 유사쟁점.

여기의 '체포현장에서 압수'의 의미에 대하여는, ⅰ) 체포행위와 압수가 시간적·장소적으로 접착해 있으면 되고 압수가 체포 전인지 후인지를 불문한다는 견해(시간적·장소적 접착설), ⅱ) 피의자가 현실적으로 체포된 후의 압수를 의미한다는 견해(체포설), ⅲ) 체포 전후를 불문하지만 압수 당시에 피의자가 현장에 있어야 한다는 견해(현장설)가 있다.

그러나 ⅰ)의 견해는 영장없는 압수의 허용범위를 부당하게 확대할 위험이 있고, 체포에 착수하였으나 피의자가 도주하여 피의자를 체포하지 못하였거나 피의자가 현장에 없는 경우도 압수의 필요성이 인정되므로 ⅱ)와 ⅲ)의 견해도 문제가 있다.

따라서 '체포현장에서 압수'는 피의자에 대한 체포가 현실적으로 착수된 후의 압수를 의미한다고 보는 것이 타당하다(체포착수설)❸.

사안에서 경찰관 K는 체포에 착수한 이후 체포현장에서의 압수로서 A의 시계를 압수할 수 있다.

(2) 긴급체포 후의 압수

사법경찰관은 제200조의3(긴급체포)에 따라 체포된 자가 소유·소지 또는 보관하는 물건에 대하여 긴급히 압수할 필요가 있는 경우에는 체포한 때부터 24시간 이내에 한하여 영장 없이 압수·수색을 할 수 있다(제217조 제1항).

본 조항에 의한 압수·수색은 제216조 제1항 제2호와 달리, 체포현장이 아닌 장소에서도 긴급체포된 자가 소유·소지 또는 보관하는 물건을 대상으로 할 수 있다(대판 : 2017도10309). 다만, 사법경찰관은 제217조 제1항 또는 제216조 제1항 제2호에 따라 압수한 물건을 계속 압수할 필요가 있는 경우에는 지체 없이 압수수색영장을 청구하여야 한다. 이 경우 압수수색영장의 청구는 체포한 때부터 48시간 이내에 하여야 한다(제217조 제2항).

사안에서 경찰관 K는 제217조 제1항에 따라 압수할 수 있다.

(3) 임의제출물의 압수

검사 또는 사법경찰관은 피의자 기타인이 유류한 물건이나 소유자·소지자·보관자가 임의로 제출한 물건을 영장 없이 압수할 수 있다(제218조). 임의제출물인 이상 사후영장을 받을 필요도 없다.

判例도 현행범 체포현장이나 범죄장소(범죄현장)에서도 소지자 등이 임의로 제출하는 물건은 형사소송법 제218조에 의하여 영장 없이 압수할 수 있고, 이 경우에는 검사나 사법경찰관이 사후에 영장을 받을 필요가 없다(대판 : 2019도17142)고 한다.

사안에서 사경 K는 체포현장에서 소지자 등이 임의로 제출하는 물건을 영장 없이 압수할 수 있고 이 경우 사후영장을 받을 필요가 없다.

4. 결론

사경 K는 사전영장을 미리 발부받아 압수하거나, 형소법 제216조 제1항 제2호, 동법 제217조, 동법 제218조에 따라 사전영장 없이도 적법하게 압수할 수 있다.

---

❸ 피의자가 현실적으로 체포되었는지 및 압수 당시에 피의자가 (도주하여) 현장에 있었는지를 불문한다.

[설문 2]의 해설

1. 논점의 정리

검증조서에 첨부된 현장사진 및 범행재연사진과 감정의뢰회보서가 증거로 사용되기 위한 요건이 각 문제된다.

2. 사진의 증거능력[4]

(1) 현장사진의 증거능력

범행현장 사진은 검증조서와 일체를 이루는 것으로 보아야 한다. 따라서 제312조 제6항의 요건, 즉 ⅰ) 적법한 절차와 방식에 따라 작성된 것으로서 ⅱ) 공판기일에 작성자인 사경 P1의 진술에 의하여 검증조서의 성립의 진정함이 인정되면 증거능력이 인정되어 증거로 사용할 수 있다.

(2) 범행재연사진의 증거능력

범행재연사진은 乙의 자백 진술과 마찬가지로 보아야 할 것이다. 따라서 범행재연사진은 제312조 제3항의 요건, 즉 ⅰ) 적법한 절차와 방식에 따라 작성된 것으로서 ⅱ) 공판기일에 피고인 乙 또는 그 변호인이 그 내용을 인정하면 증거능력이 인정된다.

3. 감정서의 증거능력

감정의 경과와 결과를 기재한 서류도 제313조 제1항과 제2항의 요건을 구비하면 증거능력이 인정된다(제313조 제3항). 判例도 감정서에는 감정인의 기명날인이 있고, 감정인이 공판기일에서 작성명의가 진정하고 감정인의 관찰대로 기술되었다고 진술함으로써 그 성립의 진정함이 증명된 경우 증거능력이 인정된다(대판 : 2011도1902)고 한다. 사안에서 감정의뢰회보서는 감정서에 해당하므로 제313조의 요건을 갖추면 증거능력이 인정된다.

4. 결론

현장사진은 제312조 6항의 요건을, 범행재연사진은 제312조 제3항의 요건을, 감정의뢰회보서는 제313조의 요건을 갖추면 각 증거능력이 인정된다.

---

[4] 제8회 변호사시험에 출제된 쟁점이다.

[설문 3]의 해설

1. 논점의 정리

사법경찰관이 피해자로부터 임의제출을 받은 피의자 소유의 휴대전화에서 별건과 관련된 다른 피해자에 대한 동영상과 사진 등을 발견하고 이를 CD에 복제한 경우 증거능력을 부정할 수 있는 근거가 문제된다.

2. CD 압수의 적법성

(1) 임의제출물의 압수의 범위

수사기관이 제출자의 의사를 쉽게 확인할 수 있음에도 이를 확인하지 않은 채 특정 범죄혐의사실과 관련된 전자정보와 그렇지 않은 전자정보가 혼재된 정보저장매체를 임의제출받은 경우, 그 정보저장매체에 저장된 전자정보 전부가 임의제출되어 압수된 것으로 취급할 수는 없다. 전자정보를 압수하고자 하는 수사기관이 정보저장매체와 거기에 저장된 전자정보를 임의제출의 방식으로 압수할 때, 제출자의 구체적인 제출 범위에 관한 의사를 제대로 확인하지 않는 등의 사유로 인해 임의제출자의 의사에 따른 전자정보 압수의 대상과 범위가 명확하지 않거나 이를 알 수 없는 경우에는 임의제출에 따른 압수의 동기가 된 범죄혐의사실과 관련되고 이를 증명할 수 있는 최소한의 가치가 있는 전자정보에 한하여 압수의 대상이 된다. 이때 범죄혐의사실과 관련된 전자정보에는 범죄혐의사실 그 자체 또는 그와 기본적 사실관계가 동일한 범행과 직접 관련되어 있는 것은 물론 범행 동기와 경위, 범행 수단과 방법, 범행 시간과 장소 등을 증명하기 위한 간접증거나 정황증거 등으로 사용될 수 있는 것도 포함될 수 있다(대판(전) : 2016도348).

(2) 임의제출물 압수 시 피압수자에 대한 절차적 요건

정보저장매체나 그 복제본을 임의제출받은 수사기관이 그 정보저장매체 등을 수사기관 사무실 등으로 옮겨 이를 탐색·복제·출력하는 경우, 그와 같은 일련의 과정에서 형사소송법 제219조, 제121조에서 규정하는 피압수·수색 당사자(이하 '피압수자'라 한다)나 그 변호인에게 참여의 기회를 보장하고 압수된 전자정보의 파일 명세가 특정된 압수목록을 작성·교부하여야 하며 범죄혐의사실과 무관한 전자정보의 임의적인 복제 등을 막기 위한 적절한 조치를 취하는 등 영장주의 원칙과 적법절차를 준수하여야 한다. 특히 피해자 등 제3자가 피의자의 소유·관리에 속하는 정보저장매체를 영장에 의하지 않고 임의제출한 경우에는 실질적 피압수자인 피의자가 수사기관으로 하여금 그 전자정보 전부를 무제한 탐색하는 데 동의한 것으로 보기 어려울 뿐만 아니라 피의자 스스로 임의제출한 경우 피의자의 참여권 등이 보장되어야 하는 것과 견주어 보더라도 특별한 사정이 없는 한 형사소송법 제219조, 제121조, 제129조에 따라 ⅰ) "피의자"에게 참여권을 보장하고 ⅱ) 압수한 전자정보 목록을 교부하는 등 "피의자"의 절차적 권리를 보장하기 위한 적절한 조치가 이루어져야 한다.

한편, 전자정보에 대한 압수·수색이 종료되기 전에 범죄혐의사실과 관련된 전자정보를 적법하게 탐색하는 과정에서 별도의 범죄혐의와 관련된 전자정보를 우연히 발견한 경우라면, ① 수사기관은 더 이상의 추가 탐색을 중단하고, ② 법원으로부터 별도의 범죄혐의에 대한 압수수색영장을 발부받은 경우에 한해 그러한 정보에 대해서도 적법하게 압수·수색을 할 수 있다(대판(전) : 2016도348).

(3) 사안의 경우

甲의 변호인은 ① 임의제출자인 D의 의사가 명확하지 않으므로 피의사실인 성범죄 사실과 객관적 관련성이 있는 전자정보만을 압수해야 하는데 위 CD는 임의제출에 따른 압수의 동기가 된 성범죄 사실과 관련된 전자정보가 아니며, ② 위 전자정보를 탐색·복제·출력 시에 피의자나 변호인의 참여권을 보장하지 않았으며, ③ 별도의 마약범죄와 관련된 전자정보를 발견했음에도 탐색을 중단하지 않고 별도의 영장을 발부받지 않은 점은 중대한 영장주의 위반으로서 위법수집증거에 해당하며 이와 같은 영장주의의 중대한 위법이 있는 이상 사후에 압수·수색영장을 받아 압수절차가 진행되었더라도 증거능력이 인정될 수 없음을 주장해야 한다.

3. CD 제출의 적법성

사안에서 제출된 CD는 휴대전화의 동영상들을 복제한 복사본에 해당한다. 따라서 이를 증거로 사용하기 위해서는 최량증거의 법칙에 따라 ① 휴대전화의 동영상 원본이 존재하거나 존재하였고, ② 휴대전화기의 동영상 원본을 법정에 제출할 수 없거나 그 제출이 곤란한 사정이 있으며, 휴대전화의 동영상과 CD의 파일 영상이 정확하게 전사되었다는 사실이 증명되어야 한다(대판 : 2006도2556; 대판 : 2015도2275). 따라서 사안의 경우 이와 같은 증명이 없으면 위법하므로 증거로 사용할 수 없다.

4. 사인의 위법수집증거

위법수집증거배제법칙은 국가기관(일반적으로 수사기관)이 위법하게 수집한 증거의 증거능력을 부정하는 법칙이다. 일반 사인이 불법적으로 수집한 증거에 대해서 이 법칙을 적용하자는 견해도 있을 수 있으나, 判例는 일반 사인이 불법적으로 수집한 증거의 증거능력에 대해서는 위법수집증거배제법칙 대신에 공익(형사소추 및 형사소송에서의 진실발견)과 사익(개인의 인격적 이익 등)을 비교형량하여 결정하고 있다.

사안에서 휴대전화는 甲의 성폭력 범죄와 관련하여 반드시 필요한 증거로 보이므로 설사 그것이 소유자가 아닌 D가 수사기관에 임의로 제출한 것이라고 하더라도 공익의 실현을 위하여는 휴대전화를 범죄의 증거로 제출하는 것이 허용되어야 하고, 이로 말미암아 피고인의 사생활 영역을 침해하는 결과가 초래된다 하더라도 이는 甲이 수인하여야 할 기본권의 제한에 해당한다.❺

5. 결론

甲의 변호인은 CD는 위법하게 수집된 증거에 해당하여 증거능력이 인정되지 않으므로(제308조의2) 사후에 압수수색영장을 발부받았다거나 甲이 증거동의를 하더라도 증거로 사용할 수 없음을 근거로 제시해야 한다. 만약 이와 같은 사정이 인정되지 않더라도 CD 제출의 적법성을 다투어 증거능력을 부정할 수 있다.

---

❺ "D가 甲의 휴대전화를 몰래 가지고 나와 제출한 것은 甲의 기본권 침해가 중대하고 휴대전화 내의 동영상의 확보는 신고 이후 일반적인 휴대전화의 압수·수색 절차를 통해서도 얼마든지 가능하므로 사안에서 휴대전화 제출은 위법수집증거에 해당한다."는 포섭도 가능하다. 다만 저자는, 일반적인 판례의 경향에 따라 답안을 서술하였다.

Chapter 03

2022년 제11회 변호사시험

(1) 甲은 따로 살고 있는 사촌형 A로부터 A가 2020. 12. 24. 10:00에 해외여행을 떠난다는 말을 들은 후 친구 乙에게 "A가 사채업으로 돈을 벌어 귀금속을 샀다고 들었는데, A가 12. 24. 10:00경 해외여행을 떠난다고 한다. 그런데 A가 조폭 출신이고 의심도 많아 내가 직접 훔치기 어려우니, 네가 나 대신 A의 집에서 귀금속을 훔쳐 달라. 귀금속을 가져다 주면 충분히 사례를 하겠다."라고 제안하였고, 乙을 이를 승낙하였다.

(2) 乙은 A의 집 주변을 사전 답사하면서 집 안을 엿보던 중 A가 현관문 옆 화분 아래에 비상용 열쇠를 둔다는 사실을 알게 되었고, 경제적으로 어려움을 겪는 후배 丙에게 범행을 함께할 것을 제안하여, 丙의 승낙을 받고 丙과 역할 분담을 공모하였는데, 甲에게는 범행을 丙과 함께 할 예정이라고 알리지 않았다.

(3) 2020. 12. 24. 10:30경 乙과 丙은 함께 丙이 운전하는 승용차를 타고 A의 집 앞으로 갔다. 丙은 A의 집 대문 앞에 승용차를 주차하고 차에 탑승한 채 망을 보고, 乙은 A의 집 담을 넘은 다음 현관문 옆 화분 아래에서 열쇠를 찾아 그 열쇠로 현관문을 열고 집 안에 들어가서 안방을 뒤지기 시작하였는데, 마당 창고에서 여행용 가방을 가지고 나오는 A의 기척을 듣고 황급히 안방 장롱에 들어가 몸을 숨겼다. A는 10:50경 짐싸기를 마치고 집을 나섰는데, 丙은 乙이 아니라 A가 집에서 나오는 것을 보고 놀라 바로 승용차를 운전하여 도망을 가 버렸다.

(4) 乙은 A가 나간 것을 확인하고 다시 집 안을 뒤져 안방 서랍장에서 골드바 2개를 발견하고 미리 준비해 간 가방에 이를 넣고 11:00경 집 밖으로 나왔는데, 丙의 승용차가 보이지 아니하자 버스를 타기 위하여 200m 떨어진 버스정류장으로 걸어갔다.

(5) 한편 A는 공항으로 가려던 중 여권을 집에 두고 온 것을 깨닫고 11:10경 집으로 돌아왔는데, 누군가 집 안을 뒤진 흔적이 있어 도둑이 든 것을 알게 되었다. A는 자신이 집을 비운 시간이 길지 않아 범인이 아직 주변에 있을지도 모른다고 생각하고 대로변으로 나와 살펴보던 중 버스정류장에서 A의 시선을 피하면서 어색한 행동을 보이는 乙을 발견하였다. A는 乙이 범인으로 의심되어 도둑질을 하지 않았느냐고 다그치면서 乙에게 A의 집으로 같이 갈 것을 요구하였다. 乙은 A의 위세에 눌려 A의 집으로 따라왔는데, A가 도둑질을 하지 않았느냐고 계속 추궁하면서 112 신고를 하려고 하자 체포를 면탈할 목적으로 양손으로 A의 가슴을 세게 밀쳐 넘어뜨려 A에게 약 2주간의 치료를 요하는 요추부 타박상 등을 입히고 그 자리에서 도망쳤다. 그 후 乙은 甲에게 훔친 골드바 2개를 건네주었다.

(6) 丙은 위와 같이 중간에 도망친 바람에 乙로부터 돈을 받기 어려워졌다고 생각하고 유흥비를 마련하기 위하여 휴대전화 메신저 어플리케이션을 이용하여 옛 여자친구 B에게 "내일까지 네가 3개월 전에 나한테서 빌려간 돈 100만 원을 무조건 갚아. 안 그러면 네 가족과 친구들이 이 동영상을 보게 될 거야."라는 메시지를 보내면서 과거 B와 성관계를 하면서 합의하에 촬영한 동영상을 캡처한 사진 파일을 첨부하였다. 위 메시지와 사진 파일을 받아 본 B는 겁을 먹고 경찰에 신고하였다.

1. 경찰 수사로 위 범행이 밝혀지자 A는 수사 단계에서 甲, 乙, 丙을 고소하였다.
   (가) 만약 1심 공판 과정에서 A가 甲에 대하여 처벌을 원하지 않는다는 취지로 고소취소장을 제출한 경우 함께 재판을 받는 甲, 乙, 丙에 대한 법원의 판단은? (10점)
   (나) 만약 훔친 골드바는 A가 잠시 보관하고 있는 것일 뿐 사실은 A의 친구 C의 소유물이고, 수사 단계에서 A, C가 함께 甲, 乙, 丙을 고소하였는데, A, C가 1심 공판 과정에서 甲에 대한 고소취소장을 제출한 경우 함께 재판을 받는 甲, 乙, 丙에 대한 법원의 판단은? (5점)
2. B의 신고를 받은 경찰관 P는 수사를 거쳐 丙의 인적사항 등을 파악하였고, 위 (6)항 기재 내용을 범죄사실로 하는 압수수색영장을 발부받아 丙의 휴대전화를 압수하였다.
   (가) 경찰관 P는 丙의 휴대전화에서 발견된 丙과 B의 성관계 동영상 파일을 CD에 복사하여 기록에 편철하였다. 공판에서 丙이 디지털 포렌식 과정에서의 절차 위반을 주장하면서 증거 부동의를 하는 경우 CD에 저장된 동영상 파일은 어떠한 요건을 갖추어야 증거능력이 인정되는가? (10점)
   (나) 경찰관 P가 위 압수수색영장에 근거하여 압수한 丙의 휴대전화에서 丙이 乙과 통화하면서 A의 집에서 귀금속을 훔치자고 모의하는 내용의 녹음 파일을 발견한 경우 경찰관 P는 이 녹음 파일을 어떠한 방법으로 압수할 수 있는가? (10점)
3. 만약 乙과 丙의 공범사건에 대하여 乙이 먼저 기소되어 유죄판결이 확정된 후 丙이 기소되었는데, 丙에 대해서는 무죄판결이 선고, 확정된 경우 乙은 이를 이유로 재심을 청구할 수 있는가? (10점)

[설문 1 - (가)]의 해설

1. 논점의 정리

피해자 A에 대하여 甲은 절도교사죄와 장물취득죄가, 乙은 특수절도죄와 상해죄가, 丙은 특수절도죄가 각 성립하는데 A가 수사 단계에서 모두를 고소하였다가 제1심 공판 과정에서 甲에 대하여 고소를 취소하였는바 甲에 대한 고소취소의 효과 및 甲에 대한 고소취소가 공범에게 미치는 효력이 문제된다.

2. 상대적 친고죄와 고소의 주관적 불가분의 원칙

친족상도례 규정은 재산죄인 특수절도죄와 장물죄에 각 준용된다(제344조, 제365조, 제328조).

한편, 친고죄의 고소는 제1심 판결전까지 할 수 있다(제232조 제1항). 그리고 형사소송법 제233조는 "친고죄의 공범 중 그 1인 또는 수인에 대한 고소 또는 그 취소는 다른 공범자에 대하여도 효력이 있다."고 규정하여 고소의 주관적 불가분의 원칙을 명문으로 인정하고 있다. 다만, 상대적 친고죄의 경우에는 신분관계 있는 자 사이에 대하여만 동원칙이 적용되어 신분자에 대한 고소취소는 비신분자에게 효력이 없다(대판 : 64도481).

甲과 A는 동거하지 않는 친족관계로서 범인과 피해자 사이에 일정한 신분관계로 인하여 친고죄로 되는 상대적 친고죄에 해당하나(제328조 제2항), 친족관계가 없는 乙과 丙은 친고죄가 아니다. 따라서, A의 甲에 대한 고소취소의 효력은 친족관계가 없는 乙과 丙에게는 미치지 않는다.

3. 결론

사안에서 A의 甲에 대한 제1심 공판 중의 고소취소는 적법하므로, 법원은 甲의 절도죄와 장물취득죄에 대하여 형사소송법 제327조 제5호 공소기각판결을 선고하여야 하고, 乙과 丙에 대하여는 실체판결을 선고하여야 한다.

[설문 1-(나)]의 해설

1. 결론

甲, 乙, 丙 모두에 대하여 실체판결을 선고하여야 한다.

2. 논거

친족상도례 규정은 ⅰ) 절도죄의 보호법익은 소유권이므로 행위자와 소유자 사이에 친족관계가 존재하면 친족상도례 규정이 적용될 수 있다는 견해가 있으나(소유자관계설), ⅱ) 소유자관계설에 의할 경우 소유자로부터 임차하여 사용하고 있는 물건을 절취한 경우 임차인과는 친족관계가 없더라도 소유자와 친족관계가 있으면 친족상도례 규정이 적용될 수 있다는 문제점이 있고, 친족상도례 규정은 친족간의 정의를 고려한 규정이므로 소유자 및 점유자 모두 친족관계가 존재하여야 친족상도례 규정이 적용될 수 있다는 견해(소유자·점유자관계설)가 타당하다.

사안에서 甲은 골드바의 점유자인 A와의 사이에만 친족관계가 있고 소유자인 C와는 친족관계가 없으므로 친족상도례 규정이 적용되지 않는다. 따라서 A에 대하여 공소기각판결을 할 수 없고 실체판결을 선고하여야 하며, 처음부터 친족관계가 존재한 바 없는 乙과 丙에게도 마찬가지로 실체판결을 선고하여야 한다.

[설문 2-(가)]의 해설[1]

1. 논점의 정리

휴대전화에서 발견된 성관계 동영상 파일을 CD에 복사한 경우 압수가 적법한지, 원본을 복사한 사본을 증거방법으로 사용할 수 있는지, 동영상 파일이 진술증거인지 여부가 문제된다.

2. CD의 저장된 동영상 파일의 증거능력을 인정하기 위한 요건

(1) 압수 · 수색 절차의 적법성

압수의 목적물이 정보저장매체인 경우에는 '기억된 정보의 범위를 정하여'(즉 범죄 혐의사실과 관련된 부분만을) 출력하거나 복제하여 제출받아야 한다. 다만, 범위를 정하여 출력 또는 복제하는 방법이 불가능하거나 압수의 목적을 달성하기에 현저히 곤란하다고 인정되는 때에는 정보저장매체등을 압수할 수 있다(제219조, 제106조 제3항). 이 경우 압수 · 수색 시에는 형사소송법 제219조, 제121조, 제129조에 따라 ⅰ) "피의자"에게 참여권을 보장하고 ⅱ) 압수한 전자정보 목록을 교부하는 등 "피의자"의 절차적 권리를 보장하기 위한 적절한 조치가 이루어져야 한다.

사안에서 경찰관 P가 丙의 휴대전화를 압수한 후 이를 선별하고 다시 이를 CD에 복사하는 과정은 전체적으로 하나의 영장을 집행하는 유기적인 절차이므로 영장 집행에 있어 피의자의 절차적 권리를 보장하기 위한 적절한 조치가 이루어졌음을 증명하면 증거능력이 인정된다.

(2) 원본을 복사한 사본을 증거방법으로 사용할 수 있는지 여부

사안에서 제출된 CD는 휴대전화의 동영상을 복제한 복사본에 해당한다. 따라서 이를 증거로 사용하기 위해서는 최량증거의 법칙에 따라 ① 휴대전화의 동영상 원본이 존재하거나 존재하였고, ② 휴대전화기의 동영상 원본을 법정에 제출할 수 없거나 그 제출이 곤란한 사정이 있으며, 휴대전화의 동영상과 CD의 파일 영상이 정확하게 전사되었다는 사실이 증명되어야 한다(대판 : 2006도2556; 대판 : 2015도2275). 따라서 사안의 경우 이와 같은 증명이 없으면 위법하므로 증거로 사용할 수 없다.

(3) 동영상이 진술증거인지 여부[2]

동영상은 범행상황을 촬영한 현장사진과 실질적으로 동일한 성질을 가진다. 한편 현장사진에 대하여는 사실의 보고라는 기능적인 성질을 가지고 있으므로 진술증거로 보아야 한다는 견해가 있다.[3] 그러나 현장사진은 사람의 지각에 의한 진술이 아니므로 비진술증거로 보는 것이 타당하다[4](대판 : 2007도3906, 97도1230 참고).

따라서 사안의 경우 동영상 파일은 내용의 진실성이 문제되지 않으므로 전문법칙이 적용되지 않는다.

---

[1] 2018년 제7회 변호사시험 제2문 유사.

[2] 증거방법의 성질에 따라 증거능력 인정요건이 달라지므로 반드시 논의를 하여야 한다.

[3] 이 견해에 따르면 전문법칙이 적용되어 전문법칙의 예외요건을 구비하여야 증거능력이 인정된다(본 사례에서는 제313조의 요건을 구비하여야 한다). 저자는 비진술증거로 보는 견해를 자설로 선택하기로 하였으므로 진술증거로 볼 경우의 증거능력 인정요건은 생략하였다.

[4] 그 밖에 현장사진을 비진술증거로 보면서도 그 작성과정의 오류나 조작가능성을 고려하여 검증조서에 준하여 증거능력을 인정하여야 한다는 견해(검증조서유추적용설)도 있다.

3. 결론

정보저장매체에 대한 압수·수색 시 피압수자에 대한 절차적 권리보장과 사본을 증거로 하기 위한 요건을 갖추면 증거능력이 인정된다.

[설문 2 - (나)]의 해설

1. 논점의 정리

전자정보에 대한 압수·수색이 종료되기 전에 범죄혐의사실과 관련된 전자정보를 적법하게 탐색하는 과정에서 별도의 범죄혐의와 관련된 전자정보를 우연히 발견한 경우 이를 압수할 수 있는 방법이 문제된다.

2. 별도의 범죄혐의 녹음파일의 압수 방법

압수·수색은 영장 발부의 사유로 된 범죄 혐의사실과 관련성이 인정되어야 하므로 이와 무관한 별개의 증거를 압수하였을 경우 이는 원칙적으로 유죄 인정의 증거로 사용할 수 없다(제215조). 압수·수색영장의 범죄 혐의사실과 관계있는 범죄라는 것은 압수·수색영장에 기재한 혐의사실과 ⅰ) 객관적 관련성이 있고 압수·수색영장 대상자와 피의자 사이에 ⅱ) 인적 관련성이 있는 범죄를 의미한다.

그중 혐의사실과의 객관적 관련성은 압수·수색영장에 기재된 혐의사실 자체 또는 그와 기본적 사실관계가 동일한 범행과 직접 관련되어 있는 경우를 의미하는 것이나, 범행 동기와 경위, 범행 수단과 방법, 범행 시간과 장소 등을 증명하기 위한 간접증거나 정황증거 등으로 사용될 수 있는 경우에도 인정될 수 있다. 그리고 피의자와 사이의 인적 관련성은 압수·수색영장에 기재된 대상자의 범죄를 의미하는 것이나, 그의 공동정범이나 교사범 등 공범이나 간접정범은 물론 필요적 공범 등에 대한 피고사건에 대해서도 인정될 수 있다(대판 : 2016도13489).

따라서 만약 별도의 범죄혐의와 관련된 전자정보를 우연히 발견한 경우 ① 수사기관은 더 이상의 추가 탐색을 중단하고, ② 법원으로부터 별도의 범죄혐의에 대한 압수수색영장을 발부받은 경우에 한해 그러한 정보에 대해서도 적법하게 압수·수색을 할 수 있다(대판 : 2016도348).

3. 결론

사안에서 압수·수색 영장에 기재된 범죄사실은 공갈과 성폭법위반과 관련된 것이고 녹음파일은 특수절도와 관련된 것이어서 객관적 관련성이 인정되지 않으므로 이에 대한 압수는 원칙적으로 위법하다. 따라서 경찰관 P는 더 이상의 추가 탐색을 중단하고 법원으로부터 별도의 영장을 발부받아 압수하거나 丙으로부터 임의제출받아 압수할 수 있다. 다만, 이 경우에도 참여권 보장과 목록교부 등 절차적 권리를 보장하여야 한다.

[설문 3]의 해설

1. 논점의 정리

공범 사이에 모순된 판결이 존재하는 경우 공범의 무죄판결이 재심사유로서 무죄를 인정할 명백한 증거(제420조 제5호)에 해당하는지 문제된다.

2. 모순된 판결과 증거의 명백성 여부

이에 대하여 ⅰ) 모순 판결이 형벌법규의 해석차이가 아닌 사실인정에 관한 결론을 달리한 때에는 모순된 판결 자체가 명백한 증거에 해당한다는 긍정설, ⅱ) 모순된 판결의 전제가 된 증거가 동일한 경우 증명력에 대한 평가를 달리한 것에 불과하므로 명백한 증거에 해당하지 않는다는 부정설, ⅲ) 무죄판결이 법령의 개폐나 판례의 변경, 새로운 법률해석으로 인한 것이라면 사실인정의 오류에 해당하지 않으므로 재심사유가 될 수 없으나 공범에 대한 무죄판결이 사실인정에 기초한 경우에는 명백한 증거에 해당한다는 이분설, ⅳ) 무죄판결의 사용된 증거가 유죄판결에서 사용하지 못한 새로운 증거로서 명백한 증거인 경우에 한하여 재심사유가 된다는 절충설이 대립한다.

判例는 당해 사건의 증거가 아니고 공범자중 1인에 대하여 무죄, 다른 1인에 대하여 유죄의 확정판결이 있는 경우에 무죄 확정판결 자체만으로는 유죄확정판결에 대한 새로운 증거로서의 재심사유에 해당한다고 할 수 없으나, 무죄 확정판결의 증거자료를 자기의 증거로 하지 못하였고 또 새로 발견된 것이면 그 신증거는 유죄확정판결의 재심사유에 해당된다고 할 수 있다(대결 : 84모14)고 판시하여 절충설의 입장이다.

3. 결론

공범자 사이의 모순된 판결은 법관의 증명력 평가에 따라 달라질 수 있으므로 무죄판결 자체가 재심사유에 해당한다고 볼 수는 없다. 따라서 무죄판결의 사용된 증거가 증거의 신규성과 명백성을 갖춘 경우에 한하여 재심사유가 된다는 절충설이 타당하다.

따라서 乙은 丙에 대한 무죄판결 자체만을 이유로 재심을 청구할 수는 없고, 무죄판결에 사용된 증거가 유죄판결을 파기할 만한 새로운 증거로서 신규성과 명백성이 인정되는 증거인 경우에 한하여 재심을 청구할 수 있다.

02 제2문

(1) A군(郡)의 군수인 甲은 사채업자인 乙과 공모하여 관내 건설업자 丙에게 금전적 지원을 요구하기로 마음먹었다. 甲은 丙을 군수집무실로 불러 A군(郡)이 둘레길 조성사업을 계획하고 있는데 이는 丙에게 좋은 기회가 될 것이라고 하면서 乙이 향후 둘레길 조성사업에 관여하게 될 것이니 乙에게 업무용 차량과 업무에 필요한 비품을 지원해 주라고 부탁하였다. 이에 丙은 乙에게 자기 소유인 시가 3,000만 원 상당의 K5 승용차를 주고 시가 1,000만 원 상당의 비품을 구매해 주었다. 丙은 乙에게 K5 승용차의 소유권이전등록을 해 주지는 않았으나 앞으로 乙에게 이를 반환받을 마음이 없었으며 乙도 이를 丙에게 반환할 생각이 없었다.

(2) 乙은 과거 육군 대위로서 육군사관학교에 재직하면서 납품 관련 시험평가서를 기안하는 등 그 작성을 보조하는 업무를 담당하던 중에, B방위산업체에 근무하는 고교동창 丁으로부터 B방위산업체에서 생산하여 납품하려고 하는 탄환에 대한 시험평가서가 필요하니 도와달라는 부탁을 받고, 그 부탁에 따라 다른 업체에 대한 탄환 실험데이터를 도용하여 실험 결과를 허위로 기재한 육군사관학교장 명의의 시험평가서를 작성한 다음 그 정을 모르는 결재권자의 도장을 받았다.

(3) 丙은 자신의 집에서 C와 함께 술을 마시던 중, 술에 취해 누워 있는 C의 하의를 벗긴 후 C를 1회 간음하였다. 당시 丙은 C가 만취하여 심신상실 상태에 있다고 생각하고 이를 이용한 것이었는데, 실제로 C는 반항이 불가능할 정도로 술에 취하지는 않았다.

1. 위 사례 (1)에서 丙이 甲의 부탁으로 乙에게 2013. 8. 5. 시가 3,000만 원 상당의 업무용 차량과 1,000만 원 상당의 비품을 구매해 주었다. 위 사건에 대한 수사가 개시되자 乙은 겁을 먹고 태국으로 도주해 2017. 8. 5.부터 2018. 8. 4.까지 태국에 머무르다가 귀국하였다. 검사는 2019. 8. 5. 乙에 대한 공소제기를 하였고 2020. 8. 4. 위 판결이 확정되었다. 검사가 2021. 12. 5. 甲과 丙에 대하여 공소를 제기하자, 甲과 丙의 변호인은 이미 공소시효가 만료된 사안으로 면소판결을 하여야 한다는 주장을 하였다. 변호인의 주장은 타당한가? (13점)

2. 위 사례 (1)에서 1심 법원은 乙에 대한 공소사실을 전부 유죄로 인정하여 乙에게 징역 2년 6월 및 추징 40,000,000원을 선고하였고, 이에 대하여 乙만이 항소하였는데, 항소심은 사실인정에 있어 1심보다 중하게 변경하면서 乙에게 징역 2년 6월 및 집행유예 5년, 벌금 100,000,000원 및 추징 40,000,000원을 선고하였다. 항소심의 판결은 적법한가? (10점)

3. 검사는 乙에 대한 구속영장을 발부받아 乙을 구속하였다. 이에 대하여 乙의 변호인이 乙의 석방을 위해 취할 수 있는 조치를 공소제기 전과 후로 나누어 논하시오. (10점)

4. 위 사안에서 피고인 丙의 변호인은 검사에게 변론을 위해 수사서류 등의 열람·등사(증거개시)를 요청하였으나 검사는 피해자 C에 대한 사생활보호 등을 이유로 거부하였다. 이에 변호인이

불복하여 법원에 열람·등사(증거개시)를 신청하였고, 법원은 검사에게 수사서류 등의 열람·등사를 허용할 것을 명하였다. ① 검사는 이러한 법원의 결정에 불복할 수 있는가, ② 검사가 법원의 결정에 따르지 않는 경우 피고인 丙의 변호인은 어떻게 대응할 수 있는가? (12점)

[설문 1]의 해설

1. 논점의 정리

공소시효의 만료 여부와 관련하여 공범 중 1인에 대한 공소시효 정지의 효력이 다른 공범자에게 어느 범위에서 효력이 미치는지 문제된다.

2. 공소시효 및 공소시효 정지의 효력

(1) 공소시효의 기간

甲의 범행은 특정범죄 가중처벌 등에 관한 법률 위반(이하 '특가법'이라 한다)(뇌물)죄에 해당하고 수뢰액이 4,000만 원이므로 법정형은 5년 이상의 유기징역이고(특가법 제2조 제1항 제3호) 공소시효 기간은 10년이다(제248조 제1항 제3호).

丙은 범행은 뇌물공여죄(제133조 제1항)에 해당하고 법정형은 5년 이하의 징역 또는 2천만 원 이하의 벌금이므로 공소시효는 기간은 7년이다(제248조 제1항 제4호).

(2) 공소시효의 기산점과 공소시효기간의 계산

공소시효는 범죄행위의 종료한 때로부터 진행한다(제252조 제1항). 공소시효의 초일은 시간을 계산함이 없이 1일로 산정하며(제66조 제1항 단서), 기간의 말일이 공휴일 또는 토요일에 해당하는 날도 기간에 산입한다(제66조 제3항 단서).

(3) 공소시효의 정지

공범의 1인에 대한 '공소제기에 의한 시효정지'는 다른 공범자에게 대하여 효력이 미친다(제253조 제2항, 제1항). 다만, 뇌물공여죄와 뇌물수수죄 사이와 같은 이른바 대향범 관계에 있는 자는 서로 대향된 행위의 존재를 필요로 할 뿐 각자 자신의 구성요건을 실현하고 별도의 형벌규정에 따라 처벌되는 것이어서, 2인 이상이 가공하여 공동의 구성요건을 실현하는 공범관계에 있는 자와는 본질적으로 다르므로 형사소송법 제253조 제2항에서 말하는 '공범'에는 뇌물공여죄와 뇌물수수죄 사이와 같은 대향범 관계에 있는 자는 포함되지 않는다(대판 : 2012도4842).

한편, 제253조 제3항에 따라 공범의 1인이 형사처분을 면할 목적으로 국외에 있는 경우 그 기간 동안 공소시효가 정지된다고 하더라도 이러한 시효정지는 다른 공범자에 대하여 효력이 미치지 아니한다.

(4) 사안의 경우

① 甲의 특가법위반(뇌물)죄의 공소시효는 범죄행위 종료시인 2013.8.5.부터 진행하고, 공범인 乙에 대한 공소제기로 인하여 1년의 공소시효 기간이 정지되었으므로(乙에 대하여 2019.8.5. 공소가 제기되어 2020.8.4. 위 판결이 확정되었다) 甲의 특가법위반(뇌물)죄의 공소시효는 2024.8.4.(24:00)에 만료한다. 다만, 乙의 해외 도주로 인한 공소시효의 정지는 甲에게 영향을 미치지 않는다.

② 丙의 뇌물공여죄의 공소시효는 범죄행위 종료시인 2013.8.5.부터 진행하고, 乙에 대한 공소제기로 인한 시효정지의 효력은 대향범인 丙에게는 미치지 않으므로 丙의 공소시효는 2020.8.4.(24:00)에 만료되었다.

3. 결론

① 甲에 대한 공소시효 만료일은 2024.8.4.(24:00)이므로 면소판결을 하여야 한다는 변호인의 주장은 부당하다.

② 丙에 대한 공소시효는 2020.8.4.(24:00)에 이미 만료되었으므로 면소판결을 하여야 한다는 변호인의 주장은 타당하다.

[설문 2]의 해설

1. 논점의 정리

항소심 판결의 적법성과 관련하여 항소심이 乙에게 사실인정을 중하게 변경하면서 집행유예와 벌금형을 추가하여 선고한 것이 제368조(불이익변경의 금지) 규정에 위반되는지 문제된다.

2. 乙이 항소한 사건에 대한 제368조의 적용가능성

피고인이 항소한 사건과 피고인을 위하여 항소한 사건에 대하여는 원심판결의 형보다 중한 형을 선고하지 못한다(제368조). 여기의 피고인이 항소한 사건이란 피고인만이 항소한 사건을 의미한다.

사안의 경우 피고인 乙만 판결에 대하여 항소하였으므로 항소심은 원심판결의 형보다 중한 형을 선고할 수 없다.

3. 원심판결의 형보다 중한 형을 선고한 것(불이익한 변경)인지의 판단기준

항소심에서 선고된 형이 피고인에게 불이익하게 변경되었는지는 형법상 형의 경중을 기준으로 하되 이를 개별적·형식적으로 고찰할 것이 아니라 주문 전체를 고려하여 피고인에게 전체적·실질적으로 불이익한지를 보아 판단하여야 한다(대판 : 2016도15961). 불이익변경금지의 원칙은 '형의 선고'를 기준으로 하므로 선고형에 변경이 없는 이상 사실인정의 불리한 변경(대판 : 88도1983)은 불이익변경금지원칙에 위반된다고 볼 수 없다.

사안의 경우 집행유예의 실효나 취소가능성, 벌금 미납 시 노역장 유치 가능성과 그 기간 등을 전

체적·실질적으로 고찰할 때 항소심이 乙에 대하여 집행유예 5년과 벌금 1억 원을 추가한 것은 제1
심이 선고한 형보다 무거워 피고인에게 불이익하다.

4. 결론

항소심의 판결은 제368조 규정을 위반한 것이므로 위법하다.

[설문 3]의 해설

1. 논점의 정리

구속영장에 의하여 구속된 피의자 또는 피고인의 석방을 위하여 변호인이 취할 수 있는 공소제기
전과 후의 조치가 문제된다.

2. 공소제기 전에 취할 수 있는 조치

(1) 구속적부심사의 청구와 보증금납입조건부 석방결정

변호인은 구속된 피의자에 대하여 법원이 구속의 적부를 심사하여 구속이 위법·부당한 경우 피의
자를 석방시키는 구속적부심사를 청구할 수 있다(제214조의2).

한편, 구속적부심사청구가 있는 경우 법원이 보증금의 납입을 조건으로 '구속된 피의자'를 석방시
키는 보증금납입조건부 석방제도('피의자 보석'이라고도 한다)(제214조의2 제5항)를 통하여 석방될 수도 있
다. 이는 법원의 직권에 의하여 석방을 명하는 직권·재량 보석일 뿐 피의자에게 청구권은 인정되지
않으므로, 법원의 직권발동을 촉구하는 의미에서 주장만 가능하다.

(2) 구속취소의 청구와 구속집행정지

수사기관이 구속의 사유가 없거나 소멸된 때에는 직권 또는 청구에 의하여 구속된 피의자를 석방
하여야 하므로 변호인은 구속의 사유가 소멸되었음을 주장하여 구속취소를 청구할 수 있다(제93조,
제209조).

한편, 법원 또는 검사는 상당한 이유가 있는 때에는 결정으로 구속된 피고인 또는 피의자를 친족·
보호단체 기타 적당한 자에게 부탁하거나 피고인의 주거를 제한하여 구속의 집행을 정지할 수 있다
(제209조, 제101조 제1항). 이 경우 피의자에게 신청권은 인정되지 않으므로 변호인은 검사의 직권발동
을 촉구하는 의미에서 구속집행정지를 요청할 수 있다.

3. 공소제기 후에 취할 수 있는 조치

(1) 보석의 청구

변호인은 법원에 구속된 피고인의 보석을 청구할 수 있고(제94조 제1항), 보석의 '청구가 있으면' 제
외사유가 없는 한 법원은 보석을 허가하여야 한다(제95조). 즉 보석은 필요적 보석이 원칙이다. 필요

적 보석의 제외사유에 해당하는 때에도 법원은 상당한 이유가 있을 때에는 '직권' 또는 보석청구권자의 '청구'에 의하여 결정으로 보석을 허가할 수 있다(제96조).

따라서 변호인은 법원에 필요적 보석 또는 직권보석의 허가를 청구할 수 있다.

(2) 구속취소의 청구와 구속집행정지

변호인은 수소법원에 구속의 사유가 없거나 소멸되었음을 이유로 구속취소를 청구하거나 법원의 직권발동을 촉구하는 의미에서 구속의 집행정지를 요청할 수 있다.

4. 결론

① 공소제기 전에 취할 수 있는 조치로서 乙의 변호인은 구속적부심사 또는 구속취소의 청구를 할 수 있고 직권발동을 촉구하는 의미에서 보증금납입조건부 석방결정을 주장하거나 구속집행정지를 요청할 수 있다.

② 공소제기 후에 취할 수 있는 조치로서 乙의 변호인은 보석 또는 구속취소를 청구하거나 직권발동을 촉구하는 의미에서 구속의 집행정지를 요청할 수 있다.

[설문 4]의 해결

1. 논점의 정리

ⅰ) 법원의 열람·등사(증거개시)결정에 대하여 검사가 불복할 수 있는지, ⅱ) 검사가 법원의 결정에 불복하는 경우 변호인의 대응방안이 문제된다.

2. 법원의 결정에 대한 검사의 불복 가능성

법원의 결정에 해당하므로 항고를 할 수 있다는 견해가 있다(제402조). 그러나, 법원이 검사에게 수사서류 등의 열람·등사 또는 서면의 교부를 허용할 것을 명한 결정은 피고사건 소송절차에서의 증거개시와 관련된 것으로서 '판결 전의 소송절차에 관한 결정'에 해당하고, 위 결정에 대하여는 즉시항고에 관한 규정을 두고 있지 않으므로 형사소송법 제402조에 의한 항고의 방법으로 불복할 수 없다(대결 : 2012모1393)고 보는 것이 타당하다.

사안의 경우 검사는 법원의 열람·등사 결정에 대하여 불복할 수 없다.

3. 법원의 결정에 불복하는 경우 변호인의 대응방법

① 검사가 서류 등의 열람·등사 또는 서면의 교부를 거부한 때에는 피고인 또는 변호인도 검사에 대하여 서류 등의 열람·등사 또는 서면의 교부를 거부할 수 있고(제266조의11 제2항), ② 검사는 열람·등사 또는 서면의 교부에 관한 법원의 결정을 지체 없이 이행하지 아니하는 때에는 해당 증인 및 서류 등에 대한 증거신청을 할 수 없으므로(제266조의4 제5항) 미리 증거신청을 할 수 없음을 주장 또는 의견을 진술하거나(형사소송규칙 제134조 제1항·2항), 이의신청을 할 수 있다(제295조, 형사소송규칙 제135조의2).

한편, ③ 검사의 증거개시결정에 대한 거부는 피고인들의 신속·공정한 재판을 받을 권리 및 변호인의 조력을 받을 권리를 침해하는 것이므로 헌법재판소에 헌법소원심판을 청구할 수 있다(헌법재판소법 제68조 제1항)(헌재 : 2009헌마257).

4. 결론

검사는 법원의 증거개시결정에 대하여 불복할 수 없고, 법원의 결정에도 불구하고 검사가 법원의 결정에 따르지 않는 경우에는 변호인은 검사의 증거개시 요구를 거부할 수 있고, 검사의 신청에 대하여 이의신청을 하거나 헌법소원심판을 청구할 수도 있다.

Chapter
04

2021년 제10회 변호사시험

(1) 甲은 평소 좋아하던 A(여, 20세)로부터 A의 은밀한 신체 부위가 드러난 사진을 전송받은 사실이 있다. 甲은 A와 영상 통화를 하면서 A에게 시키는 대로 하지 않으면 기존에 전송받은 신체 사진을 유포하겠다고 A를 협박하여 이에 겁을 먹은 A로 하여금 가슴과 음부를 스스로 만지게 하였다. 그 후 甲은 A에게 여러 차례 만나자고 하였으나 A가 만나 주지 않자 A를 강간하기로 마음먹고 A가 거주하는 아파트 1층 현관 부근에 숨어 있다가 귀가하는 A를 발견하고 A가 엘리베이터를 타자 따라 들어가 주먹으로 A의 얼굴을 2회 때리고 5층에서 내린 다음 계단으로 끌고 가 미리 준비한 청테이프로 A의 양손을 묶어 반항을 억압한 후 A를 간음하려 하였으나 A가 그만 두라고 애원하자 자신의 행동을 뉘우치고 범행을 단념하였다. 그런데 A는 계단으로 끌려가는 과정에서 甲의 손을 뿌리치다가 넘어져 3주간의 치료가 필요한 발목이 골절되는 상해를 입었다.

(2) 甲은 마침 현장에 도착한 A의 아버지 B를 발견하고 체포될까 두려워 도망치다가 아파트 후문 노상에서 B에게 잡히자 B를 때려눕히고 발로 복부를 수 회 걷어찬 다음 도망갔다. 약 2시간 후 甲의 친구 乙이 평소에 감정이 좋지 않던 B가 쓰러진 것을 우연히 발견하고 화가 나서 발로 B의 복부를 수 회 걷어찼다. 며칠 후 B는 장 파열로 사망하였는데, 부검결과 甲과 乙 중 누구의 행위로 인하여 사망하였는지 판명되지 않았다.

(3) 甲은 자신의 위 범행에 대해 사법경찰관 丙의 수사를 받던 중 乙도 입건될 것 같다는 생각이 들자, 丙에게 "乙을 입건하지 않으면 좋겠다. 내가 전부 책임지겠다."라고 말하고, 평소 丙과 친분이 있던 丁에게 이러한 사정을 말하면서 丙에게 4,000만 원을 전달해 달라고 부탁하였다. 丁은 甲으로부터 丙에게 전달할 4,000만 원을 받자 욕심이 생겨 1,000만 원은 자신이 사용하고 나머지 3,000만 원만 丙에게 교부하였다. 돈을 전달받은 丙은 乙을 입건하지 않았다. 甲은 乙에게 "丁의 도움으로 입건되지 않을 것 같다. 담당 경찰 丙에게 적지 않은 금액으로 인사 해 놨다."라고 말하였다.

1. 사실관계 (1)과 관련하여,
   (가) 피해자 A가 甲의 집에 몰래 들어가 범행에 사용된 청테이프를 절취하여 증거로 제출하였다면 위 청테이프를 증거로 사용할 수 있는가? (10점)
   (나) 만약, 사법경찰관 P가 甲을 적법하게 긴급체포한 후 지체 없이 2km 떨어진 甲의 집으로 가 범행에 사용된 청테이프를 압수하여 그 압수조서를 작성하고 그 청테이프를 사진 촬영한 다음 사후영장을 발부받았다면, 위 청테이프와 그 압수조서 및 사진을 증거로 사용할 수 있는가? (5점)

(다) 피해자 A는 甲과 영상 통화할 당시 甲이 A에게 "시키는 대로 하지 않으면 기존에 전송받은 신체 사진을 유포하겠다."라고 말한 내용을 몰래 음성 녹음한 후 수사기관에 제출하였다. 공판정에서 甲이 범행을 부인하자 검사는 A가 제출한 위 녹음물을 증거로 제출하였는데, 甲의 변호인이 부동의하였다. 위 녹음물 중 甲이 말한 부분은 증거능력이 있는가? (10점)

2. 사실관계 (3)과 관련하여,

(가) 검사는 甲과 丙에 대한 혐의사실과 관련하여 증인으로 乙을 신청하였고, 증인으로 출석한 乙이 공판절차에서 "甲으로부터 '丁의 도움으로 입건되지 않을 것 같다. 담당 경찰 丙에게 적지 않은 금액으로 인사 해 놨다'고 들었습니다."라고 증언한 경우, 甲과 丙에 대하여 乙의 증언은 증거능력이 있는가? (8점)

(나) 丙은 제1심 유죄 판결에 불복하여 항소하면서 항소이유를 사실오인 및 양형부당으로 적시하고, 항소이유서는 추후 제출한다고 하였는데, 항소심은 항소이유서 제출기간이 경과하기 전에 변론을 진행·종결하고 항소를 기각하였다. 항소심의 판단은 적법한가? (7점)

[설문1 – (가)]의 해설

1. 논점의 정리

국가기관이 아닌 개인이 위법하게 수집한 증거를 증거로 사용할 수 있는지와 관련하여 위법수집증거배제법칙이 일반 사인에게도 적용될 수 있는지 문제된다.

2. 사인이 위법하게 수집한 증거의 증거능력

위법수집증거배제법칙은 국가기관(일반적으로 수사기관)이 위법하게 수집한 증거의 증거능력을 부정하는 법칙이다. 일반 사인이 불법적으로 수집한 증거에 대해서 이 법칙을 적용하자는 견해도 있을 수 있으나, 判例는 일반 사인이 불법적으로 수집한 증거의 증거능력에 대해서는 위법수집증거배제법칙 대신에 공익(형사소추 및 형사소송에서의 진실발견)과 사익(개인의 인격적 이익 등)을 비교형량하여 결정하고 있다.

3. 결론

사안에서 청테이프는 甲의 A에 대한 성폭력 범죄와 관련하여 꼭 필요한 증거로 보이므로 설사 그것이 A가 甲의 집에 몰래 들어가 절취하여 수사기관에 임의로 제출한 것이라고 하더라도 공익의 실현을 위하여는 청테이프를 범죄의 증거로 제출하는 것이 허용되어야 하고, 이로 말미암아 甲의 기본권을 침해하는 결과가 초래된다고 하더라도 이는 甲이 수인하여야 할 기본권의 제한에 해당한다. 따라서 위 청테이프는 증거로 사용할 수 있다.

[설문 1 – (나)]의 해설

1. 논점의 정리

적법한 절차에 따르지 아니하고 수집한 증거는 증거로 할 수 없고(제308조의2), 그에 터잡아 획득한 2차 증거도 증거능력이 부정되므로 청테이프와 압수조서 및 사진이 적법한 절차에 따라 수집되었는지 문제된다.❶

2. 청테이프 수집의 적법여부와 증거능력 인정여부❷

(1) 영장에 의하지 아니하는 압수·수색의 적법요건

1) 긴급체포 현장에서의 압수

사법경찰관은 긴급체포(제200조의3)의 규정에 의하여 피의자를 체포하는 경우에 필요한 때에는 영장없이 체포현장❸에서 압수할 수 있다(제216조 제1항 제2호). 다만 압수는 긴급체포의 사유가 된 당해 범죄사실과 관련된 물건에 제한된다.

2) 긴급체포된 자의 소유물 등에 대한 압수·수색

사법경찰관은 제200조의3(긴급체포)에 따라 체포된 자가 소유·소지 또는 보관하는 물건에 대하여 긴급히 압수할 필요가 있는 경우에는 체포한 때부터 24시간 이내에 한하여 영장 없이 압수·수색을 할 수 있다(제217조 제1항). 본 조항에 의한 압수·수색은 제216조 제1항 제2호와 달리, 체포현장이 아닌 장소에서도 긴급체포된 자가 소유·소지 또는 보관하는 물건을 대상으로 할 수 있다(대판 : 2017도10309). 다만 압수는 긴급체포의 사유가 된 당해 범죄사실과 관련된 물건에 제한된다(대판 : 2008도2245).

3) 사후 압수·수색 영장의 청구

사법경찰관은 제217조 제1항 또는 제216조 제1항 제2호에 따라 압수한 물건을 계속 압수할 필요가 있는 경우에는 지체 없이 압수수색영장을 청구하여야 한다. 이 경우 압수수색영장의 청구는 체포한 때부터 48시간 이내에 하여야 한다(제217조 제2항).

(2) 사안의 검토

사안에서 사법경찰관 P가 청테이프를 압수한 장소는 체포현장에서 2km 떨어진 甲의 집이었으므로 제216조 제1항 제2호의 체포현장에서 압수로 볼 수 없으나, 이는 긴급체포된 甲이 소유하는 물건에 해당하고 체포한 때부터 48시간 이내에 압수수색영장의 청구하여 발부받았으므로 제217조 제2항의 요건을 구비하였다. 따라서 P가 압수한 청테이프는 증거능력이 인정된다.

---

❶ 본 사안은 배점이 5점에 불과한 점을 고려할 때 형사소송법 제216조 제2항과 제217조의 관계, 위법수집증거와 그에 터잡은 2차 증거에 대한 증거능력을 간단하게 서술하라는 것이 출제자의 의도인 것으로 보여진다. 따라서 압수조서 및 사진에 대한 증거능력 요건을 장황하게 서술할 필요는 없다.

❷ 청테이프가 1차 증거에 해당하고, 압수조서 및 그 사진은 2차 증거에 해당하므로 청테이프의 증거능력을 먼저 논해주어야 한다.

❸ 본 사안의 체포현장의 의미에 관한 어느 견해에 의하더라도 체포현장이라고 인정되므로 학설을 구구절절 기술하는 것은 의미가 없다.

3. 결론

P가 압수한 청테이프가 증거능력이 인정되는 이상 압수조서 및 사진의 증거능력도 인정되고 이를 위법하게 수집된 증거의 2차 증거로 볼 수 없으므로 청테이프와 그 압수조서 및 사진은 모두 증거능력이 인정된다.

[설문 1 - (다)]의 해설

1. 논점의 정리

녹음물 중 甲이 말한 부분의 증거능력과 관련하여 ⅰ) 녹음물이 통신비밀보호법('이하 통비법'이라 한다)위반죄에 해당하는지, ⅱ) 녹음물 중 甲의 진술이 전문증거로서 전문법칙이 적용되는지 각 문제된다.

2. 녹음파일의 증거능력

(1) 통신비밀보호법을 위반여부와 절차보장의 적법성❹

누구든지 전기통신의 감청을 할 수 없고, 이러한 불법감청에 의하여 지득 또는 채록된 전기통신의 내용은 재판절차에서 증거로 사용할 수 없다(통비법 제3조 제1항, 제4조).❺ 여기서 '전기통신의 감청'이란 전기통신에 대하여 그 당사자인 송신인과 수신인이 아닌 제3자가 당사자의 동의를 받지 않고 전자장치 등을 이용하여 통신의 음향·문언·부호·영상을 청취·공독하여 그 내용을 지득 또는 채록하는 등의 행위를 하는 것을 의미하고, 전기통신에 해당하는 전화통화의 당사자 일방이 상대방과의 통화내용을 녹음하는 것은 '감청'에 해당하지 않는다(대판 : 2008도1237).

사안에서 위 녹음물은 통화 당사자 중의 한 사람인 A가 통화를 녹음한 것이므로 감청에 해당하지 않고 따라서 A의 녹음행위는 통비법 제3조 제1항에 위배된다고 볼 수 없다.

(2) 전문증거에 해당하는지 여부

타인의 진술을 내용으로 하는 진술이 전문증거인지는 요증사실과 관계에서 정하여지는데, 원진술의 내용인 사실이 요증사실인 경우에는 전문증거이나, 원진술의 존재 자체가 요증사실인 경우에는 본래증거이지 전문증거가 아니다(대판(전) : 2018도2738).

사안에서 위 녹음파일의 대화 甲의 "시키는 대로 하지 않으면 기존에 전송받은 신체 사진을 유포하겠다."라는 말은 협박의 직접적인 수단으로서 진술의 존재 자체가 협박에 해당하므로(대판 : 2006도2556) 원진술의 존재 자체가 요증사실인 경우로서 본래증거에 해당하고 따라서 전문법칙이 적용되지 않는다.

---

❹ 2013년 제2회 변호사시험 유사, 2024년 제13회 변호사시험 제1문 유사.

❺ 법조문의 내용 중에서도 본 사안과 관련된 내용만 인용하여 간결하게 답안을 작성하는 것이 수험효율적일 것이다. 실제 법조문과 위 인용된 내용을 반드시 비교하여 보기 바란다. 특히 통비법은 전기통신 등이 수단을 사용하는 '감청'과 현장성이 인정되는 '타인간의 대화'를 구별하여 규정하고 있으므로 주어진 사실관계에 따라 필요한 내용을 선별하여 기술하여야 한다.

3. 결론

녹음물 중 甲의 진술 부분은 증거능력이 인정된다.

[설문 2 - (가)]의 해설

1. 乙 증언의 법적성질

乙의 증언은 공판기일 외에서의 甲의 진술을 내용으로 하는 전문진술로서 전문증거에 해당하므로 제316조 규정의 요건을 갖추지 못하면 이를 증거로 할 수 없다(제310조의2).

2. 乙의 증언의 甲에 대한 증거능력

피고인 아닌 자의 공판기일에서의 진술이 피고인의 진술을 그 내용으로 하는 것인 때에는 그 진술이 특히 신빙할 수 있는 상태하에서 행하여졌음이 증명된 때에 한하여 이를 증거로 할 수 있다(제316조 제1항). 여기의 진술이 특히 신빙할 수 있는 상태란 진술에 허위 개입의 여지가 거의 없고 진술내용의 신빙성이나 임의성을 담보할 구체적이고 외부적인 정황이 있는 경우를 의미한다(대판 : 2016도8137).

사안에서 乙 진술에 '특신상황'을 판단할 수 있는 사정은 보이지 않으므로 乙이 甲의 진술을 전문진술한 부분은 특신상태를 갖추면 증거능력이 인정된다.

3. 乙의 증언의 丙에 대한 증거능력

피고인 아닌 자의 공판기일에서의 진술이 피고인 아닌 타인의 진술을 그 내용으로 하는 것인 때에는 원진술자가 사망, 질병, 외국거주, 소재불명 그 밖에 이에 준하는 사유로 인하여 진술할 수 없고, 그 진술이 특히 신빙할 수 있는 상태하에서 행하여졌음이 증명된 때에 한하여 이를 증거로 할 수 있다(제316조 제2항).

여기서 '피고인 아닌 타인의 진술'과 관련하여 진술자인 공범인 공동피고인뿐만 아니라 다른 공동피고인(당해피고인)에게도 자연적인 관련성이 인정되므로 공범인 공동피고인은 제316조 제1항의 원진술자인 '피고인'에 해당된다고 보아 제316조 제1항이 적용된다는 견해가 있다.

그러나 전문법칙의 예외는 엄격히 해석해야 하므로 공범인 공동피고인은 제316조 제2항의 원진술자인 '피고인 아닌 타인'에 해당된다고 보아 제316조 제2항이 적용된다고 보는 것이 타당하다.

判例도 형사소송법 제316조 제2항의 원진술자인 '피고인 아닌 자'라고 함은 제3자는 말할 것도 없고 공동피고인이나 공범자를 모두 포함한다(대판 : 2011도7173)고 판시한 바 있다.

사안의 경우 원진술자인 甲이 법정에 출석하여 진술하고 있으므로, 원진술자가 사망, 질병, 외국거주, 소재불명 그 밖에 이에 준하는 사유로 인하여 진술할 수 없는 경우에 해당하지 않아 제316조 제2항을 적용할 수 없다. 따라서 乙의 법정(증인)진술은 丙의 공소사실에 대하여 증거능력이 없다.

4. 결론

甲에 대한 관계에서 乙의 법정진술은 특신상태를 갖추면 증거능력이 인정된다. 그러나 丙에 대한 관계에서 乙의 증언은 증거능력이 없다.

[설문 2 - (나)]의 해설

1. 논점의 정리

항소인 또는 변호인은 기록접수통지를 받은 날로부터 20일 이내에 항소이유서를 항소법원에 제출하여야 한다(제361조의3 제1항). 항소인이나 변호인이 항소이유서 제출기간 내에 항소이유서를 제출하지 아니한 때에는 직권조사사유가 있거나 항소장에 항소이유의 기재가 있는 경우를 제외하고는 결정으로 항소를 기각한다(제361조의4 제1항).

사안에서 丙은 항소장에 항소이유를 사실오인 및 양형부당으로 기재하였는바 항소를 기각할 수 없다. 그럼에도 항소심이 항소이유서 제출기간 경과 전에 변론을 진행하고 종결한 후 항소를 기각할 수 있는지 문제된다.

2. 항소이유서 제출기간 경과 전에 항소사건을 심판할 수 있는지의 여부

형사소송법 제361조의3, 제364조의 각 규정에 의하면 항소심의 구조는 피고인 또는 변호인이 법정기간 내에 제출한 항소이유서에 의하여 심판하는 것이고, 이미 항소이유서를 제출하였더라도 항소이유를 추가·변경·철회할 수 있으므로, 항소이유서 제출기간의 경과를 기다리지 않고는 항소사건을 심판할 수 없다. 따라서 항소이유서 제출기간 내에 변론이 종결되었는데 그 후 위 제출기간 내에 항소이유서가 제출되었다면, 특별한 사정이 없는 한 항소심법원으로서는 변론을 재개하여 항소이유의 주장에 대해서도 심리를 해 보아야 한다(대판 : 2017도13748).

3. 결론

사안의 경우 항소심은 丙이 항소이유서를 추후 제출한다고 하였음에도 제출 기간의 경과를 기다리지 않고 항소이유서 제출 기간이 경과하기도 전에 항소를 기각하였으므로 항소심의 판단은 위법하다.

(1) 甲은 선배 A로부터 A소유의 중고차 처분을 부탁받고 B에게 5,000만 원에 그 중고차를 매도했음에도 4,000만 원에 매도한 것으로 기망하고 수수료는 받지 않겠다고 하면서 4,000만 원만 A에게 주었다. 甲은 B에게서 수표로 받은 잔액 1,000만 원을 그 정을 알고 있는 乙에게 보관해달라고 부탁하였으나, 이를 받은 乙은 그 돈을 모두 유흥비로 탕진하였다. 이에 화가 난 甲은 乙을 상해하기로 마음먹고 乙의 사무실 문 밖에서 기다리고 있다가 늦은 밤에 사무실 문을 열고 나오는 사람의 얼굴을 가격하여 3주의 치료를 요하는 상해를 가하였다. 그러나 곧 쓰러진 사람을 확인해 보니 그 사람은 乙이 아니라 乙의 사무실에서 강도를 하고 나오던 강도범 C였다.

(2) 1,000만 원을 반환하라는 甲의 독촉에 시달리던 乙은 A의 재물을 강취하기로 마음먹고 지인으로부터 A의 집 구조와 금고위치 등에 관한 정보를 입수하고 미리 현장을 답사하였다. 그로부터 3일 뒤 밤 11시경 乙은 A의 단독주택에 도착하여 외부 벽면을 타고 2층으로 올라가 창문을 열고 들어가다가 예상치 못하게 집안에서 거구의 남자 2명이 다가오자 순간적으로 겁을 먹고 도망하였다. 경찰의 검거지시가 내려지자 乙은 친구 丙에게 그간의 사정을 이야기 하면서 도피 자금을 구해달라고 부탁하였다. 이를 승낙한 丙은 자기의 고가 골프채를 D에게 1,500만 원에 양도하기로 하여 D로부터 계약금과 중도금으로 800만 원을 받았음에도 그 골프채를 E에게 1,800만 원을 받고 양도한 다음 그 중 1,000만 원을 乙에게 도피 자금으로 건네주었다.

1. 사실관계 (1)에서 A는 친구 M을 만난 자리에서 "甲이 판매대금의 일부를 떼먹었다."고 이야기하였고, M은 참고인으로 경찰의 조사를 받으면서 A가 자기에게 말한 내용을 자필 진술서로 작성하여 제출하였다. 공판에서 甲이 M의 진술서에 증거 부동의하는 경우 이 진술서를 증거로 사용하기 위한 요건은 무엇인가? (15점)

2. 사실관계 (1)과 관련하여 甲은 乙과 시비가 붙어 乙을 협박한 혐의로 공소가 제기되었으나 공판절차에서 乙의 처벌불원의사로 공소기각판결이 선고되었다. 이 경우 甲이 乙에게 협박하지 않았다는 이유로 무죄를 주장하며 항소를 제기하였다면, 항소심 법원은 어떠한 조치를 취해야 하는가? (10점)

3. 사실관계 (2)에서 법원은 A에 대한 乙의 범죄사실에 대하여 유죄를 선고하였다. 항소심에서 乙의 변호인으로 선임된 변호사 R은 변호인선임서를 제출하지 아니한 채 항소이유서만을 제출하고 항소이유서 제출기간이 경과한 후에 변호인선임서를 항소법원에 제출하였다. 이 경우 변호사 R이 제출한 항소이유서는 효력이 있는가? (15점)

[설문 1]의 해설

1. 논점의 정리

사안에서 M에 대한 진술서는 친구 A의 진술을 전문한 M의 진술이 기재되어 있는 전문진술기재서류인바 이에 대하여도 전문법칙의 예외규정을 적용하여 증거능력을 인정할 수 있는지 문제된다.

2. 전문진술기재서류도 전문법칙의 예외규정이 적용될 수 있는지 여부

전문진술기재서류는 이중의 전문증거이므로 단순한 전문증거보다 오류의 개입가능성이 높고, 형사소송법에 그 증거능력을 인정하는 명문의 규정도 없으므로 증거능력을 인정할 수 없다는 견해가 있다.

그러나 전문진술기재서류도 전문서류와 전문진술이 결합으로 이루어져 있으므로 각 부분에 대하여 전문법칙의 예외규정의 요건이 충족된다면 증거능력을 인정할 수 있다고 보는 것이 타당하다.

따라서 사안의 전문진술이 기재된 진술서는 경찰의 조사를 받으면서 수사과정에서 작성된 진술서로서 그 실질이 제312조 제4항의 참고인진술조서에 해당하므로(제312조 제5항, 제312조 제4항) 제312조 제4항의 요건과 전문진술로서 - 원진술자가 피고인 아닌 타인이므로 - 제316조 제2항의 요건을 동시에 갖추면 증거능력을 인정할 수 있다고 보아야 한다(대판 : 2010도5948).

3. M에 대한 진술서의 증거능력 인정요건

위 진술서(참고인진술조서)의 증거능력을 인정하기 위해서는 첫째 제312조 제4항의 요건, 즉 ① 그 조서가 적법한 절차와 방식에 따라 작성된 것으로서 ② 원진술자인 M의 진술 또는 영상녹화물 그 밖의 객관적 방법에 의하여 실질적 진정성립이 증명되어야 하고, ③ 피고인 甲이 M을 신문할 수 있었어야 하고, ④ 조서에 기재된 진술이 특히 신빙할 수 있는 상태하에서 행하여졌음이 증명되어야 하며, 둘째 제316조 제2항의 요건, 즉 ① 피고인 아닌 타인의 진술을 그 내용으로 하는 전문진술일 것과 ② 원진술자가 사망, 질병, 외국거주, 소재불명 그 밖에 이에 준하는 사유로 인하여 진술할 수 없고(필요성 요건), ③ 그 진술이 특히 신빙할수 있는 상태하에서 행하여졌음이 증명되어야 한다.

4. 결론

M의 진술서는 그 실질이 전문진술이 기재된 수사기관 작성의 참고인진술조서로서 甲이 공판에서 M의 진술서에 증거 부동의 하더라도 제312조 제4항의 요건과 제316조 제2항의 요건을 동시에 갖추면 증거능력이 인정된다.

[설문 2]의 해설

1. 논점의 정리

공소기각판결에 대한 무죄 주장 항소와 관련하여 형식재판에 대하여 상소의 이익이 인정될 수 있는지 문제된다.

2. 형식재판에 대한 무죄 주장의 상소의 가능여부

ⅰ) 무죄판결은 객관적으로 보아 형식재판보다 피고인에게 유리하고, 또한 무죄판결 확정 시 기판력이 발생할 뿐만 아니라 형사보상도 받을 수 있으므로 상소 이익을 인정하여 상소가 가능하다는 적극설, ⅱ) 소송조건의 흠결로 실체판결청구권이 없다는 소극설 중 실체판결청구권결여설, ⅲ) 형식재판도 유리한 판결로서 상소의 이익이 없다는 소극설 중 상소이익흠결설이 대립한다.

判例는 "공소기각의 재판이 있으면 피고인은 유죄판결의 위험으로부터 벗어나는 것이므로 그 재판은 피고인에게 불이익한 재판이라고 할 수 없어서 이에 대하여 피고인은 상소권이 없다"(대판 : 2007도6793)고 한다.

3. 결론

공소기각의 판결도 유죄판결의 위험에서 벗어나는 판결인 이상 유리한 재판에 해당하므로 상소의 이익이 없다고 보는 것이 타당하다. 사안의 경우 甲의 항소는 항소의 이익이 없으므로 제1심 법원이 항소기각의 결정을 하지 않은 이상 항소심 법원은 결정으로 항소를 기각하여야 한다(제360조 제1항, 제362조 제1항).

[설문 3]의 해설

1. 논점의 정리

항소이유서 제출기간이 경과한 후에 변호인 선임서를 제출한 것에 의하여 변호인 선임서 제출 전의 항소이유서 제출이 유효하게 될 수 있는지 변호인 선임의 추완을 인정할 수 있는지 문제된다.

2. 변호인 선임서 제출 전의 항소이유서 제출의 유효성 여부

변호인의 선임은 심급마다 변호인과 연명날인한 서면으로 제출하여야 하므로(제32조 제1항) 변호인 선임서를 제출하지 아니한 채 항소이유서를 제출한 경우 그 항소이유서는 적법·유효한 항소이유서가 될 수 없다.

3. 변호인선임의 추완의 인정여부

ⅰ) 피고인의 이익 보호를 위하여 추완을 인정하자는 견해와 항소이유서 제출기간 내에 변호인선임서가 제출된 경우에 한하여 추완을 인정하자는 견해가 있다. 그러나 ⅱ) 형사소송절차의 동적, 발전적 성격과 변호인 선임서 제출의 소송법적 효과와 중요성을 고려할 때 추완을 인정할 수 없다고 보는 것이 타당하다.

判例도 변호인 선임서를 제출하지 아니한 채 항소이유서만을 제출하고 항소이유서 제출기간이 경과한 후에 변호인 선임서를 제출하였다면 그 항소이유서는 적법·유효한 항소이유서가 될 수 없다고 (대판 : 2013도9605) 판시한 바 있다.

4. 결론

변호인 R이 변호인선임서를 제출하지 아니한 채 제출한 항소이유서는 유효하지 못하며, 그 후 항소이유서 제출기간이 경과한 후에 변호인선임서를 항소법원에 제출하였다고 하여도 항소이유서는 효력이 없다.

2020년 제9회 변호사시험

(1) 甲은 친구 乙, 丙에게 "학교 앞에서 귀금속 판매점을 운영하고 있는 C를 찾아가 며칠간 입원해야 할 정도로 혼내주었으면 좋겠다."라고 부탁하였다. 사실 乙은 C와 원한관계에 있었고 건장한 C가 남들이 모르는 특이한 심장병을 앓고 있는 것을 알고 있었기 때문에 이 기회에 C가 죽었으면 좋겠다고 생각하여 위 부탁을 받아들였고, 이러한 사실을 알지 못하는 丙도 수락하였다.

(2) 甲은 범행 당일 아침 乙에게 전화를 걸어 "어제는 술김에 화가 나서 그런 말을 한 것이니까 C에 대한 일은 없었던 것으로 해라."라고 말하였지만 이 기회를 놓칠 수 없다고 판단한 乙은 甲에게 거절의사를 분명히 하였다. 당일 오후경 乙은 귀금속 판매점 밖에서 망을 보고 丙은 안으로 들어가서 C를 향해 주먹을 휘두르는 순간 심장이 약한 C가 느닷없이 쓰러졌다. 예상하지 못한 일에 당황한 丙은 C가 사망한 것으로 생각하였다.

(3) 밖으로 뛰어나온 丙이 乙에게 "큰일났다, 도망가자."라고 말하면서 급히 현장을 떠나자, 확인을 위해 판매점 안으로 들어간 乙이 기절하여 축 늘어져 있는 C를 보고 사망한 것으로 오인하여 사체은닉의 목적으로 C를 인근야산에 매장하였다. 그런데 C는 부검결과, 매장으로 인한 질식사로 판명되었다.

1. 영장에 의해 구속된 丙이 피의자신문을 위한 경찰의 출석요구에 불응하자, 경찰은 유치장에 있던 丙을 경찰서 조사실로 강제로 구인한 후, 진술거부권을 고지하고 신문하였다. 경찰의 丙에 대한 피의자신문은 적법한가? (10점)

2. 기소의견으로 검찰에 송치된 丙을 신문한 검사가 "만약 수사에 협조하고 자백하면 당신(丙)은 처벌받지 않도록 하겠다."라고 하자, 丙은 검사의 말을 믿고 범행일체를 자백하였고 검사는 이를 조서로 작성한 후, 甲, 乙, 丙 모두를 공범으로 기소하였다. 丙이 그 후 공판기일에서 범행을 뉘우치고 자백한 경우 丙에 대한 피의자신문조서와 법정자백을 각각 甲, 乙, 丙의 유죄 인정의 증거로 사용할 수 있는가? (20점)

3. 제1심법원이 丙에 대하여 징역 1년을 선고하자, 丙은 항소하려고 담당 교도관에게 항소장 용지를 요청하였는데, 교도관이 착오로 상소권포기서 용지를 제공하였다. 丙은 용지를 확인해 보지도 않고 서명·제출하여 결국 항소포기가 확정되었다. 丙의 항소포기는 유효한가? (10점)

[설문 1]의 해설

1. 논점의 정리

영장에 의해 구속된 피의자를 피의자신문을 위하여 경찰서 조사실로 강제로 구인한 것이 적법한지 문제되며, 이러한 경우에도 피의자에게 진술거부권을 고지해야 하는지 문제된다.

2. 강제 구인의 적법여부

피의자신문은 임의수사에 해당하므로 피의자는 수사기관의 출석요구에 응할 의무가 없고 이는 영장에 의하여 구속된 피의자의 경우도 마찬가지이므로, 출석요구에 응할 의무가 없는 구속된 피의자에 대하여 구인할 수 없다고 보는 견해(소극설)가 있다.

그러나 형소법 제69조에 의하면 구속에는 구금뿐만 아니라 구인도 포함된다는 점, 피의자에 대한 구속영장은 기본적으로 장차 공판정에의 출석이나 형의 집행을 담보하기 위한 것이지만, 이와 함께 구속기간의 범위 내에서 수사기관이 피의자신문의 방식으로 구속된 피의자를 조사하는 등 적정한 방법으로 범죄를 수사하는 것도 예정하고 있다고 보아야 한다는 점에서, 출석을 거부하는 피의자에 대하여 수사기관은 그 구속영장의 효력에 의하여 피의자를 구인할 수 있다(대결 : 2013모160)고 보는 것이 타당하다.

3. 진술거부권을 고지해야 하는지 여부

구속영장의 효력에 의하여 피의자를 구인한 경우에도 그 피의자신문 절차는 어디까지나 임의수사의 한 방법으로 진행되어야 하므로, 피의자는 진술을 거부할 수 있고, 수사기관은 피의자를 신문하기 전에 진술을 거부할 수 있는 권리를 알려주어야 한다(대결 : 2013모160).

4. 결론

경찰이 丙을 경찰서 조사실로 강제로 구인한 것은 구속영장의 효력에 의한 것으로 적법하며, 진술거부권을 고지하고 신문하였으므로 피의자신문은 적법하다.

[설문 2]의 해설

1. 논점의 정리

① 丙에 대한 피의자신문조서에 기재된 자백이 임의성 없는 자백에 해당하는지 문제된다.
② 丙의 법정자백이 임의성 없는 자백에 해당하는지, 공범자인 공동피고인의 법정진술이 다른 공동피고인에 대하여 증거능력이 인정되는지 문제된다.

2. 丙에 대한 피의자신문조서의 증거능력

형사소송법 제309조에 의하면 피고인의 자백이 고문, 폭행, 협박, 신체구속의 부당한 장기화 또는 기망 기타의 방법으로 임의로 진술한 것이 아니라고 의심할 만한 이유가 있는 때에는 이를 유죄의 증거로 하지 못한다.

사안에서 丙의 자백은 "수사에 협조하고 자백하면 처벌받지 않도록 하겠다."라는 검사의 말을 믿고 한 것이었으나 검사는 丙이 자백하였음에도 결국 丙을 기소하였는바, 이는 기망에 의한 자백이어서 임의로 진술한 것이 아니라고 의심할 만한 이유가 있는 때에 해당하여 유죄의 증거로 할 수 없다.❶

따라서 임의성 없는 자백이 기재된 丙에 대한 피의자신문조서는 유죄 인정의 증거로 사용할 수 없다.

3. 丙의 법정자백의 증거능력

(1) 임의성 없는 자백인지 여부

피고인이 수사기관에서 임의성 없는 자백을 하고 그 후 법정에서도 임의성 없는 심리상태가 계속되어 동일한 내용의 자백을 하였다면 법정에서의 자백도 임의성 없는 자백이라고 보아야 한다(대판 : 2010도3029).

사안에서 丙의 검찰에서의 자백은 임의성 없는 자백일지라도 법정에서는 '범행을 뉘우치고' 자백한 것이므로 丙의 법정자백을 임의성 없는 심리상태가 계속되어 동일한 내용의 자백을 한 것으로 볼 수 없으므로 그 자백은 임의성이 있는 것으로 인정된다고 보아야 한다.❷

따라서 사안에서 丙의 법정자백은 丙 자신의 사건에 대하여 증거로 사용할 수 있다.

(2) 공범자인 공동피고인의 법정진술의 다른 공동피고인에 대한 증거능력 인정여부

ⅰ) 공동피고인은 피고인신문에 대하여 진술거부권이 인정되어 다른 공동피고인의 반대신문권이 보장되지 않는다는 점, 공동피고인의 피고인으로서의 진술은 그 진실성이 선서에 의하여 담보되어 있지 않으므로 다른 공동피고인에 대하여 증거능력이 없다는 견해(소극설), ⅱ) 공동피고인의 진술은 법관의 면전진술로서 임의성을 기대할 수 있고 다른 공동피고인의 반대신문권도 어느 정도 확보되어 있으므로 다른 공동피고인에 대하여 증거능력이 인정된다는 견해(적극설)❸가 있다.

그러나 공범인 공동피고인의 진술은 이에 대한 피고인의 반대신문권이 보장되어 있어 증인으로 신문한 경우와 다를 바 없으므로 독립한 증거능력이 있다고 보아야 한다(대판 : 2007도5577). 그리고 공범 아닌 공동피고인은 피고인에 대한 관계에서는 증인의 지위에 있음에 불과하므로 선서없이 한

---

❶ 김영환 등 2인 공저와 메가고시 연구소 기출해설집의 경우 丙의 자백을 임의성 없는 자백으로 평가하고 있다는 점은 저자와 같으나 다만 그 근거를 (처벌받지 않도록 해주겠다는) 이익의 약속으로서 '기타 방법에 의한 자백'으로 보고 있다. 그러나 사안 자체가 기망에 의한 것임이 분명함에도 '기타 방법에 의한 자백'으로 보는 것은 의문이다. 이익의 약속에 의한 임의성 없는 자백은 가볍게 처벌해주겠다는 약속을 하고 자백을 받은 후 실제로 가볍게 처벌되도록 기소하는 경우가 적례이기 때문이다.

❷ 거창하게 독수의 과실이론을 전개한 후 독수의 과실이론의 예외요건을 구비한 것으로 검토할 필요는 없다고 본다. 본 쟁점과 관련한 판례이론이 정면으로 존재하고 있는바 이에 의하여 해결하면 충분하다고 본다(이러한 기술이 오히려 간명한 답안이 될 것이며 시간상으로도 수험적합적이라고 본다).

❸ 아래에서 보다시피 자설인 판례이론도 적극설과 거의 같은 내용이므로 시간상 제약이 있다면 ⅱ)의 기술은 생략하여도 무방하다고 본다.

그 공동피고인의 피고인으로서 한 공판정에서의 진술은 다른 공동피고인에 대한 범죄사실에 대하여 는 증거능력이 없다고 보는 것이 타당하다(대판 : 78도1031).

사안에서 丙은 甲, 乙과 공범인 공동피고인의 지위에 있다. 따라서 丙의 법정자백은 甲, 乙 피고사 건에 대하여도 증거로 사용할 수 있다.

4. 결론

① 丙에 대한 피의자신문조서는 甲, 乙, 丙의 유죄 인정의 증거로 사용할 수 없다.

② 丙의 법정자백은 甲, 乙, 丙의 유죄 인정의 증거로 사용할 수 있다.

다만❹ 사안에서 분명하지는 않으나 丙에 대한 피의자신문조서와 법정자백 이외에는 더 이상의 증 거가 없는 경우라면 아래와 같은 결론에 이르게 될 것이다.

丙의 법정자백은 피고인에게 불이익한 유일의 증거인 때에 해당하므로 이를 丙의 유죄의 증거로 하지 못한다(제310조).

그러나 형사소송법 제310조의 '피고인의 자백'에는 공범인 공동피고인의 자백이 포함되지 아니하 므로, 丙의 법정자백은 보강증거가 없는 경우에도 甲, 乙의 유죄 인정의 증거로 사용할 수 있다(대판 : 85도951).

[설문 3]의 해설

1. 논점의 정리

착오로 인한 소송행위의 효력이 인정될 수 있는지 문제된다.

2. 착오로 인한 소송행위의 효력

피고인의 착오로 인한 소송행위에 대하여는, ⅰ) 소송행위는 절차적 확실성이 중요하므로 무효라 고 볼 수 없다는 견해, ⅱ) 피고인의 이익과 정의를 고려하여야 하므로 무효가 된다는 견해, ⅲ) 원칙 적으로 무효라고 볼 수 없으나 적정절차의 원칙에 반하여 - 예컨대 법원이나 검사의 사기 또는 강박 에 의하여 - 소송행위가 이루어진 경우에는 예외적으로 무효가 된다는 견해가 있다.

---

❹ 이하의 부분이 쟁점이 될 것인지에 대하여는 많은 시간을 할애하여 고민을 거듭하였다. 다른 교재들은 이에 대한 언급이 아예 없거나 甲에 대한 관계에서만 제310조를 언급하고 있는 교재도 있다. 설문이 "甲, 乙, 丙의 사건에 대하여 증거로 사용할 수 있는가?"였다면 쟁점이 아님이 분명하고, "다른 증거가 없을 때 丙에 대한 피의자신문조서와 법정자백을 근거로 甲, 乙, 丙을 유죄판결을 선고할 수 있는가?"였다면 쟁점임이 분명할 것이다. 참고로 '제4회 변시 기출문제 2문'의 경우, 甲과 丁이 간통죄(현행법상 폐지되었음)로 기소되 어 공동피고인으로 심리를 받는 과정에서 공판정에서 丁은 甲과의 간통사실을 자백을 하였으나 甲은 부인하는 것을 전제로 하여 "다른 증거가 없을 때 제1심 법원이 甲과 丁에게 간통죄로 유죄판결을 선고할 수 있는가?"라고 묻는 문제가 출제된바 있다. 이것이 바로 자백의 보강법칙에 관한 전형적인 질문의 형태이다. 특히 甲에 대하여 유죄판결을 선고할 수 있는지 여부는 공범자의 자백에 보강증거 가 필요한 것인지가 논점이 된다.

본 문제의 경우 배점이 15점 정도였다면 자백과 보강법칙은 논점 외일 가능성이 높았으나 배점이 20점이므로 선뜻 논점 외라고 판단하 기도 정말 애매한 경우이다. 저자는 중도반단적이지만 위와 같이 결론을 맺는 것으로 하였다. 내용이 잘 정리가 되어있고 필력이 좋은 수험생이라면 다만…이하 부분도 첨언하면 득점에 상당히 유리할 것이다. 그렇다고 하여 피고인의 자백에 공범자의 자백이 포함되는지 여부에 관한 학설까지 상세히 기술하는 것은 시간상으로 무리라고 본다. 저자는 판례이론을 간명하게 언급하고 결론을 맺었다.

그러나 피고인의 착오로 인한 소송행위는 일률적으로 유효, 무효라고 볼 수 없고 첫째, 통상인의 판단을 기준으로 하여 만일 착오가 없었다면 그러한 소송행위를 하지 않았으리라고 인정되는 중요한 점에 관하여 착오가 있고(착오의 중요성) 둘째, 착오가 피고인의 책임질 수 없는 사유로 인하여 발생하였으며(착오에 귀책사유가 없을 것) 셋째, 그 행위를 유효로 하는 것이 현저히 정의에 반한다고 인정되는 경우(유효로 인정하면 현저히 정의에 반하는 경우일 것)에는 무효가 된다(대결 : 92모1)❺고 보는 것이 타당하다.

3. 사안의 경우

사안에서 丙의 항소포기가 무효로 되지 않는다면 항소포기로 인하여 1심의 유죄판결이 확정되는 중대한 결과를 초래하므로 착오로 인한 항소포기가 무효로 되기 위한 첫째 셋째의 요건은 일응 구비하였다고 보여진다.❻

그러나 丙은 교도관이 착오로 상소권포기서 용지를 제공하였음에도 그 용지가 항소장인지 여부를 확인해 보지도 않고 서명·제출하였다는 점에서 丙에게 과실 즉 귀책사유가 없다고 보기는 어렵다 (대결 : 95모49).

따라서 丙의 항소포기가 비록 착오로 인한 것일지라도 무효라고 할 수 없다.

4. 결론

丙의 항소포기는 유효하다.

---

❺ 판례가 제시하는 3가지 요건을 구비하면 법원이나 검사의 사기 또는 강박에 의하여 소송행위가 이루어졌는지를 불문하고 피고인 스스로의 착오인 경우에도 소송행위가 무효로 될 수 있다는 점에서 판례는 학설 ⅲ)과는 다르다.
❻ 丙에게 귀책사유가 인정된다는 점만을 검토하여도 결론은 충분히 내릴 수 있다. 그러나 위 본문과 같이 사안의 포섭을 충실히 해주는 것이 고득점에 유리할 것이다.

02 제2문

(1) A사립학교법인 이사장 甲은 학교에서 발생한 폭력문제가 언론에 보도되는 등 학교운영에 어려움을 겪자 A사립학교법인의 임원 변경 방식을 통하여 학교의 운영권을 타인에게 넘기기로 마음먹었다. 이를 전해들은 乙은 甲에게 연락하여 A사립학교법인의 운영권을 5억 원에 양도하고 자기를 A사립학교법인 이사장으로 선임해 줄 것을 부탁하였다. 乙은 자신이 이사장으로 선임된 이후 甲에게 5억 원을 이체하기로 하였다. 乙은 이사장으로 선임된 직후 B로부터 A사립학교법인의 교직원으로 채용해 달라는 부탁을 받고 그 대가로 1억 원을 교부받았다.

(2) 乙은 운영권 양수 대금인 5억 원을 甲의 계좌로 이체하려다가 착각하여 丙의 계좌로 잘못 이체하였다. 자신의 계좌에 乙의 명의로 5억 원이 이체된 것을 확인하고 돌려주려는 丙에게 친구인 丁은 아무런 근거 없이 "乙이 착오로 너에게 입금한 것이 분명해. 그 돈을 다른 계좌로 이체해도 아무런 문제가 생기지 않을 테니까, 우선 내 계좌로 이체해."라고 말하였다. 丙은 丁의 말을 듣고 막연히 괜찮을 것이라 생각하고 5억 원을 丁의 계좌로 이체하였다.

(3) 한편 甲은 乙이 B로부터 교직원 채용의 대가로 1억 원을 받았다는 사실을 알고 그중 5,000만 원을 자신에게 이체할 것을 乙에게 요구하면서 '5,000만 원을 주지 않으면 부정채용으로 경찰에 고발하겠다'는 문자를 일주일 동안 수십 차례 보냈다. 문자를 받고 겁을 먹은 乙은 甲에게 5,000만 원을 이체하였다.

1. 검사는 (3)의 범죄사실에 대해 甲을 기소하였다. 만약 제1심 공판 진행 중에 乙이 甲의 문자 내용에 겁을 먹은 것이 아니라 甲을 불쌍하게 여겨 5,000만 원을 이체한 것으로 밝혀졌다면 법원이 취해야 할 조치는? (15점)

2. (2)와 관련하여 수사 및 공판 단계에서 지속적으로 丙은 범죄를 인정하고 丁은 부인하는 경우, 丙과 丁이 함께 기소된 공판정에서 丙에 대한 사법경찰관 작성의 피의자신문조서와 검사 작성의 피의자신문조서를 丁의 유죄를 인정하기 위한 증거로 사용할 수 있는가? (15점)

3. B는 乙의 유죄를 인정하는 검찰에서의 진술을 번복하여 제1심 공판에서 乙에게 1억 원을 교부한 바 없다고 증언하였다(1차 증언). 이에 검찰이 B를 다시 소환하여 조사하자 1차 증언을 번복하여 진술하였고, 법정에서도 다시 1억 원 교부를 인정하였다(2차 증언). 검찰에서 B를 재소환하여 작성한 진술조서와 2차 증언을 乙의 유죄의 증거로 사용할 수 있는가? (15점)

[설문 1]의 해설

1. 논점의 정리

乙이 甲을 불쌍하게 여겨 5,000만 원을 이체한 것으로 밝혀졌다면 甲에 대하여는 공갈죄의 미수의 사실이 인정되는바,❶ 공갈죄(기수)의 사실로 기소된 甲에 대하여 법원은 공소장변경 없이도 직권으로 공갈죄의 미수의 사실을 인정할 수 있는지 더 나아가 공갈죄의 미수의 사실을 인정하여야 하는지 아니면 공소장변경을 요구하여야 하는지 문제된다.

2. 공소장변경 없이 법원이 직권으로 다른 사실을 인정하기 위한 요건❷

(1) 요건

법원은 '공소사실의 동일성이 인정'되는 범위 내에서 공소가 제기된 범죄사실에 포함된 보다 가벼운 범죄사실이 인정되는 경우에 심리의 경과에 비추어 '피고인의 방어권 행사에 실질적 불이익을 초래할 염려가 없다고 인정'되는 때에는 공소장이 변경되지 않았더라도 직권으로 공소장에 기재된 공소사실과 다른 공소사실을 인정할 수 있다(대판 : 2004도3934).

(2) 사안의 경우

사안에서 공갈죄의 기수의 공소사실과 공갈죄의 미수의 공소사실은 甲이 乙에 대하여 '부정채용으로 경찰에 고발하겠다'는 문자를 보냈다는 사실과 乙이 甲에게 5,000만 원을 이체하였다는 사실에 기초한 것으로서 기본적 사실이 동일하므로 공소사실의 동일성이 인정된다고 보여진다.

또한 제1심 공판 진행 중에 乙이 甲의 문자 내용에 겁을 먹은 것이 아니라 甲을 불쌍하게 여겨 5,000만 원을 이체한 것으로 밝혀졌다는 점에서 공갈의 수단인 협박에 해당하는 문자메세지를 보냈다는 사실에 대하여는 피고인인 甲도 충분히 방어권행사를 하였다고 보여진다. 따라서 법원이 甲에 대하여 공갈죄의 미수의 사실을 인정하더라도 방어권행사에 실질적인 불이익을 초래할 염려는 없다고 보아야 한다.

(3) 소결

법원은 공소장이 변경되지 않았더라도 직권으로 공갈죄의 미수의 사실을 인정할 수 있다.

---

❶ 형법 논점과 달리 공갈죄의 미수가 인정되는 이유까지 시시콜콜 밝힐 필요는 없다고 본다.

❷ 벌조 또는 구성요건에 변경이 없는 한 공소장변경이 필요 없다는 견해(동일벌조설)와 구체적 사실관계가 다르더라도 법률구성에 영향이 없는 경우에는 공소장변경이 필요 없다는 견해(법률구성설)가 있다. 그러나 이러한 학설(학설의 명칭)을 장황하게 소개하는 것보다는 정확하게 판례이론을 인용한 후 사안포섭을 충실하게 하는 것이 간명한 방법일 것이다. 물론 학설과 판례이론을 모두 기술한다면 금상첨화일 것이나 변호사시험 공부의 현실 - 모든 학설까지 공부하기에는 공부기간이 짧다. - 이나 시험에서의 시간적 제약을 고려한다면 일단 판례이론을 충실히 공부하고 그를 기초로 답안을 작성하는 것이 현실적인 방법일 것이라 생각된다.

3. 법원이 甲에 대하여 공갈죄의 미수의 사실을 인정하여야 하는지 여부[3]

공소장변경 없이 법원이 직권으로 다른 사실을 인정할 수 있는 경우라고 하더라도, 공소가 제기된 범죄사실과 대비하여 볼 때 '실제로 인정되는 범죄사실의 사안이 중대'하여 공소장이 변경되지 않았다는 이유로 이를 '처벌하지 않는다면 현저히 정의와 형평에 반하는 것으로 인정되는 경우'가 아닌 한 법원이 직권으로 그 범죄사실을 인정하지 아니하였다고 하여 위법한 것이라고까지 볼 수는 없다 (대판 : 2013도658).

사안에서 밝혀진(인정되는) 공갈죄의 미수의 사실은 공소가 제기된 공갈죄(기수) 사실 못지않게 사안이 중대하므로 공소장이 변경되지 않았다는 이유로 이를 처벌하지 않으면 현저히 정의와 형평에 반한다고 보여지므로 법원은 공갈죄의 미수의 사실을 유죄로 인정하여야 한다.

4. 공소장변경을 요구하여야 하는지 여부

본 사안의 경우 법원은 공소장이 변경되지 않았더라도 직권으로 공갈죄의 미수의 사실을 인정할 수 있고 더 나아가 공갈죄의 미수의 사실을 유죄로 인정하여야 하므로, 형소법 제298조 제2항의 공소장변경의 요구는 그것이 법원의 의무인지 재량인지 여부를 불문하고 법원의 조치의 내용이 될 수 없다.[4]

5. 결론

법원은 검사의 공소장변경이 없어도 공갈죄의 미수의 사실을 유죄로 인정하여야 한다.

---

[3] 공소장변경 없이 법원이 직권으로 다른 사실을 인정할 수 있는 경우, 학설로서는 그 다른 사실의 인정은 판결편의주의에 비추어 법원의 재량이라는 견해와 실체적 진실주의에 비추어 법원의 의무라는 견해가 대립하고 있다.

[4] 공소장변경의 요구는 공소장변경이 필요한 경우를 전제로 하는 규정이므로 사안과 같이 공소장변경이 없어도 피고인에게 다른 사실을 인정해야 하는 경우 즉 공소장변경이 불필요한 경우에는 공소장변경의 요구는 법원이 고려할 사항이 아니라고 보아야 한다(공소장변경이 불필요한데 공소장변경을 요구할 필요가 있겠는가??). 본 사안에 대한 기출해설 교재 중에서는 공소장변경의 요구를 선결적으로 검토해야 한다는 전제에서 이를 제일 먼저 학설과 판례까지 상세히 기술한 후 검토과정을 거쳐 공소장변경을 요구함이 타당하다는 결론을 내고 있는 교재도 있다(김정철 등 2인 공저). 이러한 결론에 이르렀다면 (공소장변경 없는 경우에도) 축소사실의 인정이 법원의 의무인지는 더 이상 논할 필요가 없음에도 앞의 교재는 그 다음 항목에서 이를 논점으로 삼아 다시 상세히 기술하고 있는데 이는 논리적 모순이라고 판단된다.

[설문 2]의 해설

1. 논점의 정리

사경과 검사가 작성한 丙에 대한 피의자신문조서의 법적성질 및 이들 피의자신문조서에 대한 증거능력이 인정되기 위한 요건은 어떠한지가 문제된다.

2. 丙에 대한 피의자신문조서의 법적성질

사안에서 丙에 대한 피의자신문조서는 '공판기일에서의 진술에 대신하여 진술을 기재한 서류'로서 전문증거에 해당한다. 따라서 피고인이 증거로 사용할 수 있음에 동의한 경우가 아니라면 제311조 내지 제316조에 규정한 것 이외에는 증거능력이 인정되지 않는다(제310조의2).

사안에서 수사 및 공판 단계에서 지속적으로 丁은 범죄를 부인하고 있으므로 공범인 丙에 대한 피의자신문조서에 대하여 증거동의를 한 것으로 볼 수 없다. 따라서 제318조에 의하여 증거능력을 인정할 수는 없다.

3. 사경이 작성한 공범에 대한 피의자신문조서의 증거능력 인정요건

사경이 작성한 공범에 대한 피의자신문조서는 사경이 '피고인이 아닌 자'의 진술을 기재한 조서에 해당하므로 제312조 제4항이 적용된다는 견해가 있다. 그러나 제312조 제3항은 제312조 제1항과 달리 피고인이 된 피의자의 진술을 기재한 조서로 제한하여 규정하지 아니하고, 사경이 작성한 피의자신문조서라고 규정하고 있으므로 사경이 작성한 공범에 대한 피의자신문조서도 제312조 제3항이 적용된다고 보는 것이 타당하다.

다만 제312조 제3항이 적용된다고 보는 입장에서도 내용의 인정 주체가 원진술자인 공범자라고 보는 견해가 있으나, 공범에 대한 피의자신문조서는 당해 피고인에 대한 피의자신문조서의 내용과 다름없다는 점과 공범의 책임전가 경향을 고려하면 당해 피고인이 내용의 인정 주체가 된다고 보는 것이 타당하다.

判例도 사경이 작성한 당해 피고인의 공범에 대한 피의자신문조서는 제312조 제3항이 적용되며 내용의 인정 주체는 당해 피고인이라고 판시한 바 있다(대판 : 2014도1779).

사안의 경우 사경이 작성한 공범 丙에 대한 피의자신문조서에 대하여 당해 피고인인 丁이 범죄를 부인하고 있는바 이는 조서의 내용을 부인하는 것이므로❺ 위 피의자신문조서는 제312조 제3항에 의하여 요건을 구비하지 못하였으므로 증거능력이 없다.

4. 검사가 작성한 공범에 대한 피의자신문조서의 증거능력 인정요건

검사가 작성한 공범에 대한 피의자신문조서는 검사가 '피고인이 아닌 자'의 진술을 기재한 조서에 해당하므로 제312조 제4항이 적용된다는 견해가 있다. 그러나 제312조 제1항은 '검사가 작성한 피의

---

❺ 사안에서 증거능력을 부정할 수 있는 이유로서 분명한 경우이므로 이 부분을 검토한 후 나머지 요건의 검토를 생략한 것이다.

자신문조서'라고 규정하고 있으므로 검사가 작성한 공범에 대한 피의자신문조서도 제312조 제1항이 적용된다고 보는 것이 타당하다.

다만 제312조 제1항이 적용된다고 보는 입장에서도 내용의 인정 주체가 원진술자인 공범자라고 보는 견해가 있으나, 공범에 대한 피의자신문조서는 당해 피고인에 대한 피의자신문조서의 내용과 다름없다는 점과 공범의 책임전가 경향을 고려하면 당해 피고인이 내용의 인정 주체가 된다고 보는 것이 타당하다.

判例도 피고인이 자신과 공범관계에 있는 다른 피고인이나 피의자에 대하여 검사가 작성한 피의자신문조서의 내용을 부인하는 경우에는 형사소송법 제312조 제1항에 따라 유죄의 증거로 쓸 수 없다고 하여 당해 피고인이 내용의 인정 주체가 된다고 판시한 바 있다(대판 : 2023도3741).

사안의 경우 검사 작성의 공범자인 丙에 대한 피의자신문조서에 대하여 당해 피고인인 丁이 범죄를 부인하고 있는바 피의자신문조서는 증거능력이 없다.

5. 결론

丙에 대한 사경 작성의 피의자신문조서 및 검사 작성의 피의자신문조서는 丁의 유죄를 인정하기 위한 증거로 사용할 수 없다.

📝 참고판례★★★

[1] 2020. 2. 4. 법률 제16924호로 개정되어 2022. 1. 1.부터 시행된 형사소송법 제312조 제1항은 검사가 작성한 피의자신문조서의 증거능력에 대하여 '적법한 절차와 방식에 따라 작성된 것으로서 공판준비, 공판기일에 그 피의자였던 피고인 또는 변호인이 그 내용을 인정할 때에 한정하여 증거로 할 수 있다'고 규정하였다. 여기서 '그 내용을 인정할 때'라 함은 피의자신문조서의 기재 내용이 진술 내용대로 기재되어 있다는 의미가 아니고 그와 같이 진술한 내용이 실제 사실과 부합한다는 것을 의미한다(대판 2023.4.27. 2023도2102).

[2] 형사소송법 제312조 제1항에서 정한 '검사가 작성한 피의자신문조서'란 당해 피고인에 대한 피의자신문조서만이 아니라 당해 피고인과 공범관계에 있는 다른 피고인이나 피의자에 대하여 검사가 작성한 피의자신문조서도 포함되고, 여기서 말하는 '공범'에는 형법 총칙의 공범 이외에도 서로 대향된 행위의 존재를 필요로 할 뿐 각자의 구성요건을 실현하고 별도의 형벌 규정에 따라 처벌되는 강학상 필요적 공범 또는 대향범까지 포함한다. 따라서 피고인이 자신과 공범관계에 있는 다른 피고인이나 피의자에 대하여 검사가 작성한 피의자신문조서의 내용을 부인하는 경우에는 형사소송법 제312조 제1항에 따라 유죄의 증거로 쓸 수 없다(대판 2023.6.1. 2023도3741).

[설문 3]의 해설

1. 논점의 정리

사안에서 검사는 이미 공판기일에서 증언을 마친 B를 다시 소환 후 피고인인 乙에게 유리한 증언 내용을 번복시키는 방식으로 진술조서를 작성하였는바 이러한 진술조서와 번복된 내용의 B의 2차 증언의 증거능력을 인정할 수 있는지 문제된다.

2. B의 진술조서의 증거능력

이미 증언한 자에 대한 진술조서라는 이유만으로 그 조서의 증거능력을 부정할 수 없으므로 증언 이후의 진술조서 작성과정이 위법하지 아니한 진술조서는 제312조 제4항의 요건을 구비하면 증거능력을 인정할 수 있다는 견해가 있다(대판 : 99도1108 소수견해). 그러나 공판기일에 이미 증언을 마친 증인을 검사가 소환한 후 피고인에게 유리한 증언 내용을 번복시키는 방식으로 작성한 진술조서를 유죄의 증거로 삼는 것은 법관의 면전에서 재판을 받을 권리를 침해하는 것이고, 당사자주의·공판중심주의·직접주의를 지향하는 현행 형사소송법의 소송구조에 어긋나므로, 이러한 진술조서는 증거능력이 없다고 보는 것이 타당하다(대판 : 99도1108 다수견해).

따라서 사안에서 검찰에서 작성한 B의 진술조서는 乙이 증거로 함에 동의하지 아니하는 한 증거능력이 없다.

3. B의 2차 증언의 증거능력

B의 2차 증언은 진술조서와 독립한 별개의 독립된 증거이므로 증인신문절차가 위법하지 아니한 이상 증거능력이 인정된다.

4. 결론

검찰에서 작성한 B의 진술조서는 乙이 증거로 함에 동의하지 아니하는 한 증거로 사용할 수 없으나, B의 2차 증언은 증인신문절차가 위법하지 아니한 이상 증거로 사용할 수 있다.

2019년 제8회 변호사시험

甲이 乙에게 채무변제를 독촉하면서 "너 혼자 몰래 A의 집에 들어가 A 소유의 도자기를 훔쳐 이를 팔아서 나에게 변제하라."라고 말하였다. 이를 승낙한 乙은 혼자 범행을 하는 것이 두려운 나머지 甲에게는 알리지 않은 채 친구 丙과 함께 A의 도자기를 훔치기로 공모하였다. 범행이 발각될 것이 두려웠던 甲은 乙에게 전화하여 범행 단념을 권유하였으나, 乙은 甲의 제안을 단호히 거절하였고 2018. 6. 20. 10:00경 丙과 함께 A의 집에 도착하였다. 丙은 A의 집 앞에서 망을 보고, 곧바로 乙은 A의 집에 들어가 A의 도자기를 훔친 후 丙과 함께 도주하였다. 그 후 乙은 B를 기망하여 도자기를 1억 원에 판매하고 자신의 몫 5,000만 원을 은행에 별도 계좌를 개설하여 예금해 두었다가 며칠 후 그 전액을 수표로 인출하여 그 정을 알고 있는 甲에게 채무변제금 명목으로 지급하였다.

사건을 수사하던 사법경찰관 P는 2018. 6. 27. 22:00경 乙을 카페에서 적법하게 긴급체포한 직후, 乙이 자신의 노트북 컴퓨터로 작업하던 위 범행 관련 문서를 발견하고 노트북 컴퓨터를 그 자리에서 영장 없이 압수하였다. 그 후 P는 경찰서로 연행된 乙로부터 도자기 판매대금이 예치되었던 예금통장이 乙의 집에 있다는 임의의 자백을 듣고, 가족이 이를 훼손할 염려가 있는 등 긴급히 그 예금통장을 압수할 필요가 있다고 판단하였다. P는 2018. 6. 28. 01:00경 압수수색영장 없이 乙의 집에 들어가 그 집을 지키던 乙의 배우자를 집 밖으로 나가게 한 채 집을 수색하여 예금통장을 압수하고 나서 즉시 노트북 컴퓨터와 예금통장에 대하여 압수수색영장을 발부받았다.

이러한 상황에서 乙의 배우자는 乙과 상의 없이 전직 경찰관 丁에게 "이 돈을 P에게 전달하여 남편의 일을 잘 무마해 달라."라고 하며 3,000만 원을 건네주었고, 丁은 그 돈 전부를 P에게 전달하였다.

한편 乙의 체포사실을 알아차린 丙은 바로 형사처분을 면할 목적으로 6개월 동안 필리핀으로 도피하였다가 귀국하였다.

1. P가 압수한 예금통장과 노트북 컴퓨터로부터 취득한 정보의 증거능력은 인정되는가? (20점)

2. '도자기 절취행위'에 대한 乙, 丙의 공소시효 완성일은 언제인가? (10점)

3. 만약, 乙이 A의 도자기를 훔친 사실(제1사실)과 B에게 도자기를 판매한 사실(제2사실)로 각각 기소되어 제1사실에 대해서는 징역 1년, 제2사실에 대해서는 징역 10월을 선고받고 乙만 각 판결에 대하여 항소하였고, 항소심이 비로소 병합심리한 후 이를 경합범으로 처단하면서 乙에게 징역 1년 10월을 선고하였다면 이 선고는 적법한가? (10점)

[설문 1]의 해설

1. 논점의 정리

적법한 절차에 따르지 아니하고 수집한 증거는 증거로 할 수 없는바(제308조의2), 예금통장과 노트북 컴퓨터의 정보가 적법한 절차에 따라 수집되었는지 문제된다.❶

2. 예금통장과 노트북 컴퓨터의 정보 수집의 적법여부와 증거능력 인정여부

(1) 영장에 의하지 아니하는 압수·수색의 적법요건

1) 긴급체포 현장에서의 압수

사법경찰관은 긴급체포(제200조의3)의 규정에 의하여 피의자를 체포하는 경우에 필요한 때에는 영장없이 체포현장❷에서 압수할 수 있다(제216조 제1항 제2호). 다만 압수는 긴급체포의 사유가 된 당해 범죄사실과 관련된 물건에 제한된다.

2) 긴급체포된 자의 소유물 등에 대한 압수·수색

사법경찰관은 제200조의3(긴급체포)에 따라 체포된 자가 소유·소지 또는 보관하는 물건에 대하여 긴급히 압수할 필요가 있는 경우에는 체포한 때부터 24시간 이내에 한하여 영장 없이 압수·수색을 할 수 있다(제217조 제1항). 본 조항에 의한 압수·수색은 제216조 제1항 제2호와 달리, 체포현장이 아닌 장소에서도 긴급체포된 자가 소유·소지 또는 보관하는 물건을 대상으로 할 수 있다(대판 : 2017도10309).❸ 다만 압수는 긴급체포의 사유가 된 당해 범죄사실과 관련된 물건에 제한된다(대판 : 2008도2245).

3) 사후 압수·수색 영장의 청구

사법경찰관은 제217조 제1항 또는 제216조 제1항 제2호에 따라 압수한 물건을 계속 압수할 필요가 있는 경우에는 지체 없이 압수수색영장을 청구하여야 한다. 이 경우 압수수색영장의 청구는 체포한 때부터 48시간 이내에 하여야 한다(제217조 제2항).

4) 요급처분의 허용여부

제216조 제1항 제2호의 규정에 의한 처분을 하는 경우에 급속을 요하는 때에는 제123조 제2항(주거주, 간수자 등의 참여), 제125조(야간집행의 제한)의 규정에 의함을 요하지 아니한다(제220조). 다만 제217조 제1항에 의한 압수·수색의 경우에는 제220조가 적용되지 아니한다.

---

❶ 본 사안은 예금통장과 노트북 컴퓨터의 정보가 증거능력이 있는지를 묻고 있는바 결국 위법수집증거인지가 핵심이다. '영장주의의 예외가 인정될 수 있는지 문제된다'라는 논점의 정리도 가능한 것이지만 영장주의의 예외 요건 구비여부를 살피는 것도 종국적으로는 위법수집증거인지를 판단하기 위한 과정에 불과한 것이다.

❷ 본 사안의 체포현장의 의미에 관한 어느 견해에 의하더라도 체포현장이라고 인정되므로 학설을 구구절절 기술하는 것은 의미가 없다.

❸ 사안에서도 예금통장은 乙의 긴급체포현장(카페)이 아닌 乙의 집에서 압수·수색이었으므로 이러한 해석론은 반드시 언급되어야 하며 득점요소이다. 답안기재의 필요성을 판단하는 가장 중요한 기준이 되는 판례에서도 위 사안과 같은 상황에서는 항상 언급하고 있는 내용이기 때문이다. 대부분의 다른 기출사례 해설집에서 이러한 언급을 누락하고 있으나 이는 득점요소를 누락한 것이라고 판단된다.

5) 정보저장매체에 기억된 정보의 압수

사법경찰관은 압수의 목적물이 정보저장매체인 경우에는 '기억된 정보의 범위를 정하여'(즉 범죄혐의사실과 관련된 부분만을) 출력하거나 복제하여 제출받아야 한다. 다만, 범위를 정하여 출력 또는 복제하는 방법이 불가능하거나 압수의 목적을 달성하기에 현저히 곤란하다고 인정되는 때에는 정보저장매체등을 압수할 수 있다(제219조, 제106조 제3항).

(2) 사안의 검토

1) 노트북 컴퓨터의 정보 수집의 적법여부 및 증거능력 인정여부

사안에서 사경 P가 압수한 노트북 컴퓨터는 제216조 제1항 제2호의 체포현장에서 압수한 물건에 해당하고 체포한 때부터 48시간 이내에 압수수색영장의 청구하여 발부받았으므로 제217조 제2항의 요건을 구비하였다. 또한 압수시간이 22:00경 이었을지라도 제216조 제1항 제2호의 압수의 경우 제220조에 의하여 제125조(야간집행의 제한)의 규정이 적용되지 아니하므로 이를 이유로 압수가 위법하다고 할 수 없다.

그러나 乙의 범행과 관련이 있는 것은 노트북 컴퓨터 자체가 아니라 노트북 컴퓨터에 저장된 범행 관련 문서(전자정보)임에도 사경 P는 그 문서를 출력하거나 복제하여 제출받지 아니하고 노트북 컴퓨터 자체를 압수하였고 사안에서는 이러한 압수를 정당화할 만한 예외적 사유❹(제106조 제3항 단서)도 보여지지 아니한다.

따라서 P가 압수한 노트북 컴퓨터로부터 취득한 정보는 제106조 제3항을 위반하여 수집한 증거이므로 적법한 절차에 의하지 아니하고 수집한 증거로서 증거능력이 인정되지 않는다.

2) 예금통장 압수의 적법여부 및 증거능력 인정여부

사안에서 사경 P에 의하여 압수된 예금통장은 긴급체포현장이 아닌 乙의 집에서 영장없이 압수한 것이지만 이 경우도 적법하게 긴급체포된 乙의 소유물에 해당하고, 가족이 예금통장을 인멸할 염려가 있으므로 긴급히 압수할 필요가 인정되고, 체포한 때부터 24시간 이내에 압수하였으며 긴급체포의 사유가 된 사기 등의 범죄사실과 관련성도 인정되며 체포한 때부터 48시간 이내에 압수수색영장의 청구하여 발부받았다. 따라서 사경 P의 예금통장 압수는 제217조 제1항, 제2항의 요건은 구비하였다.

그러나 제217조 제1항에 의한 압수·수색의 경우에는 제220조(요급처분의 허용)가 적용되지 아니함에도 사경 P는 01:00경 乙의 집에 들어가 집을 지키던 乙의 배우자를 집 밖으로 나가게 한 채 집을 수색하여 예금통장을 압수하였으므로 제123조 제2항(주거주, 간수자 등의 참여), 제125조(야간집행의 제한)의 규정에 위반한 것이다.

따라서 P가 압수한 예금통장은 적법한 절차에 따르지 아니하고 수집한 증거로서 증거능력이 인정되지 않는다.

---

❹ 이 부분도 간단하게라도 반드시 언급되어야 할 부분이다. 사안이 제106조 제3항 단서 요건을 구비할 수 있는 경우라면 노트북 컴퓨터 자체를 압수한 것만을 이유로 위법하다고 할 수 없기 때문이다.

3. 결론

P가 압수한 예금통장과 노트북 컴퓨터로부터 취득한 정보의 증거능력은 인정되지 않는다.❺

[설문 2]의 해설

1. 논점의 정리

乙, 丙의 '도자기 절취행위'는 특수절도죄에 해당하므로 동죄의 공소시효 완성일이 어떠한지 문제된다.❻

2. 공소시효

(1) 공소시효의 기간

형법 제331조에 의하면 특수절도죄는 그 법정형이 '1년 이상 10년 이하의 징역'이므로 장기 10년 이상의 징역에 해당하는 범죄로서 공소시효 기간은 10년이며 이 기간의 경과로 공소시효는 완성❼된다(제249조 제1항 제3호).

(2) 공소시효의 기산점과 공소시효기간의 계산

공소시효는 범죄행위의 종료한 때로부터 진행한다(제252조 제1항). 공소시효의 초일은 시간을 계산함이 없이 1일로 산정하며(제66조 제1항 단서), 기간의 말일이 공휴일 또는 토요일에 해당하는 날도 기간에 산입한다(제66조 제3항 단서).❽

(3) 공소시효의 정지

공범의 1인에 대한 '공소제기에 의한 시효정지'는 다른 공범자에게 대하여 효력이 미친다(제253조 제2항, 제1항). 따라서 제253조 제3항에 의하여 공범의 1인이 형사처분을 면할 목적으로 국외에 있는 경우❾ 그 기간 동안 공소시효가 정지된다고 하더라도 이러한 시효정지는 다른 공범자에 대하여 효

---

❺ 본 문제에서 보듯이 형사소송법의 사례는 쟁점과 관련된 조문만 충실히 찾아 적시한 후 사안에서 주어진 사실관계만 잘 포섭하여도 충분한 합격점을 얻을 수 있다. 형법의 사례문제 해결에 있어서는 관련조문을 찾아낸 경우라도 구성요건이 대단히 추상적이어서 많은 해석론(학설이나 판례이론)이 필요한 것과 큰 차이가 있다. 어느 법이라도 마찬가지이지만 형소법의 경우 법전을 자주 읽어 두어야 할 이유가 더욱 크다는 점을 명심하였으면 한다.

❻ 본 문제는 '공소시효 완성일'을 묻고 있으므로 사실상 논점이 주어져 있는 경우이다. 이러한 경우 논점을 적시하게 되면 사실상 본론(본문)의 내용과 거의 중복되므로 생략하거나 위와 같이 간명하게 처리하는 것이 무방하다.

❼ 제249조는 공소시효의 기간만을 규정하고 있는 것이 아니라 공소시효 기간의 경과로 공소시효가 완성됨을 규정하고 있다. 설문에서 묻고 있는 공소시효 완성일의 근거가 되는 규정이므로 '공소시효 완성'이라는 법적효과에 대하여도 언급하는 것이 바람직하다.

❽ 기간의 말일이 공휴일 또는 토요일에 해당할 수도 있으므로 이 부분의 언급이 누락되는 것은 득점요소를 놓치는 것이다. 기출문제 해설집 중에서 이에 대한 언급을 하고 있는 교재가 절반에 그치고 있다.

❾ 기출문제집 중에는 "범인의 국외체류의 목적은 오로지 형사처분을 면할 목적만으로 국외체류하는 것에 한정되는 것은 아니고 범인이 가지는 여러 국외체류의 목적 중 형사처분을 면할 목적이 포함되어 있으면 족하다(대판 : 2013도2510)"라는 해석론을 전개하고 있는 경우가 다수 있었다. 그러나 본 사안은 丙이 형사처분을 면할 목적(만)…을 가지고 있음을 명백히 밝히고 있기 때문에 위 판례는 사례해결을 위하여 필요한 것이 아니므로 굳이 언급할 필요는 없다고 본다. 만약 사안에서 丙이 형사처분을 면할 목적과 해외관광 목적을 함께 가지고 있었다고 주어져 있다면 위 판례는 반드시 언급되어야 하며 또한 득점요소에 해당할 것이다. 수험생의 입장에서는 득점에

력이 미치지 아니한다.[10]

3. '도자기 절취행위'에 대한 乙, 丙의 공소시효 완성일

乙과 丙이 특수절도행위를 종료한 때는 2018.6.20. 10:00경 이었고, 공소시효의 초일은 시간을 계산함이 없이 1일로 산정하므로 공소시효의 기산일은 2018.6.20.이다. 그리고 乙과 丙의 공소시효기간은 10년이고, 丙은 형사처분을 면할 목적으로 6개월 동안 필리핀으로 도피하였다가 귀국하였으므로 6개월의 도피기간은 공소시효의 정지되며 이러한 丙의 시효정지는 공범자인 乙에게는 그 효력이 미치지 아니한다.

따라서 '도자기 절취행위'에 대한 乙의 공소시효 완성일은 2018.6.20.로부터 10년이 경과한 2028.6.19.(24:00시)이고, 丙의 공소시효 완성일은 2018.6.20.로부터 10년 6월이 경과한 2028.12.19.(24:00시)이다.[11]

[설문 3]의 해설

1. 논점의 정리

항소심이 乙에게 징역 1년 10월을 선고한 것이 제368조(불이익변경의 금지) 규정[12]에 위반되는지 문제된다.

2. 乙이 항소한 사건에 대한 제368조의 적용가능성

피고인이 항소한 사건과 피고인을 위하여 항소한 사건에 대하여는 원심판결의 형보다 중한 형을 선고하지 못한다(제368조). 여기의 피고인이 항소한 사건이란 피고인만이 항소한 사건을 의미한다.[13]

사안의 경우 피고인 乙만 각 판결에 대하여 항소하였으므로 항소심은 원심판결의 형보다 중한 형을 선고할 수 없다.

필요한 요소인지를 구별하여야 하며 사안의 쟁점과 직접 관련이 없는 판례를 인용하는 것은 무익적 사항의 기재로서 시간(지면)낭비이며 채점 교수님들로부터 쟁점에 대한 이해도가 결여되어 있다는 인상을 줄 우려도 있다고 본다.

[10] 사안의 경우 일단 공범자인 乙이 제253조 제3항(국외도피로 인한 시효정지)에 의하여 도피기간 동안 시효가 정지됨은 분명하므로 이러한 乙의 시효정지가 다른 공범자 甲에게 미칠 수 있는지를 검토하여야 한다. 즉 공범자의 시효정지 연대에 관한 제253조 제2항의 규정은 '공소제기로 인한 시효정지'의 경우에만 적용될 수 있다는 점을 분명히 해야 하며 이 점이 본 문제의 중요 논점이었다는 것이 저자의 판단이다. 아마도 형사소송법의 기본적인 소양이 있는 수험생이라면 대부분 제253조 제3항을 언급하는 것은 어렵지 않았을 것이다. 점수는 제253조 제2항의 검토여부에서 달라졌을 것이다. 기출문제 해설집 중에서 이에 대한 언급을 하고 있는 경우는 몹시 드물었다.

[11] 乙의 공소시효 완성일인 2028.6.19, 丙의 공소시효 완성일인 2028.12.19.이 공휴일이거나 토요일이 될 수도 있으므로 기간의 말일이 공휴일 또는 토요일에 해당하는 날도 (공소시효)기간에 산입한다(제66조 제3항 단서)…라는 언급이 반드시 필요한 것이다.

[12] 본 사안은 항소심에서의 불이익변경금지원칙 위반여부가 쟁점이므로 굳이 제396조(상고심에서의 불이익변경금지)를 언급할 필요는 없을 것이다. 이러한 점이 사례형 답안을 기술하는 특징이라고 할 수 있다. 기본서에서 언급되는 (항소심, 상고심에서의) 불이익변경금지원칙 내용 중 당해 사안과 관련된 부분만을 언급하는 것으로 충분한 것이다.

[13] 이 정도의 해석론의 전개는 그 다음의 사안 포섭을 위하여 필요하다.

3. 원심판결의 형보다 중한 형을 선고한 것(불이익한 변경)인지의 판단기준

항소심에서 선고된 형이 피고인에게 불이익하게 변경되었는지는 형법상 형의 경중을 기준으로 하되 이를 개별적·형식적으로 고찰할 것이 아니라 주문 전체를 고려하여 피고인에게 전체적·실질적으로 불이익한지를 보아 판단하여야 한다(대판 : 2016도15961).

따라서 사안에서와 같이 제1사실과 제2사실이 각각 기소되어 제1심에서 각각 징역 1년, 징역 10월을 선고받은 피고인에 대하여 항소심에서 사건을 병합심리한 후 이를 경합범으로 처단하면서 징역 1년 10월을 선고한 경우, 제1심의 각 형량보다 중한 형으로 변경되었지만, 전체적·실질적으로 고찰하면 제1심의 각 형의 선고의 합계를 넘지 않았으므로 불이익하게 변경되었다고 볼 수 없다(대판 : 2001도3448 참고).[14]

4. 결론

항소심이 乙에게 징역 1년 10월을 선고하였다고 하더라도 이는 제368조 규정을 위반 것이 아니므로 적법하다.

---

[14] 2001도3448 판례 사안이 본 사안과 완전히 동일한 사안은 아니며 다만 동 판례의 취지를 고려하면 본문의 내용과 같은 이론 전개가 가능하다. 또한 주의할 것은 항소심에서 사건을 병합심리한 후 이를 경합범으로 처단하는 경우 제1심의 각 형량보다 중한 형을 선고한 경우 언제나 불이익변경금지원칙에 위배되지 않는 것은 아니라는 점이다(이와 같은 의미로 읽힐 여지가 있도록 판례를 인용한 교재도 있으니 주의하여야 한다). 본 사안이 불이익변경금지원칙에 위배되지 않는다는 결론이 가능한 것은 "제1심의 각 형의 선고의 합계를 넘지 않았다"라는 점에 있다는 점을 명심하여야 한다.

甲과 乙은 보이스피싱으로 돈을 마련하기로 공모했다. 이에 따라 甲은 A에게 전화하여 "검찰청 수사관이다. 당신 명의의 계좌가 범죄에 이용되어 그 계좌에 곧 돈이 들어올 것이다. 그 돈을 포함해서 계좌에 있는 돈 전액을 인출해서 검찰청 앞으로 와라."라고 말했다. 乙은 B에게 전화하여 "서초경찰서 경찰이다. 당신의 개인정보가 유출되었으니 계좌에 있는 돈을 안전한 계좌로 옮겨야 한다."라고 말하면서 A 명의의 계좌번호를 알려주었다. B는 A 명의의 계좌로 1,000만 원을 이체했고, A는 그 1,000만 원을 포함해서 자신의 계좌에 있던 전액 1,500만 원을 인출한 다음 甲에게 교부했다.

甲과 乙은 범행으로 취득한 1,500만 원의 배분 문제로 甲의 아파트 거실에서 다투다가 몸싸움을 하게 되었는데, 왜소한 체격의 甲이 힘이 센 乙에게 밀리자 주방에 있던 식칼로 乙을 찌르려고 하기에 乙은 甲으로부터 그 식칼을 빼앗아 甲의 목을 찌른 후 그 식칼을 가지고 도주하였다. 甲의 처 丙은 귀가하여 거실에서 많은 피를 흘리며 쓰러져 있는 甲을 발견하고 죽을 수도 있다고 생각했지만 평소 자신을 지속적으로 구타해 온 甲이 차라리 죽었으면 좋겠다는 생각에 그대로 두고 나가버렸다. 이후 사법경찰관 P1은 乙을 적법하게 체포하면서 乙로부터 위 식칼을 임의로 제출받아 압수하였고 사후에 영장을 발부받지는 않았다. 그리고 P1은 乙과 함께 현장검증을 실시하여 혈흔이 남아 있는 범행현장을 사진으로 촬영하였고, 乙이 "식칼로 甲의 목을 찔렀다."라고 진술하면서 범행을 재연하는 상황도 사진으로 촬영한 후, 이를 첨부하여 위 진술내용이 기재된 검증조서를 작성하였다.

병원으로 후송되어 치료를 받고 퇴원한 甲은 丁에게 乙을 살해할 것을 부탁하였고 이를 승낙한 丁은 C를 乙로 오인하고 C를 자동차로 들이받았으나 6주의 상해를 가하는 데에 그쳤다. 신고를 받고 출동한 사법경찰관 P2가 丁을 적법하게 체포하여 그 인적사항을 확인하자 丁은 자신의 친형 D의 운전면허증을 제시하였고, 丁은 피의자신문을 받은 후 P2가 작성한 피의자신문조서를 교부받아 열람하고 그 조서 말미에 D 명의로 서명날인한 다음 P2에게 건네주었다.

1. 공판과정에서 검사는 위 식칼을 乙에 대한 유죄의 증거로 제출하였는데, 乙은 이를 증거로 함에 부동의하였다. 위 식칼을 乙에 대한 유죄의 증거로 사용할 수 있는가? (10점)
2. 공판과정에서 검사가 위 검증조서를 乙에 대한 유죄의 증거로 제출하였는데, 乙이 이를 증거로 함에 부동의하였다면, 위 검증조서에 첨부된 현장사진과 범행재연사진 및 乙의 자백 기재 진술을 증거로 사용할 수 있는가? (15점)
3. 공판과정에서 검사가 甲과 乙이 함께 행한 보이스피싱 범행에 대하여 乙의 자백 진술이 기재된 P1 작성의 乙에 대한 피의자신문조서를 甲에 대한 유죄의 증거로 제출하였고 甲이 이를 증거로 함에 부동의하였는데 乙이 교통사고로 사망하였다면 위 피의자신문조서를 甲에 대한 유죄의 증거로 사용할 수 있는가? (10점)

4. 만일, P1이 위 사실관계에서와는 달리 乙을 체포하지 않고 임의동행을 요구하며 "동행을 거부할 수도 있지만 거부하더라도 강제로 연행할 수 있다."라고 말하므로 乙이 명시적으로 거부의사를 표시하지 않고 P1을 따라 경찰서에 도착하여 범행을 자백하는 진술서를 작성하였고 그 과정에서 P1이 화장실에 가는 乙을 감시하였다면, 위 진술서의 증거능력을 인정할 수 있는가? (10점)

[설문 1]의 해설

1. 논점의 정리

적법한 절차에 따르지 아니하고 수집한 증거는 증거로 할 수 없는바(제308조의2), 식칼이 적법한 절차에 따라 수집되었는지 문제된다.❶

2. 영장에 의하지 아니하는 압수의 적법요건

(1) 임의제출물의 압수

사법경찰관은 소지자가 임의로 제출한 물건을 영장 없이 압수할 수 있다(제218조).❷ 체포현장에서

---

❶ 본 사안은 예금통장과 노트북 컴퓨터의 정보가 증거능력이 있는지를 묻고 있는바 결국 위법수집증거인지가 핵심이다. '영장주의의 예외가 인정될 수 있는지 문제된다'라는 논점의 정리도 가능한 것이지만 영장주의의 예외 요건 구비여부를 살피는 것도 종국적으로는 위법수집증거인지를 판단하기 위한 과정에 불과한 것이다.

❷ 본 사안과 관련하여 '식칼 제출의 임의성'의 입증에 관한 부분이 쟁점이 되어 득점요소가 될 것인지 문제될 수 있다. [Rainbow 변시기출해설 형사법 사례형(김영환 등 2인 공저, 학연)] 21면의 경우 이를 중요쟁점으로 취급하여 상세히 서술하고 있으며 제출의 임의성의 입증이 증거능력 인정의 전제조건이 된다는 취지로 기술하고 있다. [형사법 사례형 해설(조균석, 강수진, 박영사)] 541~542면은 제출의 임의성의 증명에 관하여 이론과 판례를 상세하게 설명한 후 '乙은 진정한 의사로 식칼을 임의제출하였다고 판단하여도 큰 문제가 없을 것이다'라고 결론을 내리고 있다. 한편 법률저널에 게재된 이창현 교수님의 기출해설에서는 식칼은 임의로 제출된 것임(또는 이미 식칼의 제출의 임의성은 이미 입증되어 있음)을 전제로 하여 제출의 임의성의 입증에 대하여는 별도로 설명을 하지 않고 있다.

제시된 사례에서는 '사법경찰관 P1은 乙을 적법하게 체포하면서 乙로부터 위 식칼을 임의로 제출받아 압수하였고 사후에 영장을 발부받지는 않았다'라고 하고 있다. 수험생의 입장에서는 특별한 사정이 없는 한 이미 제시된 사실관계는 그대로 인정하고 사례형 문제를 해결하여야 하며 또한 그럴 수밖에 없다고 생각된다. 기록형 문제에서 검사의 공소장 기재사실이 증거에 의하여 인정되지 않거나 변경되어 인정되는 경우와는 다른 점이다.

제시된 사례가 그저 '乙로부터 위 식칼을 임의로 제출받아 압수하였고'라고 되어 있어 임의성에 대한 판단이 제외되어 있었다면 제출의 임의성은 논점이 될 수 있으나 본 사례에서는 이미 '乙로부터 위 식칼을 임의로 제출받아 압수하였고'라고 되어 있으므로 제출의 임의성은 입증이 완료된 사실로 보는 것이 타당할 것이다. 이렇게 볼 수 없다면 '사법경찰관 P1은 乙을 적법하게 체포하면서'라는 부분에서 '체포의 적법성'에 대한 검토도 다시 이루어져야한다는 의미가 될 것이다(제출의 임의성에 대한 기술여부는 차이가 있으면서도 체포의 적법성 부분에 대하여는 모두 일치하여 언급을 하고 있지 않다. 제출의 임의성에 대한 언급을 하였다면 체포의 적법성에 관하여도 언급하는 하는 것이 논리일관된 기술일 것이다). 더 나아가 '처 丙은 … 甲을 발견하고 죽을 수도 있다고 생각했지만 … 甲이 차라리 죽었으면 좋겠다는 생각에 그대로 두고 나가버렸다'라는 미필적 고의 부분도 '검사가 입증하여야 한다'라는 기술이 필요하게 된다는 의미가 될 것이다(그러나 이 부분에 대하여 검사의 입증은 누구도 논의하고 있지 않다. 즉 이미 입증된 것을 전제로 답안을 작성하고 있다는 의미일 것이다).

결론적으로 식칼 제출의 임의성은 이미 입증되었기 때문에 '임의로 제출받아 압수하였고'라고 주어진 것이며, 체포의 적법성도 이미 입증되었기 때문에 '乙을 적법하게 체포하였고'라고 주어진 것이며, 미필적 고의부분도 이미 입증이 되었기 때문에 위와 같이 주어진 것이라고 보는 것이 옳을 것이다.

저자의 결론은 체포의 적법성이 쟁점이 아니듯이 제출의 임의성도 쟁점이 아니라는 것이며 이러한 결론에 따라 답안에 기재할 내용이 아니라고 보아 별도로 기술하지 않았다.

도 마찬가지이며, 계속 압수를 위하여 사후영장을 발부받을 필요도 없다(대판 : 2015도13726) 소지자는 반드시 적법한 권원에 기한 소지자임을 요하지 않는다.

(2) 사안의 경우

검사가 제출한 식칼은 사법경찰관 P1이 제218조에 근거하여 乙을 적법하게 체포하면서 소지자인 乙로부터 임의로 제출받아 압수한 것이므로, 압수절차가 영장 없이 행하여졌고, 乙이 甲 소유의 식칼을 범행에 사용한 후 임의로 소지하여 적법한 권원에 기하여 소지한 경우가 아니라고 하더라도 적법절차를 위반한 위법이 있다고 할 수 없다. 또한 압수를 계속하기 위하여 사후에 영장을 발부받을 필요가 없으므로 사후에 영장을 발부받지 않았어도 식칼에 대한 압수를 계속한 것은 적법하다.

3. 결론

검사가 제출한 식칼은 乙이 증거로 함에 부동의하였으나❸❹ 적법한 절차에 따라 수집한 증거이므로 乙에 대한 유죄의 증거로 사용할 수 있다.

[설문 2]의 해설

1. 논점의 정리

적법한 절차에 따르지 아니하고 수집한 증거는 증거로 할 수 없는바(제308조의2), 검증조서에 첨부된 현장사진과 범행재연사진 및 乙의 자백 기재 진술이 적법한 검증절차에 따라 수집되었는지 문제된다.

2. 영장없는 현장검증의 적법여부

(1) 사법경찰관의 검증과 영장의 요부

사법경찰관이 수사를 위하여 검증을 하려면 영장에 의하여야 한다(제215조). 다만 체포현장에서의 검증(제216조 제1항 제2호), 긴급체포된 자가 소유, 소지, 보관하는 물건에 대한 검증(제217조 제1항), 범행 중 또는 범행직후의 범죄 장소에서 검증(제216조 제3항)의 경우에는 영장 없이 할 수 있다.

다만 위의 장문의 글이 나만 옳고 차이가 있는 다른 설명들은 틀렸다는 것을 논증하기 위한 것은 아니라는 점을 밝혀둔다. 문제를 해설하는 입장에서는 직접적인 쟁점으로 취급하여 설명할 수도 있고 직접적인 쟁점은 아니지만 수험생들이 일반적으로 알아두어야 하는 내용이기 때문에 부연설명할 수도 있는 것이기 때문이다.

❸ 식칼이 증거물임에는 의문이 없으나 본 사례와 관련하여 '증거물이 증거동의의 대상이 되는지'는 쟁점에 해당되지 않는다고 본다(물론 이를 쟁점으로 보아 기술하고 있는 교재도 있다). 본 문제의 설문은 '乙은 이를 증거로 함에 부동의하였다'라고 하고 있기 때문이다. 피고인이 증거로 함에 부동의한 이상 증거물이 증거동의의 대상이 된다는 논증을 이끌어낸다고 하더라도 아무런 의미가 없기 때문이다. 즉 증거물이 증거동의의 대상이 되는지 여부는 증거물에 대하여 피고인이 증거동의를 했을 때만 의미가 있다.
본 문제는 i) 식칼에 대한 증거동의가 있었다고 주어졌다면 증거물이 증거동의의 대상이 되는지 여부가 주된 쟁점이 되었을 것이다. 그런데 ii) 식칼에 대한 증거부동의가 전제되어 있으므로 식칼이 증거물인 이상 전문법칙이 적용되지 않으므로 위법수집증거가 아니라면 증거능력을 갖게 되므로 식칼이 적법한 절차에 따라 수집되었는지가 주된 쟁점이 되는 것이다(만약 증거부동의의 대상이 진술증거였다면 위법수집증거인지 여부와 전문법칙의 예외요건 구비여부가 주된 쟁점이 될 것이다).

❹ 증거동의에 의하여 증거능력을 획득하지는 못하였다고 하더라도…라는 의미를 갖는 문장이다.

(2) 사안의 경우

사법경찰관 P1은 영장없이 乙의 범행현장인 甲의 아파트에서 현장검증을 실시하였는바 乙은 범행현장에서 도주한 후 제3의 장소에서 체포되었으므로 범행현장에서의 검증은 체포현장에서의 검증에 해당하지 않으며,[5] 긴급체포된 자가 소유, 소지, 보관하는 물건에 대한 검증(제217조 제1항)에 해당하지 않으며,[6] 乙은 범행을 종료한 후 이미 도주한 상태에서 체포되었으므로 그 후의 사경 P1의 현장검증은 乙의 범행 중 또는 범행직후의 범죄 장소에서 검증(제216조 제3항)에도 해당하지 아니한다.[7] 더 나아가 사경 P1의 현장검증을 乙의 범행직후의 범죄 장소에서 검증으로 선해한다고 하더라도 이 경우에는 사후에 지체없이 영장을 발부받아야 적법한 검증이 될 수 있는데 사례에서는 사후영장을 발부받은바 없으므로 역시 적법한 검증이라고 할 수 없다.

한편 승낙에 의한 검증이 임의수사로서 허용될 수 있다고 보는 견해에 의하더라도 본 사례의 경우 피의자인 乙이 승낙을 하였다는 점은 어디에서도 찾을 수 없으므로 사경 P1의 현장검증을 승낙에 의한 검증으로서 적법하다고 할 수도 없다.

3. 결론

사경 P1의 영장없는 현장검증은 위법하다. 따라서 위법한 현장검증 과정에서 얻은 검증조서에 첨부된 현장사진과 범행재연사진 및 乙의 자백 기재 진술은 적법한 절차에 의하지 아니하고 수집한 증거이므로 증거로 사용할 수 없다.

---

[5] 앞서 소개한 이창현 교수님이 법률저널에 게재한 해설과 조균석, 강수진 교수님의 교재(544면)의 해설에서는 모두 "체포현장에서의 검증(제216조 제1항 제2호)에 해당되어 사후에 검증영장을 발부받지 않았더라도 적법하다"라는 취지로 기술하고 있다. 그러나 저자는 다음과 같은 사실관계에 근거하여 교수님들의 판단과는 달리 사경 P1의 현장검증은 "체포현장에서의 검증에 해당하지 않는다고 보았다. 주어진 사례는 다음과 같다. 「乙은 (甲의 아파트에서) 甲으로부터 식칼을 빼앗아 甲의 목을 찌른 후 그 식칼을 가지고 도주하였다. 甲의 처 丙은 귀가하여 거실에서 많은 피를 흘리며 쓰러져 있는 甲을 발견하고 죽을 수도 있다고 생각했지만 평소 자신을 지속적으로 구타해 온 甲이 차라리 죽었으면 좋겠다는 생각에 그대로 두고 나가버렸다. 이후 사법경찰관 P1은 乙을 적법하게 체포하면서 乙로부터 위 식칼을 임의로 제출받아 압수하였고 사후에 영장을 발부받지는 않았다. 그리고 P1은 乙과 함께 현장검증을 실시하여 혈흔이 남아 있는 범행현장을 사진으로 촬영하였고(이하 생략)」라고 되어 있다.
위 사례의 밑줄 부분을 중심으로 살펴보면 乙은 범죄현장인 甲의 아파트에서 도주한 후 사법경찰관 P1에게 체포되었음을 알 수 있다. 따라서 乙이 도주 후 범죄현장인 甲의 아파트로 되돌아왔다가 체포되었다는 특단의 사정 - 이러한 사정은 사례에서 보이지 않고 있다 - 이 없는 한 乙은 범죄현장인 甲의 아파트가 아닌 장소에서 체포되었다고 보아야 할 것이다. 즉 사경 P1은 乙을 범죄현장이 아닌 제3의 장소에서 체포한 후 (체포된 직후이든 체포되고 나서 시일이 흐른 후이든 - 사례에서 어느 쪽인지는 확실하지 않다) 체포현장이 아닌 범행현장인 甲의 아파트로 가서 현장검증을 실시하였다고 보아야 할 것이다.

[6] 주어진 사례에서는 사경 P1이 乙을 '적법하게 체포하였다'고만 되어 있어 체포를 긴급체포로 본다고 하더라도 이 경우 제217조 제1항에 의하면 영장없는 검증의 대상은 '긴급체포된 자가 소지(소유, 보관)하는 물건'으로 제한되어 있으므로 본 사례와 같이 긴급체포된 자의 범행현장에 대한 검증까지 허용된다고 볼 수는 없을 것이다(이 부분과 관련한 해석에 관하여는 아직 판례가 없으며 교수님들의 교과서에도 설명이 없어 학자가 아닌 저자로서는 조심스럽다. 다만 본 사례의 해설을 하면서 어느 교수님도 제217조 제1항에 근거한 적법한 검증으로 보고 있지는 않다는 점에서 크게 무리한 해석은 아니라고 본다).

[7] 사례에서 살펴보면 乙이 甲을 식칼로 찌른 후 도주하였고 (얼마나 시간이 지났는지 확실하지는 않지만 시간이 흐른 후) 그 후 甲의 처가 귀가하여 甲을 발견하였으나 방치하고 현장을 떠나버린 후 (다시 얼마나 시간이 지났는지 확실하지는 않지만 시간이 흐른 후) 사경 P1이 乙을 체포하였고 (다시 체포한 직후인지 체포된 후 시일이 흐른 후인지 불명확한 시점에서) P1은 乙과 함께 현장검증을 실시하였다. 이러한 검증을 乙의 범행 중 또는 범행직후의 범죄장소에의 검증이라고 보는 것은 어느 모로 보나 무리라고 본다.

📝 '영장 없는 검증이 적법'하다는 전제하의 [설문 3]의 해설

설문의 3의 해설에 있어 저자는 대부분의 다른 기출해설과는 달리 '영장 없는 검증이 위법'한 것으로 보아야 한다는 입장을 취하여 해설을 하였다. 이러한 해설이 옳다는 입장에는 변함이 없으나 실제 사례를 변경하여 만약 '영장 없는 검증이 적법'하다는 전제가 충족되는 경우를 가정하면 답안의 구성이 어떻게 되어야 하는지를 살펴보기로 한다.❽

1. 논점의 정리

검증조서에 첨부된 현장사진과 범행재연사진 및 乙의 자백 기재 진술을 증거로 사용할 수 있기 위해서는 ① 영장 없는 현장검증이 적법하여야 하고, 만약 영장없는 검증이 적법하다면 ② 검증조서에 첨부된 현장사진과 범행재연사진 및 乙의 자백 기재 진술을 검증조서와 일체로 볼 것인지 아니면 검증조서와 구별되는 별도의 증거로 볼 것인지에 따라 제312조 제6항 또는 제312조 제3항의 요건이 구비되어야 한다.

2. 영장 없는 현장검증의 적법여부

영장 없는 현장검증이 적법하다고 가정함.

3. 검증조서에 첨부된 현장사진과 범행재연사진 및 乙의 자백 기재 진술

(1) 현장사진의 증거능력

사안에서 혈흔이 남아 있는 범행현장 사진은 검증목적물의 현상을 명확하게 하기 위한 것이므로(제49조 제2항) 검증조서와 일체를 이루는 것으로 보아야 한다. 따라서 제312조 제6항의 요건, 즉 ⅰ) 적법한 절차와 방식에 따라 작성된 것으로서 ⅱ) 공판기일에 작성자인 사경 P1의 진술에 의하여 검증조서의 성립의 진정함이 인정되면 증거능력이 인정되어 증거로 사용할 수 있다.❾

사안의 경우 위 ⅰ)의 요건은 구비되어 있다고 하더라도, 사경 P1의 진술에 의하여 검증조서의 성립의 진정함이 인정된바 없으므로 ⅱ)의 요건이 구비되지 않아 현장사진은 증거능력이 없어 증거로 사용할 수 없다.

---

❽ 이와 같이 실제 시험에서는 그동안 공부해왔던 쟁점을 포함한 형식의 문제가 출제되었다고 하여 동일한 문제(사례)일 것이라는 선입감을 가지게 되면 답안 구성이 180도 달라지게 된다는 점을 명심해야 할 것이다. 즉 출제된 사례가 당연히 현장검증은 적법함을 전제로 검증조서에 첨부된 현장사진과 범행재연사진 및 乙의 자백 기재 진술의 증거능력에 관하여 묻는 문제일 것이라는 선입감을 가져서는 안된다는 것이다.

❾ 그동안의 형사소송법 사례형 문제의 해설은 여기까지의 내용으로 답안을 구성해 왔던 것이 전통(?)이라고 할 수 있으며, 현재 저자가 참고하고 있는 대부분의 기출문제의 해설도 이 부분까지만 기술되어 있다. 그러나 다음 논점인 범행재연사진 및 乙의 자백 기재 진술은 최종적(확정적)인 결론을 내리면서 유독 현장사진의 증거능력만은 가정적으로 결론을 내리는 것은 답안작성에 있어 일관성이 없어 보인다.
설문에서는 '증거로 사용할 수 있는가?'라고 묻고 있기 때문에 주어진 사례와 설문의 내용을 종합적으로 판단하여 최종적(확정적) 결론 - 가정하의 결론이 아니라 - 을 내는 것이 바람직하다고 본다(이러한 답안이 점수가 더 많이 부여되어야 한다는 것이 저자의 생각이다). 어떠한 답안을 선택할 것인지는 독자들의 판단에 맡긴다.

(2) 범행재연사진 및 乙의 자백 기재 진술의 증거능력

사안에서 사경 P1이 작성한 검증조서에 乙의 자백 진술이 기재되어 있다고 하더라도 이는 사경 P1이 乙의 자백 진술을 기재한 것에 불과하므로 이러한 진술 기재부분에 한해서는 피의자신문조서로서의 성격을 갖는다고 보아야 할 것이다.[10] 따라서 乙의 자백 진술은 제312조 제3항의 요건을 충족한 때에 한하여 증거능력이 인정된다.

한편 범행재연사진은 乙이 "식칼로 甲의 목을 찔렀다."라는 진술을 행동으로 표현한 것을 촬영한 것이므로 乙의 자백 진술과 마찬가지로 보아야 할 것이다.

따라서 범행재연사진 및 乙의 자백 기재 진술은 제312조 제3항의 요건, 즉 ⅰ) 적법한 절차와 방식에 따라 작성된 것으로서 ⅱ) 공판기일에 피고인 乙 또는 그 변호인이 그 내용을 인정하면 증거능력이 인정된다.

사안의 경우 위 ⅰ)의 요건은 구비되어 있다고 하더라도, 피고인 乙은 범행재연의 상황 및 진술내용을 모두 부인하는 취지로 증거부동의 하였으므로 ⅱ)의 요건이 구비되지 않아 범행재연사진 및 乙의 자백 기재 진술은 증거능력이 없으므로 증거로 사용할 수 없다.

4. 결론

검증조서에 첨부된 현장사진과 범행재연사진 및 乙의 자백 기재 진술을 증거로 사용할 수 없다.

[설문 3]의 해설

1. 논점의 정리

전문증거인 사경이 작성한 공범에 대한 피의자신문조서가 증거능력 인정받기 위하여 제312조 제3항 또는 제312조 제4항 중 어느 규정이 적용될 것인지, 제314조가 적용될 수 있는지 문제된다.[11]

---

[10] 본 쟁점과 관련하여 대부분의 기출해설에서는 현장지시와 현장진술의 취급에 관한 검증조서부정설(비구분설), 현장지시와 현장진술 구분설, 수정구분설을 상세하게 소개하고 있으나, 본 사례에서는 검증조서에 기재된 乙이 "식칼로 甲의 목을 찔렀다."라는 진술 즉 범행내용에 대한 진술에 대한 증거능력을 묻고 있기 때문에 현장지시가 아닌 현장진술이 분명하므로 실익이 없는 기술에 해당한다고 판단된다. 즉 어느 견해에 의하더라도 검증조서와는 구분하여 진술증거로 취급해야한다는 점에서 결론을 같이 하기 때문이다. 조균석, 강수진 교수님의 교재(546면)의 해설에서도 학설을 상세하게 소개하였지만 "본 사례에서는 乙의 진술이 현장지시가 아닌 현장진술에 해당하므로 어느 견해나 판례에 의하더라도 검증조서와 구분하여 진술증거로서 증거능력을 판단하여야 한다"라고 결론을 내리고 있다. 다만 학설을 소개하고 소개하지 않는 해설에 차이가 있는 것도 해설을 하는 입장의 차이 즉 그 목적한 바에 따라 달라질 수 있는 부분일 것이다.
저자는 가급적 실제 시험에서 득점요소가 아닌 사항의 경우 본문의 해설에서는 언급하지 않고 있다는 점을 밝혀둔다.

[11] 큰 논점이 세 개나 되며 각 논점마다 학설 다툼이 있는 부분임에도 배점이 10점에 불과하다. 따라서 가급적 배점에 맞게 간략하게 서술하여야 한다(참으로 어려운 일이다). 매우 중요한 논점이므로 대부분의 수험생이 잘 준비한 내용이었을 것이다. 이 경우 배점을 고려하지 않은 채 신이나서 알고 있는 모든 내용을 알차게 답안지에 옮긴 수험생의 경우 다음 문제에 대한 답안을 작성할 시간이 부족했을 것임이 분명하다. 본 교재 곳곳에서 언급하고 있지만 예를 들어 10점 배점 두 문제 중 한 문제를 아무리 알차게 쓰더라도 두 문제를 골고루 쓴 경우보다 점수가 높은 경우는 없을 것이라는 점을 명심해야 한다. 사례형(기록형) 시험의 경우 시험시간이 종료될 무렵인데도 기술해야할 내용이 태산같이 남아 있는 경험은 수험생이라면 누구나 해 보았을 것이다. 이러한 곤혹스러운 상황을 당연한

2. 제312조 제3항과 제312조 제4항 중 어느 규정이 적용되는지 여부

사경이 작성한 공범에 대한 피의자신문조서는 사경이 '피고인이 아닌 자'의 진술을 기재한 조서에 해당하므로 제312조 제4항이 적용된다는 견해가 있다. 그러나 제312조 제3항은 제312조 제1항과 달리 피고인이 된 피의자의 진술을 기재한 조서로 제한하여 규정하지 아니하고, 사경이 작성한 피의자신문조서라고 규정하고 있으므로 사경이 작성한 공범에 대한 피의자신문조서도 제312조 제3항이 적용된다고 보는 것이 타당하다.

다만 제312조 제3항이 적용된다고 보는 입장에서도 내용의 인정 주체가 원진술자인 공범자라고 보는 견해가 있으나, 공범에 대한 피의자신문조서는 당해 피고인에 대한 피의자신문조서의 내용과 다름없다는 점과 공범의 책임전가 경향을 고려하면 당해 피고인이 내용의 인정 주체가 된다고 보는 것이 타당하다.

判例도 사경이 작성한 당해 피고인의 공범에 대한 피의자신문조서는 제312조 제3항이 적용되며 내용의 인정 주체는 당해 피고인이라고 판시한 바 있다(대판 : 2014도1779).

사안의 경우 사경 P1 작성의 공범자인 乙에 대한 피의자신문조서에 대하여 당해 피고인인 甲이 내용부인 취지로 증거부동의하고 있으므로 피의자신문조서는 증거능력이 없다.

3. 제314조가 적용될 수 있는지 여부

제314조가 제312조 제3항의 조서를 배제하고 있지 아니하므로 사경이 작성한 공범에 대한 피의자신문조서의 경우도 원진술자인 공범이 사망한 경우 제314조가 적용된다는 견해가 있다. 그러나 제312조 제3항이 적용되는 사경이 작성한 공범에 대한 피의자신문조서는 그 내용의 인정 주체가 '당해 피고인'이므로, 공판기일에 '진술을 요하는 자'가 사망 등 사유로 인하여 진술할 수 없는 경우를 전제로 하는 제314조는 적용될 수 없다고 보는 것이 타당하다(대판 : 2009도6602).

4. 결론

P1 작성의 乙에 대한 피의자신문조서는 제312조 제3항의 요건을 구비하지 못하여 증거능력이 없고, 乙이 사망하였더라도 제314조가 적용될 수도 없으므로 증거능력이 없어 甲에 대한 유죄의 증거로 사용할 수 없다.⑫

것으로 받아들일 것이 아니라 평소에 10점 배점 문제에 기술할 분량을 미리 생각해 두는 것이 필요하다(저자로서도 힘든 일이다. 하지만 미리 조금씩 더 준비한 사람이 상대적으로 보다 나은 답안을 구성할 수 있는 것은 자명한 사실이다).

⑫ 논점에서 결론에 이르기까지 저자 나름대로 조금이라도 불필요한 부분은 최대한 없애고 필요한 뼈다귀(핵심)만 언급하였음에도 분량이 상당하다. 시간이 촉박한 상황이라면 위 서술 중에서 반대견해의 소개를 생략하고 각 논점에서 자설을 명확하게 답안에 기재하는 것으로도 충분할 것이다. 즉 사경이 작성한 공범에 대한 피의자신문조서는 제312조 제3항이 적용되어야 한다는 점과 내용인정 주체가 당해 피고인이 되어야 한다는 점, 제314조는 적용될 수 없다는 점…은 분명히 해야 한다. 정확한 논거를 제시하였다면 이 정도만 답안에 기재하여도 고득점에 가까운 합격점을 얻기에 충분하다고 본다. 경쟁자인 다른 수험생들도 완벽할 수 없다는 사실을 기억하기 바란다. 본 교재의 해설을 보고 어떻게 저렇게 답안을 쓰느냐고 절망하지 않기를 바란다(결코 저자의 해설이 완벽하다는 의미가 아니며 저자도 수험생 시절에 교수님들의 교재를 보면서 어떻게 저 많은 분량을 저렇게 정확하게…라고 생각하고 좌절했던 적이 있었음을 고백하는 것이다). 참고로 설문 2와 설문 3의 해설에 각각 1일이 넘는 시간이 소요되었고 설문 4의 해설에만도 2시간 이상이 소요되었다는 점을 밝힌다. 사례형 시험은 완전한 답안으로 합격을 구하는 것이 아니라 가장 덜 불완전한 답안이 최고득점의 답안이 되며 어느 정도 불완전한 답안으로도 충분히 합격을 구할 수 있다는 사실을 명심하기 바란다(돌이켜 보면 저자는 수험생 시절에 이러한 사실을 몰랐거나 알았더라도 이를 무시하고 애써 절망의 길로 나아갔던 것 같다).

[설문 4]의 해설

1. 논점의 정리

적법한 절차에 따르지 아니하고 수집한 증거는 증거로 할 수 없는바(제308조의2), 진술서가 적법한 절차에 따라 수집되었는지 문제된다.

2. P1이 乙에게 임의동행을 요구하여 경찰서에 따라 오도록 한 행위의 적법성 여부

(1) 임의동행의 허용여부

P1은 범죄수사를 위하여 乙에 대하여 임의동행을 요구하여 경찰서에 데리고 갔는바, 범죄수사를 위한 임의동행은 형사소송법에 명문의 규정이 없으므로⓭ 피의자를 임의동행하는 것은 위법하다는 견해가 있다. 그러나 제200조 제1항에 의하여 사법경찰관은 피의자에 대하여 임의적 출석을 요구할 수 있고 그 출석을 요구하는 방법에는 제한을 두고 있지 않으므로 임의동행 요구도 허용된다고 보는 것이 타당하다.

(2) 임의동행의 적법요건

수사목적으로 피의자의 동의를 받아 동행하는 것이 허용된다고 하더라도 아직 정식의 체포·구속 단계 이전이므로 헌법 및 형사소송법이 체포·구속된 피의자에게 부여하는 각종의 권리보장 장치가 제공되지 않는 등 형사소송법의 원리에 반하는 결과를 초래할 가능성이 크다. 따라서 (수사관이 동행에 앞서 피의자에게 동행을 거부할 수 있음을 알려 주었거나 동행한 피의자가 언제든지 자유로이 동행과정에서 이탈 또는 동행장소로부터 퇴거할 수 있었음이 인정되는 등)⓮ 오로지 피의자의 자발적인 의사에 의하여 수사관서 등에의 동행이 이루어졌음이 객관적인 사정에 의하여 명백하게 입증된 경우에 한하여, 그 적법성이 인정되는 것으로 봄이 상당하다(대판 : 2005도6810).

(3) 사안의 경우

사안의 경우 ① P1이 乙에게 임의동행을 요구하며 "동행을 거부할 수도 있지만 거부하더라도 강제로 연행할 수 있다."고 말을 한 점을 고려하면 乙이 동행을 거부하기는 어려웠을 것으로 보이고, ② 경찰서에 도착한 이후(동행 이후)에도 화장실에 가는 乙을 감시한 점을 고려하면 乙이 동행장소로부터 자유로이 퇴거할 수 있었음이 인정되었다고 볼 수도 없다. 따라서 乙이 P1으로부터 임의동행을 요구를 받고 경찰서에 따라 온 것은 오로지 乙의 자발적인 의사에 의한 동행이라고 볼 수 없고 오히려 사실상의 강제연행으로 불법체포에 해당하여 위법하다고 보아야 한다(대판 : 2009도6717 참고).⓯

⓭ 경찰관직무집행법상 불심검문 과정에서 질문을 위한 임의동행(동법 제3조 제2항)과 주민등록법상 신원이나 거주관계 확인을 위한 임의동행(동법 제26조)은 명문의 규정이 있다. 그러나 본 사례는 수사목적을 위한 임의동행이므로 이들 규정이 적법성의 근거가 될 수는 없다.

⓮ 괄호 부분까지 상세히 적시하면 고득점을 얻을 수 있다. 그러나 시간상의 제약이 있다면 괄호부분은 생략하여도 무방한 부분이다. 그 다음의 "오로지 피의자의 자발적인 의사에 의하여 수사관서 등에의 동행이 이루어졌다"는 부분이 핵심이므로 이 부분은 반드시 답안에 기재하여야 한다.

⓯ 판례의 판결이유에서는 본문의 ② 부분과 관련하여 「乙이 화장실에 가는 것을 감시하기도 한 점 등에 비추어 보면, 비록 사법경찰관이

3. 진술서의 증거능력 인정여부

사안에서 乙의 진술서는 乙이 사실상 강제연행을 당하여 불법체포된 상태에서 작성한 것이므로 적법한 절차에 따르지 아니하고 수집한 증거로서 증거능력을 인정할 수 없다. 더 나아가 진술서에 乙이 甲과 공범으로 범한 사기사건에 관한 자백이 포함되어 있더라도 乙에 대한 사건에서는 물론 공범자인 甲의 사건에 대하여도 증거능력이 인정되지 아니한다(대판 : 2009도6717).⑯

乙을 동행할 당시에 물리력을 행사한 바가 없고, 乙이 명시적으로 거부의사를 표명한 적이 없다고 하더라도, 사법경찰관이 乙을 수사관서까지 동행한 것은 적법요건이 갖추어지지 아니한 채 사법경찰관의 동행 요구를 거절할 수 없는 심리적 압박 아래 행하여진 사실상의 강제연행, 즉 불법체포에 해당한다고 보아야 할 것이다.」라고 하여 사안을 포섭하고 있다. 수험적으로도 이러한 사안의 포섭이 훌륭한 것임은 물론이다. 그러나 임의동행의 적법요건을 먼저 실시한 이상 그와 관련하여 사안을 포섭하는 것이 훨씬 쉬운 방법이라는 것이 저자의 생각이다. 본문의 ② 부분과 이에 해당하는 판례의 사안 포섭을 비교하여 보면 전자가 훨씬 간명하고 기억하기에도 편리한 것을 알 수 있을 것이다.

⑯ 이른바 위법수집증거의 증거능력의 부정의 효과가 제3자에게도 미치는지에 관한 기술에 해당한다. 설문에서 乙이 범행을 자백하는 진술서를 작성하였다고 하고 있는바 그 범행이 살인 사건의 범행인지 공범으로 범한 사기사건의 범행인지 밝히고 있지 않다. 따라서 그 자백이 사기사건의 자백까지 포함되어 있을 수도 있으므로 본문과 같은 논의가 가능하며 유익적 기재사항에 해당한다고 판단하여 추가적으로 기술하였다. 참고로 이러한 논의를 한 해설서와 그렇지 않은 해설가 있음을 밝혀둔다(반드시 어느 쪽이 더 우월하다는 의미는 아니다).

Chapter
07

2018년 제7회 변호사시험

A(여, 26세)는 버스를 타고 남자친구를 만나러 가던 중 깜박 졸다가 휴대폰을 좌석에 둔 채 하차하였다. 그 순간 옆 좌석의 승객 甲(남, 30세)이 휴대폰을 발견하고 이를 전해주기 위해 A를 따라 하차하면서 A를 불렀으나 대답이 없자 뒤에서 A의 어깨를 잡았다. 그때 A를 기다리던 남자친구 乙은 그 장면을 보고 甲을 성폭행범으로 오해하여 A를 구하기 위해 甲을 밀어 넘어뜨렸다. 甲은 좋은 일을 하려다 봉변을 당한 데 대해 억울한 마음이 들어 합의금이라도 두둑이 받아야겠다고 생각하였으나 육안으로 보이는 상처가 없자 스스로 머리를 벽에 부딪쳐 이마에 상처를 낸 다음 국립대학교 병원 소속 의사 B를 찾아가 乙에게 맞아 상해를 입었다고 거짓말하여 B에게서 상해진단서를 발급받았다. 그 후 甲은 위 상해진단서를 乙에게 제시하면서 합의금 500만 원을 요구하였다.

乙은 합의금을 마련하기 위하여 기숙사 룸메이트인 C의 지갑에서 몰래 신용카드(현금카드 겸용)를 꺼내어 편의점 앞에 있는 현금자동지급기로 가서 평소 알고 있던 비밀번호를 입력하여 C의 예금계좌에서 잔고 전액인 300만 원을 인출하고, 200만 원은 현금서비스를 받은 다음 신용카드를 제자리에 가져다 놓았다. 그 후 乙은 인출한 500만 원을 甲에게 합의금으로 건네주었다.

1. 乙은 甲에 대한 폭행치상의 범죄사실로 기소되어 제1심 법원에서 유죄를 선고받고 항소하였다. 그러나 항소심은 상해의 점은 인정되지 않는다고 판단하고 있다.
   (1) 항소심은 직권으로 乙에게 폭행죄로만 유죄를 선고할 수 있는가? (15점)
   (2) 항소심 계속 중에 폭행죄로 공소장이 변경되었고, 그 후 甲이 乙에 대한 처벌을 원치 않는다는 내용의 합의서를 제출한 경우 항소심은 어떠한 판단을 내려야 하는가? (5점)
2. 검사는 甲에 대한 구속영장을 청구하였다.
   (1) 지방법원판사가 구속영장청구를 기각한 경우 검사가 취할 수 있는 「형사소송법」상 조치를 논하시오. (10점)
   (2) '구속 전 피의자심문'과정에서 甲이 피의사실에 대하여 자백한 내용이 심문조서에 기재되어 있다면 이 조서의 증거능력을 논하시오. (10점)

[설문 1의 (1)] 해설

1. 논점의 정리

반의사불벌죄가 아닌 폭행치상죄의 공소사실에 대하여 법원이 공소장변경 없이 직권으로 반의사불벌죄인 폭행죄를 인정할 수 있는지,❶ 그 요건이 어떠한지, 더 나아가 본 사안이 그러한 요건을 구비하고 있는지 문제된다.

2. 법원이 공소장변경 없이 다른 범죄사실을 인정하기 위한 요건

법원이 공소장에 기재된 공소사실과 다른 범죄사실을 인정하려면, 공소사실의 동일성이 인정된다고 하더라도 원칙적으로 공소장변경절차(제298조)를 거쳐 피고인에게 방어의 기회를 충분히 부여한 다음에 이를 인정하여야 한다.

다만 예외적으로 피고인의 방어권 행사에 실질적인 불이익을 초래할 염려가 없는 경우에는 실체적 진실 발견을 위하여 공소장변경절차를 거치지 아니하고도 다른 범죄사실을 인정할 수 있는 것으로 보아야 한다(대판 : 2003도2252).❷

3. 사안의 경우

사안에서 폭행죄는 공소사실인 폭행치상죄의 공소사실과 동일성이 인정된다. 그리고 폭행치상의 공소사실 중에는 폭행의 공소사실도 포함되어 있으므로 폭행치상의 공소사실에 대한 피고인의 방어행위는 동시에 폭행의 공소사실에 대한 방어행위를 겸하고 있다고 보아야 한다. 한편 피고인으로서는 그 방어행위의 일환으로 자신의 행위로 인하여 피해자에게 폭행치상죄에서의 상해를 입힌 사실이 없다는 주장을 하고, 법원이 그와 같은 주장을 받아들여 피고인의 행위를 폭행죄로 처벌하는 경우까지도 대비하여 폭행죄에 관한 고소인의 고소취소의 원용 등 일체의 방어행위를 할 수 있으므로, 공소장변경절차를 거치지 아니하고 폭행치상죄의 공소사실에 대하여 폭행죄를 인정·처벌하더라도, 그로 인하여 피고인에게 폭행죄에 관한 방어권 행사에 어떠한 불이익을 줄 염려가 있다고 할 수 없다(대판 : 96도1922 다수견해).❸

---

❶ 본 문제에 대하여 '축소사실의 인정이 법원의 의무인지 여부'를 중요논점으로 잡고 있는 교재도 있다(김영환 등 2인 공저). 그러나 이는 설문을 제대로 이해하지 못한 결과로 보여진다. 본 문제는 「항소심은 직권으로 乙에게 폭행죄로만 유죄를 선고할 수 있는가?」로 묻고 있으며, 「항소심은 직권으로 乙에게 폭행죄로만 유죄를 선고하여야 하는가?」로 묻고 있지 않기 때문이다. 후자의 경우라면 '축소사실의 인정이 법원의 의무인지 여부'가 중요한 쟁점이 됨은 물론이다. 다음에 다시 언급할 기회가 있겠지만 형사소송법의 사례형 문제는 설문에서 출제자가 묻고 있는 내용을 오판하게 되면 엉뚱한 논점을 잡아 답안을 구성하게 되므로 상당한 주의를 기울여 설문을 읽어야 한다. 한편 본 문제에 대하여 '항소심에서 공소장변경의 가능성'을 중요논점으로 잡고 있는 교재(조균석, 강수진, 2인 공저)도 있으나 이 역시 본 문제의 논점과는 무관한 기술이라고 판단된다. 본 문제는 항소심에서 공소장변경이 가능한가를 묻고 있는 것이 아니라 항소심에서 공소장변경 없이도 법원이 직권으로 공소사실과 다른 범죄사실을 인정할 수 있는가를 묻고 있기 때문이다.

❷ 벌조 또는 구성요건에 변경이 없는 한 공소장변경이 필요없다는 견해(동일벌조설)와 구체적 사실관계가 다르더라도 법률구성에 영향이 없는 경우에는 공소장변경이 필요없다는 견해(법률구성설)가 있다. 그러나 변호사시험의 성격에 비추어 볼 때 이러한 케케묵은 학설을 기술하는 것보다 판례이론에 따라 구체적으로 사안을 해결하는 것이 보다 더 나은 답안이 될 것이다. 많은 해설 교재에서 저자와 같은 결론을 내고 있지만 그 논거에 대하여는 구체적으로 설명한 교재는 거의 찾아보기 힘들었다.

❸ 다만 대법원 소수견해는 폭행치상죄로 공소가 제기된 경우 공소장변경절차를 거치지 아니하고 반의사불벌죄인 폭행죄를 인정하는 것은 피고인에게 미처 예기치 못한 불의의 타격을 가하여 방어권 행사에 실질적 불이익을 줄 우려가 있고, 한편 이 경우에 검사가 폭행의 범죄사실을 예비적으로 기재하거나 소송의 추이에 따라 공소장변경절차를 거친다고 하여 다수의견이 염려하는 실체적 진실의 신속한 발견에 특별히 지장을 주는 것도 아니라는 입장이다. 시간적 여력이 있다면 소수견해를 (위 밑줄 부분만) 간명하게 소개하면 득점에

4. 결론

항소심은 직권으로 乙에게 폭행죄로만 유죄를 선고할 수 있다. 다만 폭행죄는 반의사불벌죄이므로 소추조건이 구비되어 있음이 전제되어야 한다.❹

[설문 1의 (2)] 해설

1. 논점의 정리

반의사불벌죄가 아닌 폭행치상의 범죄사실로 기소된 후 항소심에서 비로소 반의사불벌죄인 폭행죄로 공소장이 변경된 경우 항소심에서의 처벌불원의사표시가 효력이 있는지 문제된다.❺

2. 반의사불벌죄의 처벌불원의사표시의 시기

반의사불벌죄의 경우 처벌불원의사표시는 제1심 판결선고 전까지 할 수 있다(제232조 제3항, 제1항).❻

다만 항소심에서 비로소 반의사불벌죄로 공소장이 변경된 경우에 대하여는 ① 제1심에서 반의사불벌죄의 범죄사실은 현실적 심판대상이 되지 아니하였으므로 그 판결을 반의사불벌죄에 대한 제1심판결로 볼 수는 없고, 따라서 반의사불벌죄에 대한 제1심판결은 없었다고 할 것이므로 항소심에서도 처벌불원의사표시를 할 수 있는 것으로 보아야 한다는 견해가 있다(대판 : 96도1922 소수견해).❼

그러나 ② 제232조 제1항은 - 국가형벌권의 행사가 피해자의 의사에 의하여 좌우되는 현상을 장기간 방치하지 않으려는 목적에서 - 고소취소의 시한을 획일적으로 제1심판결 선고시까지로 한정한 것이므로, 항소심에서 비로소 반의사불벌죄로 공소장이 변경된 경우라하여 항소심인 제2심을 제1심이라 할 수는 없다고 보아야 한다.

따라서 사안의 경우 항소심에서 甲이 乙에 대한 처벌을 원치 않는다는 내용의 합의서를 제출하였더라도 그 효력은 없다고 보아야 한다(대법원 다수견해).

더 유리할 것이다.

❹ 즉 피해자의 처벌불원의사표시가 없는 경우이거나, 처벌불원의사표시를 한 경우라면 제1심 판결선고 전까지 그 의사표시의 철회가 있어야 한다.

❺ 배점이 5점에 불과하다는 점을 고려하면 논점을 별도 항목으로 처리하지 아니하고 바로 본론으로 들어가 논의를 전개하는 것도 좋은 방법이 될 것이다. 시간적 제약으로 논점을 제시하는 것과 본론에서 대법원 소수견해를 소개하는 것 중 어느 하나만 가능한 상황이라면 당연히 후자가 훨씬 더 우월한 답안이 될 것이다.

❻ 반의사불벌죄의 경우 처벌을 희망하는 의사표시의 철회는 제1심 판결선고 전까지 할 수 있다(제232조 제3항, 제1항). 한편 처벌불원의 사표시는 결국 처벌을 희망하는 의사표시의 철회와 법적 성질이 같으므로 위와 같은 표현을 할 수 있는 것이다.

❼ 다만 대법원 소수견해는 폭행치상죄로 공소가 제기된 경우 공소장변경절차를 거치지 아니하고 반의사불벌죄인 폭행죄를 인정하는 것은 피고인에게 미처 예기치 못한 불의의 타격을 가하여 방어권 행사에 실질적 불이익을 줄 우려가 있고, 한편 이 경우에 검사가 폭행의 범죄사실을 예비적으로 기재하거나 소송의 추이에 따라 공소장변경절차를 거친다고 하여 다수의견이 염려하는 실체적 진실의 신속한 발견에 특별히 지장을 주는 것도 아니라는 입장이다. 시간적 여력이 있다면 소수견해를 (위 밑줄 부분만) 간명하게 소개하면 득점에 더 유리할 것이다.

3. 결론

항소심은 甲의 처벌불원의사표시는 무효이므로 이를 고려함이 없이 심판하여야 한다.❽

[설문 2의 (1)] 해설

1. 논점의 정리

지방법원판사가 구속영장청구를 기각한 경우 검사가 이에 대하여 불복할 수 있는지 문제된다.

2. 항고나 준항고의 가능성

지방법원판사의 구속영장청구 기각결정은 구금에 관한 결정이므로 제402조 및 제403조 제2항, 제416조 제1항 제2호를 (유추)적용하여 검사에게 항고나 준항고가 허용된다는 견해가 있다.

그러나 구속영장 청구에 대한 지방법원판사의 기각결정은 제402조 및 제403조 제2항의 규정에 의하여 항고의 대상이 되는 '법원의' 구금에 관한 결정에 해당하지 아니하고, 제416조 제1항 제2호의 규정에 의하여 준항고의 대상이 되는 '재판장 또는 수명법관의' 구금에 관한 재판에도 해당하지 아니하므로, 그에 대하여 항고나 준항고에 의한 불복은 허용되지 아니한다(대결 : 2006모646)고 보는 것이 타당하다.

---

❽ 대부분의 교재는 판례의 입장을 취하여 甲의 항소심에서의 합의서 제출은 효력이 없다는 입장을 취하면서 '공소기각판결이 아니라 유죄판결을 선고하여야 한다거나(이창현 교수님 해설, 조균석, 강수진 교수님의 해설), 공소기각판결이 아니라 유무죄의 실체재판을 하여야 한다(김영환 등 2인 공저, 김정철, 오제현 2인 공저)'는 취지로 결론을 맺고 있다. 본 사례와 같이 소추조건이 흠결되었는지가 논점이고 그러한 소추조건이 흠결된 것이 아닌 것으로 판단되는 사례의 경우 전통적인 결론의 문구라고 할 수 있다. 그러나 저자는 그러한 결론 문구가 틀렸거나 문제가 있다고까지 생각하는 것은 아니지만 정확한 것은 아니라고 보고 있다. 폭행죄가 친고죄이므로 항소심에서 처벌불원의사표시가 무효라는 결론에 이르렀다고 하더라도 그것만으로 형사소송법상의 나머지 모든 소추조건은 자동으로 구비되었다는 판단을 하는 것은 문제가 있다고 본다. 예를 들어 논점으로 제시되지는 않았지만 공소시효가 만료되었을 여지도 없지 않을 것이므로'(나머지 다른 소추조건이 구비되었다면…이라는 표현을 부가한 후) 유죄판결(또는 유무죄 실체재판)을 선고하여야 한다'라는 표현이 상대적으로 더 정확한 기술이라고 본다.

더 나아가 저자가 방금 앞에서 제시하는 이러한 표현마저도 본 사례의 설문에서는 가장 바람직한 것은 아니라고 본다. 모든 다른 사례문제에서도 마찬가지만 특히 형사소송법의 경우 설문에서 출제자가 묻고 있는 내용이 무엇인지를 정확하게 이해하지 못하면 수험생의 답안의 내용이 출제자가 묻고 있는 질문에 대한 것이 아니라 엉뚱한 내용으로 구성될 가능성이 높다. 본 사례의 설문의 질문의 내용을 다시 살펴보면 「항소심 계속 중에 폭행죄로 공소장이 변경되었고, 그 후 甲이 乙에 대한 처벌을 원치 않는다는 내용의 합의서를 제출한 경우 항소심은 어떠한 판단을 내려야 하는가?」로 되어 있다. 이를 분석해보면 질문은 「항소심 계속 중에 폭행죄로 공소장이 변경되었고, 그 후 (공소장이 변경된 후 항소심에서) 甲이 乙에 대한 처벌을 원치 않는다는 내용의 합의서를 제출한 경우 (이에 대하여) 항소심은 어떠한 판단을 내려야 하는가?」라는 내용이라고 보아야 한다. 그렇다면 결국 출제자가 묻고 있는 것은 항소심이 합의서에 기재된 처벌불원의사표시의 효력을 유효다고 판단하여야 할 것인가 아니면 무효라고 판단하여야 할 것인지를 묻고 있는 것이다. 수험생의 입장에서는 처벌불원의사표시가 유효다는 입장을 취했다면 가장 간명하고 확실한 결론은 '항소심은 합의서의 내용인 처벌불원의사표시는 유효다는 판단을 하여야 한다'이며 더 나아가 '항소심은 처벌불원의사표시가 유효므로 - 유효다는 판단을 하여야 하므로 - 공소기각판결을 하여야 한다'라는 결론까지 가능한 것이다. 한편 처벌불원의사표시가 무효라는 입장을 취했다면 가장 간명하고 확실한 결론은 '항소심은 합의서의 내용인 처벌불원의사표시는 무효라는 판단을 하여야 한다'이며 더 나아가 '(전략) 항소심은 처벌불원의사표시가 무효이므로 - 무효라는 판단을 하여야 하므로 - 이를 이유로 공소기각판결을 하여서는 안된다'라는 결론까지 가능한 것이다.

결론적으로 본 설문은 '합의서에 담긴 처벌불원의사표의 효력에 대하여 항소심은 어떠한 판단을 하여야 하는가?'이므로 정확히는 그에 따른 재판의 가능성(공소기각판결의 가능성)까지 묻고 있는 것은 아니라고 보아야 하며 공소기각판결의 가능성을 언급하는 것은 질문에 대한 대답 후의 덤(필요적 기재사항이 아닌 임의적 기재사항)의 성질을 갖는 것이다.

그러므로 판례이론에 따라 항소심에서의 처벌불원의사표시는 무효라고 보는 입장을 취하면서 따라서 공소기각판결을 할 수 없고 유죄판결(또는 유무죄의 실체재판)을 하여야 한다는 결론은 덤에다가 가정적 조건이 더 추가되어야만 충족될 수 있는 또 하나의 덤을 더 추가하여 표현한 것이라고 생각된다. 이상이 저자가 위 본문의 표현으로 결론을 맺은 이유이다.

3. 즉시항고의 가능성

즉시항고는 법률에 명문의 규정이 있는 경우에만 허용된다. 그런데 지방법원판사의 구속영장청구 기각결정에 대하여는 즉시항고를 허용하는 명문규정이 없으므로 그에 대한 즉시항고에 의한 불복은 허용되지 아니한다.

4. 구속영장의 재청구

형사소송법은 구속영장의 재청구를 제한하고 있지 아니하므로 지방법원판사의 구속영장청구 기각 결정이 있는 경우 검사는 새로이 구속사유가 발생하였음을 이유로 다시 구속영장을 청구할 수 있다.

5. 결론

지방법원판사가 구속영장청구를 기각한 경우 검사는 항고, 준항고, 즉시항고를 할 수는 없으나 구속영장을 재청구하는 조치를 취할 수 있다.❾

[설문 2의 (2)] 해설

1. 논점의 정리

전문증거가 증거능력이 인정되기 위한 요건은 어떠한지가 문제된다.❿

2. 구속전피의자심문조서의 법적 성질

피의사실에 대하여 자백한 내용이 기재된 구속전피의자심문조서는 '공판기일에서의 진술에 대신하여 진술을 기재한 서류'로서 전문증거에 해당한다. 따라서 피고인이 증거로 사용할 수 있음에 동의한 경우가 아니라면 제311조 내지 316조에 규정한 것 이외에는 증거능력이 인정되지 않는다(제310조의2).⓫

---

❾ 본 문제와 관련하여 '입법적으로 영장항고제도'의 도입의 필요성을 답안의 내용으로 언급하고 있는 교재가 있다(김영환 등 2인 공저, 김정철, 오제현 2인 공저). 그러나 이는 입법론에 불과한 것이고, 검사가 취할 수 있는 '형사소송법'상의 조치가 아니므로 논의의 대상으로 삼아서는 안된다. 분명히 출제자의 질문을 벗어난 답안이기 때문이다. 묻는 것에 답해야하고 묻지 않는 것에 답해서는 안 된다.

❿ 심문조서의 증거능력을 판단해야 하는 시점이 분명하지는 않으나 수소법원에 제출되기 전의 시점을 전제하면 논점이 거의 없는 문제가 되므로 심문조서가 수소법원에 제출된 것을 전제로 증거능력을 판단하라는 것이 출제자의 의도로 보인다.

⓫ 이러한 기술을 한 교재는 찾아보기 어려웠다. 그런데 그 다음의 제311조 및 제315조의 적용가능성에 대하여는 모든 교재가 논의를 하고 있다. 제311조 및 제315조의 적용가능성을 검토하는 것은 전문증거에 대하여 예외적으로 증거능력을 갖기 위한 요건을 갖추었는지를 검토하는 것이다. 따라서 구속전피의자심문조서가 전문증거에 해당한다는 선제적 논증이 반드시 필요한 것이므로 위 본문 2.의 논의를 누락하여서는 안 된다고 본다.

3. 구속전피의자심문조서의 증거능력[12] 인정요건

(1) 증거동의가 있는 경우

제318조에 의하면 위 조서에 대하여 피고인 甲이 증거로 할 수 있음을 동의하고 그 조서의 진정성이 인정되면 증거로 할 수 있다.

(2) 제311조의 적용가능성

제311조에 의하면 공판준비 또는 공판기일에 피고인의 진술을 기재한 조서와 제184조 및 제221조의2의 규정에 의하여 작성한 조서는 증거로 할 수 있다.

그러나 사안의 구속전피의자심문조서는 위 제311조의 조서에 해당하지 않으므로 제311조에 의하여 증거능력이 인정될 수는 없다.

(3) 제315조의 적용가능성

제315조 제3호에 의하면 특히 신용할 만한 정황에 의하여 작성된 문서는 증거로 할 수 있다.

사안의 구속전피의자심문조서는 그 작성과정에서 기재내용의 정확성 여부를 물어야 하며(제48조 제3항), 기재내용에 대한 이의를 진술할 수 있으며(제48조 제5항), 진술자의 증감변경의 청구가 가능하다는 점(제48조 제4항, 제201조의2 제10항) 등을 고려하면 특히 신용할 만한 정황에 의하여 작성된 문서로서 제315조 제3호에 의하여 증거능력이 인정된다.[13]

---

[12] 본 문제에 대하여 증명력에 관한 기술을 하고 있는 교재도 있으나 이는 논점외의 기술이라고 보여진다(물론 참고하라는 의미로 받아들일 수는 있을 것이다). 설문은 분명히 조서의 증거능력을 논하시오…라고 되어 있기 때문이다. 증거능력과 증명력은 완전히 별개의 개념이기 때문이다.

[13] 대부분의 교재에서는 구속적부심문조서가 제315조 제3호에 의하여 당연히 증거능력이 인정된다는 판례(대판 : 2003도5693)를 인용한 다음 본 문제의 구속전피의자심문조서에 대하여 구속적부심문조서와의 유사성을 이유로 제315조 제3호에 의하여 당연히 증거능력이 인정된다는 취지로 논증을 하고 있다. 이러한 논증방법도 틀린 방법이라고 할 수는 없으나 이러한 논증방법을 사용하려면 선결적으로 구속적부심문조서가 왜 제315조 제3호에 의하여 당연히 증거능력이 인정되는지 - 특히 신용할 만한 정황에 의하여 작성된 문서라고 할 있는지 - 에 대한 이유를 밝혔어야 할 것인데 그러한 기술은 찾아볼 수 없었다.
강의 중에 자주 언급하지만 판례의 결론은 결론 그 자체가 타당한 것이 아니고 결론에 이르는 논거가 타당하므로 비로소 그 결론이 타당한 것이다. 따라서 판례의 결론을 논거로 인용할 것이 아니라 그러한 결론에 이르는 판례이론을 논거로 인용하여 사안을 포섭시켜 결론을 내려야 한다는 점을 유의하였으면 한다.

(1) 甲은 X주식회사의 대표이사이고 乙은 사채업자이다. 甲이 乙에게 수억 원 대 내기 골프에 필요한 돈을 빌린 후 변제기에 갚지 않자 乙은 위 채무가 甲이 회사와 무관하게 개인적인 용도로 차용한 것임을 잘 알면서도, 甲에게 위 채무담보목적으로 약속어음을 발행해 줄 것을 요청하였다. 甲이 이를 승낙하여 乙은 위 회사 사무실에서 위 회사 약속어음 용지에 액면금 5억 원, 발행일 등을 기재하고 甲은 수취인을 乙로 기재하고 "X주식회사 대표이사 甲"이라고 새겨진 명판과 법인 인감도장을 각각 날인한 후 약속어음을 乙에게 교부하였다. 그런데 위 회사에서 실제로 약속어음 금을 지급하거나 손해배상책임을 부담하지는 않았으며 위 약속어음이 제3자에게 유통되지도 아니하였다.

(2) 한편, 위 회사 전무이사인 丙은 국립초등학교에 다니는 딸의 담임교사 A가 평소 딸을 많이 혼내는 것에 불만이 있었는데, 위 초등학교 부근을 걸어가다 도로에 인접한 딸의 교실에서 수업을 하고 있는 A를 보고 화가 나 위 교실 창문을 열고 교실 안으로 얼굴을 들이밀어 큰 소리로 "잘 사는 애들만 대접받는 더러운 세상"이라고 외쳤다. A가 제지하는데도 丙은 약 20분간 계속 크게 소리를 내며 소란을 피워 A는 수업을 중단하였고, 학생들은 더 이상 수업을 받지 못하게 되었다.

(3) 丙은 2017. 1.경 B와 토지 매매계약을 체결한 후 甲과 명의신탁약정을 체결하고 곧바로 甲 명의로 소유권이전등기를 마친 다음 丙 자신이 위 토지를 담보로 대출을 받았음에도 "甲이 임의로 위 토지에 근저당권을 설정하였다."라며 허위로 甲을 경찰에 고소하였다.

(4) 그 후 丙은 위 약속어음 발행 건을 추가 고소하였고, 사법경찰관은 위 회사에서 甲과 乙이 만나 약속어음을 발행하는 상황이 녹화된 CCTV 동영상을 찾아내어 관리자의 동의를 얻어 그 부분의 동영상 파일을 CD에 복사한 후 이를 임의로 제출받아 압수하였는데, 이후 위 회사 CCTV 동영상의 보존기간이 경과하여 원본파일은 삭제되었다.

(5) 위 사건을 송치받은 검사는 甲의 위 내기 골프 사실을 밝혀내고 기존 사건에 도박죄를 병합하여 기소하였다. 甲의 재판에서 丙은 증인으로 출석하여 증언하면서 약속어음 발행 경위에 대한 수사기관에서의 진술을 번복하였다. 이에 검사는 丙을 소환하여 수사기관에서의 진술이 맞다는 내용의 진술조서를 작성하여 이를 추가 증거로 제출하였다. 이후 증인으로 재차 출석한 丙은 수사 기관에서의 진술대로 증언하였고, 추가 증거로 제출된 위 진술조서가 자신이 진술한 그대로 기재 되어 있음을 인정하였다.

1. 위 (4) 사실관계와 관련하여 압수된 위 CD는 증거로 사용할 수 있는가? (15점)

2. 위 (5) 사실관계와 관련하여 법원에 추가 증거로 제출된 丙의 진술조서 및 丙의 증언은 증거로 사용할 수 있는가? (15점)

3. 만일 甲의 위 도박죄에 대하여 유죄판결이 확정되었는데, 검사가 위 도박죄 범행 이전의 내기 골프 도박 범행 10회와 위 도박죄 확정판결 이후의 내기골프 도박 범행 3회를 추가 수사한 후 상습도박죄로 기소하고, 공판심리 결과 甲에게 상습성이 인정된 경우 법원이 취할 수 있는 조치는? (10점)

[설문 1]의 해설

1. 논점의 정리

CD의 압수가 적법한지, 원본을 복사한 사본을 증거방법으로 사용할 수 있는지, CCTV 동영상이 진술증거인지 여부가 문제된다.

2. CD의 증거능력을 인정할 수 있는지 여부

(1) CD의 압수가 적법한지 여부❶

사안에서 사경은 CD를 영장없이 압수하였으나 이는 관리자로부터 임의로 제출받아 압수한 것이 므로 적법하다(제218조).

또한 사경은 CCTV 동영상 중 甲과 乙이 만나 약속어음을 발행하는 상황, 즉 범행장면 부분만을 CD에 복사한 후 제출받아 압수하였으므로 압수의 범위를 준수한 것이다(제106조 제3항).❷

한편 임의제출물은 계속 압수를 위하여 사후영장을 발부받을 필요도 없다(대판 : 2015도13726).

따라서 사경이 영장없이 CD를 압수한 후 사후영장을 발부받지 않았다고 하더라도 CD의 압수는 적법하다.❸

---

❶ 시간적 여력이 있으면 법조문을 먼저 기술한 후 사안을 포섭을 하는 것이 원칙이나 - 앞서 이러한 서술방식에 의한 답안을 이미 경험하였을 것이다 - 다음에서 보는 바와 같이 사안을 바로 법조문에 포섭하는 것도 시간이 절약되면서도 힘있는 답안구성이 될 수도 있다. 상황에 따라 어느 방법을 선택할 것인지를 현명하게 판단하기 바란다. 저자는 본 문제의 경우 15점 배점임에도 논점이 많다고 보아 가급적 간명하게 서술하는 방법을 선택하였다.

❷ 사법경찰관은 압수의 목적물이 정보저장매체인 경우에는 '기억된 정보의 범위를 정하여' (즉 범죄 혐의사실과 관련된 부분만을) 출력하거나 복제하여 제출받아야 한다(제219조, 제106조 제3항).

❸ 본 문제는 배점이 15점인 점 및 사례문의 형식을 고려할 때 출제의도는 논점에서 살펴 본 것과 같은 내용을 기술할 것을 요구하는 것이라고 추측된다. 대부분의 교재도 이러한 관점에서 해설을 하고 있다. 그런데 사례문을 상세히 살펴보면 "사법경찰관은 … 녹화된 CCTV 동영상을 찾아내어 … 임의로 제출받아 압수하였다"라고 되어 있다. 이 문장에서 '찾아내어'라는 단어는 형사소송법상 수색에 해당하는 것이다. 그런데 사례문 어디에도 영장에 의하여 수색하였다(찾아내었다)는 점은 발견되지 않는다. 그렇다면 이러한 수색도 영장주의 예외요건을 구비하여야만 적법한 수색이 될 수 있는데, 본 사례의 수색은 체포현장에서의 수색(제216조 제1항 제2호), 범죄현장에서의 수색(제216조 제3항), 긴급체포된 자가 소유·소지·보관하는 물건에 대한 수색(제217조 제1항) 중 어디에도 해당하지 않으므로 위법한 수색으로 보아야 할 것이다. 그렇다면 압수의 전제가 되는 수색이 적법하지 못하므로 원칙적으로 압수는 위법하다고 보아야 한다. 그런데 사례에서 압수가 임의제출에 의한 압수라고 되어 있으므로 수색절차의 위법과 압수 간의 인과관계가 단절되어 비로소 그 압수가 적법하게 된다는 점도 논점이 될 수 있다고 본다.

(2) 원본을 복사한 사본을 증거방법으로 사용할 수 있는지 여부

사안에서 CD에 담긴 동영상 파일은, 원본인 CCTV 동영상 파일을 복사한 것이고, CCTV 동영상의 보존기간이 경과하여 원본파일은 삭제되어 원본의 제출이 불가능하게 되었고, 원본이 정확하게 복사된 것으로 보여지므로, 원본인 CCTV 동영상 파일과 동일하게 취급하여 증거방법으로 사용할수 있다(대판 : 2006도2556 참고).

따라서 사안에서 원본이 아닌 사본인 CD가 증거로 제출되었다는 사정만으로는 증거능력을 부정할 수 없다.

(3) CCTV 동영상이 진술증거인지 여부❹

범행상황이 촬영된 CCTV 동영상은 범행상황을 촬영한 현장사진과 실질적으로 동일한 성질을 가진다. 한편 현장사진에 대하여는 사실의 보고라는 기능적인 성질을 가지고 있으므로 진술증거로 보아야 한다는 견해가 있다.❺ 그러나 현장사진은 사람의 지각에 의한 진술이 아니므로 비진술증거로 보는 것이 타당하다(대판 : 2007도3906, 97도1230 참고).❻

따라서 현장사진의 성질을 갖는 CCTV 동영상은 비진술증거로 보아야 하므로 진정성 - 촬영과정에 오류가 없고 조작되지 않았다는 것 - 이 인정되면 증거능력이 인정된다.

사안에서 CCTV 동영상은 회사에서 - 일상적으로 - 녹화된 것이므로 진정성을 인정함에 무리가 없다고 보여진다.

3. 결론

CD의 압수는 적법하므로 증거동의가 있으면 진정성도 인정되므로 증거로 사용할 수 있다(제318조).

한편 증거동의가 없는 경우라도 위에서 살펴본 바와 같이 CD는 증거능력의 인정요건을 구비하고 있으므로 증거로 사용할 수 있다.

[설문 2]의 해설

1. 논점의 정리

사안에서 검사는 이미 공판기일에서 증언을 마친 丙을 소환한 후 피고인인 甲에게 유리한 증언 내용을 번복시키는 방식으로 진술조서를 작성하였는바 이러한 진술조서와 번복된 내용의 丙의 증언의 증거능력을 인정할 수 있는지 문제된다.

---

❹ 증거방법의 성질에 따라 증거능력 인정요건이 달라지므로 반드시 논의를 하여야 한다.

❺ 이 견해에 따르면 전문법칙이 적용되어 전문법칙의 예외요건을 구비하여야 증거능력이 인정된다(본 사례에서는 제313조의 요건을 구비하여야 한다). 저자는 비진술증거로 보는 견해를 자설로 선택하기로 하였으므로 진술증거로 볼 경우의 증거능력 인정요건은 생략하였다.

❻ 그 밖에 현장사진을 비진술증거로 보면서도 그 작성과정의 오류나 조작가능성을 고려하여 검증조서에 준하여 증거능력을 인정하여야 한다는 견해(검증조서유추적용설)도 있다.

2. 丙의 진술조서의 증거능력

이미 증언한 자에 대한 진술조서라는 이유만으로 그 조서의 증거능력을 부정할 수 없으므로 증언 이후의 진술조서 작성과정이 위법하지 아니한 진술조서는 제312조 제4항의 요건을 구비하면 증거능력을 인정할 수 있다는 견해가 있다(대판 : 99도1108 소수견해). 그러나 공판기일에 이미 증언을 마친 증인을 검사가 소환한 후 피고인에게 유리한 증언 내용을 번복시키는 방식으로 작성한 진술조서를 유죄의 증거로 삼는 것은 법관의 면전에서 재판을 받을 권리를 침해하는 것이고, 당사자주의·공판중심주의·직접주의를 지향하는 현행 형사소송법의 소송구조에 어긋나므로, 이러한 진술조서는 증거능력이 없다고 보는 것이 타당하다(대판 : 99도1108 다수견해).

따라서 사안에서 검사가 작성한 丙에 대한 진술조서는 甲이 증거로 함에 동의하지 아니하는 한 증거능력이 없다.

3. 丙의 번복❼증언의 증거능력

丙의 번복증언은 진술조서와 독립한 별개의 독립된 증거이므로 증인신문절차가 위법하지 아니한 이상 증거능력이 인정된다.

4. 결론

丙의 진술조서는 甲이 증거로 함에 동의하지 아니하는 한 증거로 사용할 수 없으나, 丙의 번복증언은 증인신문절차가 위법하지 아니한 이상 증거로 사용할 수 있다.

[설문 3]의 해설

1. 논점의 정리

유죄판결이 확정된 도박죄 범행 이전의 내기골프 도박 범행 10회에 대하여 면소판결을 하여야 하는지 여부와 이에 대한 면소판결을 할 수 없는 경우 도박 범행 10회와 도박죄 확정판결 이후의 내기골프 도박 범행 3회를 별개의 범죄로 보아 각각 형을 선고할 것인지 포괄일죄의 범행으로 보아 하나의 형을 선고할 것인지 문제된다.

2. 단순도박죄의 확정판결의 기판력이 내기골프 도박 범행 10회에 대하여 미치는지 여부

상습범으로서 포괄적 일죄의 관계에 있는 여러 개의 범죄사실 중 일부에 대하여 상습범으로 유죄판결이 확정된 경우에는 그 확정판결의 기판력이 사실심판결 선고 전에 저질러진 나머지 범죄에 대하여 미치나, 상습범 아닌 기본 구성요건의 범죄로 확정판결을 받은 경우에는 그 기판력은 사실심판결 선고 전의 나머지 범죄에 미치지 아니한다(대판 : 2001도3206 다수견해 참고).❽

---

❼ 사례에서 丙의 증언은 2개가 있으므로 설문에서 묻는 丙의 증언을 특정하기 위한 것이다.
❽ 대법원 소수견해는 포괄일죄인 상습범행의 일부에 관하여 유죄의 확정판결이 있다면 기본 구성요건의 범죄로 처벌된 것인가, 상습범으

따라서 사안에서 단순도박죄의 확정판결의 기판력은 내기골프 도박 범행 10회에 대하여 기판력이 미치지 않으므로 이에 대하여 면소판결을 할 수 없다.

3. 도박 범행 10회와 도박 범행 3회를 별개의 범죄 또는 포괄일죄로 볼 것인지 여부

상습도박의 범행이 단순도박죄의 확정판결의 전후에 걸쳐서 행하여진 경우에는 그 죄는 두 죄로 분리되지 않고 포괄일죄의 범행으로 보아야 한다(대판 : 2010도1939).

따라서 사안에서 甲에게 상습성이 인정되므로 단순도박죄의 확정판결의 전후에 걸쳐서 행하여진 도박 범행 10회와 도박 범행 3회는 상습도박죄의 포괄일죄에 해당한다.

4. 결론

법원은 甲에게 (도박의 사실에 대하여 유죄가 입증되는 경우)❾ 상습도박죄에 대하여 하나의 형을 선고하여야 한다.

로 처벌된 것인가에 따라 기판력이 미치는 범위가 달라진다고 볼 수는 없다는 입장이다. 배점이 10점이며 소수견해를 소개한 경우 소수견해의 문제점이나 다수견해의 우위점을 다시 언급해야 하는데 그러한 시간적 여력이 없을 것으로 보아 다수견해에 따라 문제를 해결하였다. 다수견해만 잘 기술해도 합격점을 받고도 남음이 있을 것으로 본다.

❾ 이미 상습성은 인정된다고 설문에 주어져 있다.

Chapter
08

2017년 제6회 변호사시험

○○아파트 조경공사 관련 계약을 추진하던 입주자대표회장 甲은 공사 경험이 전무한 조경업자인 A로부터 적정 공사금액보다 크게 부풀려진 5,000만 원으로 공사를 성사하여 주면 200만 원을 리베이트로 주겠다는 제안을 받은 후, A에게 "5,000만 원에 조경공사계약을 체결하고 공사대금을 받으면 리베이트로 500만 원을 나에게 돌려주는 것으로 하자."라고 제안하였다. A가 망설이며 甲을 피해다니자, 甲은 A의 오랜 친구인 乙에게 그 사정을 말하였고, 乙은 甲을 도와주기 위해 A와 甲이 다시 한 번 만날 수 있도록 자리를 주선했다. 甲과 단둘이 만난 A는 甲의 설득으로 결국 그 제의를 받아들였다. 甲과 A는 2016. 12. 15. 공사대금 5,000만 원의 조경공사 계약서를 작성하였고, 甲은 이를 스캔하여 자신의 컴퓨터에 저장하였다. 같은 날 甲은 A에게 선급금 1,000만 원을 지급하였고 다음날 A는 100만 원 권 자기앞수표 5장을 甲에게 리베이트로 건네주었다. 甲은 자신의 컴퓨터에 '2016. 12. 16. A로부터 500만 원을 수령함'이라는 내용의 문서파일을 작성하여 저장하였다. 甲은 위 500만 원을 은행에 예금하고 며칠이 지난 뒤 다시 현금 500만 원을 인출하여 그 중 300만 원을 그 돈의 출처를 잘 알고 있는 친구 丙에게 주면서 종이봉투에 잘 보관하라고 부탁하고, 乙에게 전화하여 "도움에 감사하다."라고 말하고 인근 술집으로 나오라고 한 후 밤새 술을 마시며 놀았다. 취기가 오른 乙은 새벽에 택시를 타고 귀가하였으나 甲은 만취하여 의식을 잃은 채 술집 소파에서 잠들어 버렸는데, 술집 사장 丁은 甲의 주머니에서 현금 200만 원을 발견하고 술 값 100만 원을 꺼내 가졌다. 한편 乙은 丙이 300만 원을 보관하고 있다는 사실을 알게 되자 이를 훔쳐 나올 생각으로 늦은 밤 丙의 집에 몰래 들어갔으나 해가 뜰 때까지 丙이 잠들지 않자 丙이 잠들기를 기다리다가 오전 9시경 종이봉투에 담겨 장롱 속에 보관중인 현금 300만 원을 들고 나왔다.

1. 만약 검사 S가 甲을 리베이트 수수 혐의로 기소한 경우 다음 각 증거의 증거능력을 검토하시오.
   (1) 검사 S가 해당 범죄사실을 대상으로 한 압수수색영장을 집행하기 위하여 甲의 참여 하에 그의 컴퓨터를 수색하던 중 위 조경공사 계약서 스캔파일을 발견하자 이를 외장하드에 복사·압수한 후, 법원에 제출한 경우 위 스캔파일 (20점)
   (2) '2016. 12. 16. A로부터 500만 원을 수령함'이라는 내용의 문서파일이 적법하게 압수되어 법원에 증거로 제출되었으나 甲은 위 문서파일을 작성한 사실이 없다고 주장하는 경우 위 문서파일 (10점)

2. 만약 검사 S가 위 영장집행 중 甲이 ○○아파트의 공금 2,000만 원을 자신의 중고자동차 구입에 사용한 사실을 추정케 하는 입출금 전표를 우연히 발견하고 이를 압수하였으나 그 후 甲에게 환부한 후 다시 제출받은 경우, 위 입출금전표를 甲의 범행을 입증하기 위한 증거로 사용할 수 있는 요건은 무엇인가? (10점)

[설문 1의 (1) 해설]

1. 논점의 정리

스캔파일의 압수·수색이 적법한지, 조경공사 계약서(이하 계약서라고 함)를 스캔한 파일도 증거방법이 될 수 있는지, 계약서가 진술증거인지 여부가 문제된다.

2. 스캔파일의 증거능력을 인정할 수 있는지 여부

(1) 스캔파일의 압수·수색이 적법한지 여부

사안에서 검사의 압수·수색은 영장에 의하여 피의자 甲의 참여하에 이루어진 것이고, 조경공사 계약서 스캔파일은 영장의 발부 사유인 리베이트 수수 혐의사실❶과 관련성이 인정되며, 그 스캔파일만을 복사❷하여 압수하였으므로 일응❸ 압수·수색은 적법하다고 보여진다.

(2) 계약서를 스캔한 파일도 증거방법이 될 수 있는지 여부

리베이트 수수 사실에 대한 증거로는 계약서(원본)가 제출되어야 하는 것이 원칙이나, 그러한 원본이 존재하거나 존재하였으며 원본을 법정에 제출할 수 없거나 제출이 곤란한 사정이 있고 사본이 이를 정확하게 복사한 것인 경우 그 사본도 원본과 동일하게 증거로 사용될 수 있다고 하여야 한다 (대판 : 2015도2275 참고).

사안에서 甲은 계약서를 작성한 후 이를 스캔파일로 만들어 자신의 컴퓨터에 저장하였으므로 이 스캔파일은 계약서를 정확하게 복사한 것이다.❹ 또한 검사는 그 컴퓨터의 스캔파일을 복사하여 압수한 스캔파일을 법원에 제출한 것이다. 따라서 법원에 제출된 스캔파일은 최초의 스캔파일과 동일성이 인정되므로 이를 증거로 사용할 수도 있다.❺

다만 사안에서 조경공사 계약서 자체를 법정에 제출할 수 없거나 제출이 곤란한 사정이 있는지 여부가 불분명하다.❻

---

❶ 앞서 형법 문제에서 보았듯이 배임수재죄의 혐의사실을 말한다. 다만 출제기법상 형법문제의 답을 노출시키지 않기 위하여 위와 같이 표현한 것이므로 형사소송법 답안에서는 위와 같이 기술하여도 무방하다고 본다.

❷ 사법경찰관은 압수의 목적물이 정보저장매체인 경우에는 '기억된 정보의 범위를 정하여' (즉 범죄 혐의사실과 관련된 부분만을) 출력하거나 복제하여 제출받아야 한다(제219조, 제106조 제3항)…라는 부분을 검토하였다는 의미로 기술된 것이다.

❸ 출제의도를 고려하여 압수·수색은 일응 적법하다…라고 결론 지었다. 그러나 사례에는 영장의 제시도 나타나 있지 않으며, 압수목록의 작성 및 교부도 나타나 있지 않다. 따라서 엄격히 따지면 본 사례는 압수·수색이 위법하므로 더 이상의 논의는 필요도 없이 스캔파일은 증거능력이 없다고 보아야 한다. 20점 배점인데 이 정도의 내용을 기술하라고 하는 문제는 아니었음이 분명하다고 보아 일응 적법하다는 전제하에 다음의 기술을 계속하기로 한다.

❹ 계약서를 복사기로 복사하는 것과 계약서를 스캔도구를 이용하여 스캔하는 것은 결국 계약서의 사본을 만드는 과정이라는 점에서는 동일하다. 그 결과물이 일반문서(종이문서)인지 전자문서인지만 차이가 있을 뿐이다.

❺ 이러한 평가는 이미 사례문과 설문에서 주어진 사실이 검사에 의하여 입증되었다는 전제하에 그 사실을 전제로 한 것이다.

❻ 앞의 다른 기출문제에서의 취지처럼 계약서가 멸실되었다는 등의 사정이 나타나 있지 않다는 의미이다.

(3) 계약서가 진술증거인지 여부

사안에서 뿌의 리베이트 수수 사실을 증명하기 제출된 계약서는 그 내용이 진실한지 여부가 증거가 되는 것이 아니라 계약의 존재 자체가 증거가 되는 것이므로 비진술증거에 해당한다. 따라서 그 계약서의 진정성만 인정되면 증거능력이 인정된다.

사안에서 계약서의 진정성을 인정함에는 문제가 없다.

3. 결론

스캔파일의 압수 · 수색은 일응 적법하며, 법원에 제출된 스캔파일도 진정성이 인정되는 계약서와 동일하게 증거방법이 될 수 있으므로(다만 조경공사 계약서 자체를 법정에 제출할 수 없거나 제출이 곤란한 사정이 있는지에 대한 검사의 입증이 있어야 한다) 피고인 뿌이 증거로 함에 동의하였는지를 불문하고 증거능력이 인정된다.

[설문 1의 (2)] 해설

1. 논점의 정리

문서파일이 전문증거에 해당하는지, 증거능력의 인정요건은 어떠한지가 문제된다.❼

2. 문서파일이 전문증거에 해당하는지 여부

사안에서 문서파일은 뿌이 경험한 사실에 대한 문자 정보로서 그 내용의 진실성이 증거가 되는 것이므로 전문증거에 해당한다. 따라서 제311조 내지 316조에 규정한 것 이외에는 증거능력이 인정되지 않는다(제310조의2).

3. 제313조에 의한 증거능력의 인정 가능성

피고인이 작성한 문자 정보로서 컴퓨터용디스크에 저장된 것은 공판준비나 공판기일에서의 그 피고인의 진술에 의하여 그 성립의 진정함이 증명된 때에는 증거로 할 수 있다(제313조 제1항 본문). 한편 피고인이 공판준비나 공판기일에서 그 성립의 진정을 부인하는 경우에는 과학적 분석결과에 기초한 디지털포렌식 자료 등 객관적 방법으로 성립의 진정함이 증명되는 때에는 증거로 할 수 있다(제313조 제2항 본문).

사안의 경우 뿌은 위 문서파일을 작성한 사실이 없다고 주장하고 있는바, 이는 그 성립의 진정을 부인하는 것이다. 따라서 검사가 과학적 분석결과에 기초한 디지털포렌식 자료 등 객관적 방법으로 문서파일의 성립의 진정함을 증명하여야 증거능력이 인정된다.

---

❼ 설문 3.의 (2)문이고 적법한 압수가 전제되어 있고, 복사하여 압수되었다는 표현 등이 없는 것, 배점이 10점으로 축소된 것으로 보아 (1)문에서의 논점은 배제하는 것으로 보아야 할 것이다.

[설문 2]의 해설

1. 별건압수물을 환부한 후 다시 제출받은 경우 그 압수물을 증거로 사용할 수 있는 요건❸

압수는 영장 발부의 사유로 된 범죄 혐의사실과 관련된 증거에 한하여 할 수 있으므로, 영장 발부의 사유로 된 범죄 혐의사실과 무관한 별개의 증거를 압수하였을 경우 이는 원칙적으로 유죄 인정의 증거로 사용할 수 없다.

다만 수사기관이 별개의 증거를 피압수자에게 환부하고 후에 임의제출받아 다시 압수하였다면 증거를 압수한 최초의 절차 위반행위와 최종적인 증거수집 사이의 인과관계가 단절되었다고 평가할 수 있어 증거능력을 인정할 수 있다. 그런데 이 경우 환부 후 다시 제출하는 과정에서 수사기관의 우월적 지위에 의하여 임의제출 명목으로 실질적으로 강제적인 압수가 행하여질 수 있으므로, 제출에 임의성이 있다는 점에 관하여는 검사가 합리적 의심을 배제할 수 있을 정도의 증명이 있어야 한다 (대판 : 2013도11233).

2. 결론

사안에서 검사는 영장 발부의 사유로 된 리베이트 수수 혐의사실과 무관한 별개의 증거인 입출금전표를 압수하였으므로 입출금전표는 원칙적으로 증거능력이 인정되지 않는다. 그러나 그 후 입출금전표를 甲에게 환부한 후 다시 제출받아 압수하였으므로 검사가 甲의 제출이 임의에 의한 것이라는 것을 합리적 의심을 배제할 수 있을 정도의 증명을 한다는 요건이 구비되면 입출금전표를 甲의 범행을 입증하기 위한 증거로 사용할 수 있다.

---

❸ 본 설문의 경우 사실상 논점이 주어져 있으므로 별도로 논점을 잡지 않았다.

(1) 甲, 乙, 丙은 현금자동지급기 부스에서 나오는 사람을 상대로 금원을 빼앗기로 공모한 다음 丙은 범행에 사용할 전자충격기를 구해오기로 하였다. 丙은 전자충격기를 구하여 乙에게 전해 주었으나, 범행에 가담한 것을 후회하고 자신은 그만 두겠다고 말한 뒤 잠적하였다.

(2) 이에 甲과 乙은 자신들만으로는 다른 사람의 금원을 빼앗는 것이 어렵다고 판단하여 길가에 주차된 승용차 안에 있는 물건을 훔치기로 계획을 변경하였다. 그리고 A 소유의 자동차를 범행대상으로 삼아 甲은 자동차의 문이 잠겨 있는지를 확인하기 위하여 자동차의 손잡이를 잡아당겨 보고, 乙은 그 옆에서 망을 보았다. 그때 근처에서 두 사람의 행동을 수상히 여기고 이를 지켜보던 경찰관 P가 다가가자 甲과 乙은 각각 도주하였다.

(3) 도주하던 乙은 키가 꽂힌 채 주차되어 있던 丁 소유의 오토바이를 발견하고, 이를 타고 간 후 버릴 생각으로 오토바이에 올라타 시동을 걸어 달아나려는 순간 丁에게 발각되었다. 丁은 오토바이를 타고 약 5m 정도 진행하던 乙을 발로 걷어차 바닥에 넘어뜨렸고, 이 과정에서 乙은 전치 3주의 상해를 입었다. 乙은 신고를 받고 출동한 경찰관 P에게 인계되었다.

(4) P는 乙을 인계받아 경찰차에 태운 다음 乙에게 신분증의 제시를 요구하였다. 乙은 얼마 전 길에서 주운 B의 주민등록증 사진이 자신의 용모와 매우 흡사한 것을 기화로 B의 주민등록증을 자신의 신분증인 것처럼 제시하였다. 그리고 P가 신분조회를 하는 틈을 이용하여, 자신이 소지하고 있던 전자충격기로 P에게 충격을 가하여 기절시킨 후 도주하였다. 얼마 후 의식을 회복한 P는 乙이 도주하는 과정에서 떨어뜨리고 간 휴대전화를 압수한 후, 적법한 절차를 거쳐 甲과 乙을 체포하였다. P는 甲과 乙(B 명의)에 대한 조사를 마친 후 검사에게 송치하였고, 검사는 이를 토대로 甲과 乙(B 명의)에 대하여 공소를 제기하였다.

1. (4)에서 P가 乙의 휴대전화를 압수한 조치가 적법한지 여부를 서술하시오. (10점)
2. 제1심법원 공판 중 피고인의 성명이 B가 아니라 乙이라는 점이 밝혀진 경우, 검사와 법원이 취해야 할 조치는? (15점)
3. 제1심법원은 甲에 대한 (1) 관련 범죄에 대하여 범죄의 증명이 없다는 이유로 무죄를 선고하고, (2) 관련 범죄만 유죄로 인정하여 징역 1년을 선고하였다. 제1심법원의 판결에 대하여 甲은 항소하지 않고 검사만이 무죄가 선고된 (1) 부분에 대하여 항소한 경우, 검사의 일부상소의 허용 여부 및 항소심의 심판범위를 논하시오. (15점)

[설문 1]의 해설

1. 논점의 정리

휴대전화가 적법한 절차에 따라 압수되었는지 문제된다.

2. 영장없는 압수가 적법한 경우❶

① 사법경찰관은 피의자를 적법하게 체포하는 경우에 필요한 때에는 영장없이 체포현장에서 압수할 수 있다(제216조 제1항 제2호). ② 범행 중 또는 범행직후의 범죄 장소에서 긴급을 요하여 법원판사의 영장을 받을 수 없는 때에는 영장 없이 압수 할 수 있다(제216조 제3항). ③ 사법경찰관은 피의자가 유류한 물건을 영장 없이 압수할 수 있다(제218조).

3. 사안의 경우

사안의 경우 사인에 의하여 현행범인으로 체포된 乙을 사법경찰관 P가 인도받아 경찰차에 태운 다음 신분조회를 하는 과정에서 乙이 전자충격기로 P에게 충격을 가하여 기절시킨 후 도주하였고, 얼마 후 의식을 회복한 사경 P는 乙이 자동차 안 또는 그 근처에 떨어뜨리고❷ 간 乙의 휴대전화를 영장 없이 압수하였다.

위 사안을 고려하여 P의 압수의 적법성을 살펴보면 다음과 같다.

첫째, 경찰차 안 또는 그 근처의 장소를 P가 乙을 체포한 현장이라고 할 수 없다. 따라서 P가 乙의 영장 없이 휴대전화를 압수한 것은 제216조 제1항 제2호에 의한 적법한 압수로 볼 수는 없다.

둘째, 경찰차 안 또는 그 근처의 장소가 乙이 전자충격기로 P에게 충격을 가하는 범죄 - 강도상해죄 및 특수공무방해치상죄 등 - 를 범한장소라고 볼 수 있고, P가 기절한 후 얼마 후❸ 의식을 회복하였으므로 그 장소를 적어도 범행직후의 범죄장소로 볼 수는 있다고 보여진다. 따라서 P가 乙의 휴대전화를 영장 없이 압수한 것은 제216조 제3항에 의한 적법한 압수라고 볼 수 있다.

셋째, 휴대전화는 乙이 떨어뜨리고 간 유류물임이 분명하므로 P가 乙의 휴대전화를 영장 없이 압수한 것은 제218조에 의한 적법한 압수라고 볼 수 있다.

4. 결론

P가 乙의 휴대전화를 압수한 조치는 적법하다.

---

❶ 설문이 휴대전화를 압수한 조치가 적법한지 여부를 묻고 있으므로 압수된 휴대전화의 증거능력을 묻는 문제와는 기술의 범위가 달라져야 한다. 즉 후자의 논점의 경우 기술하여야 하는 사후영장의 발부 요부 등은 기술할 필요가 없다고 본다.

❷ 사례문에서 볼 때 압수장소를 위와 같이 해석하는 것이 가장 개연성이 있을 것이다.

❸ 시간의 경과를 정확히 알 수 없도록 되어 있으므로 평가는 달라질 수 있을 것이다. 다만 저자는 한참 후가 아니라 얼마 후라는 표현이 사용되었음을 고려하여 위와 같이 평가한 것이다.

[설문 2]의 해설

1. 논점의 정리

성명모용소송의 경우 피고인이 누구인지, 공소장에 피고인의 표시에 착오가 있는 경우 검사와 법원의 조치는 어떠해야하는지 문제된다.

2. 성명모용소송의 경우 공소제기의 효력이 미치는 범위

피의자가 다른 사람의 성명을 모용하여 검사가 공소장에 피모용자를 피고인으로 표시하여 공소를 제기하였더라도, 검사는 모용자에 대하여 공소를 제기한 것이므로 모용자가 피고인이 되고❹ 피모용자에게 공소의 효력이 미친다고 할 수 없다. 따라서 공소장에 피모용자가 피고인으로 되어 있는 것은 당사자의 표시상의 착오라고 보아야 한다(대판 : 92도2554).

따라서 사안의 경우 모용자인 乙이 피고인에 해당한다.

3. 공소장에 피고인 표시에 착오가 있는 경우 검사의 조치

공소장에 피고인 표시에 착오가 있는 경우 검사는 공소장의 인적 사항의 기재를 정정하여 피고인의 표시를 바로잡으면 족하고, 공소장변경의 절차를 밟을 필요가 없고 법원의 허가도 필요로 하지 아니한다(대판 : 92도2554).

4. 검사의 조치여부에 따른 법원의 조치

사안에서 검사가 공소장의 피고인의 표시를 乙로 정정한 경우 법원은 별도의 조치없이 乙에 대하여 공판절차를 진행하면 족하다(대판 : 92도2554).

사안에서 검사가 공소장의 피고인의 표시를 乙로 정정하지 않은 경우 외형상 B명의로 공소가 제기된 것이어서 공소제기의 방식이 제254조❺의 규정에 위반하여 무효이므로 법원은 공소기각의 판결을 선고하여야 한다(대판 : 92도2554).

---

❹ 학설상으로는 ⊙ 검사가 실제로 공소를 제기하려고 의도했던 자가 피고인이라는 견해(의사설) ⓒ 공소장에 피고인으로 표시된 자가 피고인이라는 견해(표시설) ⓒ 실제로 피고인으로 행위를 하거나 피고인으로 취급된 자가 피고인이라는 견해(행위설) ⓔ 표시설을 중심으로 하면서 의사설과 행위설을 함께 고려하는 견해(실질적 표시설)가 있다. 이를 판례이론의 검토에 앞서 소개하는 것도 득점요소가 될 것이다. 그러나 이러한 학설에 치중한 나머지 그 다음의 검사와 법원의 조치를 소홀히 기술하여서는 안 된다.

❺ 공소장에는 피고인의 성명 기타 피고인을 특정할 수 있는 사항을 기재하여야 한다.

[설문 3]의 해설

1. 일부상소의 허용여부❻❼

상소는 재판의 일부에 대하여 할 수 있으며, 일부에 대한 상소는 그 일부와 불가분의 관계에 있는 부분에 대하여도 효력이 미친다(제342조 제1항, 제2항). 따라서 일부상소가 허용되기 위해서는 재판의 내용이 가분적이고 독립된 판결이 가능한 경우 즉 판결주문이 수개일 경우여야 한다.

사안의 경우 (1) 관련 범죄(강도예비죄)와 (2) 관련 범죄(특수절도미수죄)는 형법 제37조 전단의 경합범 관계에 있지만 전자는 무죄, 후자는 유죄가 선고되어 판결의 주문이 2개이므로❽ 검사의 무죄가 선고된 (1) 부분에 대하여 일부상소(항소)가 허용된다.

2. 항소심의 심판의 범위

형법 제37조 전단의 경합범 중 일부무죄, 일부유죄가 선고되어 검사만이 무죄부분에 대하여 상소한 경우, - 무죄부분이 유죄로 변경될 가능성이 있으므로 유죄부분에 대하여 따로 상소가 되지 않았더라도 상소불가분의 원칙이 적용되어 유죄부분도 무죄부분과 함께 상소심에 이심되는 것이고, 따라서 상소심 법원이 무죄 부분을 파기하여야 할 경우에는 직권으로 유죄 부분까지도 함께 파기하여 다시 일개의 형을 선고할 수 있도록 하여야 한다는 견해(전부파기설, 대판 : 91도1402 소수견해)❾가 있다. 그러나 - 당사자 쌍방이 상소하지 아니한 유죄부분은 상소기간이 지남으로써 확정되어 상소심에 계속된 사건은 무죄판결 부분에 대한 공소뿐이므로 상소심에서 이를 파기할 때에는 무죄 부분만을 파기할 수밖에 없다고 보는 것이 타당하다(일부파기설, 대판 : 91도1402 다수견해).❿

3. 결론

검사의 (1) 부분에 대한 일부상소는 허용되며, 항소심은 (1) 부분에 대하여만 심판할 수 있다.

---

❻ 논점이 명확하여 별도로 논점 항목을 두지 않았다.

❼ 일부상소의 허용여부는 사실적으로 일부상소가 허용되는지의 의미가 아니라 일부상소를 한 경우 상소하는 자의 의사대로 상소한 일부만에 대하여 상소의 효과가 나타날 수 있는지의 문제를 말하며 그러한 효과가 긍정되는 경우 일부상소가 허용된다고 표현하는 것이다.

❽ 만약 (1)관련 범죄와 (2)관련 범죄가 모두 유죄로 인정되어 1개의 형이 선고되었다면 과형상 불가분의 관계에 있게 되어 일부상소가 불가능하다.

❾ 다음에서 보는 상소한 무죄부분만 파기해야 한다는 일부파기설에 의하면 이미 확정된 유죄판결과 함께 2개의 유죄판결을 받게 되어 피고인에게 불이익을 초래할 수 있기 때문이라는 것을 논거로 한다.

❿ 항소심이 무죄부분을 파기자판하는 경우 형법 제37조 후단의 경합범으로서 형을 선고하여야 하고 형법 제39조 제1항에 의하여 1심에서 유죄로 확정된 부분과 동시에 판결할 경우와 형평을 고려하여 형을 감경하거나 면제할 수 있다고 본다.

Chapter 09

2016년 제5회 변호사시험

甲과 乙은 공원을 배회하던 중 혼자 걸어가던 여성 A(22세)를 함께 강간하기로 모의하고 A를 으슥한 곳으로 끌고 간 다음 乙이 망을 보고 있는 사이 甲은 A를 세게 밀어 바닥에 넘어뜨리고 A의 위에 올라타 수차례 뺨을 때리면서 옷을 벗기려 하였다. 이에 A는 비명을 지르며 필사적으로 반항하면서 도망하다가 돌부리에 걸려 넘어지면서 발목이 부러지는 상해를 입었고, 그때 공원을 순찰 중이던 경찰관 P1이 A의 비명소리를 듣고 달려왔다. 이를 본 乙은 혼자서 급히 다른 곳으로 도주해 버렸고 甲은 바닥에 떨어져 있던 A의 핸드백을 들고 도주하였다. 그 장면을 목격한 P1이 도주하는 甲을 100여 미터 추적하여 붙잡으려 하자, 甲은 체포를 당하지 않으려고 주먹으로 P1의 얼굴을 세게 때려 P1의 코뼈를 부러뜨리는 상해를 가하였다.

甲은 P1의 추적을 벗어난 다음 다른 곳에 도망가 있던 乙에게 연락하여 자신의 승용차 조수석에 乙을 태우고 운전하여 가던 중 육교 밑에서 도로를 무단횡단하기 위해 갑자기 뛰어든 B를 발견하고 급제동을 하였으나 멈추지 못하고 앞범퍼로 B를 충격하였고, 이로 인해 B는 다리가 부러지는 상해를 입고 도로변에 쓰러졌다. 甲은 B의 상태를 살펴보기 위해 정차하려 하였으나 乙이 "그냥 가자!"라고 말하자 이에 동의하고 정차하지 아니한 채 그대로 운전하여 가버렸다. 다행히 B는 현장을 목격한 행인 C의 도움으로 병원에 후송되어 치료를 받았다.

1. C의 신고를 받은 경찰관 P2는 甲을 적법하게 긴급체포한 다음 甲으로부터 사고 장면이 녹화된 블랙박스를 자신의 집에 숨겨 두었다는 진술을 듣고 긴급체포한 당일 23:00경 甲의 집을 수색하여 블랙박스를 발견하여 이를 압수한 후 그 다음 날 10:00경 사후압수·수색영장을 발부받았다. 이 경우 블랙박스를 증거로 할 수 있는가? (10점)

2. 甲은 적법하게 발부된 구속영장에 의하여 구치소에 수감되어 있던 중 검사로부터 피의자신문을 위한 출석요구를 받았으나 이에 불응하였다. 이 경우 검사는 甲의 의사에 반하여 甲을 검찰청으로 구인할 수 있는가? (10점)

3. 乙은 친구 D를 만나 그에게 "甲이 A를 강간하고 있는 동안 내가 망을 봐줬다."라고 말했고, 사법경찰관 P3는 D를 참고인으로 조사하여 D가 乙로부터 들은 내용이 기재된 진술조서를 적법하게 작성하였다. 공판정에서 乙이 범행을 부인하자 검사가 그 조서를 증거로 제출하였으나 乙은 증거로 함에 부동의 하였다. 이 경우 D에 대한 P3 작성의 참고인진술조서의 증거능력을 논하시오. (20점)

[설문 1]의 해설

1. 논점의 정리

적법한 절차에 따르지 아니하고 수집한 증거는 증거로 할 수 없는바(제308조의2), 블랙박스가 적법한 절차에 따라 수집되었는지 문제된다.

2. 제217조의 요건의 구비여부

사안에서 블랙박스는 긴급체포현장이 아닌 甲의 집에서 사경 P2가 영장없이 압수한 것이다. 그러나 이 경우도 적법하게 긴급체포된 자인 乙의 소유물에 해당하고, 가족 등이 블랙박스를 인멸할 염려가 있으므로 긴급히 압수할 필요가 인정되고, 체포한 때부터 24시간 이내에 압수하였으며, 긴급체포의 사유가 된 도로교통법위반의 범죄사실과 관련성도 인정되며 체포한 때부터 48시간 이내에 압수·수색영장의 청구하여 발부받았다. 따라서 사경 P2의 블랙박스 압수는 제217조 제1항, 제2항의 요건은 구비하였다.

3. 제217조에 의한 압수 · 수색과 요급처분의 허용여부

제217조에 의한 압수 · 수색의 경우에는 제220조(요급처분)가 적용된다는 명문의 규정이 없는바, 제217조에 의한 압수 · 수색의 경우 긴급을 요한다는 점에서 명문의 규정이 없더라도 제220조 규정이 적용될 수 있다는 견해가 있다. 그러나 명문의 규정이 없는 이상 제220조가 적용될 수 없다고 보는 것이 타당하다.❶

사안에서 사경 P2는 23:00경 甲의 집을 수색하여 블랙박스를 압수하였으며, 압수 · 수색시에 주거주 등의 참여가 있었다는 사정이 보이지 않으므로, 제123조 제2항(주거주, 간수자 등의 참여), 제125조(야간집행의 제한)의 규정에 위반한 것이다.

4. 결론

블랙박스는 적법한 절차에 따르지 아니하고 수집한 증거이므로 증거로 할 수 없다.

---

❶ 다만 판례는 압수 · 수색의 시각과 경위 등이 기재된 사후영장이 발부된 점 등을 고려하여 제217조에 의한 압수 · 수색이 야간에 이루어졌음에도 그 압수를 적법하다고 판시한 바 있다.

참고판례 경찰관들이 저녁 8시경 도로에서 위장거래자와 만나서 마약류 거래를 하고 있는 피고인을 긴급체포하면서 현장에서 메트암페타민을 압수하고, 저녁 8시 24분경 체포 현장에서 약 2km 떨어진 피고인의 주거지에서 메트암페타민 약 4.82g을 추가로 찾아내어 이를 압수한 다음 법원으로부터 사후 압수 · 수색영장을 발부받은 경우, 피고인에 대한 긴급체포 사유, 압수 · 수색의 시각과 경위, 사후영장의 발부 내역 등에 비추어 피고인의 주거지에서 긴급 압수한 메트암페타민 4.82g은 긴급체포의 사유가 된 범죄사실 수사에 필요한 범위 내의 것으로서 적법하게 압수되었다고 할 것이다(대판 : 2017도10309).

실제 시험에서는 이러한 내용을 정리하여 기술하는 것은 쉽지 않을 것이다. 다만 판례이론을 숙지하여 명확하게 기재한다면 득점에 매우 유리할 것이다. 배점이 10점이므로 위 본문의 내용만으로도 충분하다고 보아 판례이론은 별도로 기술하지 않았다.

[설문 2]의 해설

1. 논점의 정리

검사가 구속영장의 효력에 의하여 피의자를 검찰청으로 구인할 수 있는지 문제된다.

2. 구속영장의 효력에 의한 구인의 가능성

피의자신문은 임의수사에 해당하므로 피의자는 수사기관의 출석요구에 응할 의무가 없고 이는 영장에 의하여 구속된 피의자의 경우도 마찬가지이므로, 출석요구에 응할 의무가 없는 구속된 피의자에 대하여 구인할 수 없다고 보는 견해(소극설)가 있다.

그러나 형소법 제69조에 의하면 구속에는 구금뿐만 아니라 구인도 포함된다는 점, 피의자에 대한 구속영장은 기본적으로 장차 공판정에의 출석이나 형의 집행을 담보하기 위한 것이지만, 이와 함께 구속기간의 범위 내에서 수사기관이 피의자신문의 방식으로 구속된 피의자를 조사하는 등 적정한 방법으로 범죄를 수사하는 것도 예정하고 있다고 보아야 한다는 점에서, 출석을 거부하는 피의자에 대하여 수사기관은 그 구속영장의 효력에 의하여 피의자를 구인할 수 있다(대결 : 2013모160)고 보는 것이 타당하다.

3. 결론

검사는 구속영장의 효력에 근거하여 甲의 의사에 반하더라도 甲을 검찰청으로 구인할 수 있다.

[설문 3]의 해설

1. 논점의 정리

사안에서 D에 대한 참고인진술조서는 피고인 乙의 진술을 전문한 D의 진술이 기재되어 있는 전문진술기재서류인바 이에 대하여도 전문법칙의 예외규정을 적용하여 증거능력을 인정할 수 있는지 문제된다.

2. 전문진술기재서류도 전문법칙의 예외규정이 적용될 수 있는지 여부

전문진술기재서류는 이중의 전문증거이므로 단순한 전문증거보다 오류의 개입가능성이 높고, 형사소송법에 그 증거능력을 인정하는 명문의 규정도 없으므로 증거능력을 인정할 수 없다는 견해가 있다.

그러나 전문진술기재서류도 전문서류와 전문진술이 결합으로 이루어져 있으므로 각 부분에 대하여 전문법칙의 예외규정의 요건이 충족된다면 증거능력을 인정할 수 있다고 보는 것이 타당하다.

따라서 사안의 전문진술이 기재된 참고인진술조서는 전문서류로서 제312조 제4항의 요건과 전문진술로서 - 원진술자가 당해 피고인이므로 - 제316조 제1항의 요건을 동시에 갖추면 증거능력을 인정할 수 있다고 보아야 한다(대판 : 2010도5948).

3. D에 대한 참고인진술조서의 증거능력 인정요건

위 참고인진술조서의 증거능력을 인정하기 위해서는 첫째로 제312조 제4항의 요건, 즉 ① 그 조서가 적법한 절차와 방식에 따라 작성된 것으로서 ② 원진술자인 D의 진술 또는 영상녹화물 그 밖의 객관적 방법에 의하여 실질적 진정성립이 증명되어야 하고, ③ 피고인 乙이 D를 신문할 수 있었어야 하고, ④ 조서에 기재된 진술이 특히 신빙할 수 있는 상태하에서 행하여졌음이 증명되어야 하며, 둘째로 제316조 제1항의 요건 즉 원진술자인 乙의 진술이 특히 신빙할 수 있는 상태하에서 행하여졌음이 증명되어야 한다.

사안의 경우 위 ①의 요건이 구비되었음이 분명하므로 기타 위의 나머지 요건이 구비되면 D에 대한 참고인진술조서의 증거능력을 인정할 수 있다.

甲과 乙은 서울 소재의 참소식신문사(대표이사 김참말)에서 일하는 사회부 기자들이다. 甲과 乙은 연말 특종을 노리고 의사들의 수면유도제 프로포폴 불법투여실태를 취재하고 있던 중, 다나아 종합병원 원장 A가 유명 연예인들에게 프로포폴을 불법투여한다는 풍문을 듣고 2014. 12. 30. 14:00경 취재를 위해 다나아 종합병원으로 찾아갔다. 그 과정에서 이 사실을 보고받은 대표이사 김참말은 甲과 乙에게 포상금 지급을 약속하면서 격려하였다. 다나아 종합병원에서 甲과 乙은 마침 유명 연예인 B가 진료실에서 병원장 A로부터 프로포폴을 투여받고 있는 것을 우연히 열린 문틈으로 목격하고, 프로포폴 불법투여가 사실이라고 믿게 되었다. 이에 甲과 乙은 보다 상세한 취재를 위해 자신들이 투여장면을 보았다고 말하면서 A와 B에게 인터뷰에 응해달라고 요청하였으나 B는 사생활이라 이야기하기 싫다고 답변하였고 병원장 A는 환자의 비밀이라 이야기할 수 없다고 하며 인터뷰를 거절하였다. 이에 甲과 乙은 1) 확실한 증거를 확보할 목적으로 몰래 진료실에 들어가 프로포폴 1병을 가지고 나왔다. 그리고 2) A와 B로부터 자세한 설명을 듣지는 못했으나 프로포폴을 주사하는 현장을 직접 목격했으므로 더 이상의 조사는 필요 없다고 생각하고, "병원장 A가 거액을 받고 상습적으로 프로포폴을 주사해 주고 있으며, B도 상습적으로 프로포폴을 불법투여받은 것으로 보인다."라는 내용의 기사를 작성하였고, 이 기사는 다음 날 참소식신문 1면 특종으로 게재되었다. 甲과 乙은 이 기사내용이 사실이라고 굳게 믿었고 A나 B를 비방할 의도 없이 이들의 불법투여사실을 알림으로써 프로포폴의 오·남용을 근절하는 데 일조한다는 생각에서 기사화한 것이었다. 그러나 사실 B는 성형수술을 목적으로 프로포폴 주사를 맞은 것이었고, 병원장 A에 관한 내용도 허위사실로서 다나아 종합병원의 경쟁병원 의사 C가 낸 헛소문에 불과한 것이었다. 기사가 보도된 뒤 많은 사람들이 A와 B를 맹비난하였고 나중에 기사내용을 알게 된 A와 B는 터무니없는 허위기사를 쓴 기자 甲과 乙을 검찰에 고소하였다. 한편 3) 다나아 종합병원 소재지에 있는 보건소 공무원 丙은 참소식신문의 기사를 읽고 유흥비를 마련할 목적으로 병원장 A에게 전화를 걸어 "불법 프로포폴 투여사실 외에 그동안 수집한 비리를 언론에 제보하겠다."라고 말하여 이에 겁을 먹은 A로부터 1,000만 원을 받았다.

1. 검사가 甲과 乙의 1)과 2) 사실에 대해서 수사를 개시하자, 甲과 乙은 L을 변호인으로 선임하여 자문을 받게 되었고, L은 그에 대한 검토의견서를 작성하여 甲과 乙에게 송부하였으며, 검사는 이 검토의견서를 적법하게 압수하였다. 그후 검사가 위 사실로 공소를 제기하고 검토의견서를 증거로 제출하였으나, 甲과 乙이 법정에서 이 검토의견서에 대해 증거로 함에 동의하지 아니하고, 증인으로 출석한 L이 그에 관한 증언을 거부한 경우, 검토의견서의 증거능력을 논하시오. (10점)

2. 만일 2) 사실에 대해 공소가 제기되어 제1심 공판절차 중에 A와 B가 돌연히 甲에 대해서만 고소를 취소하였다면, 이때 乙에 대하여 제1심 법원이 취할 수 있는 조치를 논하시오. (20점)

3. 만일 丙이 3) 사실로 불구속 재판 중 A로부터 받은 돈으로 유흥주점에서 술을 마시다가 우발적으로 강도상해를 범하여 강도상해죄로 기소되었다면, 다음 질문에 답하시오.

가. 만일 공소장 부본이 丙에게 송달된 후 7일이 경과하고도 丙이 국민참여재판을 원하는 의사 확인서를 제출하지 않았으나, 그후 공판준비절차가 진행되지 않은 상태에서 제1회 공판기일이 열리기 전에 자신의 변호인과 상의하여 국민참여재판을 신청하였다면, 이 경우에 법원이 丙의 국민참여재판 신청을 받아들일 수 있는지 여부에 대하여 논하시오. (10점)

나. 만일 이 사건을 국민참여재판으로 진행한 제1심 재판부가 피해자를 비롯한 다수의 사건 관련자들에 대해 증인신문을 한 후, 만장일치로 한 배심원의 무죄평결이 재판부의 심증에 부합하자 丙에 대하여 무죄를 선고하였으나, 항소심 재판부가 피해자에 대하여만 다시 증인신문을 실시한 다음 제1심의 판단을 뒤집어 유죄로 인정하였다면, 이에 대한 당부를 논하시오. (10점)

[설문 1]의 해설

1. 논점의 정리

검토의견서가 제313조의 진술서에 해당하는지 여부 및 제314조의 적용범위가 문제된다.

2. 검토의견서의 법적 성격

제313조 제1항의 전문증거로서 '피고인이 아닌 자가 작성한 진술서'는 요증사실을 직접 체험한 사람이 그 내용을 기재한 서류를 의미하므로, 요증사실을 체험한 내용과 관계없이 단지 자기의 의견을 표명하는 것에 불과한 변호인 L의 검토의견서는 위 규정의 전문증거라고 볼 수 없다는 견해가 있다 (대판 : 2009도6788 소수견해).❶

그러나 위 검토의견서는 그 실질에 있어서 제313조 제1항에 규정된 '피고인 아닌 자가 작성한 진술서'에 해당한다고 보는 것이 타당하다(대판 : 2009도6788 다수견해).

사안에서 검토의견서에 대하여 甲과 乙이 증거부동의하였으므로 제318조에 의하여 증거능력이 인정될 수는 없다.

---

❶ 10점 배점으로 고려할 때 분량이 너무 많다는 생각이다. 분량을 줄이려면 이 부분을 줄이고 다음의 다수견해를 자설로 선택하여 답안을 작성하면 족할 것이다. 본 문제는 본문에 기술한 내용 이외에도 변호인-의뢰인 비밀 공개거부 특권을 인정할 것인지 여부도 중요논점에 해당하지만 배점을 고려하여 생략하였다. 배점이 15점 정도 이상인 경우라면 기술할 필요가 있다고 본다.

3. 제313조의 적용요건 구비여부

사안에서 작성자인 L이 증언을 거부하여 검토의견서의 성립의 진정함이 증명되지 아니하였으므로 제313조 제1항에 의하여 증거능력을 인정할 수는 없다. 다만 이 경우에도 제313조 제2항에 의하여 감정 등 객관적 방법으로 성립의 진정함이 증명되고 작성자를 (반대)신문할 수 있었다면 증거능력이 인정될 수 있으나, 사안의 경우 L이 증언을 거부하여 반대신문을 할 수 없었을 것이므로 역시 검토의견서는 증거능력이 인정되지 않는다.

4. 제314조의 적용요건 구비여부

제313조의 경우에 진술을 요하는 자가 사망·질병·외국거주·소재불명 그 밖에 이에 준하는 사유로 인하여 진술할 수 없는 때에는 진술서의 작성이 특히 신빙할 수 있는 상태하에서 행하여졌음이 증명된 때에는 진술서를 증거로 할 수 있다(제314조).

여기의 '그 밖에 이에 준하는 사유'에는 작성자가 법정에 출석하였으나 증언을 거부하여 진술을 들을 수 없는 경우도 포함된다는 견해가 있다(대판 : 2009도6788 소수견해).

그러나 현행 형사소송법은 제314조의 적용요건을 개정전보다 더욱 엄격하게 제한하고 있고, 증인에게 일정한 사유가 있는 경우 증언을 거부할 수 있는 권리를 보장하고 있다는 점을 고려하면 증언을 거부한 경우에는 제314조가 적용될 수 없다고 보는 것이 타당하다(대판 : 2009도6788 다수견해).

사안에서 작성자인 L이 증언을 거부한 경우는 제314조가 적용될 수 없으므로 검토의견서는 제314조에 의하여 증거능력이 인정될 수 없다.

5. 결론

검토의견서는 증거능력이 없다.

[설문 2]의 해설

1. 논점의 정리

A와 B의 甲에 대한 고소취소의 효과가 乙에 대하여도 미치는지 문제된다.

2. A와 B의 甲에 대한 고소취소의 효과

사안에서 2) 사실은 명예훼손죄에 대한 것이므로 반의사불벌죄에 해당한다. 그런데 제1심 공판절차 중에 피해자인 A와 B가 甲에 대해서 고소를 취소 - 실질은 처벌불원의사표시에 해당한다 - 하였으므로 법원은 甲에 대하여 공소기각판결을 선고하여야 한다(제232조 제3항, 제1항, 제327조 제6호). ❷

---

❷ 이러한 내용을 구구절절 기술할 필요는 없지만 A와 B가 甲에 대해서 고소를 취소한 효과가 선결적으로 특정되어야만(특히 유효하여야만) 이러한 효과가 乙에게 미칠 수 있는지를 논의할 수 있기 때문에 반드시 언급이 있어야 한다. 많은 교재가 이 부분에 대한 언급을 생략하고 바로 <u>반의사불벌죄의 경우 고소의 주관적 불가분의 원칙이 적용될 수 있는가</u>…라는 논점으로 직행하고 있는데 이는 최적의 답안구성은 아니라고 생각된다. 배점이 무려 20점임을 고려하면 더욱 그러하다. 위 밑줄부분이 핵심논점임에는 의문의 여지가 없으나

3. 甲에 대한 고소취소의 효과가 乙에 대하여도 미치는지 여부❸

제233조는 친고죄의 공범 중 그 1인에 대한 고소취소는 다른 공범자에 대하여도 효력이 있다고 규정하고 있다.

반의사불벌죄는 친고죄와 유사하며, 제233조를 적용하지 아니하면 피해자의 의사에 의하여 국가형벌권행사가 좌우되는 불공평한 결과를 초래하므로 제233조를 적용할 수 있다는 견해가 있다.

그러나 반의사불벌죄는 친고죄보다 법익침해가 중하므로 처벌의 필요성이 있고,❹ 특정범죄를 반의사불벌죄로 규정한 것은 손해배상이나 분쟁해결을 위한 것이기도 하다는 것을 고려하면 반의사불벌죄와 친고죄의 입법취지는 다르다고 보아야 한다. 더 나아가 형사소송법이 친고죄의 고소의 취소시기 제한 및 재고소금지에 대한 규정(제232조 제1항, 제2항)은 반의사불벌죄에도 명시적으로 준용하면서도(제232조 제3항), 고소의 주관적 불가분의 원칙에 관한 제233조에 대하여는 그러한 준용규정을 두고 있지 않았다는 것은 앞에서 살펴본 바와 같이 반의사불벌죄와 친고죄의 차이점을 고려하여 전자에 대하여는 제233조를 적용하지 않겠다는 취지로 보는 것이 타당하다(대판 : 93도1689).❺

따라서 사안에서 A와 B의 甲에 대한 고소취소의 효과는 乙에 대하여는 미치지 아니한다고 보아야 한다.

4. 결론

법원은 乙에 대하여 공소기각판결을 선고하지 말고 심리를 계속하여야 한다.

[설문 3의 (가)] 해설

1. 논점의 정리

공소장 부본을 송달받은 날로부터 7일 이내에 의사확인서를 제출하지 아니한 피고인도 국민참여재판을 신청할 수 있는지 여부 및 그 종기가 어떠한지 문제된다.

2. 국민참여재판의 신청 기한

국참법은 피고인이 공소장 부본을 송달받은 날부터 7일 이내에 국민참여재판을 원하는지 여부에 관한 의사확인서를 제출하도록 하고(제8조 제2항), 피고인이 그 기간 내에 의사확인서를 제출하지 아

그에 대한 논의를 아무리 상세하게 하더라도 그것만으로는 20점의 논점이 되기에는 부족하다고 본다.

❸ 반의사불벌죄의 경우 고소의 주관적 불가분의 원칙이 적용될 수 있는지 여부…라는 멋진(?) 목차도 무방하다. 그러나 결국 이는 다음에서 보는 바와 같이 반의사불벌죄도 제233조가 적용될 수 있는지 여부…를 논의하자는 것과 동일한 의미이며 이러한 논증 과정은 결국 위 목차처럼 甲에 대한 고소취소의 효과가 乙에 대하여도 미치는지 여부…를 가리기 위한 도구에 불과한 것이다. 저자는 기본적으로 사례형의 답안에서는 법이론을 앞세우기보다는 해결해야 할 문제가 무엇이며 그 문제 해결을 위한 법규정(또는 그에 대한 해석론-학설, 판례)이 어떠한 것인가의 순서가 더 바람직하다고 보고 있다(그렇다고 다른 방식의 답안구성이 틀렸다거나 문제가 있다는 것은 아니다. 그 또한 가능한 하나의 방법이기 때문이다).

❹ 즉 피해자가 처벌불원의사표시를 하지 않은 상대방에 대하여는 여전히 처벌의 가능성을 열어줄 필요가 있다는 의미이다.

❺ 본 문제는 배점이 20점이나 되고 본문의 쟁점 이외에는 별도의 쟁점이 없으므로 반대견해 및 자설의 견해를 가급적 상세하게 기술하는 것이 바람직하다고 본다. 만약 배점이 15점이나 10점 정도였다면 자설의 1문은 생략해도 무방하다고 본다.

니한 때에는 국민참여재판을 원하지 아니하는 것으로 본다고 규정하고 있다(제8조 제3항).

그러나 ⅰ) 국민참여재판을 시행하는 이유는 사법의 민주적 정당성과 신뢰를 높이기 위한 것으로서(제1조) 누구든지 법으로 정하는 바에 따라 국민참여재판을 받을 권리를 가지는 것이므로(제3조) 법에서 정하는 대상사건에 해당하는 한 피고인은 원칙적으로 국민참여재판으로 재판을 받을 권리를 가지는 것이라고 보아야 한다는 점, ⅱ) 법에서 국민참여재판 배제결정에 대하여 즉시항고를 할 수 있도록 규정하면서도(제9조 제3항), 국민참여재판으로 진행하기로 하는 법원의 판단에 대하여는 불복의 방법을 따로 규정하지 않은 점을 고려할 때❻ 제8조 제2항 및 제3항이 공소장 부본을 송달받은 날부터 7일 이내에 의사확인서를 제출하지 아니한 때에는 피고인이 국민참여재판 신청을 할 수 없도록 한 것이라고 볼 수는 없다(대결 : 2009모1032).

한편 당초 국민참여재판을 희망하지 않는다는 의사확인서를 제출한 피고인도 제1회 공판기일이 열리기 전까지 의사를 변경하여 국민참여재판 신청을 할 수 있으므로(제8조 제4항), 의사확인서를 제출하지 아니한 피고인은 제1회 공판기일이 열리기 전에도 국민참여재판 신청을 할 수 없다고 보는 것은 형평성에 어긋나는 것이다(대결 : 2009모1032).

따라서 강도상해죄가 국민참여재판 대상사건인 이상 법 제8조 제2항, 제3항에도 불구하고 공소장 부본을 송달받은 날부터 7일 이내에 의사확인서를 제출하지 아니한 丙도 제1회 공판기일이 열리기 전까지는 국민참여재판 신청을 할 수 있다고 보는 것이 타당하다.

3. 결론

법원은 丙의 국민참여재판 신청을 받아들일 수 있다.

[설문 3의 (나)] 해설

1. 논점의 정리

국민참여재판에서 제1심의 판단을 항소심에서 뒤집을 수 있는지 여부가 문제된다.

2. 항소심이 제1심 증인이 한 진술의 신빙성에 관한 제1심의 판단을 뒤집을 수 있는지 여부

실질적 직접심리주의의 취지를 고려할 때 ⅰ) 제1심 증인이 한 진술의 신빙성 유무에 대한 제1심의 판단이 명백히 잘못되었다고 볼 특별한 사정이 있거나, ⅱ) 제1심의 증거조사 결과와 항소심 변론종결시까지 추가로 이루어진 증거조사 결과를 종합하면 제1심 증인이 한 진술의 신빙성 유무에 대한 제1심의 판단을 그대로 유지하는 것이 현저히 부당하다고 인정되는 등의 예외적인 경우가 아니라면, 항소심은 제1심 증인이 한 진술의 신빙성 유무에 대한 제1심의 판단이 항소심의 판단과 다르다는 이유를 들어 제1심의 판단을 함부로 뒤집어서는 아니된다. ⅲ) 특히 사안과 같이 국민참여재판으로

---

❻ 피고인에게 ⅰ) 원칙적으로 국참재판을 받을 권리가 있고, ⅱ) 법이 가급적 국참재판의 기회를 보장하려고 하고 있다는 점을 고려했다는 의미이다. 이를 근거로 피고인이 공소장 부본이 송달된 후 7일 이내에 의사확인서를 제출하지 아니한 경우라도 국민참여재판을 신청할 수 있다는 결론을 도출한 것이다.

진행한 제1심 재판부가 피해자를 비롯한 다수의 사건 관련자들에 대해 증인신문을 한 후, 만장일치로 한 배심원의 무죄평결이 재판부의 심증에 부합하자 피고인에 대하여 무죄를 선고를 선고한 경우에는 이를 뒤집기 위해서는 무죄추정의 원칙 및 형사증명책임의 원칙에 비추어 항소심에서의 새로운 증거조사를 통해 그에 명백히 반대되는 충분하고도 납득할 만한 현저한 사정이 나타나는 경우라야 한다 (대판 : 2009도14065).

3. 사안의 경우

사안의 경우 항소심 재판부는 피해자에 대하여만 다시 증인신문을 실시❶하였을 뿐인데 이는 제1심 판결과 같은 진술의 반복에 지나지 아니하므로 제1심의 판단을 뒤집을 만큼의 충분하고도 납득할 만한 현저한 사정이 나타난 경우라고 할 수 없다.

4. 결론

항소심 재판부가 제1심의 판단을 뒤집어 유죄로 인정한 것은 부당하다.

---

❶ 사안에서 명백히 나타나 있지 않지만 공소사실에 부합하는 진술이었음을 추정할 수 있다. 피해자가 피고인의 공소사실과 반대되는 진술 즉 무죄를 주장하였다면 사안에서 항소심이 무죄를 인정한 1심 판단을 뒤집고 유죄를 인정할 근거는 존재하지 않기 때문이다.

2015년 제4회 변호사시험

※ 제1문은 폐지된 간통죄와 관련한 논점으로 구성된 문제여서 해설을 생략하였다.

甲과 乙은 후배인 V를 지속적으로 괴롭혀 왔다. 1) 2008. 3. 5. 甲과 乙은 함께 V의 자취방에서 V를 구타하다가 사망에 이르게 하였다. V가 사망하자 乙은 당황하여 도주하였는데, 甲은 V의 자취방을 뒤져 V명의의 A은행 통장과 V의 주민등록증 및 도장을 훔친 후 도주하였다. 2) 다음 날인 3. 6. 12:00경 甲은 V의 주민등록증 사진을 자신의 사진으로 바꾸고, 같은 날 15:00경 A은행에 가서 V명의로 예금청구서를 작성하고 V의 도장을 찍어 V의 주민등록증을 제시한 후 V의 통장에서 현금 1,000만 원을 인출하였다. 같은 해 3. 8. 甲과 甲의 친구인 丙은 乙에게 찾아가 A은행에서 찾은 현금 1,000만 원을 주면서 乙 혼자 경찰에 자수하여 乙이 단독으로 V를 때려 사망에 이르게 한 것이라고 진술하라고 하였다. 만약 그렇게만 해주면 乙의 가족들에게도 상당한 금액으로 보상하고 乙이 출소하더라도 끝까지 뒤를 봐주겠다고 회유하였다.

고민하던 乙은 2008. 3. 11. 15:00경 경찰에 찾아가 자수하면서 자신이 혼자 V를 때려 사망에 이르게 한 것이라고 진술하였고, 이에 따라 2008. 4. 9. 乙만 상해치사죄로 구속 기소되었다. 하지만 乙은 제1심 공판과정에서 심경의 변화를 일으켜 사건의 진상을 털어놓았고, 검찰이 재수사에 착수하여 2008. 6. 16. 甲을 긴급체포하였다. 긴급체포 과정에서 검찰수사관은 甲의 소지품을 압수하였는데, 그 중에 V 명의의 직불카드가 있는 것을 발견하고 甲을 추궁하자 3) 甲은 乙과 함께 2008. 2. 중순 경 V를 폭행하여 V 명의의 B은행 직불카드를 빼앗은 후 비밀번호를 알아내고 현금자동지급기에서 현금 50만 원을 인출하여 유흥비로 사용한 사실을 털어놓았다.

甲은 2008. 7. 4. 구속 기소되어 같은 해 9. 3. 제1심 법원으로부터 유죄를 선고받고 그날 항소를 포기하여 그대로 판결이 확정되었다. 한편 丙은 甲이 체포된 후 숨어 지내다가 2013. 4. 29. 체포되었고, 같은 해 5. 15. 검사는 丙에 대해 공소를 제기하였다.

1. 검사는 甲을 구속기소하면서 乙에 대하여는 기존의 공소사실에 대해 甲과 공동하여 범행을 하였다는 취지로 내용을 변경함과 동시에 새로이 밝혀진 3)의 범죄사실을 추가하는 내용으로 공소장변경을 신청하였다. 법원은 이에 대해 어떠한 조치를 취하여야 하는가? (10점)

2. 사건을 재수사하는 과정에서 검사는 구속 중인 피고인 乙을 소환하여 1)과 3)의 범죄사실에 대해 신문하고 그 내용을 조서에 기재하였다. 甲과 乙의 죄책에 대한 이 조서의 증거능력을 논하시오. (20점)

3. 丙의 변호인은 丙의 범죄는 공소시효가 완성되었으므로 丙에 대해서는 면소의 판결을 해야 한다고 주장하였다. 변호인의 주장은 타당한가? (20점)

[설문 1]의 해설

1. 논점의 정리

검사의 공소장변경 신청이 공소사실의 동일성을 해하지 아니하는 한도 내의 것이어서 적법한지 문제된다.

2. 공소장변경의 허용범위

검사는 법원의 허가를 얻어 공소장에 기재한 공소사실 또는 적용법조의 추가, 철회 또는 변경을 할 수 있다. 이 경우에 법원은 공소사실의 동일성을 해하지 아니하는 한도에서 허가하여야 한다(제298조 제1항).

여기의 공소사실의 동일성에 대하여는, 죄질의 동일성을 의미한다는 견해(죄질동일설), 구성요건이 상당정도 부합하는 경우를 의미한다는 견해(구성요건공통설), 소인의 기본적 부분을 공통으로 한 때라고 보는 견해(소인공통설), 공소사실을 그 기초가 되는 사회적 사실로 환원하여 그러한 사실 사이에 다소의 차이가 있더라도 기본적인 점에서 동일한 것을 의미한다는 견해(기본적 사실동일설, 통설, 대법원 소수견해)가 있다.❶❷

그러나 공소사실의 동일성은 공소사실의 기초가 되는 사회적 사실관계가 기본적인 점에서 동일하면 그대로 유지되는 것이며, 공소사실의 동일성은 형사소송법상의 개념이므로 기본적 사실관계가 동일한가의 여부는 규범적 요소도 아울러 고려하여 판단하는 것이 타당하다(대판 : 93도2080).

그리고 일방의 범죄가 성립되는 때에는 타방의 범죄의 성립은 인정할 수 없다고 볼 정도로 양자가 밀접한 관계에 있는 경우에는 양자의 기본적 사실관계는 동일하다고 봄이 상당하다(대판 : 2010도3950).

3. 사안의 해결

사안에서 乙이 단독으로 상해치사의 범행을 하였다는 기존의 공소사실과 乙이 甲과 공동하여 그 범행을 하였다는 공소사실은 일시, 장소가 동일하여 양자의 기본적 사실관계는 동일하므로 법원은 검사의 공소장변경 신청을 허가하여야 한다.

한편 3)의 범죄사실은 기존의 공소사실과 양립이 가능한 경합범 관계에 있어 양자의 공소사실의 동일성이 인정되지 않으므로 3)의 범죄사실을 추가하는 검사의 공소장변경 신청에 대하여는 기각결정을 하여야 한다.

---

❶ 본 사례의 경우는 어느 견해에 의하더라도 공소사실의 동일성을 인정여부가 달라지지 않으므로 시간적 여력이 없는 경우라면 다음의 판례이론만 정확하게 기술하여도 무방하다고 본다.

❷ 대법원 소수견해는 규범적 요소를 고려하지 않는다는 점에서 대법원 다수견해와 차이가 있다. 그러므로 규범적 요소의 고려여부에 따라 공소사실의 동일성의 인정여부가 달라지는 경우 대법원 소수견해와 대법원 다수견해를 상세히 소개할 필요가 있을 것이다.

[설문 2]의 해설

1. 논점의 정리

공소제기 후에 검사가 수사목적으로 피고인을 신문하는 것이 적법한지, 검사작성 공범인 공동피고인의 피의자신문조서의 증거능력 인정요건이 어떠한지 문제된다.

2. 공소제기 후 피고인 수사(신문)의 허용여부

제200조는 '피의자'신문만을 규정하고 있고, 수사기관에 의한 피고인신문을 허용하는 것은 피고인이 방어준비를 할 기회를 박탈하여 피고인의 당사자적 지위를 위협하며, 공판중심주의를 침해하므로 공소제기 후의 피고인신문은 허용될 수 없다는 견해가 있다(부정설). 다만 이 견해도 공범의 발견 또는 피고인의 새로운 범죄의 발견으로 그에 대한 수사를 하기 위한 피고인신문은 허용된다고 본다.

한편 형사소송법 제199조 제1항에 의하면 임의수사는 시기의 제한이 없으므로 임의수사에 해당하는 피고인신문은 공소제기 후에도 허용된다는 견해가 있다(긍정설).❸

사안의 경우 검사는 구속 중인 피고인❹ 乙을 소환하여 신문하였으나 이는 1)과 3)의 범죄사실, 즉 공범 甲의 발견 또는 甲과 피고인 乙의 새로운 범죄의 발견으로 그에 대한 수사를 하기 위한 것이었으므로 위 어느 견해에 의하더라도 피고인신문은 허용된다.

따라서 사안에서 검사 작성의 피고인에 대한 조서가 공소제기 후에 작성된 것이라는 이유만으로는 곧 그 증거능력이 없다고 할 수 없다(대판 : 84도1646).

3. 검사가 작성한 피고인 乙에 대한 조서의 증거능력

(1) 乙의 죄책에 대한 증거능력

사안에서 검사가 작성한 피고인 乙에 대한 조서는 그 조서의 명칭여하를 불문하고 피의자신문조서로서의 실질을 가진다. 이 피의자신문조서는 '공판준비 또는 공판기일에서의 진술에 대신하여 진술을 기재한 서류'로서 전문증거에 해당한다(제310조의2). 따라서 피고인의 증거동의(제318조)가 있거나, 증거동의가 없는 경우에는 제312조 제1항의 요건을 구비하면 증거능력이 인정된다.❺

(2) 甲의 죄책에 대한 증거능력

검사가 작성한 공범에 대한 피의자신문조서는 검사가 '피고인이 아닌 자'의 진술을 기재한 조서에 해당하므로 제312조 제4항이 적용된다는 견해가 있다. 그러나 제312조 제1항은 '검사가 작성한 피의자신문조서'라고 규정하고 있으므로 검사가 작성한 공범에 대한 피의자신문조서도 제312조 제1항이 적용된다고 보는 것이 타당하다.

---

❸ 그 밖에 피고인의 당사자적 지위와 공소제기 후의 피고인신문의 필요성을 조화시키기 위해서 제1회 공판기일 전에 한하여 검사에 의한 피고인 조사(신문)가 허용된다는 견해도 있다(절충설). 본 사례에서는 검사의 피고인신문의 시점이 제1회 공판기일 전인지 여부가 불분명하므로 본문에 기술하지는 않았다.

❹ 이 피고인…이라는 단어를 눈여겨 보지 않으면 공소제기 후의 피고인 수사(신문)라는 논점을 발견할 수 없으니 주의하여야 한다.

❺ 구체적 요건을 인용하여 기술할 것인지 여부는 시간과 지면의 한계를 고려하여 결정하면 될 것이다.

다만 제312조 제1항이 적용된다고 보는 입장에서도 내용의 인정 주체가 원진술자인 공범자라고 보는 견해가 있으나, 공범에 대한 피의자신문조서는 당해 피고인에 대한 피의자신문조서의 내용과 다름없다는 점과 공범의 책임전가 경향을 고려하면 당해 피고인이 내용의 인정 주체가 된다고 보는 것이 타당하다.

判例도 피고인이 자신과 공범관계에 있는 다른 피고인이나 피의자에 대하여 검사가 작성한 피의자신문조서의 내용을 부인하는 경우에는 형사소송법 제312조 제1항에 따라 유죄의 증거로 쓸 수 없다고 하여 당해 피고인이 내용의 인정 주체가 된다고 판시한 바 있다(대판 : 2023도3741).

사안의 경우 검사 작성의 공범인 乙에 대한 피의자신문조서에 대하여 당해 피고인인 甲의 증거동의가 있거나, 증거동의가 없는 경우에는 제312조 제1항에 따라 당해 피고인 甲이 내용을 인정하는 경우 증거능력이 인정된다.

PART 02

[설문 3]의 해설

1. 논점의 정리

丙은 범인도피죄의 교사범에 해당하는바 동죄의 공소시효 완성일이 어떠한지 문제된다.

2. 공소시효

(1) 공소시효의 기간

교사범은 정범의 법정형을 기준으로 공소시효기간을 계산한다. 따라서 범인도피죄의 교사범의 경우 범인도피죄의 법정형이 '3년 이하의 징역'이므로 공소시효 기간은 5년이며 이 기간의 경과로 공소시효는 완성된다(제249조 제1항 제3호).

(2) 공소시효의 기산점과 공소시효기간의 계산

공범의 경우에는 최종행위가 종료한 때로부터 모든 공범에 대한 시효기간을 기산한다(제252조 제1항). 공소시효의 초일은 시간을 계산함이 없이 1일로 산정하며(제66조 제1항 단서), 기간의 말일이 공휴일 또는 토요일에 해당하는 날도 기간에 산입한다(제66조 제3항 단서).

(3) 공소시효의 정지

공범의 1인에 대한 '공소제기에 의한 시효정지'는 다른 공범자에게 대하여 효력이 미치고 당해 사건의 재판이 확정된 때로부터 진행한다(제253조 제2항, 제1항).

3. 丙의 공소시효 완성일

사안에서 丙의 공범인 乙이 단독범으로 허위자수를 한 시점인 2008. 3. 11. 15:00경이 범인도피행위를 종료한 시점이고, 공소시효의 초일은 시간을 계산함이 없이 1일로 산정하므로 丙의 범죄의 공소시효의 기산일은 2008. 3. 11.이다.

한편 丙의 공범인 甲이 2008. 7. 4. 구속 기소되어 같은 해 9. 3. 제1심 법원으로부터 유죄를 선고받고 그날 항소를 포기하여 그대로❻ 판결이 확정되었으므로 이 2개월의 기간동안 丙의 범죄의 공소시효는 정지된다.

따라서 사안에서 丙의 범죄의 공소시효 완성일은 2008. 3. 11.로부터 공소시효기간 5년과 공소시효 정지기간 2개월이 경과한 2013. 5. 10이고, 丙에 대하여는 공소시효가 완성된 후인 2013. 5. 15. 공소가 제기되었으므로 면소판결이 선고되어야 한다.

4. 결론

丙의 변호인이 丙의 범죄는 공소시효가 완성되었으므로 丙에 대해서는 면소의 판결을 해야 한다고 주장한 것은 타당하다.

---

❻ 그대로…라는 의미를 항소를 포기한 날에 그대로 판결이 확정되었다는 의미로 해석하여 본문과 같이 해설하였다. 그러나 피고인이 항소를 포기한 경우라도 검사도 함께 항소를 포기하지 않은 이상 항소제기기간인 7일을 경과하여야 비로소 판결이 확정되므로, 사안에서 그대로…라는 의미를 피고인이 항소를 포기하고 검사가 항소제기기간 내인 7일 이내에 항소를 제기하지 않아 유죄판결의 내용이 그대로 확정되었다는 의미로 해석한다면 사안의 경우 공소시효 정지기간이 2개월 7일이 되어 丙의 공소시효 완성일은 2013. 5. 17.이 된다. 후자의 해석에 따르면 검사의 丙에 대한 공소제기는 공소시효 완성 전에 이루어진 것이므로 면소판결을 할 수 없으며 변호인의 주장은 타당하지 않다는 결론에 이른다. 사안이 불분명하므로 어느 쪽을 택하든 명확하게 기술하면 족하다. 시간적 여력이 있다면 양자를 나누어 설명하면 금상첨화겠으나 시간상 거의 불가능하다고 생각된다.

2014년 제3회 변호사시험

甲은 도박장을 직접 운영하기로 마음먹고, 단속에 대비하여 마침 직장을 잃고 놀고 있던 사촌동생 乙에게 '도박장 영업을 도와주어 용돈도 벌고, 도박장이 적발되면 내가 도망가더라도 네가 사장이라고 진술을 해달라'고 제의하였고, 乙은 甲의 제의를 승낙하였다. 甲은 생활정보지에 광고하여 도박장에서 일할 종업원들을 채용하였다. 甲은 乙을 사장으로 위장하기 위하여 甲의 자금으로 乙로 하여금 직접 사무실을 임차하도록 하였다.

2013. 10. 1. 저녁 甲은 평소 알고 있던 丙 등 도박꾼들을 속칭 '대포폰'으로 연락하여 사무실로 불러 '포커' 도박을 하도록 하고 자릿값으로 한 판에 판돈에서 10%씩 떼어 내었고, 乙은 창문으로 망을 보았다. 丙은 도박자금이 떨어지자 옆에서 구경하고 있던 丁에게 사실은 변제할 의사가 없었지만 높은 이자를 약속하고 도박자금을 빌려달라고 하였고, 丁은 丙이 상습도박 전과가 있음을 알면서도 丙에게 도박자금으로 300만 원을 빌려주었다.

근처 주민의 신고로 경찰관 P 등이 출동하여 乙, 丙, 丁은 현장에서 도박 등의 혐의로 현행범인으로 체포되었고, 甲과 다른 도박꾼들은 도망쳤다. 乙은 경찰서에서 자신이 도박장 주인이라고 하면서 도박장 등의 운영 경위, 자금 출처, 점포의 임대차계약 경위, 종업원 채용 등에 관하여 구체적으로 거짓말을 하였고, 조사를 받은 후 체포된 다른 사람들과 함께 석방되었다.

단속 3일 후 甲이 경찰관 P에게 전화하여 불구속 수사를 조건으로 자수 의사를 밝혀오자 경찰관 P는 일단 외부에서 만나 이야기하자고 하였다. 다음 날 경찰관 P는 경찰서 밖 다방에서 甲을 만나 범죄사실의 요지, 체포의 이유와 변호인선임권을 고지하고 변명의 기회를 준 후 甲을 긴급체포하려 하였다. 그러자 甲은 '자수하려는 사람을 체포하는 법이 어디에 있느냐'고 따지며 경찰관 P의 가슴을 밀쳐 바닥에 넘어뜨렸고, P는 넘어지면서 손가락이 골절되었다.

1. 甲과 乙은 2013. 12. 2. 위 범죄사실로 서울중앙지방법원에 불구속 기소되었고, 형사7단독 재판부에 배당되어 제1회 공판기일이 2014. 1. 3.로 지정되었다. 수사검사는 2013. 12. 26. 서울 중앙지방법원 영장전담판사로부터 압수수색영장을 발부받아 甲의 집에서 영업장부를 압수한 후, 그 영업장부와 압수조서를 공판기일에 증거로 제출하였다. 위 영업장부와 압수조서는 증거능력이 인정되는가? (20점)

2. 丙과 丁은 도박 등으로 각 벌금 300만 원의 약식명령을 발령받았지만, 丙은 정식재판을 청구하면서 특수상해로 서울중앙지방법원에서 재판 중인 자신의 사건과 병합심리를 요구하여 두 사건은 병합되었다.

   (1) 검사는 丙에 대한 도박을 상습도박으로 그 죄명과 적용법조, 범죄사실을 변경하는 공소장변경을 하고자 한다. 그 가부와 논거는? (5점)

(2) 위 (1)에서 공소장 변경이 가능하다는 전제 하에, 丙에 대한 변경된 상습도박 등 사건의 계속 중에 검사는 丙의 2013. 6. 6. 포커도박 사실을 발견하고 도박으로 같은 법원에 추가 기소하였고, 이 사건은 위 상습도박 등 사건에 병합되었다. 이 경우 추가기소에 대하여 법원이 취할 조치는? (7점)

(3) 위 300만 원의 약식명령을 발령한 판사가 위 정식재판청구로 병합된 제1심 사건의 재판을 담당한 경우, 항소이유가 되는가? (8점)

[설문 1]의 해설

1. 논점의 정리

영업장부의 증거능력과 관련하여 공소제기 후 수사기관에 의한 압수·수색이 적법한지가 문제되고, 압수조서의 증거능력과 관련하여 적법한 절차에 따르지 아니하고 수집한 증거를 기초로 하여 획득된 2차적 증거가 증거능력이 있는지 문제된다.

2. 영업장부의 증거능력을 인정할 수 있는지 여부

공소제기 후 수사기관에 의한 압수·수색이 허용되는지 여부에 대하여, 제215조에서 검사가 압수·수색 영장을 청구할 수 있는 시기를 공소제기 전으로 명시적으로 한정하고 있지 아니하므로 제1회 공판기일 전에는 수사기관에 의한 압수·수색이 허용된다는 견해가 있다.

그러나 ⅰ) 공소제기 후에는 그 피고사건에 관한 형사절차의 모든 권한이 수소법원의 권한에 속하게 되며, 피의자는 검사와 대등한 당사자인 피고인으로서의 지위에서 방어권을 행사하게 되므로, 공소제기 후 압수·수색은 수소법원의 판단에 의하여 이루어져야 한다는 점(대판 : 2009도10412), ⅱ) 제1회 공판기일 전에는 제184조(증거보전절차)에 의한 압수·수색이 가능하다는 점을 고려하면 공소제기 후 수사기관에 의한 압수·수색은 허용되지 않는다고 보는 것이 타당하다.

사안에서 검사는 공소제기 후 수소법원 이외의 지방법원 판사로부터 압수수색영장을 발부받아 영업장부를 압수하였는바, 영업장부는 적법절차의 실질적인 내용을 침해하여❶ 수집한 증거로서 증거능력이 없다(제308조의2).

3. 압수조서의 증거능력을 인정할 수 있는지 여부

적법한 절차에 따르지 아니한 위법행위를 기초로 하여 증거가 수집된 경우에는 당해 증거뿐 아니라 그에 터잡아 획득한 2차적 증거도 증거능력은 인정될 수 없다. 다만 당초의 적법절차 위반행위와 2차 증거수집 행위의 중간에 그 행위의 위법 요소가 제거되었다고 볼 만한 다른 사정이 개입됨으로

---

❶ 단순히 적법절차를 위반한 것에서 나아가 적법절차의 실질적 내용을 침해하여 수집한 것이라고 표현함으로써 적법절차를 위반하여 수집한 증거인 동시에 예외적으로 증거능력을 인정받기 위한 요건도 갖추지 못하였음을 간명하게 표현한 것이다.

써 인과관계가 단절(희석)된 것으로 평가할 수 있는 예외적인 경우에는 증거능력이 인정된다(대판 : 2010도2094).

사안의 경우 압수조서는 위법하게 압수한 영업장부를 기초로 하여 획득한 2차적 증거에 불과하고 위법한 압수행위와 압수조서의 작성 사이에 인과관계가 희석 내지 단절되었다고 평가할 만한 사정이 인정되지 않으므로 증거능력이 인정되지 않는다.

4. 결론

영업장부와 압수조서는 증거능력이 인정되지 않는다.

[설문 2의 (1)] 해설

1. 논점의 정리

공소장 변경이 허가되기 위한 요건 및 정식재판에서 약식명령의 범죄사실보다 중한 범죄사실로 공소장변경이 가능한지 문제된다.

2. 공소장변경의 허용범위

약식명령에 대한 불복에 따른 정식재판은 공판절차에 의하여 심판하여야 한다(제455조 제3항). 따라서 정식재판에서 공소장 변경이 허가되기 위해서는 공소사실의 동일성이 인정되어야 한다(제298조 제1항).**❷**

사안에서 도박의 범행을 하였다는 기존의 공소사실과 상습도박의 범행을 하였다는 공소사실은 일시, 장소가 같아**❸** 양자의 공소사실은 동일하며 피고인의 습벽에 대한 평가만 달리한 것이므로 상습도박으로의 공소장 변경은 일응 허가대상이라고 할 수 있다.

3. 정식재판에서 약식명령의 범죄사실보다 중한 범죄사실로 공소장변경이 가능한지

제457조의2의 형종상향금지의 원칙은 약식명령에 대하여 피고인이 정식재판을 청구한 사건에 대하여는 약식명령의 형보다 중한 종류의 형을 선고하지 못한다는 것이므로, 정식재판에서 죄명이나 적용법조가 약식명령의 경우보다 불이익하게 변경되더라도 선고한 형이 약식명령의 형종보다 가벼운 경우에는 형종상향금지의 원칙에 위배된 조치라고 할 수 없다.

따라서 사안에서 공소사실의 동일성이 인정되는 이상 형종상향금지의 원칙을 이유로 공소장변경 허가신청이 허가될 수 없는 것은 아니다.**❹**

---

❷ 배점이 5점에 불과하다는 점을 고려하여 공소사실의 동일성에 관한 학설 및 판례이론의 기술을 모두 생략하였다. 학설 및 판례이론을 장황하게 기술한 후 다음의 3.의 논점을 누락하는 것은 좋은 방법이라고 할 수 없다.

❸ 2013. 10. 1. 甲이 개설한 도박장(사무실)에서의 도박으로서 일시, 장소가 동일하다.

❹ 즉 공소사실의 동일성이 인정되는 이상 상습도박으로의 공소장변경은 허가되어야 하며, 정식재판에서는 형종상향금지원칙을 준수하면 족하다는 것이다. 즉 상습도박죄의 법정형 중 징역형을 선고하지 않으면 족한 것이며, 심지어 약식명령의 300만 원의 벌금보다 더 많은 벌금을 선고하는 것도 가능하다.

4. 결론

도박과 상습도박의 공소사실은 동일성이 인정되며 형종상향금지원칙은 공소장변경의 장애사유가 될 수 없으므로 공소장변경은 가능하다.

[설문 2의 (2)] 해설

1. 논점의 정리

도박 사실에 대한 추가기소의 법적 성질과 그에 따른 법원의 조치가 문제된다.

2. 도박 사실에 대한 추가기소의 법적 성질

사안에서 丙의 2013.6.6. 도박 사실과 2013.10.1. 도박의 사실은 범행방법(포커도박), 범행의 시기(4 개월 간격), 丙의 상습도박 전과를 고려할 때 동일한 도박의 습벽의 발현에 의하여 저질러진 것이어서 상습도박죄의 포괄일죄에 해당한다.

한편 포괄일죄의 일부에 대한 공소제기의 효력은 그 포괄일죄의 전부에 미친다.

사안에서 2013.10.1. 도박이 상습도박의 사실로 소송계속 중이므로 2013.6.6. 도박 사실에 대한 추가기소는 일응 이중기소에 해당한다.

3. 포괄일죄의 일부에 대한 추가기소에 대한 법원의 조치

포괄일죄의 일부에 대한 추가기소의 경우, 이중기소에 해당하므로 공소기각판결을 하여야 한다는 견해가 있다.

그러나 이중기소에 대하여 공소기각판결을 하도록 한 제327조 제3호의 취지는 동일사건에 대한 이중처벌의 위험을 방지하고 법원이 2개의 실체판결을 하지 아니하도록 하기 위한 것이므로, 본 사안과 같은 경우 법원이 각각의 범행을 포괄하여 하나의 상습도박죄를 인정한다고 하여 이중기소를 금하는 위 법의 취지에 반하는 것이 아닌 점과 다만 죄수에 관한 법률적인 평가만을 달리하는 것에 불과하여 피고인의 방어에 불이익을 주는 것이 아니어서 공소장변경 없이도 포괄일죄로 처벌할 수 있는 점을 고려하면 - 비록 협박죄의 포괄일죄로 공소장을 변경하는 절차가 없었다거나 추가로 공소장을 제출한 것이 포괄일죄를 구성하는 행위로서 기존의 공소장에 누락된 것을 추가 · 보충하는 취지의 것이라는 석명절차를 거치지 아니하였다 하더라도❺ - 법원은 전후에 기소된 범죄사실 전부에 대하여 실체판단을 할 수 있고, 추가기소된 부분에 대하여 공소기각판결을 할 필요는 없다고 보는 것이 타당하다(대판 : 2007도2595).

4. 결론

법원은 전후에 기소된 범죄사실 전부에 대하여 실체판단을 하면 된다.

---

❺ 분량을 줄이려면 이 부분을 생략하여도 무방하다.

[설문 2의 (3)] 해설

1. 논점의 정리

1심의 정식재판을 담당한 판사에게 제척의 원인이 존재하는지 문제된다.

2. 제척의 원인의 존재여부

법관이 사건에 관하여 전심재판 또는 그 기초되는 조사, 심리에 관여한 경우에는 직무집행에서 제척된다(제17조 제7호). 여기의 '전심'이라 함은 불복신청을 한 당해 사건의 전심을 말하며(대결 : 82모11), '관여'라 함은 전심재판의 내부적 성립에 실질적으로 관여한 때를 말한다.❻

약식명령을 발령한 법관이 그 정식재판절차의 제1심에 관여한 경우, 약식명령의 경우도 사건의 실체에 대한 심리를 하기 때문에 정식재판에서 예단과 편견 때문에 불공평한 재판의 염려가 있으므로 제17조 제7호에 의한 제척의 원인이 된다는 견해가 있다.

그러나 약식절차와 제1심의 정식재판절차는 동일한 심급 내에서 서로 절차만 달리할 뿐이므로, 약식명령이 제1심의 정식재판의 전심재판에 해당하는 것은 아니라고 보는 것이 타당하다(대판 : 2002도944).

따라서 사안에서 약식명령을 발령한 판사가 제1심 사건의 재판을 담당한 경우 제17조 제7호에 정한 제척의 원인이 된다고 볼 수 없다.

3. 항소이유가 되는지 여부

제361조의5 제7호에 의하면 법률상 그 재판에 관여하지 못할 판사가 그 사건의 심판에 관여한 때 항소이유가 된다.

사안의 경우 1심 재판을 담당한 판사에게 제척의 원인이 없으므로 위 규정에 의한 항소이유가 인정되지 않는다.

4. 결론

약식명령을 발령한 판사가 제1심 사건의 재판을 담당한 경우 항소이유가 되지 않는다.

---

❻ 설문에서 판사가 약식명령을 발령하였다고 하고 있으므로 재판에 '관여'하였음은 의문의 여지가 없으며, 약식명령의 재판이 1심의 정식재판의 '전심'에 해당하는지가 핵심 쟁점이 된다. 따라서 '관여'의 의미에 대하여는 시간적 여력이 없으면 생략하여도 무방하다.

甲은 친구 乙의 사기범행에 이용될 사정을 알면서도 乙의 부탁으로 자신의 명의로 예금통장을 만들어 乙에게 양도하였고, 乙이 A를 기망하여 A가 甲의 계좌로 1,000만 원을 송금하자 甲은 소지 중이던 현금카드로 그중 500만 원을 인출하여 소비하였다. 乙이 甲에게 전화하여 자신 몰래 돈을 인출한 데 대해 항의하자 甲은 그 돈은 통장을 만들어 준 대가라고 우겼다. 이에 화가 난 乙은 甲을 살해할 의사로 甲의 집으로 가 집 주변에 휘발유를 뿌리고 불을 질렀으나, 갑자기 치솟는 불길에 당황하여 甲에게 전화해 집 밖으로 빠져 나오게 하였고, 甲은 간신히 목숨을 건질 수 있었다.

甲은 乙이 자신을 살해하려고 한 사실에 상심한 나머지 술을 마시고 혈중알코올농도 0.25%의 만취상태에서 승용차를 운전하여 乙의 집으로 가다가 보행신호에 따라 횡단보도를 걸어가고 있는 B를 승용차로 치어 B가 중상을 입고 도로 위에 쓰러졌다. 甲은 사고 신고를 받고 긴급출동한 경찰관 P에 의해 사고현장에서 체포되었고, B는 사고 직후 구급차에 실려 병원으로 후송되던 중 구급차가 교차로에서 신호를 무시하고 지나가는 트럭과 부딪혀 전복되는 바람에 그 충격으로 사망하고 말았다.

경찰의 수사를 피해 도피 중이던 乙은 경찰관인 친구 C에게 전화를 걸어 자신에 대한 수사상황을 알아봐 달라고 부탁하였고, C는 甲이 체포된 사실 및 甲 명의의 예금계좌에 대한 계좌추적 등의 수사상황을 乙에게 알려 주었다. 한편, 甲의 진술을 통해 乙의 범행을 인지한 경찰관 P는 乙이 은신하고 있는 호텔로 가서 호텔 종업원의 협조로 乙의 방 안에 들어가 甲 등 타인 명의의 예금통장 십여 개와 乙이 투약한 것으로 의심되는 필로폰을 압수한 후, 호텔에 잠복하고 있다가 외출 후 호텔로 돌아오는 乙을 긴급체포하였다.

1. 경찰관 P가 乙에 대하여 한 긴급체포와 예금통장 및 필로폰 압수는 적법한가? (15점)

2. 검사 S는 甲의 교통사고 현장을 목격한 일본인 J에게 참고인조사를 위해 출석을 요구하였으나 J는 불응하면서 일본으로 출국하려 하고 있다. 이 경우 검사 S가 J의 진술을 확보하기 위해 취할 수 있는 조치는? (10점)

3. 검사 S가 검찰수사관 T의 참여 하에 甲과 乙에 대해 피의자신문을 실시하고 甲과 乙의 진술을 영상녹화하였는데, 乙은 공판정에서 자신에 대한 피의자신문조서의 진정성립을 부인하고 있다. 이 경우 법원은 乙의 진술을 녹화한 영상녹화물, 검찰수사관 T의 증언 그리고 사기범행 가담을 시인하는 甲의 법정진술을 乙에 대한 유죄의 증거로 사용할 수 있는가? (15점)

[설문 1]의 해설

1. 논점의 정리

긴급체포와 영장 없는 예금통장 및 필로폰을 압수가 적법한 절차에 따른 것인지 문제된다.

2. 긴급체포의 적법여부

(1) 제200조의3 제1항의 요건의 구비여부

사안에서 ① 경찰관 P는 甲의 진술을 통해 乙의 사기죄 등의 범행을 인지한 상태였으므로, 乙이 사형·무기 또는 장기 3년 이상의 징역이나 금고에 해당하는 죄를 범하였다고 의심할 만한 상당한 이유가 있고(범죄의 중대성), ② 乙은 자신에 대한 수사상황을 경찰관에게 알아봐 달라고 부탁한 점, 경찰의 수사를 피해 도피(은신) 중이었던 점을 고려하면, 乙이 증거를 인멸할 염려가 있거나, 도망하거나 도망할 우려가 있고(체포의 필요성), ③ 경찰관 P는 甲의 진술을 통해 乙의 범행을 인지하고 乙이 은신하고 있는 호텔로 가서 잠복하고 있다가 외출 후 호텔로 돌아오는 乙을 체포하였으므로 이는 판사의 체포영장을 받을 시간적 여유가 없었다고 보여진다(체포의 긴급성).

사안에서 경찰관 P의 긴급체포는 제200조의3 제1항의 요건을 구비한 것이다.

(2) 제200조의5의 요건의 구비여부

사안에서 경찰관 P가 乙을 체포하면서 피의사실의 요지, 체포의 이유와 변호인을 선임할 수 있음을 말하고 변명할 기회를 주었음이 나타나 있지 아니하다.

따라서 경찰관 P의 긴급체포는 제200조의5의 요건을 구비하였다고 할 수 없다.❶

(3) 결론

경찰관 P가 乙을 긴급체포한 것은 적법하지 아니하다.

3. 예금통장 압수의 적법여부

사법경찰관은 긴급체포(제200조의3)의 규정에 의하여 피의자를 체포하는 경우에 필요한 때에는 영장없이 체포현장에서 압수할 수 있다(제216조 제1항 제2호).

여기의 '체포현장에서 압수'의 의미에 대하여는, ⅰ) 체포행위와 압수가 시간적·장소적으로 접착해 있으면 되고 압수가 체포 전인지 후인지를 불문한다는 견해(시간적·장소적 접착설), ⅱ) 피의자가 현실적으로 체포된 후의 압수를 의미한다는 견해(체포설), ⅲ) 체포 전후를 불문하지만 압수 당시에 피의자가 현장에 있어야 한다는 견해(현장설)가 있다.

---

❶ 제200조의3의 요건을 구비하였으므로 제200조의5의 요건(미란다 원칙의 고지)을 구비하였다면 긴급체포는 적법하다고 기술하는 방식의 답안도 있을 수 있다. 그러나 다음 논점에서 보듯이 사례에서 영장에 의하여 압수하였다는 표현이 없으면 영장없는 압수로 보아 사례를 해결해 가듯이 사례에 나타나 있지 않은 사실은 특별한 경우가 아니라면 그러한 사실은 부존재한 것으로 보아 사례를 해결하는 것이 더 옳다고 본다. 위 밑줄과 같이 사례를 해결해 나간다면 사례에서 그냥 압수하였다는 표현만 있고 영장에 의한 압수라는 표현이 없을 때 만약 영장에 의한 압수였다면 그 압수는 적법하다…라는 결론을 맺어도 무방하다는 의미가 되는데 이렇게 답안을 기술하고 있는 경우는 드물다. 그렇다면 영장에 의한 압수라는 표현이 없을 때 영장없는 압수라고 평가하듯이 미란다원칙을 실시하였다는 표현이 없을 때는 미란다원칙을 실시하지 않았다고 평가하는 것이 일관된 답안의 작성일 것이다.

그러나 ⅰ)의 견해는 영장 없는 압수의 허용범위를 부당하게 확대할 위험이 있고, 체포에 착수하였으나 피의자가 도주하여 피의자를 체포하지 못하였거나 피의자가 현장에 없는 경우도 압수의 필요성이 인정되므로 ⅱ)와 ⅲ)의 견해도 문제가 있다.

따라서 '체포현장에서 압수'는 피의자에 대한 체포가 현실적으로 착수된 후의 압수를 의미한다고 보는 것이 타당하다(체포착수설).❷

사안에서 경찰관 P는 영장 없이 예금통장을 압수하였고, 乙에 대한 긴급체포에 착수하기 전에 예금통장을 먼저 압수하였으므로 제216조 제1항 제2호에 의한 압수라고 볼 수 없다.❸❹

4. 필로폰 압수의 적법여부

(1) 체포현장에서 압수인지 여부

사안에서 경찰관 P는 영장없이 필로폰을 압수하였고, 乙에 대한 긴급체포에 착수하기 전에 필로폰을 먼저 압수하였으므로 제216조 제1항 제2호에 의한 압수라고 볼 수 없다.

더 나아가 필로폰은 긴급체포의 피의사실인 사기죄, 현주건조물방화죄, 살인미수죄와 관련성이 없으므로 제215조 제2항을 위반한 (별건압수로서) 위법한 압수이다.

(2) 범죄장소에서의 압수인지 여부

사안에서 필로폰의 소지는 마약류관리법위반죄에 해당하므로, 경찰관 P가 영장없이 乙이 소지❺하던 필로폰을 압수하였더라도 이는 범행 중의 범죄 장소에서 긴급을 요하여 법원판사의 영장을 받을 수 없는 경우에 해당하므로 제216조 제3항에 의한 적법한 압수라고 볼 수 있다.❻

5. 결론

P가 乙에 대하여 한 긴급체포와 예금통장 압수는 적법하지 아니하다. 그러나 필로폰의 압수는 제216조 제3항에 근거한 것이므로 적법하다.

---

❷ 피의자가 현실적으로 체포되었는지 및 압수당시에는 피의자가 (도주하여) 현장에 있었는지를 불문한다.

❸ 영장없는 예금통장의 압수는 시간적·장소적 접착설에 의하면 제216조 제1항 제2호가 적용될 수 있으므로 논의의 실익이 확실하다. 그러나 영장없는 예금통장의 압수가 제216조 제3항(범죄장소에서의 압수), 제217조 제1항(긴급체포된 자에 대한 압수)에 의한 압수라고 할 수 없다는 것은 (너무) 분명하므로 별도로 언급할 필요는 없다고 본다.

❹ 예금통장은 긴급체포의 피의사실인 사기죄와 관련성이 있으므로 제215조 제2항을 위반한 압수라고 볼 수는 없다. 시간적 여력이 있다면 이 부분의 언급은 득점요소가 될 것이다.

❺ 乙이 은신처인 호텔에 보관 중이었으므로 위와 같은 평가가 가능하다.

❻ 본 논점과 관련하여 제216조 제3항에 의한 압수의 경우 사후에 지체없이 영장을 받아야 한다는 규정을 근거로, 사례에서 사후영장을 발부받지 않았다거나 사후영장을 청구하였다는 것이 명시되지 않았으므로 결국 압수는 위법하다고 결론을 맺은 교재도 있다. 그러나 사안에서는 「필로폰을 압수한 후, … 乙을 긴급체포하였다.」라는 시점까지만 제시되어 있으므로 압수한 후의 사정 즉 사후영장을 청구 또는 발부받지 않은 사정을 검토하여 이를 근거로 위법한 압수라고 평가하는 것은 문제가 있다고 본다. 즉 본 사례문은 「필로폰을 압수한 후 … 乙을 긴급체포하였다. 그런데 그 후 사후영장을 발부받지는 않았다.」라고 하는 사례문과는 달리 평가하여야 한다고 본다. 甲은 53세까지 악하게 살았다…라는 사례문에 대하여는 甲은 악하게 살았다…라고 평가하여야 하지 54세 이후에 착하게 살았다면 甲은 악하게 산 것이 아니라…라고 평가하는 것은 문제가 있는 것이다.

[설문 2]의 해설

1. 논점의 정리

검사가 증거보전의 청구 및 증인신문을 청구할 수 있는지 문제된다.

2. 증거보전의 청구

검사는 미리 증거를 보전하지 아니하면 그 증거를 사용하기 곤란한 사정이 있는 때에는 제1회 공판기일 전이라도 판사에게 증인신문을 청구할 수 있다(제184조).

여기서 증거를 사용하기 곤란한 사정이 있는 때라 함은 공판정에서 정상적인 증거조사를 할 때까지 기다려서는 증거를 사용하기 곤란한 사정이 있는 경우를 말한다.

사안에서 일본인 J는 검사의 참고인조사를 위한 출석요구에 불응하면서 일본으로 출국하려 하고 있는바, J가 일본인이라는 점, 국내에 있으면서도 출석요구에 불응하고 있다는 점을 고려하면 J가 본국인 일본으로 출국한 경우 다시 귀국하여 증인으로 출석할 가능성이 거의 없다고 보여진다. 이는 미리 증거를 보전하지 아니하면 그 증거를 사용하기 곤란한 사정이 있는 경우에 해당하므로 검사는 제1회 공판기일 전까지 판사에게 증인신문을 청구하여 J의 진술을 확보할 수 있다.

3. 증인신문의 청구

범죄의 수사에 없어서는 아니될 사실을 안다고 명백히 인정되는 자가 수사기관의 출석 요구를 거부한 경우에는 검사는 제1회 공판기일 전에 한하여 판사에게 그에 대한 증인신문을 청구할 수 있다(제221조의2).

사안에서 J는 甲의 교통사고 현장을 목격한 자이므로 범죄의 수사에 없어서는 아니될 사실을 안다고 명백히 인정되는 자에 해당하고, 검사 S가 J에게 참고인조사를 위해 출석을 요구하였으나 J는 불응한 경우이다. 따라서 검사 S는 제1회 공판기일 전에 한하여 판사에게 그에 대한 증인신문을 청구하여 J의 진술을 확보할 수 있다.

4. 결론

검사 S는 J의 진술을 확보하기 위해 제184조와 제221조의2에 근거하여 판사에게 증인신문을 청구할 수 있다.

[설문 3]의 해설

1. 乙의 진술을 녹화한 영상녹화물의 증거능력❼

(1) 영상녹화물이 독립된 증거능력이 있는지 여부

검사가 피의자신문시에 피의자의 진술을 녹화한 영상녹화물이 유죄를 인정하는 독립적인 증거가 될 수 있는지에 대하여는, 영상녹화물도 진술을 기록하는 매체이므로 그 실질이 피의자신문조서와 다르지 않으므로 영상녹화물을 피의자신문조서에 준하여 독립적인 증거능력을 인정해야 한다는 견해가 있다.❽

그러나 형사소송법은 검사가 피의자신문시에 피의자의 진술을 녹화한 영상녹화물은, 검사 작성 피의자신문조서의 진정성립을 증명하거나(제312조 제2항), 공판준비 또는 공판기일에 피고인이 진술함에 있어서 기억이 명백하지 아니한 사항에 관하여 피고인의 기억을 환기시키는 수단(제318조의2 제2항)이 될 수 있다고 규정함으로써 영상녹화물이 증거로 사용될 수 있는 경우를 제한하고 있다. 이러한 형사소송법의 규정 내용을 영상물에 수록된 성범죄 피해자의 진술에 대하여 독립적인 증거능력을 인정하고 있는 성폭법 제30조 제6항 또는 아청법 제26조 제6항의 규정과 대비하여 보면, 수사기관이 피의자신문시에 녹화한 영상녹화물은, 다른 법률에서 달리 규정하고 있는 등의 특별한 사정이 없는 한, 유죄를 인정하는 독립적인 증거로 사용될 수는 없다고 해석함이 타당하다(대판 : 2012도5041 참고).

(2) 결론

乙의 진술을 녹화한 영상녹화물은 乙에 대한 유죄의 증거로 사용할 수 없다.

2. T의 증언의 증거능력

(1) T의 증언의 법적 성질

T의 증언은 공판기일 외에서의 乙의 진술을 내용으로 하는 전문진술로서 전문증거에 해당하므로 제316조의 규정을 요건을 갖추지 못하면 이를 증거로 할 수 없다(제310조의2).

(2) T의 증언의 증거능력 인정요건

공소제기 전에 피고인을 피의자로 조사하는 과정에 참여하였던 자의 공판기일에서의 진술이 피고인의 진술을 그 내용으로 하는 것인 때에는 그 진술이 특히 신빙할 수 있는 상태하에서 행하여졌음이 증명된 때에 한하여 이를 증거로 할 수 있다(제316조 제1항).

---

❼ 설문에서 논점을 제시한 경우나 다름이 없어 별도로 논점항목을 서술하지 않았다. 굳이 논점항목을 서술하려면 다음과 같다. "피의자신문시 피의자의 진술을 녹화한 영상녹화물, 전문진술, 다른 공범자에 대한 공범자인 공동피고인의 법정진술의 증거능력이 인정될 수 있는지 문제된다."

❽ 이러한 견해에 대하여 영상녹화물에 대하여 독립된 증거능력을 인정하게 되면 공판절차가 영상녹화물의 상연장으로 변질되어 공판중심주의가 무의미하게 될 우려가 있다는 반대의 견해(독립증거 부정설)가 있다. 저자는 판례이론을 자설로 취하는 것이 기억에도 유리하고 답안분량상으로도 알맞다고 보아 판례이론으로 답안을 구성하였다.

여기의 진술이 특히 신빙할 수 있는 상태란❾ 진술에 허위 개입의 여지가 거의 없고 진술내용의 신빙성이나 임의성을 담보할 구체적이고 외부적인 정황이 있는 경우를 의미한다(대판 : 2016도8137).

(3) 사안의 해결

사안에서 T는 피고인인 乙을 피의자로 조사하는 과정에 참여하였던 자이고, T의 증언은 피고인 乙의 진술을 내용으로 하는 것이므로 乙의 진술이 특히 신빙할 수 있는 상태하에서 행하여졌음을 증명하면 증거능력이 인정되므로 乙에 대한 유죄의 증거로 사용할 수 있다.

3. 甲의 법정진술❿의 증거능력

(1) 논점의 정리

공동피고인의 피고인으로서의 진술이 다른 공동피고인의 공소사실에 대하여 증거능력이 인정되는지 문제된다.

(2) 공동피고인의 피고인으로서의 진술의 증거능력

ⅰ) 공동피고인은 피고인신문에 대하여 진술거부권이 인정되어 다른 공동피고인의 반대신문권이 보장되지 않는다는 점, 공동피고인의 피고인으로서의 진술은 그 진실성이 선서에 의하여 담보되어 있지 않으므로 다른 공동피고인에 대하여 증거능력이 없다는 견해(소극설), ⅱ) 공동피고인의 진술은 법관의 면전진술로서 임의성을 기대할 수 있고 다른 공동피고인의 반대신문권도 어느 정도 확보되어 있으므로 다른 공동피고인에 대하여 증거능력이 인정된다는 견해(적극설)가 있다.

그러나 공범인 공동피고인의 진술은 이에 대한 피고인의 반대신문권이 보장되어 있어 증인으로 신문한 경우와 다를 바 없으므로 독립한 증거능력이 있다고 보아야 한다(대판 : 2007도5577). 그리고 공범 아닌 공동피고인은 피고인에 대한 관계에서는 증인의 지위에 있음에 불과하므로 선서없이 한 그 공동피고인의 피고인으로서 한 공판정에서의 진술은 다른 공동피고인에 대한 범죄사실에 대하여는 증거능력이 없다고 보는 것이 타당하다(대판 : 78도1031).

(3) 사안의 해결

사안에서 甲은 乙과 사기죄의 공범인 공동피고인의 지위에 있다. 따라서 甲의 법정진술(피고인지위에서의 진술)은 증거능력이 있으므로 乙에 대한 유죄의 증거로 사용할 수 있다.

---

❾ 사례문이나 설문 자체가 특신상태를 포섭할만한 사실관계를 제시하고 있지 아니하므로 특신상태의 정의는 큰 의미를 가지는 것은 아니다. 시간상 제약이 있는 경우는 생략해도 무방하다고 본다.

❿ 설문에서 甲의 법정진술이라고 하고 있어 甲의 진술이 피고인의 지위에서의 진술인지 증인의 지위에서의 진술인지 명확하지 아니하다. 왜냐하면 양자 모두 법정(에서의)진술에 해당하기 때문이다. 일반적으로 공범인 공동피고인의 법정진술의 증거능력…이라는 논점은 공범인 공동피고인의 피고인의 지위에서의 진술의 증거능력을 지칭하는 것으로 사용되어 왔다. 본 문제의 경우도 15점 배점의 세가지 논점 중 하나에 해당하므로 일응 5점 정도의 배점이 있을 것으로 추정되므로 법정진술을 앞에서 설명한 두가지의 경우를 모두 고려하여 논의하라는 것은 아니라고 추측된다. 따라서 저자는 甲의 법정진술…을 甲의 피고인의 지위에서 법정진술…이라는 의미라고 보고 문제를 해설하였음을 밝혀둔다. 다만 두가지 지위를 모두 고려하여 답안을 구성하는 경우라면 공범인 공동피고인의 증인적격 인정여부에 관한 다양한 학설까지 모두 소개하며 기술하기에는 시간이 턱없이 부족할 것이므로 판례이론을 전제하여 해결하는 것이 가장 간명할 것이라고 본다. 판례이론을 전제하면 … 공범인 공동피고인에 대하여 절차를 분리하여 증인의 지위에서 진술하게 한 경우라면 그 진술이 증거능력이 인정됨에 문제가 없고 다만 피고인의 지위에서 진술하게 한 경우라면 위 본문과 같은 견해의 대립이 발생하게 된다.

Chapter 12

2013년 제2회 변호사시험

01 제1문

(1) 甲은 같은 동네에 혼자 사는 A가 평소 집안 장롱에 많은 금품을 보관한다는 사실을 알고 학교 후배인 乙, 丙에게 A의 집에 들어가 이를 훔쳐서 나누어 갖기로 제안하고 乙, 丙은 이에 동의했다. 甲은 A의 평소 출퇴근 시간을 관찰한 결과 A가 오전 9시에 출근하여 오후 7시에 귀가하는 것을 알게 되었다. 범행 당일 정오 무렵 甲은 乙, 丙에게 전화로 관찰 결과를 알려준 뒤 자신은 동네 사람들에게 얼굴이 알려져 있으니 현장에는 가지 않겠다고 양해를 구하였다. 乙과 丙은 甲의 전화를 받은 직후 A의 집 앞에서 만나 함께 담장을 넘어 A의 집에 들어가 장롱에 보관된 자기앞수표 백만 원권 3장을 가지고 나와 甲의 사무실에서 한 장씩 나누어 가졌다. 甲은 위 수표를 애인 丁에게 맡겼는데 丁은 이를 보관하던 중 甲의 승낙을 받지 않고 생활비로 소비하였다.

(2) A는 자기 집에 들어와 자기앞수표를 훔쳐 간 사람이 같은 동네에 사는 甲과 그의 학교 후배 乙, 丙이라는 사실을 확인하고 甲, 乙, 丙을 관할 경찰서에 고소하였다. 사법경찰관 P는 丙이 사촌 동생이므로 甲, 乙, 丙에 대하여 불구속 수사를 건의하였으나 검사는 모두 구속 수사하도록 지휘하였다. P는 검사의 수사지휘를 받은 직후 사촌동생인 丙에게 전화를 하여 빨리 도망가도록 종용하였다. 甲, 乙만이 체포된 것을 수상하게 여긴 검사는 P의 범죄사실을 인지하고 수사한 결과 P를 직무유기죄로 불구속 기소하였다. 법원은 P에 대한 공소사실을 심리하던 중 P의 공소사실은 범인도피죄에 해당된다고 판단하였으나, 검사에게 공소장 변경을 요구하지 않고 P에게 징역 6월을 선고하였다. P와 검사는 이에 불복하여 각각 항소하였다.

1. 사례 (1)에서 甲, 乙, 丙이 공범으로 병합기소되어 재판을 받던 중 검사는 甲을 乙, 丙에 대한 증인으로 신문하려고 한다. 법원은 甲을 증인으로 신문할 수 있는가? 甲이 乙, 丙의 사건에 대한 증인으로 소환된 경우, 甲은 증언을 거부할 수 있는가? (15점)
2. 사례 (2)에서 법원이 검사에게 P에 대한 공소장 변경을 요구하지 않고 유죄판결한 것은 적법한가? (10점)
3. 사례 (2)에서 검사는 P를 범인도피죄로 다시 기소할 수 있는가? (15점)

[설문 1]의 해설

1. 논점의 정리

공범인 공동피고인에게 다른 공범의 피고사건에 대하여 증인적격이 인정될 수 있는지 문제되며, 공범이 다른 공범의 피고사건에 대하여 증인으로 소환된 경우 증언거부권이 인정되는지 문제된다.

2. 공동피고인의 증인적격

ⅰ) 공동피고인도 피고인의 지위가 인정되므로 제3자라고 할 수 없고, 만약 공동피고인에게 증인적격을 인정하여 증인으로 신문하는 경우에는 - 증언의무로 인하여 - 피고인의 지위에서 인정되는 진술거부권을 침해하게 되므로, 공동피고인은 공범관계 여부를 불문하고 증인이 될 수 없다는 견해(부정설), ⅱ) 공동피고인도 다른 피고인에 대한 관계에서는 제3자에 해당하므로 공범관계 여부를 불문하고 증인이 될 수 있다는 견해(긍정설)가 있다.

그러나 공범인 공동피고인은 당해 소송절차에서는 피고인의 지위에 있으므로 다른 공동피고인에 대한 공소사실에 관하여 증인이 될 수 없으나, 소송절차가 분리되어 피고인의 지위에서 벗어나게 되면 다른 공동피고인에 대한 공소사실에 관하여 증인이 될 수 있다고 보아야 하며(대판 : 2010도10028), 피고인과 별개의 범죄사실로 기소되어 병합심리되고 있는 공범 아닌 공동피고인은 피고인에 대한 관계에서는 제3자에 해당하므로 증인이 될 수 있다(대판 : 82도898)고 보는 것이 타당하다.

사안에서 甲은 乙, 丙과 공범인 공동피고인의 관계에 있으므로 법원은 甲을 乙, 丙의 사건에 대하여 증인으로 신문할 수 없다. 다만 법원이 甲의 사건과 乙, 丙의 사건에 대한 절차를 분리하면 甲을 乙, 丙의 사건에 대하여 증인으로 신문할 수 있다.

3. 공범의 다른 공범의 피고사건에 대한 증언거부권이 인정여부

형소법 제148조에 의하면 누구든지 자기가 형사소추 또는 공소제기를 당하거나❶ 유죄판결을 받을 사실이 발로될 염려있는 증언을 거부할 수 있다. 여기의 '유죄판결을 받을 사실이 발로될 염려있는 증언'이라함은 공소제기 후 판결선고가 있기 전에 타인의 사건에서 증인으로 증언하게 되면 자기에 대하여 유죄를 인정할 수 있는 자료를 제공하는 경우를 말한다.

사안에서 甲은 공소제기 후 판결선고가 있기 전인 상태이고, 甲이 乙, 丙의 사건에 대하여 증인으로 증언하게 되면 - 위증죄로 처벌받을 가능성으로 인하여 허위진술을 할 수 없게 되므로 - 乙, 丙과의 공범관계에 대한 증언을 하게 될 가능성이 높으므로, 이러한 증언은 '자기가 유죄판결을 받을 사실이 발로될 염려있는 증언'에 해당된다. 따라서 甲은 증언을 거부할 수 있다.

---

❶ '형사소추 또는 공소제기를 당할 사실이 발로될 염려있는 증언'이라 함은 공소제기 전에 타인의 사건에서 증인으로 증언하게 되면 자기에 대하여 공소제기를 할 수 있는 자료를 제공하는 경우를 말한다. 다만 사안해결에 직접적인 관련성이 없으므로 생략하여도 무방하다.

4. 결론

법원은 甲의 사건과 乙, 丙의 사건에 대한 절차를 분리하지 않는 한 甲을 乙, 丙의 사건에 대하여 증인으로 신문할 수 없다.

甲은 乙, 丙의 사건에 대하여 증언을 거부할 수 있다.

[설문 2]의 해설

1. 논점의 정리

법원의 공소장변경요구가 의무인지, 재량인지 문제된다.

2. 공소장변경요구의 법적 성격

형소법 제298조 제2항은 "법원은 심리경과에 비추어 상당하다고 인정할 때에는 공소사실 또는 적용법조의 추가 또는 변경을 검사에게 요구하여야 한다."고 규정하고 있다.

본 규정의 법적 성격에 대하여는, ⅰ) 문언에 비추어 공소장변경의 요구는 법원의 의무라고 보는 견해(의무설), ⅱ) 공소장변경의 요구는 원칙적으로 법원의 재량이지만, 사안이 중대하고 증거가 명백함에도 공소장변경을 요구하지 않고 무죄를 선고하는 것이 현저히 정의와 형평에 어긋나는 경우에는 의무라는 견해(예외적 의무설)가 있다.

그러나 공소의 제기와 변경은 검사의 권한에 속하는 것이므로 검사에게 공소장변경을 요구할 것인지 여부는 법원의 재량에 속하는 것이라고 보는 것이 타당하다(대판 : 2010도5835).

사안에서 법원은 P에 대한 공소사실을 심리하던 중 P의 공소사실은 범인도피죄에 해당된다고 판단하였으나, 검사에게 공소장 변경을 요구하지 않고 직무유기죄로 P에게 유죄판결을 선고하였다. 그러나 공소장변경의 요구가 법원의 재량에 속하는 이상 법원이 검사에게 범인도피죄로 공소장의 변경을 요구하지 아니하였다고 하여 위법하다고 할 수 없다.

3. 결론

법원이 검사에게 P에 대한 공소장 변경을 요구하지 않고 유죄판결한 것은 적법하다.

[설문 3]의 해설

1. 논점의 정리

검사가 P를 범인도피죄로 다시 기소하는 경우 범인도피죄의 공소사실이 직무유기죄의 공소사실과 동일성이 인정되어 이중기소가 되는지 문제된다.

2. 공소사실의 동일성의 판단기준

공소사실의 동일성에 대하여는, 죄질의 동일성을 의미한다는 견해(죄질동일설), 구성요건이 상당정도 부합하는 경우를 의미한다는 견해(구성요건공통설), 소인의 기본적 부분을 공통으로 한 때라고 보는 견해(소인공통설), 공소사실을 그 기초가 되는 사회적 사실로 환원하여 그러한 사실 사이에 다소의 차이가 있더라도 기본적인 점에서 동일한 것을 의미한다는 견해(기본적 사실동일설, 통설, 대법원 소수견해)가 있다.❷

그러나 공소사실의 동일성은 공소사실의 기초가 되는 사회적 사실관계가 기본적인 점에서 동일하면 그대로 유지되는 것이며, 공소사실의 동일성은 형사소송법상의 개념이므로 기본적 사실관계가 동일한가의 여부는 규범적 요소도 아울러 고려하여 판단하는 것이 타당하다(대판 : 93도2080).

그리고 두 개의 공소사실이 시간적 장소적으로 밀접한 관계에 있거나, 일방의 범죄가 성립되는 때에는 타방의 범죄의 성립은 인정할 수 없다고 볼 정도로 양자가 밀접한 관계에 있는 경우 양자의 기본적 사실관계는 동일하다고 봄이 상당하다(대판 : 2010도3950).

3. 범인도피죄의 공소사실이 직무유기죄의 공소사실과 동일성이 인정되는지 여부

사안에서 범인도피와 직무유기의 공소사실은 동일한 일시 장소에서 이루어졌고, 직무유기의 위법상태는 범인도피행위 속에 포함되어 있으므로 범인도피죄가 성립하는 경우 직무유기죄는 성립할 수 없는 비양립적 관계에 있으므로 양죄는 기본적인 사실관계가 동일하다고 보아야 한다.

4. 결론

검사가 P를 범인도피죄로 다시 기소하는 경우 범인도피죄의 공소사실이 직무유기죄의 공소사실과 동일성이 인정되므로 이중기소가 되어 위법한 기소가 된다. 따라서 검사는 P를 범인도피죄로 다시 기소할 수 없다.❸

---

❷ 대법원 소수견해는 규범적 요소를 고려하지 않는다는 점에서 대법원 다수견해와 차이가 있다. 그러므로 규범적 요소의 고려여부에 따라 공소사실의 동일성의 인정여부가 달라지는 경우 대법원 소수견해와 대법원 다수견해를 상세히 소개할 필요가 있을 것이다.

❸ 사안은 다시 기소할 수 있는지를 묻고 있으므로 본문과 같이 맺음을 하는 것이 바람직하다. 만약 범인도피죄로 다시 기소하는 경우 법원의 조치는 어떠한지를 묻고 있다면 '다시 기소하는 것은 이중기소가 되므로 법원은 공소기각 판결을 선고하여야 한다(제327조 제3호)'라는 맺음을 하여야 할 것이다.

甲은 친구인 乙과 丙으로부터 취객을 상대로 돈을 훔쳐 술 먹자."라고 제의를 받고 거절하였다. 이에 乙과 丙은 "그럼 너는 승용차에 그냥 있어라." 하고 떠났다.

乙과 丙은 마침 길바닥에 가방을 떨어뜨린 채 2~3미터 전방에서 구토하고 있는 취객을 발견하고, 乙은 그 취객을 발로 차 하수구로 넘어지게 하고 丙은 길에 떨어져 있던 가방에서 돈을 꺼냈다. 이를 지켜보던 사법경찰관 P1과 P2가 다가와 乙과 丙을 현행범으로 체포하려 하자 이 두 사람이 甲이 있는 승용차로 도망가다가 붙잡혔다. 경찰관들은 승용차 운전석에 있던 甲도 체포하여 신원을 조회한 결과 甲이 자동차 운전면허 정지기간 중에 운전한 자임을 알게 되었다.

당시 P1과 P2는 강절도범특별검거지시가 있어 순찰하다가 그 취객을 발견하고도 구호조치를 하지 않은 채 잠복근무 중, 乙과 丙이 범행하는 것을 기다렸다가 때마침 체포한 것이었다.

甲과 乙은 경찰에서 "우리들은 골프장을 건설하기 위해 수십억 원이 넘는 임야를 소유하고 있는데 왜 그런 짓을 하겠느냐."라고 하면서 등기부와 매매가격 10억 원의 매매계약서를 제시하였고, 丙은 "떨어진 지갑을 주웠을 뿐이다."라고 변명하였다.

이에 P1은 임야의 매수 과정을 확인하기 위해 매도인 丁을 불러 조사한 결과, 丁의 이름으로 명의신탁된 A의 임야를 甲과 乙에게 매도한 사실을 확인하고, 丁으로부터 매도 경위에 관한 자술서를 제출받았다.

계속해서 丁은, 甲과 乙이 자신을 설득하면서 '고위공직자 A가 부정 축재한 사실을 들어서 잘 알고 있다. 고소하지 못하도록 알아서 처리하겠다'고 말한 취지의 3자 간 대화를 녹음한 녹음테이프를 제출하였다.

甲과 乙은 공판정에 제출된 녹음테이프에 관하여 "우리들은 녹음에 동의한 적도 없고, 성립의 진정도 부정한다."라고 진술하자, 丁은 "내가 직접 녹음한 그 테이프가 맞다. 그러나 위 임야는 원래 내 땅이었다."라고 범행을 부인하면서 A를 증인신청하였다.

한편, 증인 A는 경찰에서 한 1차 진술과는 달리 "그 땅은 내 땅이 아니고, 丁의 땅이다."라고 허위의 진술을 하였다. 그러자 검사는 A를 불러 재번복하는 취지의 2차 진술조서를 작성하였다.

1. 甲에 대한 범행을 입증하기 위해 검찰이 제출한 녹음테이프, 丁이 작성한 자술서, A에 대한 검사 작성의 2차 진술조서의 증거능력을 논하라. (20점)

2. 1심에서 丁에 대한 단순횡령죄로 기소하여 단독 재판부에서 유죄판결을 받은 후 항소심인 지방법원 합의부에서 재판 도중 검사는 특정경제범죄가중처벌법위반(횡령)으로 공소장 변경신청을 하였다. 그 이후의 법원의 조치 내용은 무엇인가? (10점)

3. 피고인 甲, 乙, 丙의 변호인은 "이 건 체포는 함정수사이다."라고 주장하면서 경찰관 P1을 증인으로 조사하여 달라고 신청하자 법원은 기각하였다. 변호인 주장의 당부와 법원의 기각결정에 대한 불복방법은 무엇인가? (15점)

[설문 1]의 해설

1. 녹음테이프의 증거능력

(1) 논점의 정리

녹음테이프의 녹음이 통신비밀보호법을 위반하였는지 여부와 통비법위반이 아니라면 녹음테이프의 증거능력 인정요건이 어떠한지가 문제된다.

(2) 통신비밀보호법을 위반하였는지 여부

누구든지 공개되지 아니한 타인간의 대화를 녹음할 수 없고, 이러한 녹음에 의하여 획득한 내용은 재판절차에서 증거로 사용할 수 없다(동법 제3조 제1항, 제4조).[1] 여기의 '타인간의 대화를 녹음'한다 함은 대화에 원래부터 참여하지 않는 제3자가 그 대화를 하는 타인들 간의 발언을 녹음하는 것을 의미한다(대판 : 98도3169).

사안의 경우 丁, 甲, 乙 3인 간의 대화에 있어서 대화 참여자 중의 한 사람인 丁이 그 대화를 녹음 하였으므로, 甲과 乙의 발언은 그 녹음자인 丁에 대한 관계에서 '타인 간의 대화'라고 할 수 없으므로, 丁의 녹음행위는 통신비밀보호법 제3조 제1항에 위배된다고 볼 수는 없다.

(3) 녹음테이프의 증거능력 인정요건[2]

사안에서 甲에 대한 횡령범행을 입증하기 위해 제출한 녹음테이프는 녹음된 '甲의 진술의 내용의 진실성 여부'가 증거가 되는 것이므로 진술증거로서 전문증거에 해당한다.[3] 사안에서 甲이 증거동의를 한 사실이 인정되지 않으므로 제318조에 의하여 증거능력이 인정될 수는 없다.

다만 丁이 피고인 甲의 진술을 녹음한 녹음테이프는 제313조 제1항의 피고인의 진술을 기재한 서류와 다를 바 없으므로, 공판기일에서 진술자인 甲의 진술에 의하여 성립의 진정함 - 그 녹음테이프에 녹음된 진술내용이 자신이 진술한 대로 녹음된 것이라는 점 - 이 증명되어야 증거능력이 인정된다(대판 : 2007도10755).

---

[1] 법조문의 내용 중에서도 본 사안과 관련된 내용만 인용하여 간결하게 답안을 작성하는 것이 수험효율적일 것이다. 실제 법조문과 위 인용된 내용을 반드시 비교하여 보기 바란다.

[2] 본 논점과 관련하여 녹음테이프가 복사본일 가능성(또는 복사본임)을 전제하여 복사본의 증거능력 인정요건까지 기술한 교재가 다수 있었다[로이어스 형소법 사례형 기출(김정철, 오제현, 헤르메스), 형사법 사례형 해설(조균석, 강수진, 2인 공저), Rainbow 변시기출해설 형사법 사례형(이인규, 김영환 등 2인 공저)]. 그러나 사안 어디에도 녹음테이프가 복사본에 해당한다거나 그러한 가능성을 인정할만한 기술은 보이지 않는다. 사례문에서 주어진 사실을 뛰어 넘어선 사실을 전제로 답안을 작성하는 것은 과잉기술이라고 보여진다. 참고로 이창현 교수님의 기출해설에는 복사본에 대한 기술을 하고 있지 않다.

[3] 사안에서 丁은, 甲과 乙이 (1) 자신을 설득하면서 (2) '고위공직자 A가 부정 축재한 사실을 들어서 잘 알고 있다. 고소하지 못하도록 알아서 처리하겠다'고 말한 취지의 3자 간 대화를 녹음…하였다고 하고 있다. 만약 (2) 부분만이 녹음된 것으로 본다면 甲이 횡령죄의 공동정범에 해당하기 위한 요건인 '적극가담'의 사실을 입증하기 위한 것으로서 甲의 진술의 존재(적극가담 사실의 존재)가 증거가 되는 것이므로 비진술증거로 볼 여지도 있다. 그러나 녹음테이프에는 甲이 (1) 자신(丁)을 설득하면서 … (2)의 부분을 말한 것이 녹음된 것으로 보아야 할 것이므로 설득한 내용도 함께 녹음된 것으로 보는 것이 타당하다고 본다. 한편 甲이 (1) 자신(丁)을 설득하면서 … 라는 것은 결국 명의 신탁된 A의 임야를 甲과 乙에게 매도할 것을 설득하면서…라고 이해하여야 한다. 따라서 녹음테이프에 녹음된 진술은 '임야의 매매'에 관한 내용이 포함되어 있고 이는 그 내용의 진실성이 횡령죄의 성부에 영향을 미치는 증거에 해당하므로 전문증거로 보아야 할 것이다.

그러나 사안에서 甲은 성립의 진정을 부정하고 있다. 따라서 녹음테이프는 제313조 제1항 단서의 요건, 즉 공판기일에 작성자인 丁의 진술에 의하여 성립의 진정함이 증명되고 그 진술이 특히 신빙할 수 있는 상태하에서 행하여 진 때에 한하여 증거능력이 인정된다(대판 : 2012도7461).

2. 丁이 작성한 자술서의 증거능력

(1) 논점의 정리

丁이 작성한 자술서의 법적 성질과 증거능력이 인정되기 위한 요건은 어떠한지가 문제된다.

(2) 丁이 작성한 자술서의 법적 성질

丁이 작성한 자술서는 '공판기일에서의 진술에 대신하여 진술을 기재한 서류'로서 전문증거에 해당한다. 따라서 피고인이 증거로 사용할 수 있음에 동의한 경우가 아니라면 제311조 내지 316조에 규정한 것 이외에는 증거능력이 인정되지 않는다(제310조의2).

(3) 증거동의가 없는 경우 丁이 작성한 자술서의 증거능력 인정요건

사안에서 丁이 작성한 자술서는 제312조 제5항의 사경 P1이 수사과정에서 작성한 진술서에 해당하며, 丁의 임야의 매도(횡령사실에 해당한다) 경위에 관한 것이므로 사경이 작성한 피의자신문조서로서의 성격을 갖는다. 더 나아가 甲에 대한 범행과 관련하여서는 사경이 작성한 공범에 대한 피의자신문조서에 해당한다.

사경이 작성한 공범에 대한 피의자신문조서는 사경이 '피고인이 아닌 자'의 진술을 기재한 조서에 해당하므로 제312조 제4항이 적용된다는 견해가 있다. 그러나 제312조 제3항은 제312조 제1항과 달리 피고인이 된 피의자의 진술을 기재한 조서로 제한하여 규정하지 아니하고, 사경이 작성한 피의자신문조서라고 규정하고 있으므로 사경이 작성한 공범에 대한 피의자신문조서도 제312조 제3항이 적용된다고 보는 것이 타당하다.

다만 제312조 제3항이 적용된다고 보는 입장에서도 내용의 인정 주체가 원진술자인 공범자라고 보는 견해가 있으나, 공범에 대한 피의자신문조서는 당해 피고인에 대한 피의자신문조서의 내용과 다름없다는 점과 공범의 책임전가 경향을 고려하면 당해 피고인이 내용의 인정 주체가 된다고 보는 것이 타당하다.

(4) 결론

丁이 작성한 자술서는 甲의 증거동의가 있으면 제318조에 의하여 증거능력이 인정된다.❹ 다만 증거동의가 없는 경우라도 제312조 제5항에 의하여 제312조 제3항이 적용되므로 피고인인 甲이 그 내용을 인정하면 증거능력이 인정된다.

---

❹ 자술서에 대하여는 법원에 증거로 제출되었다는 사실관계 이외에는 더 이상 나타난 사실이 없다. 따라서 제출된 후 증거동의의 가능성도 남아 있으므로 증거동의 부분도 반드시 언급하여야 할 것으로 본다. 대부분의 교재에서는 이를 전혀 언급하고 있지 않다.

3. A에 대한 검사 작성의 2차 진술조서의 증거능력

(1) 논점의 정리

사안에서 검사는 이미 공판기일에서 증언을 마친 A를 소환한 후 피고인에게 유리한 증언 내용을 번복하는 취지 진술조서를 작성하였는바 이러한 진술조서의 작성도 허용되는지 문제된다.

(2) 2차 진술조서의 증거능력

이미 증언한 자에 대한 진술조서라는 이유만으로 그 조서의 증거능력을 부정할 수 없으므로 증언 이후의 진술조서 작성과정이 위법하지 아니한 진술조서는 제312조 제4항의 요건을 구비하면 증거능력을 인정할 수 있다는 견해가 있다(대판 : 99도1108 소수견해). 그러나 공판기일에 이미 증언을 마친 증인을 검사가 소환한 후 피고인에게 유리한 증언 내용을 번복시키는 방식으로 작성한 진술조서를 유죄의 증거로 삼는 것은 법관의 면전에서 재판을 받을 권리를 침해하는 것이고, 당사자주의 · 공판중심주의 · 직접주의를 지향하는 현행 형사소송법의 소송구조에 어긋나므로, 이러한 진술조서는 증거능력이 없다고 보는 것이 타당하다(대판 : 99도1108 다수견해).

(3) 결론

A에 대한 검사 작성의 2차 진술조서는 증거능력이 없다.❺

[설문 2]의 해설

1. 논점의 정리

항소심에서도 공소장변경이 허용되는지, 항소심에서 단독사건이 합의부사건으로 공소장변경이 된 경우 형사소송법 제8조 제2항을 적용할 수 있는지가 된다.

2. 항소심에서도 공소장변경이 허용되는지 여부

ⅰ) 항소심은 사후심이므로 허용되지 않는다는 견해(부정설), ⅱ) 항소심은 원칙적으로 사후심이고 예외적으로 속심이므로 항소심이 파기자판을 하는 경우에 한하여 허용된다는 견해(절충설)가 있다.

그러나 형사소송법에 의하면 항소심은 사후심적 성격이 가미된 속심이라고 할 것이므로, 공소장변경은 항소심에서도 할 수 있다고 보는 것이 타당하다(대판 : 2013도7101).

사안에서 단순횡령죄의 공소사실과 특정경제범죄가중처벌법위반(횡령)죄의 공소사실은 이득액만 차이가 있고 기본적 사실이 동일하므로❻ 항소심 법원은 공소장변경을 허가하여야 한다.

---

❺ 다만 판례는 뿌이 증거로 함에 동의한 경우 예외적으로 증거능력을 인정하고 있다.
❻ 공소사실의 동일성에 관한 어느 견해에 의더라도 사안의 경우 공소사실의 동일성이 인정된다는 점, 배점이 10점인 것을 고려하면 학설을 장황하게 기술하는 것은 지양하여야 한다(바람직하지 못하다).

3. 항소심에서 단독사건이 합의부사건으로 공소장변경이 된 경우 형사소송법 제8조 제2항을 적용할 수 있는지

형사소송법 제8조 제2항은 단독판사의 관할사건이 공소장변경에 의하여 합의부 관할사건으로 변경된 경우에 법원은 결정으로 관할권이 있는 법원에 이송한다고 규정하고 있다.

위 규정은 1심에만 적용될 수 있다고 보아 항소심에서 단독사건이 합의부사건으로 공소장변경이 된 경우에는 ⅰ) 항소심(지방법원본원 합의부)이 제1심으로 재판하여야 한다는 견해, ⅱ) 항소심이 제2심으로 재판하여야 한다는 견해, ⅲ) 항소심이 관할위반판결을 선고하여야 한다는 견해가 있다.

그러나 신속한 재판을 받을 권리와 심급에 따른 재판을 받을 권리를 함께 고려❼하여 항소심에서 단독사건이 합의부사건으로 공소장변경이 된 경우에도 제8조 제2항을 적용할 수 있다고 보아 관할권이 있는 고등법원으로 사건으로 이송하여야 하여야 한다고 보는 것이 타당하다(대판 : 97도2463).

4. 결론

법원은 검사의 공소장변경신청을 허가한 후, 사건을 관할권이 있는 고등법원으로 이송하여야 한다.

[설문 3]의 해설

1. 체포가 위법한❽ 함정수사라는 변호인의 주장의 당부

(1) 위법한 함정수사의 판단기준

ⅰ) 기회제공형 함정수사는 적법하지만, 범의유발형 함정수사는 위법하다고 보는 견해(주관설), ⅱ) 객관적으로 수사기관이 통상의 일반인도 범죄를 저지를 정도의 설득 내지 유혹의 방법을 사용한 경우 위법한 함정수사라고 보는 견해(객관설)가 있다.

그러나 위법한 함정수사에 해당하는지 여부는 해당 범죄의 종류와 성질, 유인자의 지위와 역할, 유인의 경위와 방법, 유인에 따른 피유인자의 반응, 피유인자의 처벌 전력 및 유인행위 자체의 위법성 등을 종합하여 판단하는 것이 타당하다(대판 : 2013도1473).

(2) 사안의 경우

사안에서 경찰관들의 행위는 취객을 발견하고도 구호조치를 하지 않은 채 숨어서 지켜보고 있다가 乙과 丙이 범행하는 것을 기다렸다가 때마침 체포한 것이고, 乙과 丙은 취객을 발견하고 스스로 범의를 일으켜 범행에 나아간 것이어서 그 체포를 위법한 함정수사라고 할 수 없다(대판 : 2007도1903 참고).

---

❼ ⅰ), ⅲ)의 경우 신속한 재판을 받을 권리를 침해할 수 있으며, ⅱ)의 경우 합의부사건임에도 합의부 항소심인 고등법원이 아닌 단독사건의 항소심인 지법본원합의부가 재판하게 되어 심급에 따른 재판을 받을 권리를 침해하게 된다.

❽ 변호인이 "이 건 체포는 함정수사이다."라고 주장한 것은 결국 체포가 위법한 함정수사임을 주장한 것으로 볼 수 있다.

(3) 결론

체포가 위법한 함정수사라는 변호인의 주장은 타당하지 아니하다.

2. 법원의 증인신청 기각결정에 대한 불복방법

(1) 법원의 증거결정의 법적 성질

당사자의 증거신청을 받아들일 것인지는 법원이 재량에 따라 결정하는 것이 원칙이므로, 법원은 당사자가 신청한 증거가 적절하지 않다고 판단하거나 조사할 필요가 없다고 인정할 때에는 그 신청을 기각할 수 있다(대판 : 2008도763).

사안의 경우 변호인은 피고인들에 대한 체포가 위법한 함정수사라고 주장하면서 경찰관 P1을 증인으로 신청하였으나 그 체포는 위법한 함정수사에 해당하지 아니하므로 법원이 그 신청을 기각한 것은 위법하다고 할 수 없다.

(2) 법원의 증거결정에 대한 불복방법

1) 이의 신청

법원의 증거결정에 대하여는 법령의 위반이 있음을 이유로 하여서만 이의신청을 할 수 있다(제295조, 제135조의2).

사안의 경우 법원의 증거신청 기각결정은 위법하지 아니하므로 이의신청을 할 수 없다.

2) 항고

판결 전의 소송절차에 관한 결정에 대하여는 특히 즉시항고를 할 수 있는 경우 외에는 항고하지 못한다(제403조 제1항).

사안의 경우 법원의 증거신청 기각결정은 판결 전의 소송절차에 관한 결정이므로 항고할 수 없으며, 더 나아가 즉시항고에 관한 규정도 없으므로 즉시항고를 할 수도 없다.

3) 상소

법원의 증거결정은 그로 말미암아 사실을 오인하여 판결에 영향을 미친 경우 이를 상소의 이유로 삼아 그 판결 자체를 상소로 다툴 수는 있으나(제361조의5 제1호, 제383조 제1호), 법원의 증거결정 자체를 상소로 다툴 수는 없다.

(3) 결론

사안의 경우 법원의 증거신청 기각결정에 대한 불법방법은 없다.

2012년 제1회 변호사시험

甲은 2011. 12. 1. 14:00경 서울 서초구 서초동 123에 있는 서초편의점 앞 길에서 그곳을 지나가는 부녀자 A의 핸드백을 열고 신용카드 1장과 현금카드 1장이 들어 있는 손지갑 1개를 꺼내던 순간 이를 눈치챈 A가 "도둑이야."라고 소리치자 위 손지갑을 가지고 그대로 도주하였다. 이에 A는 마침 그곳을 순찰하던 정복 착용의 서초경찰서 서초지구대 소속 경찰관 P1과 함께 甲을 붙잡기 위하여 쫓아갔고, 甲은 이를 피해 계속 도망하다가 대전교도소에서 함께 복역한 적이 있던 乙을 만났다. 甲은 乙에게 사정을 이야기하고 도와달라고 부탁하였고 乙은 이를 승낙하여 甲과 乙은 그곳 길바닥에 있던 깨진 소주병을 한 개씩 들고 甲을 체포하기 위하여 달려드는 경찰관 P1의 얼굴을 찔러 약 4주간의 치료를 요하는 안면부 열상을 가했다. 그런 다음 甲은 도주하였고, 乙은 그곳에서 현행범으로 체포되었다.

2011. 12. 1. 15:00경 甲은 집으로 가는 길에 A의 신용카드를 이용하여 의류가게에서 50만 원 상당의 의류를 구입하고, 부근 신한은행 현금자동지급기에서 A의 현금카드를 이용하여 현금 100만 원을 인출하였다.

위 사건을 수사하던 서초경찰서 소속 경찰관 P2는 2011. 12. 1. 21:00경 甲이 살고 있는 집에서 25미터 정도 떨어진 곳에서 외출하러 나오는 甲을 발견하고 긴급체포하였다. 경찰관 P2는 그 직후 긴급체포한 甲을 그의 집으로 데려가 그의 방 책상 서랍에 있던 A의 신용카드를 압수하였고 그 후 적법하게 그 신용카드에 대한 압수수색영장을 발부받았다.

검사는 甲과 乙을 병합하여 공소를 제기하였다.

1. 甲이 공판 과정에서도 범행 일체를 부인하자 검사는 甲의 주거지에서 압수한 A의 신용카드를 증거물로 제출하였다. 검사가 제출한 그 신용카드의 증거능력 유무 및 그 근거에 대하여 논하시오. (20점)

2. 제1심 법원은 甲에 대하여 현금카드를 사용하여 현금을 인출한 행위에 대하여는 무죄를 선고하고, 나머지 공소사실에 대하여는 모두 유죄로 인정하고 징역 5년을 선고하였다. 검사만 위 무죄 선고 부분에 대하여 항소하였다. 항소심 법원이 검사의 위 항소가 이유있다고 판단하는 경우 항소심의 심판범위 및 조치에 대하여 논하시오. (20점)

[설문 1]의 해설

1. 논점의 정리

적법한 절차에 따르지 아니하고 수집한 증거는 증거로 할 수 없는바(제308조의2), 신용카드가 적법한 절차에 따라 압수되었는지 문제된다.

2. 영장 없는 압수가 적법한 경우

사안에서 경찰관 P2는 집에서 25미터 정도 떨어진 곳에서 외출하러 나오는 甲을 발견하고 긴급체포한 직후 甲을 그의 집으로 데려가 그의 방 책상 서랍에 있던 A의 신용카드를 영장 없이 압수하였다.

위 압수는 제216조 제1항 제2호의 체포현장에서 압수라고 할 수 없으며, 제216조 제3항의 범행 중 또는 범행직후의 범죄 장소에서 압수라고도 할 수 없다.

다만 제217조 제1항에 의한 적법한 압수라고 볼 수 있는지 문제된다.

3. 긴급체포된 자의 소유물 등에 대한 압수·수색

사법경찰관은 제200조의3(긴급체포)에 따라 체포된 자가 소유·소지 또는 보관하는 물건에 대하여 긴급히 압수할 필요가 있는 경우에는 체포한 때부터 24시간 이내에 한하여 영장 없이 압수·수색을 할 수 있다(제217조 제1항).

본 조항에 의한 압수·수색은 적법한 긴급체포를 전제로 하는바, 사안에서 甲은 강도상해죄 등을 범하여 범죄의 중대성이 인정되고, 범행 후 도주한 자로서 체포의 필요성도 인정되며, 외출하러 나온 상태에서 경찰관에게 발견되었으므로 체포의 긴급성도 인정되므로 경찰관 P2의 甲에 대한 체포는 제200조의3 제1항의 요건을 구비한 적법한 긴급체포에 해당한다.

또한 본 조항에 의한 압수·수색은 제216조 제1항 제2호와 달리 체포현장이 아닌 장소에서도 긴급체포된 자가 소유·소지 또는 보관하는 물건을 대상으로 할 수 있다(대판 : 2017도10309). 따라서 긴급체포현장이 아닌 甲의 집에서 압수를 하는 것도 허용된다.

사안에서 경찰관 P2가 甲을 체포한 때부터 24시간 이내에 신용카드를 압수하였음은 분명하다.

한편 사법경찰관은 제217조 제1항에 따라 압수한 물건을 계속 압수할 필요가 있는 경우에는 지체 없이 압수수색영장을 청구하여야 한다. 이 경우 압수수색영장의 청구는 체포한 때부터 48시간 이내에 하여야 한다(제217조 제2항). 사안의 경우 신용카드 압수 후 적법하게 그 신용카드에 대한 압수수색영장을 발부받았으므로 본 요건도 구비하였다.

4. 제217조 제1항에 의한 압수와 요급처분의 허용여부

제216조의 규정에 의한 처분을 하는 경우에 급속을 요하는 때에는 제123조 제2항(주거주, 간수자 등의 참여), 제125조(야간집행의 제한)의 규정에 의함을 요하지 아니한다고 규정하고 있으나(제220조), 제217조 제1항에 의한 압수·수색의 경우에는 제220조가 명시적으로 규정하고 있지 않다.

이에 대하여 제217조 제1항에 의한 압수의 경우 ⅰ) 24시간 이내에만 허용된다는 점에서 긴급성을 요하므로 명문의 규정이 없더라도 제220조의 규정이 유추적용될 수 있다는 견해, ⅱ) 사후에 적법한 압수수색영장을 발부받은 경우 요급처분도 허용된다는 견해(판례)가 있다.

그러나 명문의 규정이 없는 이상 제220조가 적용될 수 없다고 보는 것이 타당하다.

사안에서 경찰관 P2는 甲을 긴급체포한 후 그의 집으로 데려가 압수하였으므로 제123조 제2항의 규정은 준수하였다고 보여지나 압수의 시간이 21:00경이므로 제125조 규정에 위반한 것이다.

5. 결론

검사가 제출한 신용카드는 적법한 절차에 따라 압수한 것이 아니므로 증거능력이 없다.

[설문 2]의 해설

1. 논점의 정리

형법 제37조 전단의 경합범 중 일부무죄, 일부유죄가 선고되어 검사만이 무죄부분에 대하여 상소한 경우 일부상소가 허용되는지 여부, 검사의 항소가 이유 있다고 판단하는 경우 파기의 범위가 어떠한지 문제된다.

2. 일부상소의 허용여부❶

상소는 재판의 일부에 대하여 할 수 있으며, 일부에 대한 상소는 그 일부와 불가분의 관계에 있는 부분에 대하여도 효력이 미친다(제342조 제1항, 제2항). 따라서 일부상소가 허용되기 위해서는 재판의 내용이 가분적이고 독립된 판결이 가능한 경우 즉 판결주문이 수개일 경우여야 한다.

사안의 경우 현금카드로 현금을 인출한 행위(절도죄)와 나머지 공소사실(강도상해죄, 특수공무방해치상죄, 사기죄, 여전법위반죄)는 형법 제37조 전단의 경합범 관계에 있지만 전자는 무죄, 후자는 유죄가 선고되어 판결의 주문이 2개이므로 무죄가 선고된 부분에 대하여 검사의 일부항소가 허용된다.

3. 항소심의 심판의 범위 및 조치

형법 제37조 전단의 경합범 중 일부무죄, 일부유죄가 선고되어 검사만이 무죄부분에 대하여 상소한 경우, - 무죄부분이 유죄로 변경될 가능성이 있으므로 유죄부분에 대하여 따로 상소가 되지 않았더라도 상소불가분의 원칙이 적용되어 유죄부분도 무죄부분과 함께 상소심에 이심되는 것이고, 따라서 상소심 법원이 무죄 부분을 파기하여야 할 경우에는 직권으로 유죄 부분까지도 함께 파기하여 다시 일개의 형을 선고할 수 있도록 하여야 한다는 견해(전부파기설, 대판 : 91도1402 소수견해)❷가 있다.

---

❶ 일부상소의 허용여부는 사실적으로 일부상소가 허용되는지의 의미가 아니라 일부상소를 한 경우 상소하는 자의 의사대로 상소한 일부만에 대하여 상소의 효과가 나타날 수 있는지의 문제를 말하며 그러한 효과가 긍정되는 경우 일부상소가 허용된다고 표현하는 것이다.

❷ 다음에서 보는 상소한 무죄부분만 파기해야 한다는 일부파기설에 의하면 이미 확정된 유죄판결과 함께 2개의 유죄판결을 받게 되어 피고인에게 불이익을 초래할 수 있기 때문이라는 것을 논거로 한다.

그러나 - 당사자 쌍방이 상소하지 아니한 유죄부분은 상소기간이 지남으로써 확정되어 상소심에 계속된 사건은 무죄판결 부분에 대한 공소뿐이므로 상소심에서 이를 파기할 때에는 무죄 부분만을 파기할 수밖에 없다고 보는 것이 타당하다(일부파기설, 대판 : 91도1402 다수견해).

4. 결론

검사의 무죄부분에 대한 일부상소는 허용되며, 항소심에 계속된 사건은 무죄판결 부분에 대한 공소뿐이므로 항소심은 무죄부분에 대하여만 심판할 수 있다. 따라서 검사의 위 항소가 이유있다고 판단하는 경우 법원은 무죄부분만을 파기하고 자판하여야 한다(제364조 제6항).

항소심이 무죄부분을 파기자판하는 경우 형법 제37조 후단의 경합범으로서 형을 선고하여야 하고 형법 제39조 제1항에 의하여 1심에서 유죄로 확정된 부분과 동시에 판결할 경우와 형평을 고려하여 형을 감경하거나 면제할 수 있다.❸

---

❸ 배점이 20점임을 고려하여 내용을 충실히 기재하였다.

고소인 甲은 서초경찰서에 '피고소인 乙은 고소인에게 상해보험금이라도 타서 빌려준 돈을 갚으라고 하면서 고소인의 쇄골을 골절해서 4주간의 상해를 입혔다. 그런데 뜻대로 안 되니까 이제는 돈을 갚으라고 협박하고 있다.'는 내용으로 고소하였다.

이를 접수한 사법경찰관 P1은 법원으로부터 영장을 받아 사채업자 乙의 사무실을 압수·수색하였다. 그 결과 甲 명의의 전세계약서, 소비대차계약서, 상해보험증권과 乙 소유의 비망록, 회사 영업장부 등을 압수하였다. 압수한 자료를 검토하던 사법경찰관 P1은 乙에게 "보험금을 청구했느냐?"라고 묻자, "교통사고를 가장해서 보험금을 청구해 보려고 했는데, 甲이 차마 더 이상 못하겠다고 해서 포기했다. 甲이 스스로 보험에 가입하였고, 甲이 승낙하여 상해를 입힌 것이다." "오히려 내가 피해자다. 甲에게 돈을 빌려 주었는데 담보로 받은 전세계약서가 위조되었다."고 주장하였다.

대질과정에서 甲은 전세계약서의 보증금란에 기재된 2,000만 원을 5,000만 원으로 고쳐 위조한 것은 사실이라고 자백하였다. 그리고 甲은, 乙이 '돈을 갚지 않으면 아들을 등교 길에 유괴할 수도 있다.'는 등으로 협박한 전화 통화내용을 직접 녹음한 테이프와 乙이 보낸 핸드폰 메시지를 촬영한 사진 20매를 증거로 제출하였다.

P1은 乙에게 소주라도 한잔하자면서 경찰서 주변 식당으로 乙을 데리고 가 비망록에 '구청직원 접대' 부분을 지적하면서, "접대를 한 구청직원이 누구이고, 왜 접대를 한 것이냐? 앞으로 내가 잘 챙겨 주겠다."는 등으로 설득을 하였다. 당시 진술거부권의 고지는 없었다.

더 이상 버틸 수 없다고 생각한 乙은 "사실은 사건 브로커 丙에게 3,000만 원을 주어 구청직원에게 대부업에 대한 행정단속 등에 편의를 봐 달라는 부탁을 하고 돈을 전달하게 했는데, 돈을 주었는지는 모르겠다."고 진술하였다. 경찰서로 복귀한 후 P1은 乙에 대한 피의자신문조서를 작성하고, 돈을 건네 준 丙을 소환하여 조사하였다. 丙은 "乙에게서 3,000만 원을 받아 丁에게 전액 전달하였다."고 자백하였다. 이에 P1은 구청직원 丁을 소환하여 조사하였는데 丁은 범행 일체를 부인하였다.

검찰에서 甲, 乙과 丙은 경찰에서 한 진술과 같이 모두 자백하였으나, 丁은 일관되게 "친구인 丙으로부터 청탁을 받은 적은 있으나 돈은 결코 받지 않았다."고 주장하였다. 검찰에서의 피의자 신문 과정에서는 진술거부권이 적법하게 고지되었고, 변호인이 참여한 상태에서 조사가 이루어졌다.

제1회 공판기일에 피고인 甲은 자백하였으나, 乙과 丙은 검찰진술을 번복하면서 검사가 작성한 피의자신문조서의 진정 성립을 부정하였고, 丁은 일관되게 범행을 부인하였다.

1. 다음의 각 증거들에 대한 증거능력을 부여하기 위한 요건은 무엇인가? (35점)
   (1) P1이 압수한 비망록
   (2) 乙이 부동의 한 甲이 제출한 녹음테이프와 핸드폰 메시지를 촬영한 사진
   (3) 진술을 번복하는 乙에 대한 검사 작성의 피의자신문조서
2. 丙의 변호인은 乙의 자백이 위법하게 수집한 것으로 증거능력이 없다고 주장한다. 경찰과 검찰에서 한 자백을 각각 나누어 그 주장의 당부를 논하시오. (15점)

[설문 1]의 해설

Ⅰ. 논점의 정리

각 증거에 대한 증거능력을 부여하기 위한 요건과 관련하여,
① P1이 압수한 비망록이 ⅰ) 압수·수색영장 발부의 사유가 된 범죄혐의와의 관련성이 인정될 수 있는지, ⅱ) 전문증거로서 어떠한 요건을 갖추어야 하는지,
② ⅰ) 녹음테이프가 통신비밀보호법에 위반되는지 ⅱ) 녹음테이프와 핸드폰메시지를 촬영한 사진이 전문증거로서 전문법칙이 적용되는지,
③ 乙이 증거에 부동의한 경우 乙에 대한 검사 작성 피의자신문조서의 증거능력이 인정될 수 있는지 각 문제된다.

Ⅱ. 압수한 비망록

1. 압수의 적법성❶

사안에서 乙의 압수·수색의 사유가 된 범죄는 상해죄, 공갈미수죄, 정보통신망 이용촉진 및 정보보호 등에 관한 법률 위반죄이다. 그런데, 위 비망록에 기재된 뇌물죄와 관련된 사실은 영장 발부의 사유가 된 범죄사실과 별도의 범죄사실에 해당하므로 압수의 관련성이 인정될 수 있는지 문제된다.

압수·수색은 영장 발부의 사유로 된 범죄 혐의사실과 관련성이 인정되어야 하므로 이와 무관한 별개의 증거를 압수하였을 경우 이는 원칙적으로 유죄 인정의 증거로 사용할 수 없다(제215조).

개인의 사적인 기록들이 기재되는 비망록의 특성상 乙의 비망록에는 금전소비대차에 대한 기록들이 존재할 것이며 이는 영장 발부의 사유가 된 범죄혐의와 객관적·주관적 관련성이 인정되므로 압수는 일응 적법하다.

---

❶ 1회 변호사시험 제2문은 지문이 명확하지 않아 논란의 여지가 많다. 다만, 비망록과 관련된 전문증거의 판례가 존재하는 만큼 비망록의 압수를 위법하다고 한다면 전문증거는 논해줄 여지조차 없게 되므로 설문을 최대한 선해하여 압수에는 문제가 없다는 결론을 내려야 할 것이다.

다만, 이를 乙의 별도의 범죄사실인 제3자뇌물교부죄의 증거로 사용할 수 있는지 문제될 수 있으나 비망록의 압수가 적법한 이상 위 비망록에서 발견된 별도의 증거를 다른 범죄사실에 대한 증거로 사용할 수 있다고 보는 것이 타당하다(대판 : 2008도2245).

사안에서 비망록은 영장 발부이 사유가 된 범죄사실과 관련성이 인정되므로 이를 별도의 범죄사실인 제3자뇌물교부죄의 증거로 사용할 수 있다.

2. 전문증거로서 전문법칙의 예외요건 구비여부

(1) 진술서

사안의 비망록은 경험한 자의 진술이 서면에 기재된 전문증거로서 법원이나 수사기관 이외의 사인이 스스로 작성한 진술서에 해당한다(제313조). 따라서 위 진술서를 증거로 사용하기 위해서는 공판준비나 공판기일에서의 그 작성자인 乙 진술에 의하여 그 성립의 진정함이 증명되어야 한다(제313조 제1항).

사안에서 乙이 검찰에서의 진술을 번복한 사정에 비추어 위 비망록의 성립의 진정을 부인한다면 과학적 분석결과에 기초한 디지털포렌식 자료, 감정 등 객관적 방법으로 성립의 진정함이 증명되는 때에는 증거로 할 수 있다(제313조 제2항).

(2) 업무상 필요로 작성한 통상문서 또는 기타 특히 신용할 만한 정황에 의하여 작성된 문서

상업장부, 항해일지 기타 업무상 필요로 작성한 통상문서업무상 필요로 작성한 통상문서는 당연히 증거능력이 있고(제315조 제2호), 기타 이에 준하는 서류로서 범죄사실의 인정 여부와는 관계없이 자기에게 맡겨진 사무를 처리한 내역을 그때그때 계속적, 기계적으로 기재한 문서는 당연히 증거능력이 인정된다(제315조 제3호)(대판 : 2017도12671).

사안에서 乙이 작성한 '구청직원 접대'와 관련된 기재만으로는 이를 업무상 통상문서 또는 특히 신용할 만한 정황에 의하여 작성된 문서에 해당한다고 볼 수는 없지만 만약 이와 같은 기재가 존재한다면 제315조 제2호 또는 동조 제3호에 의하여 증거능력이 인정될 수 있다.

3. 소결

적법하게 압수한 비망록 전문증거로서 乙이 증거동의 하는 경우(제318 제1항), 제313조 진술서의 요건을 구비한 경우 또는 제315조 제2호 · 제3호에 해당하는 경우에 증거능력이 인정될 수 있다.

Ⅲ. 녹음테이프와 핸드폰 메시지를 촬영한 사진

(1) 통신비밀보호법 위반여부

누구든지 공개되지 아니한 타인간의 대화를 녹음할 수 없고, 이러한 녹음에 의하여 획득한 내용은 재판절차에서 증거로 사용할 수 없다(통비법 제3조 제1항, 제4조).❷ 여기의 '타인간의 대화를 녹음'한다

---

❷ 법조문의 내용 중에서도 본 사안과 관련된 내용만 인용하여 간결하게 답안을 작성하는 것이 수험효율적일 것이다. 실제 법조문과 위 인용된 내용을 반드시 비교하여 보기 바란다.

함은 대화에 원래부터 참여하지 않는 제3자가 그 대화를 하는 타인들 간의 발언을 녹음하는 것을 의미한다(대판 : 98도3169).

사안의 경우 甲과 乙 양자 간의 대화에 있어서 대화 참여자 중의 한 사람인 甲이 그 대화를 녹음하였으므로 甲과 乙의 대화는 그 녹음자인 甲에 대한 관계에서 '타인 간의 대화'라고 할 수 없으므로, 甲의 녹음행위는 통비법 제3조 제1항에 위배된다고 볼 수 없다.

(2) 전문법칙의 적용여부

진술의 '내용인 사실이(진실인지 여부가)' 요증사실인 경우에는 전문증거로서 전문법칙이 적용된다. 원진술의 '존재자체가' 요증사실인 경우에는 원본증거에 해당하고 전문증거가 아니므로 전문법칙이 적용되지 않는다(대판(전) : 2018도2738).

1) 녹음테이프

사안에서 위 녹음파일의 내용 중 "돈을 갚지 않으면 아들을 등굣길에 유괴할 수도 있다"는 乙의 말은 진술의 존재 자체가 협박에 해당하므로 원진술의 존재 자체가 요증사실인 경우로서 본래증거에 해당하고 전문법칙이 적용되지 않는다. 따라서 녹음테이프가 인위적 개작 없이 원본 그대로임이 증명되면(대판 : 2012도7461) 증거로 사용할 수 있다.

2) 핸드폰 메시지 촬영 사진

정보통신망을 통하여 공포심이나 불안감을 유발하는 글을 반복적으로 상대방에게 도달하게 하는 행위를 하였다는 공소사실에 대하여 휴대전화기에 저장된 문자정보가 그 증거가 되는 경우, 그 문자정보는 범행의 직접적인 수단이고 경험자의 진술에 갈음하는 대체물에 해당하지 않으므로 전문법칙이 적용되지 않는다(대판 : 2006도2556).

따라서 핸드폰 메시지를 촬영한 사진은 증거로 사용할 수 있다. 다만, 휴대전화기의 화면을 촬영한 사진은 복사본에 해당하므로 이를 증거로 사용하기 위해서는 최량증거의 법칙에 따라 문자정보가 저장된 휴대전화기를 법정에 제출할 수 없거나 그 제출이 곤란한 사정이 있고, 그 사진의 영상이 휴대전화기의 화면에 표시된 문자정보와 정확하게 같다는 사실이 증명되어야 한다(대판 : 2006도2556).

3) 소결

녹음테이프와 핸드폰 메시지를 촬영한 사진은 전문법칙이 적용되지 않으므로 기타의 요건을 갖추면 각 증거능력이 인정된다.

Ⅳ. 검사 작성의 피의자신문조서❸

검사가 작성한 피의자신문조서는 적법한 절차와 방식에 따라 작성된 것으로서 공판준비, 공판기일에 그 피의자였던 피고인 또는 변호인이 그 내용을 인정할 때에 한정하여 증거로 할 수 있다(제312조 제1항).

---

❸ 2022년 1월 1일부터 시행되는 개정 형사소송법에 따라 답안을 구성하였다.

사안에서 乙은 검찰진술을 번복하면서 검사 작성 피의자신문조서에 대하여 내용을 부인하므로 증거능력을 인정할 수 없다.❹

V. 결론

① 비망록은 진술서 제313조의 요건을 갖추면 증거능력이 인정된다.
② 녹음테이프와 핸드폰 메시지를 촬영한 사진은 전문증거에 해당하지 않으므로 기타의 요건을 갖추면 증거능력이 인정된다.
③ 검사 작성 피의자신문조서는 증거능력이 없다.

[설문 2]의 해설

1. 논점의 정리

丙의 변호인의 주장과 관련하여 ⅰ) 乙의 경찰에서의 자백이 임의성이 인정될 수 있는지, ⅱ) 진술거부권을 고지하지 않고 획득한 자백의 증거능력이 인정될 수 있는지, ⅲ) 이와 같은 위법하게 수집된 증거의 효력이 제3자에게도 효력이 미치는지, ⅳ) 乙의 검찰에서의 자백이 증거능력이 인정될 수 있는지 문제된다.

2. 경찰에서의 자백의 증거능력

(1) 자백의 임의성 인정여부

형사소송법 제309조에 의하면 피고인의 자백이 고문, 폭행, 협박, 신체구속의 부당한 장기화 또는 기망 기타의 방법으로 임의로 진술한 것이 아니라고 의심할 만한 이유가 있는 때에는 이를 유죄의 증거로 하지 못한다.

사안에서 乙의 자백은 "접대를 한 구청직원이 누구이고, 접대를 한 것이냐? 앞으로 내가 잘 챙겨주겠다"라는 P1의 설득에 의한 것으로서, 이는 기타의 방법으로 임의로 진술한 것이 아니라고 의심할 만한 이유가 있는 때에 해당하여 유죄의 증거로 할 수 없다.❺

따라서 임의성 없는 자백이 기재된 乙에 대한 피의자신문조서는 유죄 인정의 증거로 사용할 수 없다.

(2) 진술거부권을 고지하지 않고 얻은 자백의 증거능력

乙에게 진술거부권을 고지하지 않고 획득한 자백의 증거능력을 검토하기 이전에 그 전제로서 乙이 피의자로서 진술거부권의 고지 대상이 될 수 있는지 문제된다.

---

❹ 진정성립의 인정과 내용인정은 증거능력에 있어 다른 요건에 해당한다. 출제 당시에는 검사 작성 피의자신문조서의 요건이 현재와 달랐으므로 시행 중인 개정법에 따라 해설하였다.
❺ 사안에서 "앞으로 내가 잘 챙겨주겠다"는 P1의 말을 "사건을 검찰로 송치하지 않겠다"의 의미로 해석한다면 이는 기망에 해당한다고 볼 여지도 있다.

수사기관이 범죄혐의가 있다고 보아 실직적으로 수사에 착수하였을 때 수사가 개시된 것으로 보아야 하고(대판 : 2008도12127), 사법경찰관은 피의자를 신문하기 전에 반드시 진술거부권을 고지하여야 한다(제244조의3 제1항).

사안에서 P1이 乙을 식당으로 데리고 가 비망록에 기재된 부분을 지적하며 접대를 한 구청 직원과 그 이유를 물었으므로 이때 수사가 실직적으로 개시된 것으로 보아야 하고 乙은 이미 피의자의 신분을 얻었으므로 진술거부권의 고지 대상에 해당한다.

한편, 피의자에게 미리 진술거부권을 고지하지 않은 때에는 그 피의자의 진술은 위법하게 수집된 증거로서 진술의 임의성이 인정되는 경우라도 증거능력이 부정된다(대판 : 2014도1779).

사안의 경우 식당에서 乙의 자백은 실질적으로 '피의자'의 신분에서 자백한 것에 해당하므로 진술거부권이 고지되지 않은 상태에서 한 자백의 증거능력 위법하게 수집된 증거로서 증거능력을 인정할 수 없다.

(3) 위법수집증거의 제3자효 인정여부

수사기관이 피고인 아닌 자를 상대로 위법하게 수집한 증거의 경우, 그 자에 대해서는 증거능력이 없는 것이 원칙인데, 이 경우 제3자인 피고인에 대해서까지 증거능력이 부정되는지 여부가 문제된다.

위법수집증거배제법칙은 중대한 위법이 있는 경우, 즉 적법절차의 실질적인 내용을 침해하는 경우에만 적용되므로 제3자에도 효력이 미친다고 보는 것이 타당하다. 判例도 제3자효를 인정하고 있다(대판 : 2009도6717).

제309조에 의한 자백 또는 진술거부권을 고지하지 않고 얻은 자백은 적법절차의 실질적인 내용을 침해한 것이므로 제3자인 丙(丙의 변호인)도 乙에 대한 자백이 위법수집증거로서 증거능력이 없음을 주장할 수 있다.

3. 검찰에서의 자백의 증거능력

피고인이 수사기관에서 임의성 없는 자백을 하고 그 후 법정에서도 임의성 없는 심리상태가 계속되어 동일한 내용의 자백을 하였다면 법정에서의 자백도 임의성 없는 자백이라고 보아야 한다(대판 : 2010도3029).

사안에서 乙의 경찰에서의 자백이 임의성 없는 자백일지라도 검찰 조사에서는 진술거부권이 고지되었고, 변호인의 참여하에 조사가 이루어진 점 등에 비추어 乙의 검찰에서의 자백을 임의성 없는 심리상태가 계속되어 동일한 내용의 자백을 한 것으로 볼 수 없으므로 그 자백은 임의성이 있는 것으로 인정된다고 보아야 한다.

따라서 사안에서 乙의 검찰에서의 자백은 증거로 사용할 수 있다.

4. 결론

乙의 자백이 위법하게 수집한 것으로 증거능력이 없다는 변호인의 주장은 부당하다.

판례색인

[대법원 결정]

대결 1982.11.15. 82모11	350
대결 1984.4.13. 84모14	249
대결 1992.3.13. 92모1	274
대결 1995.8.17. 95모49	274
대결 2006.12.18. 2006모646	305
대결 2009.10.23. 2009모1032	334
대결 2013.1.24. 2012모1393	254
대결 2013.7.1. 2013모160	271, 328
대결 2020.10.29. 2020모633	224

[대법원 판결]

대판 1956.8.17. 4289형상170	128
대판 1966.4.6. 66도12	151
대판 1966.12.20. 66도1437	86, 127
대판 1967.1.31. 66도1501	135
대판 1968.5.7. 68도370	98
대판 1969.6.24. 69도692	49, 85, 94
대판 1970.7.28. 70도1218	171
대판 1975.12.9. 74도2804	158
대판 1976.11.23. 76도3067	69, 185
대판 1977.2.8. 76도3685	23, 172
대판 1978.9.26. 78도1787	162
대판 1979.3.27. 78도1031	273, 356
대판 1980.11.25. 80도2310	92
대판 1980.12.9. 80도1177	68
대판 1981.3.10. 80도3321	64
대판 1982.9.14. 82도1679	106
대판 1983.2.8. 81도3137	157
대판 1983.6.28. 83도1036	30
대판 1984.1.24. 83도1873	98
대판 1984.2.14 83도2897	22
대판 1984.2.28. 83도3321	14
대판 1984.9.25. 84도1646	340
대판 1984.11.27. 83도1946	157
대판 1984.11.27. 84도1906	33, 124
대판 1984.12.26. 84도2127	72
대판 1985.3.9. 85도951	273
대판 1985.5.28. 85도682	14
대판 1985.9.10. 84도1572	143
대판 1985.11.28. 85도1487	31
대판 1985.12.10. 85도1892	207
대판 1986.2.11. 85도2513	93
대판 1986.3.11. 85도2831	17, 48
대판 1986.9.9. 86도1273	85, 92, 109, 184

대판 1987.1.20. 86도1728	185
대판 1987.9.26. 78도1787	43
대판 1988.11.22. 88도1557	189
대판 1988.12.13. 88도750	157
대판 1989.6.13. 88도1983	252
대판 1989.6.20. 89도813	68
대판 1990.10.30. 90도1912	55
대판 1991.2.26. 90도2856	73
대판 1991.5.28. 91도711	143
대판 1991.9.10. 91도1610	161
대판 1991.10.8. 91도1894	171
대판 1992.1.17. 91도2837	55
대판 1992.1.21. 91도1402	224
대판 1992.6.9. 92도77	21, 200
대판 1992.7.28. 92도917	189
대판 1992.9.8. 91도3149	148
대판 1992.12.22. 92도2540	99
대판 1993.1.19. 92도2554	322
대판 1994.3.22. 93도2080	225, 339, 363
대판 1994.3.22. 93도3612	98
대판 1994.4.26. 93도1689	333
대판 1994.12.22. 94도2528	151
대판 1994.12.23. 93도1002	38
대판 1995.7.11. 95도955	170
대판 1995.9.15. 94도2561	71, 116
대판 1996.3.22. 96도313	15, 19, 47, 91, 147, 183
대판 1996.7.12. 96도1181	20
대판 1996.8.23. 94도3191	150
대판 1996.9.6. 95도2551	130
대판 1996.9.20. 95도1728	164
대판 1996.10.25. 95도1473	148
대판 1997.2.28. 96도2825	55
대판 1997.6.13. 97도957	71, 177
대판 1997.6.24. 97도1075	81
대판 1997.9.30. 97도1230	247
대판 1997.12.12. 97도2463	368
대판 1998.2.10. 97도2961	186
대판 1999.1.26. 98도3029	137
대판 1999.2.26. 98도3321	48
대판 1999.3.9. 98도3169	206, 218, 365, 379
대판 1999.4.9. 99도424	41, 71, 133
대판 1999.4.13. 99도640	17, 62
대판 1999.4.27. 99도883	123
대판 1999.5.14. 99도206	100
대판 1999.6.11. 99도275	65, 185
대판 1999.7.9. 99도857	108, 109

대판 2000.5.12. 2000도745	160
대판 2000.6.13. 2000도778	30
대판 2000.6.15. 99도1108	311, 367
대판 2000.7.28. 2000도2466	64
대판 2001.3.23. 2001도359	190
대판 2001.3.9. 2000도5590	98
대판 2001.3.9. 2000도938	29, 43
대판 2001.9.4. 2000도1743	231
대판 2001.9.18. 2001도3448	289
대판 2002.2.8. 2000도3245	50, 207
대판 2002.4.12. 2002도944	350
대판 2002.5.24. 2000도1731	144
대판 2002.7.12. 2002도745	32
대판 2003.2.11. 2002도4293	35, 186
대판 2003.2.14. 2002도5374	35, 71, 172, 186
대판 2003.5.13. 2003도1178	20, 109, 200
대판 2003.7.25. 2003도2252	175, 303
대판 2003.12.26. 2003도6036	149
대판 2004.1.27. 2003도5114	187
대판 2004.3.12. 2004도134	94, 128
대판 2004.3.26. 2003도8077	66
대판 2004.4.9. 2003도7762	105
대판 2004.5.27. 2003도4531	155
대판 2004.6.10. 2001도5380	77
대판 2004.6.24. 2004도1098	39
대판 2004.12.9. 2004도5904	158
대판 2005.1.14. 2004도6646	83
대판 2005.2.24. 2002도18	161
대판 2005.4.29. 2003도2137	148
대판 2005.12.9. 2005도7527	207
대판 2005.12.23. 2005도4478	101
대판 2006.5.11. 2006도1663	43, 106
대판 2006.5.25. 2004도3934	276
대판 2006.6.15. 2006도1390	66
대판 2006.7.6. 2005도6810	297
대판 2006.7.27. 2006도3126	20, 109, 163, 201
대판 2006.11.23. 2006도6795	170
대판 2006.12.7. 2005도3707	71, 172
대판 2007.1.11. 2006도4498	156
대판 2007.4.12. 2007도967	207
대판 2007.4.13. 2007도1249	217
대판 2007.5.20. 88도650	80
대판 2007.5.31. 2007도1903	368
대판 2007.7.26. 2007도3906	247, 310
대판 2007.7.27. 2007도3798	94, 208
대판 2007.8.23. 2007도2595	349
대판 2007.10.11. 2007도5577	272, 356
대판 2007.10.11. 2007도5838	123
대판 2008.3.27. 2007도11400	216
대판 2008.4.24. 2007도10058	63, 142
대판 2008.5.15. 2007도6793	266
대판 2008.7.10. 2007도10755	365
대판 2008.7.10. 2008도2245	260, 285, 378
대판 2008.7.10. 2008도3252	128
대판 2008.8.21. 2008도3651	157
대판 2008.10.9. 2008도3640	143, 198
대판 2008.10.23. 2008도1237	261
대판 2008.11.13. 2006도2556	240, 247, 261, 310, 379
대판 2008.11.13. 2008도7143	178
대판 2008.11.27. 2008도7311	24, 199
대판 2008.12.11. 2008도9182	178
대판 2009.3.12. 2008도763	369
대판 2009.3.26. 2009도9963	106
대판 2009.11.19. 2009도4166	117
대판 2009.11.26. 2009도6602	296
대판 2009.12.24. 2009도9667	92, 184
대판 2010.1.14. 2009도12109	130
대판 2010.1.28. 2009도10709	172
대판 2010.2.11. 2009도12164	172
대판 2010.2.25. 2009도1302	206
대판 2010.3.25. 2009도14065	335
대판 2010.5.27. 2010도3498	85, 176
대판 2010.6.24. 2008도12127	381
대판 2010.7.8. 2010도1939	312
대판 2010.9.9. 2010도6924	48
대판 2011.1.20. 2008도10479	72
대판 2011.4.14. 2011도300	125
대판 2011.4.28. 2009도10412	347
대판 2011.4.28. 2009도3642	33, 178
대판 2011.5.26. 2011도1902	238
대판 2011.6.30. 2009도6717	297, 298, 381
대판 2011.8.18. 2010도9570	108
대판 2011.11.24. 2011도12302	131
대판 2011.11.24. 2011도7173	233, 262
대판 2011.12.22. 2010도10130	77
대판 2012.2.23. 2011도15857	32, 114, 123
대판 2012.5.24. 2010도3950	339, 363
대판 2012.5.24. 2010도5948	265, 328
대판 2012.7.12. 2010도5835	362
대판 2012.9.13. 2012도7461	366, 379
대판 2012.10.11. 2012도1895	43, 162
대판 2012.11.15. 2012도7407	80, 93

대판 2012.11.29. 2010도3029 272, 381
대판 2012.12.13. 2010도10028 361
대판 2012.12.27. 2012도12777 71
대판 2013.3.14. 2010도2094 348
대판 2013.3.28. 2013도1473 368
대판 2013.6.14. 2013도3829 117
대판 2013.11.28. 2011도7229 96
대판 2013.11.28. 2013도4430 11, 91, 183
대판 2014.1.16. 2013도6969 54
대판 2014.1.16. 2013도7101 367
대판 2014.1.23. 2013도11735 83
대판 2014.2.13. 2013도9605 267
대판 2014.4.10. 2014도1779 278, 296, 381
대판 2014.7.10. 2012도5041 355
대판 2014.12.11. 2014도7976 216
대판 2015.2.12. 2012도4842 251
대판 2015.4.23. 2015도2275 317
대판 2015.11.12. 2015도6809 99, 130
대판 2016.1.28. 2015도15669 225
대판 2016.2.18. 2015도13726 292, 309
대판 2016.3.10. 2013도11233 223, 319
대판 2016.8.30. 2013도658 277
대판 2016.10.13. 2014도17211 115
대판 2016.10.13. 2016도8137 231, 262, 356
대판 2017.1.25. 2016도13489 248
대판 2017.5.31. 2017도3045 97
대판 2017.5.31. 2017도3894 96
대판 2017.6.29. 2017도3808 32
대판 2017.9.12. 2017도10309 237, 260, 285, 327, 373
대판 2017.12.5. 2017도12671 378
대판 2018.2.8. 2016도17733 61
대판 2018.4.12. 2017도13748 263
대판 2018.7.19. 2017도17494 84
대판 2018.8.1. 2015도20396 23
대판 2018.8.1. 2018도1481 50
대판 2019.8.29. 2018도2738 53
대판 2018.10.4. 2016도15961 289
대판 2020.4.9. 2019도17142 237
대판 2021.8.12. 2020도17796 62
대판 2022.8.25. 2022도3801 62
대판 2022.12.19. 2022도12494 22
대판 2023.4.27. 2023도2102 279
대판 2023.6.1. 2023도3741 279, 341
대판(전) 1980.12.9. 80도384 234
대판(전) 1987.7.7. 86도1724 34
대판(전) 1992.1.21. 91도1402 224, 323, 374

대판(전) 1999.4.15. 96도1922 303, 304
대판(전) 2000.6.15. 99도1108 280
대판(전) 2001.4.19. 2000도1985 101
대판(전) 2004.9.16. 2001도3206 311
대판(전) 2005.5.24. 2002도18 42
대판(전) 2010.1.21. 2008도942 34, 186
대판(전) 2012.5.17. 2009도6788 331, 332
대판(전) 2015.11.12. 2015도6809 99, 130
대판(전) 2016.5.19. 2004도 6992 156
대판(전) 2017.7.20. 2014도1104 114
대판(전) 2018.7.19. 2017도17494 176
대판(전) 2019.3.28. 2018도16002 56
대판(전) 2019.8.29. 2018도2738 219, 261, 379
대판(전) 2021.9.9. 2020도12630 39, 71
대판(전) 2021.9.9. 2020도6085 11, 39
대판(전) 2021.11.18. 2016도348 218, 223, 239, 248
대판(전) 2022.3.24. 2017도18272 21, 162
대판(전) 2023.9.21. 2018도13877 61

MEMO

MEMO